任乃强 ◎ 著

主　编　任新建
副主编　何　洁

任乃强全集【第十二卷】

六出祁山
芄野尘梦校注
长生岛

四川人民出版社

图书在版编目（CIP）数据

六出祁山·芎野尘梦校注·长生岛. 第十二卷 / 任乃强著. — 成都：四川人民出版社，2021.12
（任乃强全集；第十二卷）
ISBN 978-7-220-12479-2

Ⅰ.①六… Ⅱ.①任… Ⅲ.①中国文学－当代文学－作品综合集 Ⅳ.①I217.2

中国版本图书馆 CIP 数据核字（2021）第 249280 号

LIUCHU QISHAN · QIUYE CHENMENG JIAOZHU · CHANGSHENGDAO
六出祁山·芎野尘梦校注·长生岛
任乃强 著

主　　编	任新建
副主编	何　洁

总 策 划	罗桑道吉
出 版 人	黄立新
组稿统筹	喻　磊
项目执行	邹　近　章　涛
责任编辑	唐　婧
装帧设计	戴雨虹
封面画像	蒋骊霄
责任印制	祝　健

出版发行	四川人民出版社（成都三色路 238 号）
网　　址	http://www.scpph.com
E-mail	scrmcbs@sina.com
新浪微博	@四川人民出版社
微信公众号	四川人民出版社
发行部业务电话	（028）86361653　86361656
防盗版举报电话	（028）86361653
照　　排	四川胜翔数码印务设计有限公司
印　　刷	成都东江印务有限公司
成品尺寸	185mm×260mm
印　　张	27
字　　数	480 千
版　　次	2021 年 12 月第 1 版
印　　次	2021 年 12 月第 1 次印刷
书　　号	ISBN 978-7-220-12479-2
定　　价	2500.00 元（全十五卷）

■版权所有·侵权必究

本书若出现印装质量问题，请与我社发行部联系调换
电话：（028）86361656

目　录

六出祁山

前　言 …………………………………………………………（003）
初出祁山剧本 …………………………………………………（005）
说　明 …………………………………………………………（051）
再出祁山剧本 …………………………………………………（053）

羌野尘梦校注

弁　言 …………………………………………………………（077）
总　叙 …………………………………………………………（079）
第一章　成都至察木多 ………………………………………（082）
第二章　腊左探险 ……………………………………………（088）
第三章　昌都至江达 …………………………………………（093）
第四章　收复工布 ……………………………………………（102）
第五章　进击波密 ……………………………………………（109）
第六章　退兵鲁朗及反攻 ……………………………………（115）
第七章　波密兵变退江达 ……………………………………（125）
第八章　入青海 ………………………………………………（131）
第九章　过通天河 ……………………………………………（138）
第十章　遇蒙古喇嘛 …………………………………………（142）
第十一章　至柴达木 …………………………………………（147）
第十二章　丹噶尔厅至兰州 …………………………………（153）

长生岛

罗布东察（代序）	(161)
一、误入桃源	(167)
二、晴天霹雳	(171)
三、重新开始	(176)
四、幸遇良缘	(181)
五、初立功劳	(186)
六、尝到辣椒	(191)
七、别有天地	(200)
八、改进烧陶	(209)
九、新法砌墙	(213)
十、四次婚选	(220)
十一、快乐新年	(227)
十二、紫气东来	(236)
十三、发现盐崖	(243)
十四、大显身手	(251)
十五、又到婚选	(259)
十六、海口新居	(267)
十七、人的转变	(273)
十八、合并勃拉	(281)
十九、如愿以偿	(289)
二十、平定叛乱	(297)
二十一、时机到来	(308)
二十二、床头监视	(314)
二十三、"乐不思蜀"	(321)
二十四、功败垂成	(327)
二十五、"牛死不丢草"	(334)
二十六、计征波札	(339)
二十七、恩威并施	(347)

二十八、造化弄人 ………………………………………… (352)

二十九、远征米些 ………………………………………… (360)

三十、"手雷"厉害 ………………………………………… (365)

三十一、稳住阵脚 ………………………………………… (370)

三十二、祭葬战士 ………………………………………… (374)

三十三、采购手雷 ………………………………………… (380)

三十四、来到冬九 ………………………………………… (385)

三十五、同床异梦 ………………………………………… (390)

三十六、酬报店主 ………………………………………… (399)

三十七、关键一步 ………………………………………… (405)

三十八、撕心分离 ………………………………………… (417)

任乃强全集·第十二卷

六出祁山

前 言
（1975年）

  余生长农村，乡间文娱以每年春秋社火唱大戏为最盛，常请来戏班，驻唱数天，演出连台本戏。每逢此时，余场场必看。许多戏中台词和情景深印脑海，至今不忘。自此养成爱看戏的习惯。后到北京读书，身处京剧之中心，得饱览一时名角精彩。虽囊中羞涩，节衣缩食每周也必去广和楼观戏。几十年来，养成每到一城镇，必去戏院求观当地戏剧之习。对于京、川和汉、湘、豫、秦、晋、沪、徽、越、滇、桂、粤等地方戏，几乎遍观，莫不爱看。其中看得最多的则是"三国戏"和"战国戏"等历史剧，这些戏经历代老艺人的打造，有不少脍炙人口、百看不厌的精品，流行于世，影响广远。然而由于其内容大多据小说演义编成，与史实脱离甚多。例如诸葛亮，其生平事迹经当时的谯周、陈寿等及稍后的常璩、裴松之等，记载得非常充分准确了。但根据小说《三国演义》编演的"三国戏"，却把他描绘成了一个妖道式的人物。他的对手曹操、司马懿等本是雄才大略之人，戏中也被丑化为奸狡浅智者，离开了历史的本真，易误导观众的历史认知。

  是故，余观"三国戏"等历史剧时，亦每有遗憾。后因撰《华阳国志校补图注》，对蜀汉史迹探究颇多，更觉在广泛流行的"三国戏"中，有还原诸葛等历史人物形象的必要。尝欲予以改编，然自忖戏剧功底不够，迟未动笔。今避居乡间，复萌旧愿，遂不揣冒昧，试为新编《六出祁山》剧本。艺术水平虽说不上，但与历史实际则是符合的。所有人、地、事、时，皆依正杂各史，详慎考订；唱词道白，皆有依据；对于各类角色、文武技艺，均有配置；唱念做打和各种程式，都有安排。力求保持戏剧的特色，具有较高观赏性，又能符合史实。

  诸葛亮北伐，前后出兵六次，历时七年。后人把它叫作"六出祁山"。旧戏中常演的是初出（《失空斩》）和六出（《五丈原》）两次。其他几次编演为整本戏的少见。

余之计划是将全剧编为4~5集①。时间自公元228年诸葛亮首次北伐起,至公元234年其病逝五丈原止。每集附"有关历史资料辑考",说明剧本创作依据,备供导演和演员查询、参考。目前,资料准备是比较充分的了,只是编为戏剧则困难尚多。年轻时,虽曾编过一些小戏,不过是"玩票"之作,未登堂奥。如今年过八旬,体衰智拙,更难企有成功之创作。兹作此稿,不过了了多年积于胸中的一点夙愿而已。倘他日有高人或剧团偶见,以此为基础,予以修改增色,试排为"新三国戏",则愿足矣。

八十一叟　任乃强
于南充县双桂乡夏乐湾石屋

---

① 后因故,作者只撰成了"初出祁山"和"再出祁山"两集。

初出祁山剧本

〔说明：此为《六出祁山》第一部，暂名《初出祁山——斩马谡》。时间为建兴六年（228年）三四月间，述首次北伐始末事。为缩省场面，对于少数事时微有移并，综为一出，分为七场。（亦可将京戏优秀传统节目《空城计》一折加入其中，添为八场。）演出以京剧为宜。川、豫等各地方剧，亦皆可用。末场加入"巴渝舞"①，一在寓巴蜀汉夷同心，同仇敌忾，将再奋进之决心。二在将巴蜀这一古舞介绍出来，又丰富全剧的观赏性。〕

第一幕　出师（定谋出师）

时间：建兴六年（228年）三月。

地点：汉中沔阳县丞相行营。

登场人物（以出场先后顺序）：

赵　云　中护军、镇东将军。老脸、白髯、甲胄，白。

魏　延　丞相司马、镇北将军。赤花脸（用京剧脸谱）、甲胄，黑。

吴　懿　关中都督、讨逆将军。本脸，黑三。甲胄黄或红。

邓　芝　中监军、扬武将军。本脸，黑三。甲胄蓝。

向　朗　丞相长史。本脸，苍髯。蓝官衣。

杨　仪　参军署丞相府事。本脸，红官衣。

马　谡　参军。用京剧《失街亭》脸谱。黑官衣。

刘　琰　卫尉中军师。丑白三，白官衣。

---

① "巴渝舞"是巴蜀古代民族賨人（又称板楯蛮）的一种歌舞，场中置鼓，舞者执矛和板楯表现战斗之状，男女两列伴歌助威。是一种武技歌舞。相传武王伐纣时，巴渝賨民战士"歌舞以凌殷人"，战胜殷纣于牧野。它自秦、汉、六朝以来皆颇流行。唐代用其乐歌和舞法制为"秦王破阵乐"，曾流行海外诸国。

诸葛亮　丞相、益州牧、武乡侯。三梁冠，蓝龙衮，羽扇。
王　平　牙门将。武生。
张　休　牙门将。武生。
李　盛　牙门将。武生。
黄　袭　牙门将。武生。
（演员多时，可增高祥、吴班、句扶、马岱四人。）

（吹打）
赵云上（念）："令出山摇，"（调寄《点绛唇》）
魏延上（续念）："整军初罢，月轮高，"
吴懿上（续念）："十年养兵今朝用，"
邓芝上（续念）："初试牛刀，"
（合念）"收复中原还汉朝。"
（合白）"俺……"
赵："镇东将军　赵云　字子龙。"
魏："镇北将军　魏延　字文长。"
吴："讨逆将军　吴懿　字子远。"
邓："扬武将军　邓芝　字伯苗。"
（同白）"请了！丞相拜表北伐，整军出师。我等辕门侍候。车铃响动，众家谋士来也。"（背立）
向朗上（诗）："军书旁午未嫌劳"（白）"丞相行府长史，向朗，字巨达。"
杨仪上（续诗）："钱谷计度斯须了"（白）"参军署府事，杨仪，字威公。"
马谡上（续诗）："苦研韬略参帷幕"（白）"参军，马谡，字幼常。"
刘琰上（结诗）："从客风议为国老"（白）"卫尉中军师，刘琰，字威硕①。"
同白："请了。今乃丞相北伐誓师之期，我等文武分班侍候。"（转场。排班）同白："四轮车动，丞相来也。"
诸葛亮上（念）："尽瘁鞠躬，抚百姓，整军经武，报答先皇。"（升帐诗）："先帝决策草庐中。二十一年志未通。南方已定东联就，十万旌旗攘奸凶。"（白）"汉丞相领益州牧、武乡侯诸葛亮。叹先帝败绩于猇亭，俺受托孤于白帝。内立法度以抚百姓，

---

① 如在川剧，威硕可读如"萎葰"〈意为猥琐〉，以博一笑。

百姓亲睦；外修和好于东吴，东吴怨解；南抚夷越，以裕军资；北屯汉沔，以图兴复。生聚教训，又已五年。如今士饱马腾，兵精甲利。合当奖率三军，北定中原。昨奉少主回敕，许俺释吉出师。誓师之前，还当集思广益，征询诸将军谋，庶收上下一心之效。"（问介）"众位公卿。今当誓师北伐，当从何道进军。即希各抒所见，惠我良规。"

众曰："丞相高明。我等敬承指使，何敢妄议。"

亮："诸君过谦匿情，非亮之所望也。（向吴懿介）子远身为元舅，必有忠谋。"

吴懿："懿才识浅短，何敢妄陈。不过，想先帝取荆州时，曾使孟达北收房陵、上庸、西城三郡。其后孟达叛降魏，遂失三郡。去年孟达复以新城来降，本可自新城进军，夺回三郡。不幸被司马懿将孟达击破，重又占去。今吴蜀修好，新城虽为魏军所据，似仍可自此进兵，约定东吴联合进攻，一举克定。未知丞相以为何如？"

亮："元舅可谓能见其大矣！平定中原，自非与吴联军，共出宛洛不可。所憾昔因关云长一意孤行，丧失了襄樊重镇，蜀吴由是成仇。今吴怨虽平，仍在观望我与曹魏胜负。若我北取关中，获胜之后，要他出兵，乃有可能。若还今日遂以大军出东三郡，吴人必疑我欲袭取荆州，为关羽报仇。则不唯难收蜀吴联军之效，且将促使吴人再度联魏以拒我师，反成危道矣。"

吴懿、赵云："丞相卓见。将等佩服。"

众同道："今日，唯当直取关中，再做联吴合取襄樊，夹攻宛洛之计。"

吴懿："虽然如此，亦须防魏军乘我北伐，潜袭我汉中。"

亮："元舅此言，深得军机要领矣。魏有司马懿，惯用奇袭之师。孟达料他自宛一月方得到来，他却八日便已兵临新城。使我与东吴不及援救孟达。若还北伐交兵，司马懿乘机从新城袭我汉中，则根本动摇，难免全局俱败。此招不可不防。元舅既然有此卓识，必能当此重任。今即相烦统率五千人马进驻兴势。兴势奇险，兼扼黄金、子午二道，为军事重镇。你凭险自固，使贼军不得由黄金、子午二谷入犯。且待关中已定，联吴已成，再烦分率大军东取襄樊，完成宏谋伟划可也。"

吴懿："谨遵台命。"

亮："立即依令，布防去吧。"掷令旗。吴接令，上马，作势下。

魏延："丞相欲取关中，魏延有策献上。"

亮："文长请讲。"

延："启丞相。关中重镇，唯在长安。当前长安镇将夏侯楙，乃一纨绔小子，胆怯无谋。只缘他是夏侯惇之子，魏帝曹丕驸马，妄挂征西将军之印，都督关中。今请给延精兵五千,负粮而行,偷越子午谷山道,不过十日可到长安。夏侯楙骤闻我军奄至,必然弃城逃走。长安不难唾手而得。丞相大军,由褒斜开道同进,不过二十日便可在长安会师。那里有"横门邸阁"①,储粮十万石,可省我军转输之劳。我军因具足粮,以攻诸城,取三辅将如摧枯拉朽,雍凉十郡亦可以传檄而定。然后闭关养锐,以待东吴联合进兵。不过一二年内,必能歼灭曹伪,恢复大汉旧宇矣。"

亮点头,凝视魏延久之,道:"诸公以为何如?"

杨仪:"我军精练,号令严明,步伍整肃。王者之师,吊民伐罪,当以堂堂之鼓,正正之旗行之。岂宜轻军行险,图侥幸于万一。若还如期不到,反为贼人所破,岂不贻笑于天下乎!"

延:"此乃书生之见,灭军士锐气!夫行军即是冒险,哪有安坐而胜强敌者乎。俺以司马论法,杨仪当斩。"

杨:"魏延无礼。丞相方广谘……"

亮用手示意道:"威公止语!亮以为王者之师,亦当奇正并用。只不过平正事易,履险为难。非文长之猛锐,不能造此谋也;非威公之谨慎,亦不能有此议。都是赤心为国,不可以异同相激也。(呼介)文长!"

延应:"丞相。"

亮:"亮适才所思者,非虑大谋之难为功。实虑汉中非足下留镇不可也。亮自督师入关,必当有大将留镇汉中根本之地。昔年先帝取此汉中,奠定王业,考虑守将时,不用张、马、赵、黄,而超拔足下当此重任。数年以来,强敌不敢进窥,边民莫不从善。北藩稳固,世称得人。今当北伐方始,南栈有千里转输之烦,东道有司马懿侵袭之忧;西羌叛服不常,北伐后勤繁重。能代亮者,非你再无他人。将军驾轻就熟,倚重在此,自不能更用于偏军奇袭。"

延:"丞相爱惜将士,不采下策,魏延敢不遵命。"

亮:"诸公更有何策,可收万全之效?"

马谡:"启禀丞相。"……

亮:"幼常定有高见,说来诸公商讨。"

谡:"唯呀,丞相!我军士马精练,号令严明,以此出征,何敌不破。所可虑者战守转运之众,不过二十万人。关中千里,十三郡一百余县,地面广大,人民众多。不难于一时占领,而难于分军戍守。小谋愚见,窃以为不当先取长安。"

---

① 邸阁,是汉、魏时储藏军粮之所。横门,在长安郊。

亮："啊！然则如何用兵？"

谡："谡以为宜出军祁山，先取凉州七郡，阻陇坂以拒曹军。此有三利：凉州在贼境最为偏远，官吏苛虐，人民愁怨，盼得拯援。闻我军至，必当壶浆相迎。丞相厚抚其人，使为我用。则可于旬月之间尽有凉州之地，七郡地面为我后方，七郡人民为我后勤，此一利也。我军以五万留镇汉中，五万转输后勤，五万分镇七郡，只以五万为前锋，阻曹贼救援之师绰有余裕。用兵少而得地多，且置于磐石之安。此二利也。凉州之民，夙称强悍，一月两月之后，编组羌夷效忠之民，借地方储备之粮，分道出陇，直取长安。则魏军虽众，不难摧破。三辅之富，复为我有。便好东联孙吴，共取贼巢，此三利也。又道是争城莫如争地，争地莫若争民。此为起于蚕食，极于鲸吞之计。望丞相采行。"

亮喜，复问："我军千里运粮，利在速战。贼尚有大军驻防三辅。若还他分军上陇，守御诸郡，使我军不能同时攻下，又将奈何？"

谡："丞相免虑。素闻凉州兵单民怨，全恃长安重兵巡回弹压。我今声言大军由褒斜大道直取郿鄠，以袭长安。彼必倾全力御我于褒斜一路。我乃以名将督师，诱之入谷，严守谷口，使其进不能攻。我又日夜鸣鼓张旗，作欲进攻之状，使其退亦不可。丞相乃以大军潜出祁山。不过一二月间，大势定矣。"

众同（呼）："此诚万全妙策也！"

亮（唱）："马谡才华实堪惊！可算得是蜀中参谋第一人。人皆知用兵为的是战胜，他独知战胜在于得民心；人皆愿快意于一逞，他独知先有蚕食才能鲸吞。我常虑鞠躬尽瘁无后继。今日看见了接班的人。眉梢喜色无穷尽，从头部署各路兵。"（白）："起鼓聚将。"

四杂扮牙门诸裨将应声上。（分白）："牙门将王平"，"张休"，"李盛"，"黄袭"。（同白）："参见丞相。"

亮："平身就位！"

四将："谢丞相。"

亮："诸位将军！此次出兵，又与南征不同。南征所重，在于服其豪杰之心，以收安定后方之效。此次乃是与曹贼君臣争民夺地，要在严肃军纪，收拾人心。所至必须除其贪暴，厚抚生民，以彰我吊民伐罪之师。敢有擅取人民一针一线者，斩！"

众应："咋！"

亮："赵老将军！"

云应："赵云在。"

亮:"命你率领五千人马,深入褒谷,直上太白山脊,多张旌旗,朝夕擂鼓,佯作进军之状。诱得贼方大军上山拒战。尔乃节节退守。直到箕谷大营,乃坚守勿退。如其贼军欲退,你即进攻前去。迨其反攻,你又退守。如此吸引大量贼军入谷。你能坚守一月,便是大功。"

云:"当防贼众我寡,被他看破虚实。"

亮:"再命邓芝率军五千,屯于赤崖之南,与沔阳大营呼吸相通,你处需要增兵多少,皆可源源接济。贼即难于测我虚实矣。"(顾邓芝介)"邓将军如令施行。"

赵云、邓芝同应:"遵令"。(同下)

亮:"本相亲统大军十万,偃旗息鼓,出贼不意,袭取天水、祁山。分兵夺取陇西七郡。这前锋大将,欲烦马参军担任何如?"众惊顾介。

马谡左右顾视,道:"马谡未习戎旅,恐误国家大事。"

向朗:"马参军帷幄运筹,才高天下;行军用众,经历未丰。前锋当用宿将魏文长、吴子远之伦。还请丞相三思。"

亮:"文长、子远,皆有重任在身,未宜调动。此系本相亲自行军用众,责在一身。前锋大将,但能遵奉节度,抚军安民,不在战阵。幼常借此初亲军戎,积累经验,文武兼备,以备大用也。但看幼常意愿如何?"(顾视马谡)

谡:"感蒙丞相信任!俺马谡当粉身碎骨,以报汉朝。愿在丞相节下,唯命是从。"

亮:"部署已定,即日出军。"

众吆喝同下。

第二幕　诱　敌（箕谷诱敌）

上幕地点:长安　下幕地点:箕谷

登场人物:

郭　淮　字伯济,魏雍州刺史。(生角)

夏侯恩　督军御史

曹　暴　京兆太守

夏侯楙　字子林,安西将军,都督关中。(以上三人并丑角。)

曹　真　字子丹,魏大将军,都督中外诸军事、邵陵侯。(丑角。)

费　曜、郝　昭　并魏将军。

赵　云、邓　芝　并蜀将军。

两军战士无定员。

（喇叭），二丑一生上。丑甲念："闻报军情很紧张。"丑乙："且喜援军来长安。"生："大将军威风八面。"合念："与同僚迎到灞上。俺。"丑甲："督军御史夏侯恩。"丑乙："京兆太守曹暴。"生："雍州刺史郭淮。"（合白）："大将军军临灞上，有请都督。"

夏侯楙上，（念）："人都说我胆子小，兵马钱粮我敢吃饱。花天酒地混两年，蜀军未来我总不得跑。（白）大魏清河公主驸马，安西将军，关中都督夏侯楙。正在饮酒听歌，你们跑来，闹啥？"

众见介，（同白）："大将军已到灞上。我等合当前往迎候。"

楙："啊，他老兄来了。那我们迎接去。"共绕场候立介。吹打。众武士过介。

费曜，郝昭，并戎服上。三人迎介。同伺候介。曹真冠服上。龙套随上。绕场，曹真升座，四官二将侍立介。

曹真（诗）："回忆当年射虎名，虽然年老有精神。都督中外诸军事，要把西蜀一口吞。"（白）："皇魏大将军、邵陵侯、都督中外诸军事，曹真，字子丹。先帝晏驾，我与陈群、司马懿同受遗诏为辅政大臣。（顾视三丑介）喂！你三个花鼻子知道不？皇魏天下，乃是我们曹家和夏侯两个亲族闯出来的，自从太祖皇帝去世以后，我们两家子弟，衰塌下了，倒是一个疏远无亲的司马懿父子，屡立奇功，一天胜过一天地压倒我们两家了。且喜我这老头子还在，稳得住台子。我早想亲率大军踏平西蜀，立下不世之功，来把司马家压倒。总是时间转不过来。今天诸葛亮自己送上门来，这机会我不能放过了。你这个雍州刺史叫郭……"

郭淮："末将郭淮侍候。"

曹真："啊，郭淮。你打听过没有，诸葛亮是怎样行军的？"

郭："昨晚接报，蜀军从褒谷北犯，旌旗插满太白山岭，声言即日攻下郿鄠、陈仓。"

真："他妄想吃大鹅肉嘞！但也不可轻视。费曜、郝昭听令，令你二人各率本部兵马，抢到郿城、陈仓两处，暂时稳住阵脚。待我消停一夜，即行赶来亲自督攻，要用泰山压卵之势，一气消灭了他。军行急迫，立即出马。"

二将："遵令"，同上马作势分下。

楙："你如此高龄，还是让我去督师罢。"

真："得喏。你们公子哥儿，懂得什么，打仗可不是好玩的，别人不知道你，我还不知道你。你还是搞你那些快乐行道去吧。待我踏平西蜀，上表叙功之时，自会有你一份。"

梾:"谢大舅的栽培。"

真顾三丑道:"你几个搞的钱都不少了吧?"

二丑:"卑职们清廉自守。"

真:"够了,够了!这你也瞒我不了。你们老子打下天下来就是让你们后人享福嘛。我不管你们这些。可是明天我上前线督战去了,需要钱粮奖赏甚多,你们可要供给得足够呀。若有差池,休要怪我老头子不客气!"

二丑:"不敢怠慢。唯命是听。"

郭:"雍州刺史郭淮,敬候差遣。"

真:"啊,你还在这儿。还有什么差你的,总之是要你给我多办一些兵马钱粮来,凑合凑合。"

郭:"陇西兵少,人情思乱。还望分军震慑,以备不虞。"

真:"好家伙,我刚向你开口,你便反咬过来了。你明知道诸葛亮已从褒斜杀过来了。咱们关中正在难中,你们陇西乐得清平无事。你却危言耸听来敲诈我。限你即日上马,案行陇西诸郡县,速将兵马钱粮赶运到陈仓、邸阁两处来,供我伐蜀之用。违令者斩。"

郭:"遵令。"拜。上马。叹息下。

真:"没有事了吧?好好给我办一台酒饮,睡场好觉,明天上前线去。正是:哪怕你桀骜不驯,怎奈我权大兵多。"同下。

费曜、郝昭,分率战士,走马上。(相见介)费(白):"请了。蜀兵张旗擂鼓,数日未曾下山,这是何故?"郝(白):"恐有诈变。还请元戎定夺。"(同白):"有请大将军。"

曹真上:"有啥事?"

二将:"蜀军连时擂鼓未下,恐有诈变。"

曹真:"有啥诈变,听说我亲自来了,暂取守势,等待机会再冲下来而已。你们打上山脊去,自然便知虚实了。听我下令。冲!"

二将:"咋!"率队下。

真:"上天龙们,你们也跟我去冲。"同下。

斗打开始:费曜率队仰攻。赵云率队接战。费曜下,郝昭上接战。相持上山。山上大战。赵云下,邓芝上,接战。赵云复上,费曜亦上,双接战。赵邓败下。

真上:"搞清楚没有?是谁做先锋。"

二将："赵云、邓芝。"

真："都是蜀中名将。战斗力怎样？"

二将："兵精势锐。"

真："不错吧！这是他军锋在前，本人在后。万一抢下阵地来，我们就费事了。现在正好乘胜前进。听我的令，又冲。冲、冲、冲。直冲到汉中，捉拿诸葛亮去。"

众战士大呼"冲呀"。绕场，蜀兵再上交锋。诸将下。军士对打介。赵云上，打败魏兵，费曜上接战。邓芝上助战，郝昭同上接战。赵邓同败下。费、郝、曹真追下。

邓、赵上。邓（白）："已经退到箕谷。贼军如潮水压来，如何是好？"

赵（白）："伯苗，你先率军退过栈道，准备硫黄焰硝。我来断后。待我退过桥阁时，放火烧死追兵。"

邓："遵令。"率军下。

赵："众将官，人人奋勇，傍崖阻水而战。掩护后队，徐徐退过赤崖。"众应："咋！"费军追上，赵云拒战，大斗打。费败下。郝昭上，赵云败下，作过桥放火状。下。郝昭率兵追上，焰火发，军士滚火下。

曹真率军上，大呼："冲呀！"

费曜扶郝昭上，（白）："郝将军负伤。"

真："我看看。呀！怎么跑进火场去了，烧得这样'乌焦巴弓'①的。"

费："郝将军追入栈道，被蜀军放火烧毁桥阁。我军追入阁道的烧死数百人。他跳崖入水才得活命。"

真："罢了，扶回大营养伤去吧。"兵扶郝下。

费："桥阁已毁，无法进兵。"

真："哪里的话。你看我的人多，山上树木多。下令伐树造桥，再行前进。我要追他个走投无路。"

报马上："报。诸葛大军由祁山下攻天水。刺史郭淮请老元戎急速收兵退保陈仓、陇坂。小的驰报长安去也。"下。

真："哎呀！我上当了。急速退军。正是：只道螳螂能捕蝉，谁知黄雀吃螳螂。"内问："大将军还想吞蜀否？"真听介，"这回吞着骨头签子，吞不下去，吐不出来了啊！"下。

---

① 注本为百家姓句，川人用为形容"焦黑"之语。

第三幕　迎降（三郡降蜀）

上幕地点：落门　下幕地点：冀城

登场人物：

郭　淮　魏雍州刺史。同上幕。

马　遵　魏天水太守。丑。

姜　维　天水郡管军中郎。小生。

梁　绪　天水郡功曹。杂净。

尹　赏　天水郡主簿。杂末。

梁　虔　天水郡主计。杂丑。（以上天水四掾属皆风帽箭衣仗马鞭。）

姜　母　故功曹姜冏妻，姜维母。老旦。

上官子脩　天水郡吏。小丑。

众百姓　无定员。男女俱有。以一副末领言。一丑角领唱。

（吹马声）天水郡四掾上。

小生："刺史按部到汉阳。"①

杂净："一方吏民心胆寒。"

杂末："兵马钱粮催索尽。"

杂丑："上官吃肉我喝汤。"

（合白）："俺……"生："天水郡管军中郎，姜维。"净："天水郡功曹，梁绪。"末："天水郡主簿，尹赏。"丑："主计，梁虔。"小生："请了。刺史郭淮昨日临郡，要同太守与我等掾曹同到各县布防征饷。冀县办理已毕，今将行赴落门向西县前进。行装已备，合请刺史、太守上马。"（合白）："有请长官。"

郭淮、马遵冠服同上。（诗）郭（念）："羌戎屡叛民未宁，催科烦扰吏事频。"马："他们都说做官好，哪知官事累死人。"郭白："大魏雍州刺史，郭淮。"马："天水太守，马遵。"同问："尔等装备可齐？"

四掾："装备已齐，听候上官发令。"

郭淮："取道落门往西县去者。"诸人上马介，四龙套上，众绕场作行路介，合唱

---

① 后汉改天水郡名为"汉阳"。三国时还名天水。

《行军歌》："行行蹭蹭，少见村庄。羌戎华汉，来来往往，都只是一片张皇。"（小丑扮吏人上官子脩上迎候介。）生大唱："犹有小吏候道旁。"丑太守指介，接唱："那就是落门在望。"

小丑白："落门小吏迎候各位老大人。"

马遵："粮台、官栈可曾办好？"

小吏："草草就绪，请老大人入驻行台。"

众分开，刺史、太守左右坐，四掾分立，小吏俯候介。

马遵问："已经催办钱粮多少？"

小吏："大户顽抗，小民贫乏，只催得一百余石。"

郭淮："似此疲顽，安能济国家急用。"

马遵："仰仗大魏威灵，刺史明教，我命掾属分道严催，必能完成功令。"

郭淮："如此，就命他们四人分道出发。务要三日内完成功令，赶运京兆济军去者。"

四掾共应："咋！"上马同下。

报马急上："报，西蜀丞相诸葛亮亲率大军占领祁山。西县官民投降。上邽人情汹汹不测。"

郭淮："再探！"（报子下。）

马遵："蜀军骤从天降，元戎如何调度？"

郭淮："你当调集军民守隘，我当往保上邽。"

报马上："南安、安定羌酋杨条、唐虓杀害官吏，投降蜀军。"随下。

郭淮大惊呼："再探！看来诸葛亮早已派人潜入陇西，勾结乱民。我等手下兵少，陇西势难保矣。尔当急回冀城，我当速赴上邽。"

马遵恐惧介："老大人，还有兵自随。我现在只剩个光杆哪！情愿跟老大人同保上邽。"

郭淮上马，马遵挽袍介。郭淮："嗯！冀城乃你太守本治，现只浮动，尚未叛乱，你不反镇本管，却要跟我去保上邽，不畏王章军律乎？"

马遵："上邽还是我郡属县呀！"

四掾同时奔上，作混乱状，同白："所在人民惊乱，无法推行政令。如何是好？"

郭淮："人们说些什么？"

四掾："皆道蜀军将至，人民愿降。"

郭淮："难道你等不能弹压。"

四掾："唯呀，刺史！人民久在水深火热之中，平时尚且思乱况，是敌军压境之时乎？"

郭淮张皇，复上马介。（白）："我军听者，随俺速赴上邽。"与龙套下。

马遵亦上马介："刺史且慢，请携下官同往者。"欲追上。

姜维拦马介："太守当回本治冀城。"

马遵急介："哈哈，他做刺史，能调陇右十郡兵马，尚且抵挡不住。你们不保护着我跟他一起跑，却要我回那斗大的冀城去。是要等蜀军来时好把我拉去献礼呀。"

四掾："我等效忠郡将，愿与郡城共存亡。"

马遵："好。这也行。那你们快去把落门已办好这百多石粮运回冀城去。让我吃了饭一同回城。"

四掾："遵令。"同下。太守叱小吏介："还不去赶运。"小吏下。

马遵四顾介："趁此无人，还不逃走。"蹑足拉马下。

四掾复上，惊介。姜："太守不见。想必追随刺史同逃矣。"

三掾："我等赶上前去，劝他回郡。"

姜："一同上马。"下。

郭淮率龙套奔上，郭淮："来此已是上邽，军士前去叫城。"

马遵内叫："刺史缓行，卑职追随来矣！"奔马上。相见介。城门开介。同进城，城门闭介。

四掾内呼："太守请转。"追上介。同白："城门已闭。你我同叫门。"同呼："太守开门。"

马遵上城（白）："你们赶我到这里来了！没有把我捆绑去投降诸葛亮，还不够光彩不是？现在我逃脱你们的毒手了。你们各自去吧。不要逼得我用乱箭和炮石对付你们。"下。

三掾向姜维问："太守不回，如何是好？"

姜维："我等各回本县看照家小，即便联合亲邻保守城池。且看形势发展如何，再做计较。"

三掾："只好如此。我等回县料理后，再到冀城共商大事。"

姜："请。"三掾拱手道："请。"下。

姜（白）："待我放马回冀城去者。"上马介。绕场。

小吏上官子脩，上，相见介："原来中郎在此。"

姜："命你督民夫运粮回冀。怎样了？"

小吏（白）："唯呀，中郎！前行未及三里，粮被乱民抢去。夫役星散。小人无可奈何，特地追赶前来，具报太守。"

姜："太守已入上邽，拒不容我等见面。你去如何得见？不如随我同回冀城，再做道理。"

小吏："愿听中郎指使。"

姜："事情急迫。你我速行。"同下。

锣鼓静息。老旦扮姜母从容上，（唱）（原板）："叹先夫，为郡将，疆场丧命。一家人，蒙旌奖，感受皇恩。伯约儿，坐寒窗，勤苦发愤。兼文韬，并武略，一举成名。官中郎，食俸禄，参军在本郡。（转流水）可怜他，外勤王事，内顾家庭，出告反命，昏定晨省，尽忠尽孝，为国为民，不辞艰苦，劳累在一身。这几年，陇西地，羌戎不靖。兴军旅，派钱粮，百务纷扰。官吏贪，军兵扰、人心怨愤。我只好，教我儿，洁己一身。冀城中，人夸称，这青年将领，都道他，虽年纪小鹤立鸡群。昨日他，随太守，巡行诸郡。刚去后，冀城中，谣传纷纷。说道是，贼兵到，官吏逃尽。我的儿，岂是那，逋逃之人。不放心，倚门间，察看动静。（转摇板）但只见人纷乱，物议沸腾。"

姜维内唱（倒板）："冀城一片闹声喧。"众百姓拥姜维上。百姓甲作揖白："太守功曹都跑了。中郎，你要领我们去迎降呀。"众求介。姜维唱（回龙腔）："众百姓，男女老少、团团围困。都要我，带领他们，迎降蜀军。"百姓甲："中郎，你要保全我们全城的性命呀！"众和介。姜唱（转流水）："似这样，全冀城，已成鱼烂。倒叫我，姜伯约，无有主张。"（转摇板）："求你们允许我回家去看看。"百姓甲："蜀军快到了，我们全城的活命都靠你保全呀！"姜续唱："你们有家口，我也有老娘呀！"百姓甲道："这也是呀！我们便一同到他家去吧。"转场。

姜母上。相望见。母唱："望见我儿吃一惊！为何围绕这多的人？"众阻塞母子不得见面。姜望向母，唱："娘啊！太守已逃，儿回转。老母望儿已在门。"摆拨欲前。上官子脩相助排众夺路，嚷道："让他母子会面。"众分开，母子见面，维拜母介。

续唱："蜀军未到民心乱，他们要我带领去降蜀。"

母唱："我家世代全忠孝啊！"

百姓唱："老太太呀！降蜀为了保全我们众黎民。"

母唱："你们见敌在何处，鹤唳风声自乱营。"

维唱："母亲呀！适才前方闻确信，蜀军不日就到冀城。"

母唱："备敌就该乘城守。"

维唱："太守逃去更无兵。"

母唱:"职官有责,你休怕死。"

维唱:"如此死比鸿毛轻。"

母唱:"难道你竟忘忠孝义?"

维唱:"母亲呀!大忠大孝,在为黎民。"

母唱:"我拉着我儿不放手。"(拉维不放介。)

维唱:"娘呀!老娘教你的儿不敢不遵。"维(白):"父老们请各自回家。马太守还在上邽。蜀兵未能猝至。若还蜀兵到来,我等开门迎降不迟。"

母白:"是呀!且待蜀军到时再降,也不为迟。"

百姓(白):"安定、南安,比我们离蜀军更远,都已去迎降了。我们天水还不迎降,岂不怕有后至之诛吗?"

百姓(丑)排众出(唱):"你们和他说不清,一齐站到我身后。老太太,你休要怄,你的思想生了锈。今天下,非汉旧,三家铺子把货售。谁便宜,人奔就。你想想,谁人不知薄与厚,谁能不辨香与臭,谁人不识良与莠。这叫作虐我便是仇,抚我便是厚。我们不幸生长在陇右,痛苦连年受得够。既征粮,又出饷,卖尽猪羊把钱凑。兵过来,吏过去,不只要酒还要肉。献了鸡,捉了鹅,一声不谢还嫌瘦,一点儿不到就挨揍。看我们,拖衣溜食,只剩一架光骨头。闻道蜀军王者师,爱民如同亲骨肉。"

百姓(末)接唱:"我听说,诸葛丞相爱民如子,沿途邦民扶困如一家,人人都在夸。这样都不欢迎他,不是疯子就是傻瓜!(众合唱:掉尾,用七音联弹尾腔)如何不去欢迎他,呀呃……呷呀……唉。"

梁绪、尹赏、梁虔三人仓皇上(白):"姜维呀姜爷。我等家乡各县,全已杀官迎降,闭城不纳我等。如今只好一同出降了。"众百姓大呼:"迎降啦!"

众拥姜维下。维呼:"母亲!"下。

姜母呼:"儿呀!"欲追。百姓丑,推姜母倒地,(诨)"我把你这个顽固的老婆子。"下。姜母立起抖灰,叹介:"咳!反了呀!反了。"冷下。

第四幕　折兵（街亭折兵）

登场人物：

张　郃　魏左将军、郑侯、都督关中军事（副净）

费　曜　（同第二幕。）

郭　　淮　（同上幕。）

马　　谡　（甲胄佩剑执马鞭，仗大戟。）

王平，张休，李盛，黄袭　（同第一幕。）

传令官末扮，风帽、箭衣、执马鞭。

众战士。八人，至十二人，可多至十六人。报马一人。老民一人。

〈急急风〉众军士，费曜，张郃上。

张郃："俺！皇魏左将军、都督张郃是也。蜀军大举北伐，奇袭我陇右。大将军曹真兵顿箕谷，特令俺率五万人马增援前来，并派费曜相助。众将官，急趋陇山去者。"众绕场介。

〈败兵鼓〉郭淮率四龙套曳戈上。见费（白）："哇呀！原来费将军援军到了。"

费曜："张大都督援兵亦到。上前见过。"

郭："雍州刺史郭淮，拜见张大都督。"

张："如何这般狼狈？"

郭："哇呀，大都督！俺淮奉大将军命，巡行陇右郡县，征集兵马钱粮。不料诸葛亮大军十万，突出祁山。天水、南安、安定三郡吏民纷纷杀官迎降。陇右羌胡皆叛。末将闻讯，走保上邽。上邽亦被蜀军占领。只得退保清水。诸葛亮前锋马谡跟追前来，势如破竹一般。只好弃了清水退回陇州。幸遇大军救到，方得保全性命也。"

张："敌军势锐，未可骤与交锋。且同往扼守陇州，再做计较。"

郭："末将前导者。"相率同下。

〈急急风〉蜀军士，王平、张休、李盛、黄袭、马谡同上。

谡："俺，大汉北伐军前锋都督马谡。率领大军十万，安抚陇西郡县。追赶郭淮至此。不见了他败残之兵。且待报马探告。"

报马上："报！郭淮逃下陇坂，已有曹魏大将张郃、费曜，接入陇州城内去了。"

马谡："我等乘胜前进，一鼓攻下陇州。"内叫："丞相手令到。"

马谡："且待，接过丞相手令。"

传令官上："丞相令。"

马与众将："恭听宣读。"

传令官："丞相敕曰：'郭淮败走，陇西略定。闻张郃大军即将上陇。我军必须各就地势，依山傍水，坚壁固守，且待本相军到时，部署战斗。切切此令。"

马谡："传令辛苦，请到后营休息。"

传令官:"还须驰赴列柳城传告高翔,安定城传告马岱。军令急迫,马上一请。"上马急驰下。

马谡:"众将官。丞相虽然有令。我欲仍自进攻陇州。何如?"

王平:"末将王平,请都督再思。"

谡:"你意如何?"

平:"丞相令出如山。既令固守,便不可违令出战。"

谡:"我军锐气方涨。贼方丧胆落魄。岂可顿锐株守,抛弃如此大功。又道是,'将在外,君命有所不受'。"

平:"毕竟是丞相手令为重。请都督三思。"

黄袭:"丞相南征北伐,俱用马都督本谋。丞相即同都督,都督也如丞相。王将军何得阻令。"

平:"虽然如此。毕竟军令严重。请都督暂行遵令扎营。再议战守。"

谡愤介:"嗯!也说得是。来此什么地方?"

众应:"前面街亭。"

谡望视介:"俺看此地,上倚南山,下临汧水。中有山腹平台,可驻万人。坡下土城,足资固守。不如便依王平之见,暂在此处扎兵。诱他魏军来攻。我军居高临下,一鼓破之,亦是一大奇功也。大令下:就在此地扎营者。"

众应:"咋。"转场介。

谡:"大家登坂一观。"与四将同上中台介。

谡:"传来老民问话。"

军士引老民上。"老民参见都督。"

谡:"此坂何名?"

老民:"此名街泉坂。原有山泉旺盛,住民数十家。近年山泉渐枯,饮水不足,民户迁散。只住得我们三五家了。"

谡:"山下土城何名?"

老民:"那是往时的街水县城。废县以来,只设亭长,故称街亭。"

谡:"此去陇州多远?"

老民:"不到百里"。

谡:"这就是了。各自去吧。"(老民下)

谡:"众位将军!我看街水旧城虽圮,还可资以守御。我等大军分驻坂上、坂下。若还贼军来攻,必先围城。我军从坂上俯冲,便有'高屋建瓴'之势,必可大破贼军。

便好下趋陇州，直抵咸阳也。"

平："都督胜算。末将仍有所疑。还请都督考虑，山泉水少，不敷数万人饮用。"

谡："嗯！那水城就在河边，与我上下连成常山蛇势，岂愁无水。尔乃小小裨将，屡屡越次妄言，扰乱军心。再若有言，便当斩首。"

平："恳求都督恕我边民无知，冒犯干罪。（谡应"嗯"！）俺平情愿率军下驻街水，捍卫我师汲道，以赎妄言之罪。"

谡哂介："哎！用人行政，本部督自有权衡。我军将士用命，谁人不可捍卫汲道？何待有你请求。也罢。我赐你一千人马，往镇清水川，以通街亭与列柳城声气。且待我破敌之后，直取陇州。那时自有用你之处。立即去吧。"

平："遵令。"分军下。平上马，愁思欲言，复下马欲入，诸将劝阻介。平复上马叹云："败我军者必此人也。"下。

谡对众将道："咳！此人一字不识，来降未久。身为裨将，妄议上将军谋。姑体丞相爱惜将才之意，容他去吧！待我破敌取胜，让他见识见识。"

众："都督海量宏宽。"

谡："张休听令。（张休应介）命你率领一万人马，下驻街水城。务须修补城垣，必坚必厚。待得贼军来攻。你只死守不退，坐看俺破贼可也。"

张休："得令。"率四兵同下。

谡："我等就地休息，养精蓄锐，准备克敌制胜者。"同下。

（舞台正中大桌，作为街泉坂，张垒门为识。左台角，又张垒门，作为街水旧城。各树一旗，一兵上立守卫。）

张郃（内唱）："闻道马谡在街亭。"魏兵、费曜、郭淮、张郃上，张（续唱）："俺来在山下看分明。"（白）："来此街亭山下，待我看来。"看介。（白）："看他士马精强，分据上坂下城，首尾相顾，有难于破之势。我又将怎样破他。（筹思详察介）有了。我看他坂上人多，坂下人少。似欲诱我攻夺下城。乃从坂上建瓴而下，冲击我军。郭淮听令，（淮应介）命你率领老弱残兵，缘崖穿林，向街亭上方前进。多张旗帜，佯作攻取坂上之势。只诱得他军注意。便是大功。"

郭淮："得令。"下。

张郃："费曜听令。"（费应"在"。）"命你率军潜赴街水城附近，待我自领大军横冲，把他山上山下两军隔断。你便乘势抢占街水土城。快速树栅筑城，割断他军汲道。不怕任何牺牲，必须完成此功。违令者斩。"

费："遵命。"

张郃："部署已毕，单候本部督相机出击。暂时退下。"张、费、魏兵同下。

马谡内唱："闻道张郃到街亭。"上，唱："他军忽退为何情？"（白）："军士报道，张郃大军来到街亭。为何他又退走？嗯！是他见得我军阵容难破，故而不攻而去。"

兵士（白）："东山贼军缘崖穿林而来。"

谡："待我看来。啊伙呀！贼人妄想行险侥幸，袭破我坂上之军。众将官！注意者。待他到来时，杀他个片甲不回。"众应介。内鼓声、上马门大出旗帜。

谡："啊！贼军待山林兵近，便要进攻来矣。众将官，准备战斗。"众应介。锣鼓声急止。

谡："唉！贼军为何欲攻又止？哦！是他见林中之军尚未到达，故不敢轻易攻我山下。众将官，贼军必来，你等要小心注意。"

李盛上（白）："启都督。坂上人多水少，军士饥渴难耐。"

谡："这有何难。命你率领饥渴人马下城，替换街水张休之众，负水上山备战。"

李盛："得令。"率四卒向街水。张休亦率四卒作负水囊状对走同下。

东山鼓声再发。军士报："东山林内贼军已近。"

谡："黄袭领军前去截阻。定要杀他一个干干净净。"

黄袭领兵下。军士又报："东山贼军旗帜忽然不见。"

谡："想必他见我军进击，又自退走了。"

黄袭上："贼军退走。我军空劳往返。人人呼渴不止。"

谡："你看贼营鼓声，定然进攻来了。你叫他们分水而饮，静候鏖战。"幕内鼓声再息。

黄袭："贼军又停止进攻了。请让再换一批下山饮水吧。"

谡："好。命你率领一批渴军，替换李盛之军负水上山。"

黄袭："得令。"率四兵下，李盛率四兵负水，交叉上下介。

李："黄将军，城栅尚有一版未完。交你们了。"

黄："交给我罢。"

郭淮率军扬旗上："众将官。看看已经行近街泉，一齐喊起来。"众呼应介"啊、哈、哈、咳！"

谡："贼山林兵到，张休备战。"

急鼓，张郃、费曜率军上。张："贼军已乱，众将官抢攻过去者。"战鼓大震，蜀军出御，相持同下。

马谡唱："张郃贼子善用兵，趁我纷扰冲我军。他想夺水城断汲道。我要大开壁垒与

他争。"白:"众将官,居高临下冲下去。"(下)

费曜与黄袭对仗。黄袭败走。张郃上。费曜白:"得了水城。"张郃:"树起栅来。我军凭栅拒战,断他的汲道。"众应进水城下。

马谡率张休、李盛上。张郃、费曜、郭淮对上,三对仗。张郃、费、郭败进水城。立城上介。

马谡:"众将官。奋勇抢夺水城。"下。众作攻城介。

张郃乘城。蜀军攻城,城上枪挑,蜀兵翻跟斗作坠城状,败下。张休率众攻上,费曜率众对打。费败下。

蜀兵:"渴杀人呀!"张休:"随我抢水去。"同下。

李盛率兵上,郭淮对打。郭败下。

蜀兵:"渴杀我矣。"李盛:"随我抢水去。"同下。

马谡率兵上,张郃对打。张败下。

马谡:"追。"蜀兵:"饥渴难耐,杀不得了。"马谡:"攻破水城,自然得水。"众兵再攻水城介。城上枪挑,再翻跟斗坠地。马谡搓掌急介:"哎呀。"(唱)"一着未防失水城。汲道截断乱了我的军心。抢水不得……军兵乱。"呼:"张休!李盛!"内应:"他们四散奔溃,找水喝去了。"谡唱:"哪料到我数万壮士,溃不成军。"军士喊:"渴呀!"谡:"随我找水去。"率众下。

张休率兵上:"找水不得如何是好?"兵士:"将军放我们自行找水去吧。"张:"这如何使得。"鼓声,郭淮追上。蜀兵溃散介。张休败逃,郭淮追下。

李盛率兵上。李:"找得水泉矣。"众兵争以手捧汲饮介。费曜率军追上,斗打。蜀兵战死。李盛逃介。郭追下。蜀兵众上。军士大呼:"渴不能耐。我等各自寻水去罢。"

马谡唱:"棋输一着……船下滩。"上,唱:"数万雄师尽逃亡。回营怎好见丞相。也罢。不如一死丧疆场。"(白:"如今一败涂地。不如冲入敌军,战死了罢。"曹兵上,与谡对打。黄袭率败兵上。(白):"那旁,都督陷阵。冲去救他。"交仗,救出马谡介。

马谡:"俺今一败涂地。正好入敌求死,将军何苦相救。"

黄:"胜败兵家之常。不如奔回祁山,请兵复仇。"

马谡:"贼兵漫地追来,走亦难免。"

黄:"前面不远清水川。王平一军完整,我等且投他去"。

马迟疑介:"王平!"又作无奈状介:"好!走呀!"

黄："走。"马谡："走呀。"同白"走"，率众同下。

（内败军鼓三通）王平率众上。王平："鼓乱金迷，溃逃纷纷，是我前军大败矣！俺只千人守此，又将如何？"用指叩冠筹思介。"有了。三军听者：我军人皆衔枚，马皆勒口，高树旗帜，坚守营垒。大开垒门，鸣鼓震天。凡有散兵溃将来投营垒者，皆许放入，给予饮食。只不许他们呼号动乱。动乱者斩。"

众应："哦！"

王平："部署已定。安静养神，准备战斗。"

众应："咋。"绕场转下场门。王平立垒门上。军士排垒门下。

张休率兵上，投奔垒门，下。

李盛率兵上，投奔垒门，下。

马谡黄袭率军上，郭淮率魏军追上。黄袭反斗。马谡投垒门下。

黄袭败入垒门下。

郭淮退，引费曜、张郃同上。郭淮（白）："此处有贼营一座，收容溃贼。未知他虚实如何，不敢擅进。"

张郃："待我看来。（察看介）哎呀！看他营小兵少，不难踏平。"

费郭二将："我等便攻上前去。"（内鼓声大起）

张郃："且慢。我看他前临清水，后接长林。旗帜不多而整齐不乱，鼓声震天。栅内人少而军戎整齐。见我大军到来，毫无惧意。敢于大开垒门收容溃退之军。此必诸葛援军到来，埋伏山林，设此疑兵诱我。我等不可轻进。众将官，不许进攻。招抚逃兵，回街水扎营，收复陇右军事，去者。"

众应："咋。"同下。

王平下垒转场中立介。（白）："请马黄张李各位将军。"

张休、李盛、黄袭及二溃兵同从下场门上。（同白）："感谢王将军活命之恩。"

王平："不敢当。马都督似曾入垒，何为不见？"

黄袭："马帅惭见将军，先行赴祁山请罪去了。"

王平："如此，我等一同班师回祁山大营去者。"内吹散场号众同下。

（此处可以停演休息。十五分钟后，再行续演。以便调换角色，改换装束。）

第五幕 回师（撤军回沔）

时间：建兴六年（228年）四月。

地点：祁山。（渭水与西汉水分水的山脊台地，在今甘肃礼县东。）

登场人物：

向　朗　丞相行府长史。与马谡同是襄阳宜城人。素相友好。

马　谡　风帽、白箭衣，作行路装。

姜维、梁绪、尹赏、梁虔　报马、小吏各一

诸葛亮　纶巾、羽扇。同第一幕。

高祥　马岱　均用杂末。

西县父老　人数男女无定。

向朗上（引子）："汉德当兴，初出师，陇右平定。"就座（诗）："丞相出师到祁山，三郡吏民自来降，老安少怀人歌颂，咸道阳九又开天①。"（白）："汉丞相北伐行营长史向朗，字巨达。随军北伐，来在祁山大营。且喜陇右吏民望风降附。今当早起，整理军书。小吏，门外伺候着。"小吏应介。

马谡上（念）："用手汲尽千江水，难洗今朝满面羞。"（白）："小吏报与长史，道说有同乡秘密求见。"

小吏："禀相公，门上有人口称同乡，秘密求见。"

向朗："叫他进来，你且回避。"小吏："有请。"下。

马谡入见介。向朗大惊："呀！幼常身当重任，为何私离军府，来在此处？"

马谡："言之不胜惭愧也。"

向朗："究竟为了何事？"

谡："巨达兄呀！"（唱）："恨马谡，失律败街亭。一天内，损失了数万精兵。只缘俺，（转二流）没有经验难把兵领。（转三眼）我应当负荆请罪，具报到辕门。与巨达交情同刎颈，（转摇板）还望你指点我，逃死的迷津。"

向朗唱："听罢言来我大吃惊。大将失律罪非轻。丞相执法如山重。幼常呀！你见面难免首领分。"

马谡白："难道故人坐视我死？"

向朗："幼常呀！（唱）你是丞相倚重人。且待同僚去求情。为防触怒，你宜暂避。"

马谡接唱："汉沔我无地可藏身。"

向朗唱："倒不如你逃向成都去。请皇上，为你减罪行。过得此关，你仍将大用。"

---

① 旧说"阳九百六"为人民厄运。"开天"，谓幸运方始。

(授书札介)

马谡接唱:"我忽如梦醒,立刻登程。"白:"请。"下。

向朗叹介:"唉!(唱)论他才华世稀罕,高谈雄辩惊四筵。徒读兵书他无经验,覆辕败犁自取罪愆。"

小吏上:"天水郡吏姜维等求见丞相。"

向朗:"请他客馆暂候。"小吏下。朗转身:"有请丞相。"

诸葛亮羽扇纶巾,便服上(念):"淡泊宁静澄志虑,鞠躬尽瘁报先君。"(白):"巨达,连日辛苦了。"

朗:"犬马微劳,不敢当丞相慰勉。"

亮:"三郡二十余县,官吏可已派齐?"

朗:"秉承丞相教导,大都因吏民自推加委,以求安定。"

亮:"陇西、金城、北地、酒泉诸郡,有无响应?"

朗:"昨得马岱驰报,有枹罕唐虒与安定杨条,皆已聚众十万,保聚山城,等候大军收编。收编他们,便好借其兵粮,抚定诸郡县,不烦大军亲临矣。"

亮:"今日有无要事?"

朗:"天水郡十三县,全已降附。只伪太守马遵逃跑,尚未推出太守。今有郡吏姜维等求见丞相,想必来推举太守也。"

亮:"叫他们进来。"随取书看介。

朗起立,向内曰:"丞相喜见,天水郡吏走上。"

内应:"来也。"姜维、梁绪、尹赏、梁虔四人同上。

姜维唱(徽调):"无可奈何上祁山。军容整肃气庄严,私心敬佩汉丞相。(引三人同跪地介)求恕郡吏未早降。"

亮唱(徽调):"军书琐屑庶务繁……(闭书看介)见得一人气轩昂。他年纪不过逾弱冠。器度雍容口成章。羽扇一挥诸君起。请将民情说一番。"

维思忖,唱:"诸葛不是寻常人。他不问货殖问民情。怪道皇叔三顾请,汉室得他必中兴。我姜维降汉志愿定。"(白):"丞相哪!"(唱):"人民望汉如望慈亲。"

亮唱:"曹家传国已三世,难道人民还不归心?"

维唱:"三世剥削民怨深,羌胡扰乱迄未宁。纪律严明今方见,这才是人民尽归心。"

亮唱(转京调):"汉室如今是偏安,中兴大业重如山。我偏师讨贼肩荷重,愿得群贤共负担。"

维唱:"何谓正统与偏安,天下人情皆一般。虐我者仇厚我者亲,愿从丞相志不移。"

亮唱（放腔）："听他言来我笑颜开。哈哈，哈哈！祁山雏凤他入帐来。我不为陇西归汉喜，喜得如此栋梁材。将军且请归客馆。奏明少主加官爵。"（白）："天水太守，便以功曹升补。巨达作书，派人引导姜维入都觐见少主去者。"

向朗曰："请四位暂就客馆休息。"

四人同白："谢丞相。谢长史。"同下。

报子急上："报丞相，马谡前军失利。"

亮高呼："再探！（思介）先帝曾言'马谡言过其实，不可重用'。当时我尚未以为然。一时粗心，付以前锋重任，竟有此败。看来知人之明我深愧先帝矣！"内报："王平回营。"亮："叫他进来。"

王平率张休、李盛、黄袭同上。王平曰："罪将王平。"张："张休。"李："李盛。"黄："黄袭。"（合）："参见丞相。"

诸葛问："前锋军事如何？"

王平："丞相哪！"吹打（代言）。

亮："马谡何在？"

王平："他败走时，曾同黄袭进入末将小营。据黄袭言：他已先期回祁山大营来了。"

亮惊介："呀！难道他无面见我，竟自降魏去了！"急问介："黄袭！可是你同他进入王平营内。"

黄："罪将见他为魏军所困，杀入阵去，救得他回来，同赴王将军营地。他无面见王将军，道说先回祁山大营请罪来也。"

亮："向长史，马谡可曾回营投到。"

向亮："未见他回营投到。"

亮急问："王平！贼军可曾逼近你营。"

王平："已曾逼近，但未敢进攻而去。"

亮："你退走之时，可有贼兵尾追前来。"

王平："罪将收集溃军，徐徐退走，未见贼军追赶。"

亮："你所收集溃军有若干人？"

王平："不到一万。"

亮："张休、李盛、黄袭！你等残剩之军多少？"

张、李、黄（同白）："都在王将军收集之中。"

亮："数万大军哪里去了？"

同应："只因缺水奔溃，被贼军杀伤过半。"

亮:"降贼者必多,难道有马谡在内?"

向朗:"马谡言大志疏,覆军有罪。但他弟兄五人皆勤王事。末职保其不至降贼。"

亮沉思介:"虽然如此。前军大溃,降贼者必多。贼军知我虚实,陇右不可守矣。"

内报:"列柳城守将高祥回营。"

亮:"叫他进来。"

杂净扮高祥戎装上,(白):"罪将高祥,请恕擅行撤退之罪。"

亮:"你是如何撤军。"

高祥:"唯呀丞相!街亭军溃,贼将费曜来攻列柳,罪将料列柳孤军难守。故而撤退。"

亮:"你军散失多少。"

高祥:"幸无伤亡,全军而还。"

亮:"现在何处?"

高祥:"与王平之众同保上邽。"

亮舒息缓气介:"好。你二人立即回营整饬军马,防备贼军来攻去者。"

高祥、王平:"遵令。"同下。张休、李盛、黄袭欲行,亮挥止介。

亮:"张休、李盛、黄袭,三人留下。暂交行营司马看管,等候请旨发落。"军士押三人同下。

内报:"马岱回营。"

亮:"请进来。"

马岱着行路装上(白):"参见丞相。"

亮:"你可是闻街亭败报而归。"

马岱:"正是。末将闻街亭军溃,列柳不守,故连夜奔回大营,请示善后大计。"

亮:"地大兵少。贼人已知我军虚实。势宜撤军,另图再举。"

马岱:"唯呀,丞相!末将奉命招抚羌胡。羌胡唐蒐、杨条等归顺者数十寨落,聚集兵马十余万人,可资战守。若还大军撤退,诸寨必为贼将所破。丧失羌胡人心,则陇西更无收复之望矣。"

亮叹息介:"将军呀!"(唱):"招抚羌胡你立大功。于今情势已不同,地宽兵少难为守。陇山已失前卫空。唐蒐、杨条也难靠,新附羌胡在动摇中。根本重地尤当固,须防贼军来袭汉东。民心附不会随军进退,且待我再来时,定能做到善始又善终。"

亮(白):"我计已决,你与杨仪等安排撤兵去吧!"

马岱:"遵令。"摇头叹息下。

西县百姓甲、乙、丙、丁哄上，呼："丞相不能去呀！"

向朗："西县百姓求见丞相。"

亮："叫他们推代表进来。"

向朗："丞相教你等推举代表进见。"

四百姓上（白）："叩见丞相。"

亮："起来。百姓们因何喧嚷？"

四百姓："丞相呀！甲（唱）："听说丞相要撤军。"乙（唱）："西县百姓放悲声。"丙（唱）："大军到我们投降早。"丁丑（唱）："丞相，你如何忍心丢我们。"

亮（唱）："尔等言语出真诚。一字一句痛我心。尔等投降供柴送水效忠忱。南围北围你们造，我岂忍抛弃恭顺民。"筹思介（白）："也罢。"（唱）："把你们一千余家随军徙。到汉沔划地给你们耕种。且待再出祁山地，仍送你等返家门。"

百姓（唱）。甲："丞相他不丢我们。"乙："迁到汉中把田耕。"丙："各自回家去收捆。"丁丑："搬来搬去多么淘神。"四人同下。

姜维、梁尹四人上，（白）："闻道丞相要撤军，一同叩请留守。"跪介："求丞相"！

维唱："念维等冀城有老小。"梁虔等唱："我们搬家搞不赢。"

亮唱："姜维等进帐来，请留守兵。我且试探他们降汉之心。我兵少难兼顾陇西诸郡。我有意放你们归家去，事亲携子，各奔前程。你们可遵？"

姜维唱（流水）："我等降汉只一心，不愿回家愿从军。进退追随唯所命。志在千里不在家门。"

亮唱（尾煞）："姜维降汉志真诚。乐得本相笑盈盈。"（白）："你等意究如何？"

姜维："丞相留兵守城，维等愿回郡效力。丞相撤军东还，俺维愿弃家相从。未知三位如何？"

梁尹三人同应："我等与伯约一心。"

亮："好歟！汉军初至，三郡吏民尽降。非同一二人叛乱可比。纵使魏军重占此郡，岂能尽杀百姓以快意乎。诸君受百姓委托议降，纵然随军入蜀，谅他也不敢伤害你等家口。留兵守城，反是危道。诸君以为何如？"

四人："丞相高明远见。"

上官子脩，持书上。（念）："宛转从人意，下书到蜀营。"（白）："小吏上官子脩便是。自送姜维等迎降后，数日之间，形势大变。蜀兵尽退，魏官重来安民，保全姜维家口，却要我替他妈妈送一封信来。门上请了。"兵应介："何事？"小丑："冀城姜维之母，命我给姜维送信前来。"兵："候了。禀相爷，姜维之母，派人送有信来。"

亮:"传他到此问话。"

兵出呼:"送信人随我来。"(小丑入介):"这是相爷。"

小丑:"小民叩见相爷。"

亮:"伯约问话。"

姜维:"啊,上官子脩。来此何事?"

小丑:"老夫人一家平安,送来书信。临行加上传话,要中郎给他买一味药。"

姜维:"什么药品。"

小丑:"道是蜀当归。"

维:"呈书来看。"接书念介:"母子分别后,许久未见面。若不忘老母,购寄蜀当归。"(白):"丞相请观。"

亮看。笑介:"你意如何?"

姜维:"便烦子脩,寄还口信。"

小丑:"请讲。"

姜维:"请将四言回复老母:儿但有远志,价用蜀当归。勤寄秦知母,会当有大回。"(四味药名。大回劭茴香)小丑辞下。

亮:"何言大回?"

维:"且待再出祁山,永定陇右,便是将等大回之日也。"

亮大笑:"哈哈!哈哈。"携维手介:"同我来呀!"

第六幕　擒谡(谡逃被捉)

时间:建兴六年(228年)四月

地点:兴势县北山林

登场人物:

山民甲　(副末)

民甲妻　正旦。

民甲女　小旦。

山民乙　丑。

山民男女　无定员。

马谡　同上幕装束。

副末农民装，扎腰裙上（念）："境外天翻地覆。境内国泰民安。"入座（诗）："数十年来苦兵侵，一旦安宁百业兴。庶民康乐由谁致，万户歌声颂孔明。"

（白）："我乃兴势①山民康乐老是也。住居兴势山下。一家三口耕田打柴为业。我幼年多遭兵荒，饱受艰苦。此地位于蜀魏交界之处。自从建兴改元以来，边境安靖，百业繁兴。兵守纪律，吏不扰民，才算过得几年太平世界。丞相在兴势常驻重兵把守。这些兵公买公卖，不要我们百姓一针一线。他们买柴造饭也从优议价。我们这片山林，变成为我们农家兑换钱米的源泉了。今日天气还好，不免叫出妻女，一同上山打柴去者。老妻、女儿走上。"

正旦、小旦同上。正旦（念）："勤俭持家衣食足。"小旦："丞相爱民民拥他。"

（白）："爸爸：妈妈和我刚才碗洗了，你就在叫，又是叫我们上山打柴拥军不是？"

末："正是如此。"

小旦："那呀，你拿柴钩，妈拿柴绳，我拿签担，各带柴刀去。"

末："各取用具，一同出门。"（唱红衲袄）："妻贤子孝家道兴。"起介。丑扮邻童奔上（白）："康老伯，你们打柴，带我同去。"小旦："你来呀。"末（续唱）："乡里和好，不用择邻。"众樵民上（合唱）："共同上山把柴打，供应兴势守卫军。"绕场分散。母子三人留场作樵采介，正旦（唱）（流水板）："进老林，见枯树倒把路梗。那一旁，更还有枝丫纵横。我攀一枝，叫我儿挥刀，使劲。（作持树枝、小旦挥刀斫介。〈长锤〉）斫断后，娘与你截割劈分。（作截断木材，劈分之状介。〈长锤〉）"正旦（续唱）："劈开柴，收拾起，老老来捆。再樵两担好送进城。"

丑上（唱）（摇板）："斫柴一担汗淫淫。卖去不值钱几文。我们辛苦供别人用。老天待我不公平。"

正旦（唱）："小哥说话不中听。我们斫柴为拥军。他公买公卖哪些不好。你何得怨天更尤人。"（亦可用末唱此四句）

丑（唱）："我小子打柴快一年，吃不饱来穿不全。城内守军他们无事做，说说笑笑玩刀枪。他们幸福我们苦，叫我如何不怨天。"

末："小哥呀！"（唱）："你才活得十几年，不知此地有从前。老汉活了五十三，比你父亲长十天。"（众樵民暗上）末（续唱）："他们皆知你父母的事。你听他们说一番。"

---

① 兴势，在今陕西洋县东北，绾黄金、子午两谷道路，从来为汉东要隘。

众唱（快板书）："我们从前苦吃完。吐点苦水给你尝。你爹爹拉兵一去不复还。你妈妈活活饿死在大路边。养活全靠你孃孃。从前事，你未见。不知往时苦，哪知今日甜。往时财主霸了山，树枝枯烂谁敢搬。军人要柴要米不给钱，还要牵去猪与羊。自从丞相大军到，放开山林准开采，买柴供军给现钱。日子才见天天好。若无官军来保卫，敌军来了会翻天。那时候，你去恨地去怨天。天也不能上，地也不能钻。"

小旦："哏！你这小子。近看不过一寸，远看不过一尺。是非不明，酸甜不分，简直是不晓得天高地厚哪。"

丑："是是是！好妹子，今后我多跟你学点从远处看。"

小旦："你要跟我学看远处呀！好吧。就朝着我的指头瞧。你看见没有，远处有个人来。"

丑："哦，对，那边远处，好像有个人来。"

小旦："好像哪！硬是有个人来。"

丑："啊！硬是有个人来。"

小旦："你看他是个什么人哪？"

丑："好像是长有四条腿的人。"

小旦："那是个骑马的人。"

丑："是。硬是一个骑马的人。"

小旦向母介："我说妈呀！你看那人有点奇怪。"

正旦："你奇怪的什么呀？"

小旦："他骑的高头大马，却没有挂铃子，叫在他前面走的人如何知道让路呀？"

正旦："这你管他则甚。"

小旦："我说妈呀！还有点可怪。他是骑的一匹哑马。"

正旦："怎言它是哑马？"

小旦："我们常听见兴势军营的马，是不断地'鸣呃呃'（学马鸣）地嘶着。这个人出现已久，那马一声已未哼，这岂不是哑马？"

丑："妹子真精细，这么远，连哑马都认出来了。"

正旦："那是上了口衔的马，是叫不出声的。"

小旦："妈呀！这就更不对了。他平白衔住马口干什么？"

正旦："倒是可怪。"

丑："大娘。这不怪。那个骑马的人厌恶马叫声嘛。"

小旦："爹呀！那人越看越可疑了。"

末："你道可疑何来？"

小旦："你看他人高马大，好像一位官长。却马不挂铃更加口衔。又不走大路，迂回弯拐地找小路走。现在更走进这树林崖坎来哪！"

末："我儿所见不错。此乃边境之地，莫非有敌人混入境内探听军情，故尔摘铃上口衔，避开驻军大路。"

正旦："老老所见是矣！我等驰报兴势军营不及，如何是好？"众："如何是好。"

小旦："各位老伯，不管他是不是奸细，我们都该拦着问个明白才是。"

丑："唯呀！小妹子！你看他人高马大，腰间佩剑好像是个官长。若还问错了人，我们自讨没趣，都还罢了。若还真的碰着敌人奸细，被他拔出剑来，斫掉我们几个，岂不白丢了性命哪？"

小旦："你这浑小子。我们不能保卫边疆，被敌人混进混出，盗去虚实，那还了得。你既怕事，向那边往兴势去报知防军去吧。"

丑："得令。"蹑脚逃避下。

小旦："爹妈、亲邻！我们各执柴刀、扁担，分别隐身大树背后。待他来时，一齐出来拦阻。我们人多，何用害怕。"

末（正旦同白）："我儿所见有理。各位亲邻，一齐伏到树后。"众伏下。

马谡内唱："昼伏夜行，过汉中。（上介）行到边境，俺心放松。"（白）："马谡自叹。街亭失律，犯了杀身大祸。向长史教我逃向成都，请求少主减刑。我想那阿斗，一切唯丞相是听。丞相既要杀我。我岂可走向成都，自投死地。且喜他给了我一通假姓名的行路文凭和路资盘费。我何不逃回襄阳宜城故里，寄函向丞相请罪。他若肯赦免我，我便重回军营，另建奇功赎罪。他若不赦，我东向孙吴，北降曹魏，俱当不失封侯之位。哎呀！想我朝麋芳、士仁（注：士仁，三国演义及京剧〈走麦城〉皆误作傅士仁）降吴，黄权、孟达降魏，区区庸才，尚且位至公卿。大丈夫当以怀才不遇为耻。我岂能株守篱下，以负天下之望。来此已是成固东境，蜀魏交界之处。只要卖过兴势，便是活命矣。远望兴势旌旗招展，不可行近。姑且从此间穿林越涧而行。"行介。

小旦，出阻介。（白）："什么人？给我站着。"

马谡惊定（白）："原来是位小姑娘。俺奉丞相府命，前往襄阳新城投文。在此迷路。我来找你们问路的。"（末、旦、众百姓暗上。）

小旦："既是相府差派，为何马不戴铃？"

马谡："临行匆忙，忘记了。"

小旦："喂！大家看他马上衔勒没有。"

马谡："不用看。我恶闻马鸣，所以上了口衔。"

小旦："你为何穿林越涧，不走大路。"

马谡："嘟！俺奉丞相差派，现有兵符令箭。你们小小百姓，何得刁盘滋事！"

末："请长官息怒。我们是'桑下民兵'。有保卫边境盘查奸细之责。长官既有兵符令箭，请出一观。"

马谡："这还是话。这儿有相府公文，你们看来。"

众接看介。末："我们不曾识字。请长官读来一听。"

马谡："你们听了。（读文介）'兹派小校冯生，往新城、襄阳一路投文。沿途关卡，予以护遣，不得有误。'"

末："请拿来我们看看。"

马谡："你等既不识字，看他何用。"

末："我们也有认得几个字之人。到底须得看看。"

马谡："嗯！那你们就看。速速交还，不许耽误。"

小旦："我就认得几个字，让我来看。"（颠倒介）。

马谡："拿倒了！"

小旦："我认不全，你一句一句指给我认。"

马谡："小姑娘，太调皮了！好，就指给你。这是'兹派'二字。这是'小校冯生'。就说的是我呀。"

小旦："这个小字我认得。"

马谡："小姑娘不错。你认得这个小字，就不假了。快还我。我要赶路。"

小旦："再请你多教几个字。耽搁不了多少的。回头我引你走捷路。"

马谡："这下句，就是'往成'，啊，'往新城襄阳'一路投文"。

小旦："慢着！这个成字，我认得。我外公就是成固的人。怎么你说的'往新城'，它上面就少了一个字？"

马谡："嗯！成字就是说的新城。这乃是我们军中的密语。"

小旦："文这个字，我也认得。这成字与文字间，你说的六个字。怎么公文上只有三个字？"

马谡："咋！这都……哦，这下一个字，军中暗语就是代表襄阳的。"

小旦："一路的一字我认得。这文件里怎么又没有？"

马谡："这……"

末（白）："想那新城襄阳现在皆是魏国之地。你如何要去那里投文？"

马谡（怒介）："嘟！此乃军事秘密，尔等山野小民，何得妄议。"

众："我们在盘查奸细。"

马谡（按剑介）："尔等无知，妄把公事人当作奸细。我便杀了你等，以免耽误公事。"（众退介）。

正旦（白）："长官息怒！我等山民无知，有所冒犯。容我母女，引导你一条捷路，去到新城。"

马谡喜介："多谢大嫂。"

正旦："待我与你拉马前导。"（行介。止介。）正旦（白）："过了此崖，沿溪而下，便已出了蜀界，进入新城地界了。长官自己拉马"。

马谡："有劳大嫂了。"（接马介。小旦乘势拔取其佩剑介。）

马谡："嘟！此乃我防身之物，你为何取去。"

小旦："这家伙呀！待我把你送到之后，还你。"

马谡："你要送我到哪里才还？"

小旦："我们送你到兴势。"

马谡惊介（白）："我赴新城，不是兴势。那地方，我不去。"

小旦："你呀，去定了。"

马谡："胆大女娘，你莫非要劫抢我的装备。"

小旦："那些东西我们用它不着。只要你规规矩矩跟我们走。"

马谡（转笑脸介）："哎呀，小姑娘！你母女休要耽误俺的前程。我这里有白银一锭，酬谢你们引路。拿回家去买米吧。"

小旦："谁个要你奸细的钱呀，快走。"

马谡欲夺刀介。母女扬刀戒备介。众百姓上。

小旦："老伯们，俺母女把这奸细捉住了。"众："押到兴势去。"

马谡（搓拳啸吼介）："呀……罢了呀！罢了！"同下。

第七幕　执法（斩谡奖平）附　巴渝舞

时间：建兴六年（238年）五月

地点：沔阳大营

登场人物：

向朗　魏延

高祥、马岱

刘琰、李邈　　李邈副净或丑扮。

诸葛亮

蒋琬　留府参军，捧诏官。末角扮。

张休、李盛、黄袭三罪将　俱着便衣，散发，带绳。

马谡　箭衣，手铐，散发。

众武士、四龙套。

巴渝舞人员：

领歌人　民族服装，一人、二人、四人皆可。

舞员甲组四人　持矛。俱开熊猫脸。

舞员乙组四人　舞盾牌短刀。

舞员丙组四人　扮殷纣奴隶兵。持戟。用张休、李盛、黄袭、郝昭等代角。

舞员丁一人　黄衣冠束绦、长袖舞、象征殷纣。为主要舞员。

舞员女性四人　持械战斗，象征纣守卫鹿台的宫廷奴隶。

共用演员四十余人。

（内吹开门声）向朗、魏延，俱冠服对上。向（念）："一军败溃全局坏，"魏（念）："白简丢去丹诏来。"向（白）："行营长史向朗。"魏（白）："丞相司马魏延。"（同白）："请了。闻报诏使已到阳平。今日当到沔阳。同请丞相往迎。"（转场介）（同白）："禀丞相。朝廷诏使将到，请丞相出迎。"

内白："摆队迎请。"吹打。四军士、四大将、四僚属次第排队上。诸葛亮相冠、衮服上。看介，坐介。（俱从下场门上表示从内出。）

四龙套，蒋琬公服持诏，挥鞭上，（俱从上场门表示外来。）见丞相，下马介。丞相迎接介。绕场。蒋（白）："少主诏旨下。"

众俯身拜介："请天使宣读。"

蒋琬："皇帝诏曰：街亭之役，诸将失利，丞相引咎责躬，自请贬抑。重违丞相奖罚严明之意，贬秩三等，以右将军行丞相事。望厉兵讲武，更图再举，以副先帝恢宏汉业至意。马谡骄满违令，畏罪逃亡。应缉捕归斩首。其他诸偏裨功罪，并听丞相按军律惩奖，以励将士。此诏。"

众呼："皇恩万岁。"（亮换纶巾，与琬分宾主对坐介。）

亮:"公琰奉诏辛苦。"

琬:"久违丞相教诲。缘此一瞻慈颜，躬聆训饬为幸也。"

亮:"亮欲当着天使，处分众将。以副诏书圣意。"

琬:"敬凭丞相。"

亮移坐向台角介:"把失律诸将押上来。"

武士押三罪将上。向台口跪介。

亮:"张休，李盛。"二人应:"在。"亮:"街亭战斗可是你二人率军先溃。"

二将:"唯呀，丞相！皆因马谡违命据山，军士抢水城不得，饥渴崩散。将等无罪。"

亮:"住了！本相手教傍水依山，你等不遵。马谡违令，你等不谏。夺取水城，你等不力。败军一月以来，你等不思过自咎。今当天使，仍自抗辩不服。留下无用。斩。"军士引二人下。杀头鼓声介。持二头上，拜刀下。

黄袭:"末将调度无方，失陷了水城。罪该万死。"

亮:"水城一失，全军崩溃。论其罪果，就该斩首。"

袭（仰跌求介）:"罪将自知死罪。还望丞相念在冲入贼军救出马谡一点儿微劳，准许戴罪从戎，立功赎罪。"

亮（沉吟介）:"功不抵罪。念在服罪输情，免尔一死。摘去兵权，拨在司马帐下听候差遣。"

袭:"谢丞相。"起身挥汗下。

亮:"马谡逃亡深堪痛恨。拿到之时立斩。"

向朗:"马谡天下奇才，足助复兴大事。只缘无将兵经验，初试而败。若还通缉到来，宜得宽恕，以责后效。天使在此，乞同进奏少主。"

蒋琬应介:"鄙意亦正如此。望丞相赦罪责功。"

亮:"公琰差矣！"（唱）:"天下分崩乱滔滔，蜀吴并力制贼操。曹操恃兵把群雄扫，刘璋仁柔使蜀俗浇。矫正颓风我已著效，攘除奸佞兵始交。若废法度何能把贼讨，失律不惩全局都会糟。明法并诚布公道，同与公琰固新朝。"

李邈:"李邈直言，丞相原谅。"

亮:"汉南请讲。"

李邈:"昔者，秦穆公乘晋文公之丧，派遣孟明、西乙、伯乙三帅越晋境以伐郑。未得破郑，反被晋师大败于崤山道上，全军覆没，三帅被擒。晋襄公以秦为甥舅之邦，放还孟明。好个秦穆公，不究孟明丧师之罪，反是素服郊迎，自咎拒谏之愆。仍然重用孟明。增修国政，重施于民，三年而后伐晋报仇。可是他又败于彭衙之地。虽然再试而败，他仍重用孟明不衰。那孟明感恩图报，发愤不已。再一年而伐晋，大败晋师。秦穆公由于坚决任用孟明，遂霸西戎。再如，楚成王与晋文公争霸，两国之师遇于城濮。楚国大将子玉请战。成王不愿出战，少给兵马。子玉与子上、子西分将三军而战。子西、子上两军皆溃，子玉所将中军独全。那个楚成王，不肯自己引咎反将子玉诛死以谢国人。晋文公一世霸君，深以子玉再来报仇为忧。迨闻楚杀子玉而后喜可知也。楚成王在位四十六年，其子穆王在位十二年。由于杀了子玉，数十年不敢争衡上国。迨庄王兴而后霸。丞相误用马谡毫无经验之人，骤统大军，担负前锋重任。初试而败。咎在丞相，非马谡之罪也。若言马谡有罪，罪不大于子玉。若论街亭兵败，败不过于崤师。丞相虽已自咎，尚无秦穆省愆之情，而有楚王杀臣之失。欲以此内服国人，外慑贼胆，岂其可乎？"

亮："汉南直言，老夫深所惭愧。亮当引咎责躬，明布所失于天下。庶几明罚思过，校变通之道于将来也。凡我同僚，俱盼忠虑于国，勤攻吾过。相与厉兵讲武，何患贼曹不灭，大业不定者乎。"

内报"拿获马谡"。举座大惊。

亮："绑上来。"

马谡内唱："一失足成千古恨。"武士绑谡上介，马续（唱）："再回头已身百年。俺徒读兵书无实践，骤当大任便嚣张。街亭我拒王平谏，不去依水去依山。（转〈快板〉）魏兵他把汲水道路来截断，数万战士牺牲完。回大营难把孔明见，贪生怕死我远逃飏。不从良言回都去把少主见，妄想歧路逃走向襄阳。行过兴势偏遇着，桑下民兵把我拦。俺平生，未把那些山野之民看上眼，又谁知阴沟里面把船翻。披枷戴锁仍要见丞相。羞得我一世英雄，无地缝可钻。"（白）："犯官马谡，请丞相发落。"

亮："马谡！"（切齿愤恨低声。）

谡："犯官该死。"（畏怯弹抖声。）

亮："街亭因何折兵？"（徐缓镇静声。）

谡："违背丞相节度。"（惭愧声。）

亮："可曾有人劝阻。"（尾声高激。）

谡："犯官未用王平之言，以致大败。"

亮："十万之众，七郡之地，丧于你手。为何不来见我？"（尾声激怒。）

谡："罪重如山，怕死逋逃。羞见丞相与三军之士也。"

亮："你逃向新城，意在降魏。是也不是？"

谡："唯呀丞相！犯官志在逃亡，并无降魏之心。"

亮："既无降魏之心，为何不南走西川，东走吴会，却偏逃向陷于贼的新城一路？"（审讯语气）

谡："犯官一时糊涂。思念乡土。"（辩白决绝声。）

亮："枭首示众。"兵士拥谡下。

琬："马谡供状未详，还请丞相留头问话。"

亮："招转来。"

马谡随军士上跪介："谢丞相不斩之恩。"

亮："住口！罪情重大，安能不斩。只因天使在此，有所问话。你往那边跪去。"

蒋琬："求丞相允许，引他隔室询问。"

亮："便请带他前去。"

蒋琬："谢丞相。"带马谡下。

向朗："马谡实无降魏之心，望丞相宽刑。"

亮："住了！他之逃亡，与你有关。"

向朗跪介："不敢欺瞒丞相。实因体念将才难得，树人不易。丞相军法严明，犹恐他见面即死。故而假以方便，叫他逃回成都请罪于少主，以待后命。末职私放罪人，情当同罪。"

亮恨介："哼！身为长史，不图遵法明刑，整军经武。乃以私情害公，纵友逃亡。他不向成都而向襄阳，明明有降魏之志。你却至今还敢替他担保。岂不可恨！"

朗："向朗识浅谋疏，知法犯罪。但凭丞相发落。"

亮："摘去长史，闭门思过去吧！"（向朗下。）

李邈："丞相一日之中，斩了张休、李盛，又还要斩马谡。贬了赵云、黄袭，又复贬去向朗。用刑刻深，邈窃以为不然。"

亮："罪情如此。依你之见如何？"

邈："窃谓人死不可复生，头断不可复续。又道是千金易得，一将难求。纵有轻车，还资熟路。丞相养士二十年，仅得如此上众。若马谡之才华，向朗之忠荩，万人求之不得，百年培育难成。况皆先帝旧将，积有功勤。《周礼》秋官司寇，有'八议''三宥'之法。一曰议亲，二曰议故，三曰议贤，四曰议能，五曰议功，六曰议贵，七曰议勤，八曰议宾；三宥有'一宥曰不识，再宥曰过失，三宥曰遗忘'。如此则士大夫无可用刑的了，故孔丘说'刑不止大夫'。"

亮大怒介："住口！《周礼》乃儒生伪造之书。孔丘未能用之以强国，王莽用之适足以取亡。你今竟敢引用以议刑赏明章治国大计。外沽直言之名，内怀比奸之私。是刘璋之遗民,非先君之义士也。不能裨益中兴,徒扰行军法理。本当与向朗同贬。姑念你有直言强谏之名。便以原官回都食禄去吧。"

(李邈傲然禹步下。)

魏延曰:"李邈前者触犯先帝,就当斩首。今又干颜妄语。为何丞相不斩,反叫他原官回都?"

亮:"此等愚昧小儒,实为书本所误。非有作乱之心。蜀中似此之人甚多。贬之反使人疑我无量容人。只好由他去吧。"

蒋琬上(白):"适才考问马谡,实无投降吴魏之心。窃愿丞相缓刑一年,以观后效。"

亮:"他还有何言。"

蒋琬:"他有恳求再试,立功赎罪之意。"

亮:"公琰呀!"(唱):"中兴重担你当分,为政之要在观人。马谡浮夸先君晓。我误用他损失了十万兵。"

蒋琬:"他牛刀初试无经验,久经锻炼会成钢。"

亮:"他邪回闪烁无真言。不来投罪反奔襄阳。明是恃才欲降魏。心怀歧路他怎能成钢。"

蒋琬(唱):"从来治国叹才难,还望丞相把刑宽。"

亮(唱):"治国唯有执法难。人才只在行伍间。王平初无人注意,临事更比马谡强。但当留心求国士,何可枉法叹才难。"

蒋琬(白):"丞相必斩马谡,还当念他一家效忠,许其面陈后事。"

亮:"好,押他上来。"武士再押马谡上。

马谡:"犯官求丞相缓刑一年,愿得立功雪耻而死。"

亮:"马谡呀!幼常!本相违先帝之言,错把你认为栋梁之器。轻付重任,丧失了北伐全功。此乃本相昧于用人之罪,原可不必加刑于你。可叹你既已拒谏失律于前,又复怕死潜逃于后。此法之所难赦也。再讲,你逃走,如其仅仅出于畏死,犹可说也。你不逃回成都向少主求情,而乃逃向新城襄阳之地。纵无投魏之实,假使你遂得逃回襄阳,有人推荐于你,你能遂不为孟达、申耽之续乎?(注:孟达、申耽皆于关羽兵败之际自上庸降魏。)此乃真不可赦也。似你这样负固自欺,匿奸逃跑之人,安可望能洗心革面戴罪图功,以负众公之望乎?我今不惜临刑教诲,一来是为了劝诫阖营将士,二来是叫你死而无怨。话言已毕,推去斩首。"

马谡:"还求陈述后来一言。"

亮："讲。"

马谡："丞相！（泣介）丞相平时待我马谡有如亲子，马谡敬事丞相有同亲父。自恨一时愚昧，连堕三重法网。今蒙丞相教诲，才得如梦初醒。罪无可逭。情甘明正典刑，以助惩劝。可怜家有小子，读书未成。愿丞相取殛鲧兴禹之义，不负平生之交，马谡虽死无遗恨于黄泉矣。"

亮："本相执法以明刑，非有所憎恨于汝。平生之交，既不缘之求全，亦不因此而废。教养遗孤，我之任也。就刑去吧。"

武士押马谡长啸哀鸣"哇……"下。（刑鼓声）：武士持头上拜刀，复下。

亮唱（倒板）："斩了马谡，奖王平……（白）："王子均进位。"（王平应，前立向外。）亮（续唱）（正板）："赏必信，罚必果，恩威分明。叹王平生长在边裔郡，临事果敢思虑深。马谡他，见贤不识认，清水川分兵只千人。溃军散卒收容尽，贼将来时他从容部署不诧又不惊。旌旗未乱人肃静，全营只有擂鼓声。若果他张郃竟来犯，凭垒拒战还难定输赢。若还张郃能谨慎，他必然怀疑林内还有埋伏军。果然他收兵回陇不敢妄前进。一千兵，保全了后方三郡数万之众，从容撤退安且宁。巴西多有忠勇将。他可算临事不惧好谋成。你立此奇功当受奖。我当着诏使把你的官来升。拜为参军理营务。统辖五部斯儿兵。（注：五部斯儿，是诸葛平定南中时编练成的民族队伍。斯与賨，原是同类。故亮使王平统之。）安汉亭侯爵位进，加封讨寇大将军。"

众合唱："丞相赏罚合人情。我们愿尽忠竭虑仰副仁恩。"

刘琰出位白："丞相北伐虽未成功，如此赏罚分明，人心激动，不难再举平贼也。又道是，失败乃成功之母。祸兮乃致福之基。我刘琰新近排练几套歌舞，敢请演来为天使洗尘，为丞相解闷，为王将军贺功。"

魏延："刘琰腐儒，与向朗、李邈一党。领军一千，从无战斗之功。锦衣玉食，酣歌恒舞，糜饷玷官。还敢公然请以歌舞、腐蚀军心。合该治罪。"

亮："司马差矣！《家语》有云：'张而不弛，文武弗能。弛而不张，文武弗为。一张一弛，文武之道也。'所谓文武，亦不过喻言一般人情。我军入则屯田，出则作战，生活紧张，亦须有文化娱乐，以舒辛勤之气。故明诏特许国老刘公，率千人在军，讲求文娱之艺。此固未可以战功责之也。（转向琰介）刘公近来有何新声？"

刘琰："在下新排练有《巴渝舞》。用正宫调唱激昂慷慨之歌，战斗之舞，演賨民破敌故事。可以振奋军心。"

亮："何谓《巴渝舞》？"

刘琰："启丞相：昔者武王破纣，实得巴蜀之师。巴师勇锐，歌舞以凌殷人。殷人前徒倒戈，大破殷纣若林之师于牧野。周王留下巴师歌舞，传示后人。曹操夺取汉中之时，迁三巴賨王与其战士到中原，命其军谋祭酒王肃，翻译賨语为华言，常在军中演奏。我朝巴西名将马德信（马忠，阆中人）、张伯岐（张嶷，安汉人）、句孝兴（句扶，巴中人）与王子均将军（王平，宕渠人）皆出自賨国旧邦，并为当今名将。所率将士多有巴渝旧族，能歌此曲。此本是我大汉之土风，巴蜀之精粹，曹操窃取未得其精华。在下排练已久，今日正好演来请王将军教正。"

亮："好。你便当众演来。"（退出舞场）

刘琰："丞相有令，巴渝舞表演上场者。"

（内鼓声三通）。歌师扮賨王，民族服装上。（唱）（唢呐调）："八百诸侯会孟津。"（随唢呐过门，甲组舞员各持矛上。起舞。四岔，聚矛向上表示诸侯会合。武剧锣鼓起。各舞枪花。随罢舞到正中——排立。）

歌师（续唱）："巴渝武士做前军。"

舞员乙组、各持盾牌短刀。走盾牌路，骈上，起立筋斗，对甲组作单刀破矛演习。毕，各翻筋斗亮相。

歌师（续唱）："牧野交兵龙虎斗。"

〈急急风〉丙组舞员挥戟扮纣军上，斗打剧烈，最后賨人用盾压戟，扬刀作战胜状。丙组舞员作投降倒戈状。主要舞员丁、黄衣冠束带，舞长袖上，作各种水袖舞，与三组舞员次第作斗状（挥舞袖格拒刀矛状。象征纣出战斗。）舞夹筋斗，三次紧张战斗，三次亮相。最后，筋斗翻上木桌，表示纣王退回鹿台。四女舞员排枪上拒战，表示纣之宫廷奴隶保卫鹿台。

歌师（续唱）："前徒倒戈向纣君。"

舞员丁复跃下，舞袖督女兵战斗。女兵被杀尽，纣乃翻筋斗入桌内。内发焰火，表示纣着其宝衣自焚。（女兵能翻越者，亦可继纣翻入，举焰。因纣亦有少数忠顺奴隶也。）

众合唱："朝歌死去奴隶主。从此天下得太平。"

众舞员甲组左侧舞枪花。丙组右侧舞枪花。乙组正中翻筋斗。绕场、甲组易右侧、丙组易左侧，乙组内外排次互易。再翻筋斗。各献巧艺。吹完场乐。闭幕。

编后记

这个剧本,只可算是用剧本形式写出的一篇历史故事。用于实际演出时,可能会发生一些困难:一是道白太多,又迁就史文,未免生硬,不尽合艺人口吻。二是唱词长短、音韵、曲牌,不尽合于旧剧的调门。须经修改调整,以适应演唱。三是一些脍炙人口的旧戏精彩唱段,失去可惜。

曾设想过救正办法如下:

关于第一点,可由剧团与角色,删省其一部分,例如,第一幕的吴懿一部分的话,就可删去;唯若印行剧本,则盼尊重此稿,保存历史真实,以便于观众讨论评判。

关于第二点,唱词、腔调、道白都须经老艺人修改、删正,才可以适用。这稿子,只算得是绘出草图,不能算是定本。

关于第三点,可将旧戏《空城计》一折加入第六幕前,增全剧为八幕。即使在其他幕中,一些地方也可借用旧有精彩唱腔和过场,只添入新词。

另外,《巴渝舞》一场,系将民族歌舞和戏剧技艺融合之创举,武演员和歌舞者、作曲伴奏者均须精加训练编排,方能出彩。如缺乏歌舞演员也可删去巴渝舞一场,于全剧无碍。

附 "初出祁山"历史资料辑考

《三国志》所载:

《蜀书·后主纪》:"建兴五年(227年)春,丞相亮出屯汉中,营沔北阳平、石马"。"六年春,亮出攻祁山,不克。"

《亮本传》:"建兴元年(是年五月、刘备死于白帝城。亮受遗诏辅政。是月后主即位改元。)封亮武乡侯,开府治事。顷之,又领益州牧。政事无巨细咸决于亮。……五年,率诸军北驻汉中……屯于沔阳。六年春,扬声由斜谷道郿。使赵云、邓芝为疑军,据箕谷。魏大将军曹真举众拒之。亮身率诸军攻祁山。戎阵整齐、赏罚肃而号令明。南安、天水、安定三郡叛魏应亮。关中响震。魏明帝西镇长安,命张郃拒亮。亮使马谡督诸军在前,与郃战于街亭。谡违亮节度,大为郃所破。亮拔西县千余家还于汉中。戮谡以谢众。上疏曰:'……不能训章明法,临事而惧;至有街亭违命之阙，箕谷不戒之失……请自贬三等，以督厥咎。'于是以亮为右将军，行丞相事。所统如故。"

裴注引郭冲第四事①谓："陇西、南安二郡应时降附。围天水，拔冀城，虏姜维，驱略士女数千人还蜀。"又引《汉晋春秋》云："或劝亮更发兵者。亮曰'大军在祁山、箕谷，皆多于贼，而不能破贼，为贼所破者，则此病不在兵少也。在一人耳。今欲减兵省将、明罚思过，校变通之道于将来。若不能然者，虽兵多何益！自今以后，诸有忠虑于国，但勤攻吾之阙，则事可定，贼可死，功可定而待矣。'于是考微劳，甄烈壮，引咎责躬，布所失于天下。厉兵讲武，以为后图。戎士简练，民忘其败矣……"

《魏书·曹真传》："字子丹，太祖（曹操）族子也。……文帝（曹丕）即位，以真为镇西将军，假节，都督雍、凉州（今陕西、甘肃二省地）诸军事。……张进等反于酒泉，真遣费曜讨破之。……文帝寝疾，真与陈群、司马宣、王（懿）等受遗诏辅政。明帝即位，进封都乡侯，迁大将军。诸葛亮围祁山，南安、天水、安定三郡反应亮。帝遣真督诸军、军都。遣张郃击亮将马谡，大破之。安定民杨条等略吏民，保月氏城。真进军围之。条谓其众曰'大将军自来，吾愿早降耳'。遂自缚出，三郡皆平。……"

《蜀书·马良传》："字季常，襄阳宜城人也……先主败绩于夷陵，良亦遇害。良弟谡，字幼常。（按良当有三兄字孟常、仲常、叔常，在襄阳未仕，故曰"马氏五常。白眉最良。"）以荆州从事随先主入蜀，除绵竹、成都令，越嶲太守。才器过人，好论军计。丞相诸葛亮深加器异。先主临薨，谓亮曰：'马谡言过其实，不可大用。君其察之。'亮犹不然（按谓不以为然。）以谡为参军。每引见谈论，自昼达夜。建兴六年亮出军向祁山。时有宿将魏延、吴懿（原文作壹、系避晋讳改字）等，论者皆言以为宜令为先锋。而亮违众拔谡。统大众在前。与魏将张郃战于街亭，为郃所破，士卒离散。亮进无所据，退军还汉中。谡下狱，物故。亮为之流涕。良死时年三十六，谡三十九。"

裴注引《襄阳记》云："南征南中、谡送之数十里……对曰：'南中恃其险阻不服久矣。虽今日破之，明日复反耳。今公方倾国北伐以事强贼。彼知官事内虚，其叛亦速。若殄尽遗类以除后患，既非仁者之情，且又不可仓促也。（按：谓不可迅速

---

① 郭冲，西晋人。其在太康年间（280—290年），针对士人对诸葛亮的论贬，写有"条亮五事"。裴松之注《三国志》引用。

毕事。卒下原脱定字。）夫用兵之道，攻心为上，攻城为下；心战为上，兵战为下。愿公服其心而已。'亮纳其策，赦孟获以服南方……"

又云："谡临终，与亮书曰：'明公视谡犹子，谡视明公犹父。愿深惟殛鲧兴禹之义，使平生之交不亏于此。谡虽死，无恨于黄壤也。'于时十万之众，为之垂泣。亮自临祭，待其遗孤若亲生。蒋琬后诣汉中谓亮曰：'昔楚杀得臣，然后文公喜可知也。天下未定而戮智计之士，岂不惜乎？'亮流涕曰：'孙武所以能制胜于天下者，用法明也。是以杨干乱法，魏绛戮其仆。四海分裂，兵交方始，若复废法，何用讨贼邪？'"

又引晋习凿齿《魏晋春秋》曰："诸葛亮之不能兼上国也，岂不宜哉。夫晋人规林父之后济，故废法而收功。楚成暗得臣之益已，故杀之以重败。今蜀僻陋一方，才少上国，而杀其俊杰，退收驽下之用。明法胜才，不师三败之道。（按：谓管仲自言：'吾尝三战三北，鲍叔不以为无勇，知我有老亲在也。'）将以成业，不亦难乎！……为天下宰臣，欲大收物之力，而不量才节任，随器付业；知之大过，则违明主之议。裁之失中，即杀有益之人。难乎其可与言智者也。"

（强按：司马光《通鉴》，于此役，全用陈寿《蜀志》原文，兼采《裴注》，唯不用习氏此论。可与诸葛答蒋琬语对校，可知其所见者大也。得臣、孙武、与魏绛事，胡三省《通鉴注》云："《左传》晋文公与楚子玉得臣战于城濮。楚师败绩。晋人楚军三日谷。文公犹有忧色，曰'得臣犹在，忧未息也'。及楚杀得臣，然后喜可知也。"（语在《左传》僖二十八年。杜预注'谓喜见于颜色'。）《孙子始计篇》曰："法令孰行，言法令行者必胜也。故其教吴宫美人兵，必杀吴王宠姬二人，以明其法。又《左传》，晋悼公合诸侯，其弟杨干乱行，魏绛戮其仆。悼公谓魏绛能以刑民，使佐新军。"（按，其事在襄三年）。

（强按：街亭，名不见于《水经注》，后人难于考定。查《后汉书·郡国志》，汉阳郡"本天水郡，永平十一年更名"。所辖十三城中，略阳有街泉亭。刘昭注云："街水故县，省。"胡三省《通鉴注》云："《续汉志·汉阳》，略阳县有街泉亭，前汉之街泉县也，省入略阳。"杜佑曰："街泉亭在陇县。"又曰："平凉郡界有街泉亭，马谡为张郃所败处。"

考：后汉汉阳郡治冀县，故城在今天水县西，甘谷县界。其所属之西县，《续汉志》云："故属陇西，有嶓冢山，西汉水。"西汉水即嘉陵江之西源，故称漾水，发源于嶓冢山即祁山之西峰。然则汉西县故城应在今甘肃省礼县西和县附近。祁山者，陇南与天水郡间秦岭西支最为低平之一山脊部分。诸葛亮选取此以入天水，拟断陇坂，先行占有凉州十郡，（皆在今甘肃省境）以临关中。故命前锋直趋街陇。而魏张郃亦以五万大军来争此地。从秦汉下至清代，自关中向陇右，自陇右入关中者，皆取汧水上下陇坂一路。街泉旧址，应在其间。

陇州，为后汉凉州刺史治。唐宋为陇县（今同属陕西）杜佑既云在陇县，又云在平凉。查汉魏无平凉县，晋始有之。后遂为平凉郡、平凉府。今仍为甘肃平凉县。在陇县正北颇近。然则平凉县地原属陇县。唐宋扩建平凉府，乃割陇县地置之。街泉故城被划属之，故杜佑有如此语。是街亭者乃陇坂下，汧水南侧之一山爪。当陇县西北百里左右。北距平凉约二百里，唐为清水县地。今仍属甘肃界内，在张家川回族自治县以东。称街亭者，地本在清水侧。清水下游入汧，故亦称汧水。汉时有县民聚居成街市，因之筑成，是为街水县城。其城，三国时犹未废。《三国志》所谓"依阻南山，不下据城"是也。凡汉制，县属分设乡亭。旧治必为亭，有亭长治之。犹宋以来，废县故址必为镇，有尉治之也。马谡所驻之"南山"，即街亭城后之山爪，本亦有泉，故曰街泉。其泉不足供数万人饮。迨城被张郃所据，遂致自渴乱而败，此当时必然之史实，可缘郃传此数语完之矣。《失街亭》一幕剧情本此。

其时，孔明本人已进入秦川（渭水上游河谷），故天水、南安、安定三郡吏民尽降，魏置守尹被杀，余吏逃逸罄尽。刺史郭淮，本名将，亦不敢不走。假使街亭一战蜀胜，则可直下渭水平原，长安可得，关中亦可有。但不幸挫败，亮亦不能不仓促退回汉中，仅徙西县民千余家入蜀。而姜维等眷属与杨条等义民皆陷魏，甚可慨矣！亮营祁山南北围，为凉州后勤重地，甚赖西县人民支持。《志》云"亮围祁山"，谓筑围屯粮，非魏军守此而攻围之也。既弃秦川，则西县新附之民，易受魏军蹂躏，故悉徙之入内。应是西县义民攀辕求之。

综此一役，实有风卷落叶之势。缘马谡徒尚空谈，昧于实践，临大敌遂自仓皇惊乱所误。亮非能善用人者，致有此败。而又不能固守祁山，遂弃三郡，负人民之望。后虽再五出，不能更有尺寸之地。陈寿谓其"将略为短"，全面中肯。爱之者，不可遂因而辩护之。若习凿齿之论，则亦儒生横议之谬也。设孔明而不能持法，则安得于残败五年之后，竟收南征北伐之功。

关于剧中其他人物当时身份和依据资料如下，供演员参考：

1. 赵云：《蜀志·赵云传》："字子龙。常山真定人也。……建兴元年，为中护军，征南将军，封永昌亭侯。迁镇东将军。五年，随诸葛亮驻汉中。明年亮出军，扬声由斜谷。曹真遣大众当之。亮令云与邓芝往拒，而身攻祁山。云芝兵弱敌强，失利于箕谷。然敛军固守，不至大败。军退，贬为镇军将军。"

裴注引《云别传》云："亮曰：'街亭军退，兵将不复相录。箕谷军退，兵将初不相失。何故'芝答曰：'云身自断后，军资什物略无所弃，兵将无缘相失。'"（《通鉴》采入）

《水经注·沔水篇》："又东合褒水。水西北出衙岭上，东南径大石门，历故栈道下谷，（即箕谷）俗谓千梁无柱也。诸葛亮与兄瑾书云：'前赵子龙退军，烧坏赤崖以此阁道（栈道）。缘谷百余里，其阁梁一头入山腹，其一头立柱于水中。今水大而急，不得安柱。此其穷急，不可强也。'又云：'顷大水暴出，赤崖以南桥阁悉坏。时赵子龙与邓伯苗，一戍赤崖屯田，一戍赤崖口，但得缘崖与伯苗相闻而已。'"（按，赤崖，褒水南段较宽之谷地，亮谓邓芝屯田于此。赤崖以北架桥阁，出箕谷，循褒水至留坝，太白，是为褒谷。逾山而下循斜水至郿县，是为"褒斜道。在秦蜀三道间，此为最平易者也"。）

2. 吴懿《蜀志·先主穆后传》："先主穆皇后，兄吴懿。少孤，懿父素与刘焉有旧，是以举家随焉入蜀。……后主即位，尊后为皇太后。称为长乐宫。懿官至车骑将军，封县侯。"

又《杨戏传》载《季汉君臣赞》有云："车骑高劲，惟其泛爱。以弱制强，不陷危坠。"陈寿注之云："赞吴子远，名壹，陈留人也。随刘焉入蜀。刘璋时为中郎将，将兵拒先主于涪，诣降先主。定益州，以壹为护军讨逆将军。纳壹妹为夫人。章武元年为关中都督。建兴八年与魏延入南安界破魏将费瑶（即费曜）徙亭侯。进封高阳乡侯，迁左将军。十二年，丞相亮卒，以壹督汉中，车骑将军，假节，领雍州刺史。徙封济阳侯。十五年卒。"

吴懿，虽外戚，生于寒微，自少习谙军计。稳练谦恭，颇以贤称。诸葛亮在世，未加重用，仍以讨逆将军随军驻汉中，与魏延齐名。北伐军中无其名事，当是与延留镇汉中、兴势两处。剧情依据如此。

3. 魏延：《蜀志·魏延传》："字文长，义阳人也。……先主践尊号，进拜镇北将军。建兴元年封都亭侯。五年，诸葛亮驻汉中，更以延为督前部，领丞相司马、凉州刺史。……延既善养士卒，勇猛过人。又性矜高，当时皆避下之。唯杨仪不假借延。延以为至忿，有如水火。……"

《通鉴·卷七十一》："诸葛亮将入寇、与群下谋之丞相司马魏延曰：'闻夏侯楙，（少主婿也，怯而无谋，今假延精兵五千、负粮五千，直从褒中出，循秦岭而东，当子午而北，不过十日，可到长安。楙闻延奄至，必弃城逃走。长安中，惟御史（谓督军御史）京兆太守耳。（汉以长安为京兆尹治。魏改为京兆太守。）横门邸阁（魏储粮处）与散民之谷足周食也。比东方相合聚，尚二十许日。而公从斜谷来，必足以达。如此，则一举而咸阳以西可定矣。'亮以为此危计，不如安从坦道，可以平取陇右，十全、必克、而无虞。故不用延计。"（此亦用《裴注》引《魏略》文。时夏侯楙以安西将军镇长安。闻亮出师，乃以曹真入关拒亮。）

4. 邓芝：《蜀志·邓芝传》："字伯苗，义阳新野人也。……及亮北驻汉中，以芝为中监军、扬武将军。"

5. 向朗：《蜀志·向朗传》："字巨达，襄阳宜城人也……后主践阼，为步兵校尉，代王连领丞相长史。丞相亮南征，朗留统后事。五年，随亮汉中，朗素与马谡善。谡逃亡，朗知情不举。亮恨之。免官还成都……优游无事垂三十年，乃更潜心典籍，孜孜不倦。年余八十，犹手自校书，刊定谬误。积聚篇卷，于时最多……延熙十年卒。"（按，朗因掩护谡逃，而被罢免。本剧擒谡一场，即据此演绎。）

6. 杨仪：《蜀志·杨仪传》："字威公，襄阳人也……建兴三年，丞相亮以为参军，署府事，将南行。五年，随亮汉中。……亮数出军，仪常规划分部，筹度粮谷，不稽思虑，斯须便了。军戎节度，取办于仪。亮深惜仪之才干，凭魏延之骁勇。不忍有所偏废也。"

7. 刘琰：《蜀志·刘琰传》："字威硕，鲁国人也。先主在豫州，辟为从事。以其宗姓、有风流、善谈论，厚亲待之。遂随从周旋，常为宾客。……后主立，封都乡侯，班位每亚李严。为卫尉、中军师、后将军，迁车骑将军。然不豫国政。但领兵千余，随丞相亮讽议而已。车服饮食，号为侈靡。侍婢数十，皆能为声乐。又悉教诵读《鲁殿灵光赋》。建兴十年，与前军师魏延不和，言语虚诞。亮责让之。……于是亮遣琰还成都，官位如故。又二年，以挞妻罪弃市。"

（按此传文，以琰资历位望，实在孙乾、简雍之上。后主立，班位恒亚李严，而不豫国政。享用侈靡，非亮所能重，而仍将之在军，率军千余人，而不用于战斗。侍婢数十皆能为声歌。操行薄于众口，而曰一心在国。则其所率为文娱宣传之后勤队伍，盖可明矣。剧中两场歌舞，依此造意。）

8. 王平：《蜀志·王平传》："字子均，巴西宕渠人也。本养外家何氏，（《魏书》尽称何平）后复姓王。随杜濩朴胡诣洛阳，（按：谓曹操灭张鲁，招降三巴賨王，并携还洛阳。平从賨王徙入。）假校尉。从曹公征汉中，因降先主，拜牙门将裨将军。建兴六年（228年），属参军马谡先锋。谡舍水上山，举措烦扰。平连规谏谡。谡不能用，大败于街亭。家尽星散。惟平所领千人，鸣鼓自持。魏将张郃疑其伏兵，不往逼也。于是平徐徐收合诸营遗迸（音拼，走散也），率将士而还。丞相亮既诛马谡,及将军张休、李盛,夺将军黄袭等兵,平特见崇显。加拜参军,统五部(谓南中编用之'五部斯儿'夷兵)兼当营事。进位讨寇将军,封亭侯。……生张戎旅,手不能书。其所识不过十字。而口授作书,皆有意理。使人读《史》《汉》诸记传听之,备知其大义;往往论说不失其指。言不戏谑。从朝至夕,端坐彻日,懽无武将之体。(懽,音化,等思运智之貌。)然性狭侵疑,为人自轻,以此为损焉。"

又云:"平同郡汉昌句扶,忠勇宽厚,数有战功,功名爵位亚军。官至左将军,封宕渠侯。"

9. 李邈:《蜀志·广汉士女赞》"汉南哽哽,天夺其守"。常璩自注云:"李邈,字汉南,邵兄也。(邵,字永南,兄朝字伟南,郪人也。'兄弟三人,号三龙'。)……有司将杀之,诸葛亮为请,得免。久之为犍为太守,丞相参军、安汉将军。建兴六年,亮西征,马谡在前,败绩,亮将杀之。邈谏以'秦赦孟明,用霸西戎。楚诛子玉,二世不竞'。失亮意,还蜀。十三年亮卒,后主素服发哀三日。邈上疏曰:'……五大不在遣,臣常危之。今亮殒殁,盖宗族得全,西戎静息,大小为庆。'后主怒,下狱、诛之。"

10. 姜维:《蜀志·姜维传》:"字伯约。天水冀人也。少孤,与母居。……以父囧,昔为郡功曹,值羌戎叛乱,身卫郡将,没于战场,赐维官中郎,参本郡军事。建兴六年,丞相诸葛亮军向祁山。时天水太守适出案行。维及功曹梁绪,主簿尹赏,主计梁虔等从行。太守闻蜀军垂至,而诸县响应,疑维等皆有异心,于是夜亡保上邽。维等觉太守去,追迟。至城门,城门已闭,不纳维等。相率还冀。冀亦不入维。维等乃俱诣诸葛亮。会马谡败于街亭,亮拔将西县千余家及维等还。故维遂与母相失。亮辟维为仓曹掾,加奉义将军,封当阳亭侯。时年二十七。亮与留府长史张裔、参军将琬书曰:'姜伯约忠勤时事,思虑精密,考其所有,永南、季常诸人不如也。其人凉州上士也。'又曰:'须先教中虎步兵五六千人。姜伯约甚敏于军事,既有胆义,深解兵意。此人心存汉室,而才兼于人。毕教军事,当遣诣宫,觐见主上。'"

又云:"维昔所俱至蜀,梁绪官至大鸿胪,尹赏、执金吾,梁虔、大长秋皆先蜀亡没。"

《裴注》引《魏略》云:"天水太守马遵,将维及诸官属,随雍州刺史郭淮,偶自西(西县,在祁山西南)至洛门案行。会闻亮已到祁山。淮顾遵曰,'是欲为不善',遂趋东还上邽。遵念所治冀县界乎西僻,又悲吏民乐乱,遂亦随淮去。时维谓遵曰'明府当还冀'。遵谓维等曰'卿诸人叵复信,皆贼也'。各自行。维亦无如遵何。而家在冀,遂亦与郡吏上官子脩等还冀。冀中吏民见维等大喜,便推令见亮。

二人不获已，乃共诣亮。亮见，大悦。未及遣迎冀中人。会亮前锋为张郃、费繇等所破，（按，费繇、费瑶、费耀、费曜，是一人，诸记书者录音为异。）遂将维等却缩。维不得还，遂入蜀。诸军攻冀，皆得维母、妻子，亦以维本无去意，故不没其家。但系保官以延之。"

注又引《孙盛杂记》云："初，维诣亮，与母相失。后得母书，令求当归。维曰'良田百顷，不在一亩。但有远志，不在当归也'。"（言魏地人才多不必有维。维自有远志。远志当归并以药名为隐语。）

11. 张郃：《魏书·张郃传》："字儁乂，河间鄚县人也……文帝即王位，以为左将军，晋爵都乡侯。及践阼，进封鄚侯。（强按：三国时列侯有县侯、都乡侯、都亭侯三级，皆爵级虚衔，不食租。其授实县，食租户者为诸侯，以封于本县者为尤尊荣。）……诸葛亮出祁山，加郃位特进，遣督诸军，拒亮将马谡于街亭。谡依阻南山，不下据城。郃绝其汲道。击，大破之。南安、天水、安定郡反，应亮，郃皆破平之。"

12. 郭淮：《魏书·郭淮传》："字伯济，太原阳曲人。……擢雍州刺史（文帝时）。太和二年，蜀相诸葛亮出祁山，遣将军马谡至街亭，高翔屯列柳城。张郃击谡，淮攻详营，皆破之。又破陇西名羌唐蹏于枹罕。加建威将军。"

（强按：汉天水郡治冀城在渭水南。当今甘肃甘谷县。境县有落门聚。即《水经注》所云"水洛口"及"水洛亭"是也。郡领十三县。上邽，在渭水北岸，本秦天水郡治。当在今甘肃天水县界。县东有大石峡。汧水在此峡外，古谓之清水。自上邽入秦川者恒避峡，北绕由陇坂下汧水。郭淮案行郡县，欲饬郡县民兵以备蜀。不意亮军大至、吏民皆叛，故仓促弃天水郡治，图保上邽。乃上邽亦已迎亮军，故奔由陇坂返陇州刺史治。马谡率前军尾追至街亭而张郃军至，此当时实际情势也。当时三郡人民惊乱，纷起逐杀官吏，迎蜀情致，魏蜀载记俱甚显明。本剧依之叙述，并无铺张。陇西郡治狄道，在天水郡北。南安郡治临泾，属县俱在泾水上游地区。南安郡，曹魏置，在天水与陇西二郡之西。三郡民降蜀志坚，由安定杨条于蜀军撤退后犹死守月氏城不下可知。惜亮受降数日而退。自姜维与杨条外，事俱不传也。）

说　明

　　公元228年春，诸葛亮初出祁山伐魏失败后，撤回汉中休整。到这年冬季，又再次出兵伐魏。这便是本剧所演的"再出祁山"。两次间隔不过休整半年多。他为什么要这样急迫出兵呢？有以下几个原因：

　　第一，当年八月孙权出军分三道攻魏，大败曹军于石亭。实与亮出祁山相呼应。吴蜀联合讨魏为亮生平主张。后主时，诸葛亮专政，蜀吴修好，联合抗魏。若大出军，胜负必以相闻，而求发兵相应。亮于三月出兵祁山，已得三郡。因马谡败于街亭，惧断粮路，夏四月便撤还汉中。孙权于五月令："鄱阳太守周鲂伪叛，诱魏将曹休。秋八月，权至皖口，使将军陆逊督诸将，大破休于石亭。"（《吴志·孙权传》）。足见吴蜀是相应为援的。当时蜀吴使节往还，皆从水道，下水须二十余日，上水须逾月而后达。吴出师时，蜀已败还。亮在汉中整顿，及闻吴出师破敌，亦当与之相应出兵伐魏。故吴军八月胜报至汉中，亮亦即于十一月再次出师，由散关，直取陈仓。

　　（《吴志·陆逊传》"七年，权使鄱阳太守孙（周）鲂谲魏大司马曹休。休果举众入皖。乃召逊假黄钺为大都督逆休。休既觉知，耻见欺诱，自恃兵马精多，遂交战。逊自为中部，令朱桓、全琮为左右翼。三道俱进，……斩获万余，牛马驴骡车乘万辆，军资器械略尽。休还疽发背死。"）

　　第二个急于出兵的原因，是为了答曹叡的虚骄檄文。魏明帝叡，其生母甄氏，本袁绍儿子袁熙之妻，以美色为曹操及其子丕与植均所爱悦。既为丕所纳，复与植相慕爱，为丕所杀。叡初不得为嗣子。迨丕将死，乃立之。曹操爱甄氏子女，恒以从军，故叡虽纨绔亦颇习权谋。然殊浅薄，不逮丕、操甚远。自挫败诸葛，平定凉州三郡之乱，颇为骄傲，竟发檄文"露布天下并颁告益州"声讨刘备、诸葛，招蜀军民投魏。故亮须出兵征讨，"以彰正气"。

　　此次诸葛亮出兵为何不像上次一样，夺取凉州诸县地呢？盖因此时陇西凉州的羌胡叛变多已被魏明帝派徐邈平定，地方安定。蜀若再攻其地，难得当地人民响应。

　　至于亮不出祁山，而出散关，夺取陈仓，盖欲因其粮储也。陈仓，故城在今宝鸡县东。秦置陈仓县，唐时改为宝鸡县，为凤翔府治。称陈仓者，盖储粮之所也，亦如长安之横门邸阁。

这本《再出祁出》，头绪比头本复杂些。因为这一次是联合东吴共同出兵，就不能不把吴魏的战斗连带表达。重要还在吴方已经出军大捷了，蜀方还因国内许多反战派的士大夫，利用后主的地位，沮议孔明出兵。所以闹到十二月了，才得围陈仓，迟过了孙权三四个月之久。又因久围陈仓不下，加上冰雪封山，粮运不济，于是无功而还。这是诸葛亮志业中很大一次委屈。这本戏主要在于表达孔明对于这样一种压力的战斗精神。

全本八幕：

第一幕《草檄》：魏明帝任命郭淮、徐邈，镇抚陇右凉州。令夏侯玄草声讨诸葛之檄，露布天下。表现魏明帝的知人善任和虚骄。

第二幕《联吴》：诸葛亮派费祎使吴，在诸葛瑾的协助下，说动孙权出兵合攻魏。表现费祎、诸葛瑾在联吴上所起的作用，孙权的雄才大略。

第三幕《赚休》：孙权与陆逊定计，令周鲂伪叛，赚曹休至石亭。设伏击之。

第四幕《中伏》：曹休中计进兵至石亭，依仗兵多，遇伏不退，被陆逊夹击大败。石亭之战是赤壁之战以后完成三国鼎峙局势的决定性战役。剧中要表现水战、陆战等众多武打场面。

第五幕《矢志》：蜀中士大夫反对诸葛再北伐，提出"七难"相阻。刘禅疑虑，令张裔费祎至汉中劝说诸葛。诸葛逐一驳斥"七难"。上《后出师表》，出兵。此幕用唱词把后出师表的全部内容表达出来，表达亮鞠躬尽瘁之决心。

第六幕《进兵》：亮与其军士冒冰雪险难逾秦岭，袭取陈仓的艰难行军情形。此幕唱词不多，做功繁重。用诸葛的唱做，与军士的集体动作，表演诸葛率军不畏艰苦，一往无前的气概。

第七幕《围陈》：蜀军出散关攻陈仓。郝昭拒守。亮令靳详劝降不成。用种种方法攻城，俱不成功。粮尽而退。此幕表现陈仓城的攻守战。亦以说明亮取陈仓的目的，在于因粮。

第八幕《斩双》：亮围城二十余日，不克。军粮将尽，无奈撤兵回师。魏将王双出城追击。亮设伏斩王双。用以结束此役，说明孔明此役无功系因乏粮，非不能破郝昭也。

剧中根据有关历史资料，把魏、吴、蜀三方面的关系连接起来表现，便于观众了解当时三国对峙的形势和诸葛北伐的困难。

再出祁山剧本[①]

第一幕　草檄

时间：公元228年，即蜀汉建兴六年，魏太和二年的四月。
地点：长安。
登场人物：
夏侯玄　帕生，魏散骑黄门侍郎。字太初。时二十岁。
夏侯楙　丑，魏关中都督，时四十余岁。
曹　真　老丑，魏大将军（上本已见）。
魏明帝　小生。
郭淮　副末，魏雍州刺史。魏雍州刺史（上本已见）。
徐邈　副净，魏无军军师，受无军将军命赴长安奏事在此。
内侍、兵卒。

锣鼓，启幕。
夏侯玄乌纱、红官衣上，念："非因先人勋业贵，自有局度世称贤。"（坐诗）"万卷诗书在腹中，纵横讨论道不穷。漫道纨绔无英俊，太初声名震洛嵩。"（白）"'下官'复姓夏侯，名玄，字太初。我父夏侯尚，官拜征南将军，荆州刺史，封昌陵乡侯。我母乃大将军曹真胞妹。是俺生长富贵丛中，娴习诗书文字，淡淡雅议，倾倒士流，规格局度，称于朝野，年甫弱冠，拜官散骑黄门侍郎。只缘诸葛亮率军犯境，华夏震恐，表兄皇帝派我舅父督师于先，张郃捍蔽于后，尚恐不敌，御驾亲征继之，命我从行办事。自二月丁未出发，来到长安已经月余。且喜张郃大捷于街亭，赵云亦

[①] 作者原稿中第二、三、四幕因雨蚀残损，故本集仅存完整的五幕剧本。所附史料辑考未录入。

败退于箕谷,诸葛全军已自祁山撤回汉中,皇帝即将回銮返洛,应办善后事宜甚多,留守众官每来求我引见。合当早起理事。正是,学优名驰入仕早,才疏任重劳累多。"

内侍上(白):"关中都督到。"

夏侯玄(白):"请。"

内侍(白):"有请。"(随下)。

小丑扮夏侯楙上(白):"太初弟,你起得好早呀。"

夏侯玄严颜(白):"驸马休得作戏!论年你是长辈,论亲你是父辈呀。"

夏侯楙(白):"不,不,不,不!论年,我是蠢长了二十几岁。论亲我父夏侯惇,与你父夏侯尚是堂弟兄啊。"

夏侯玄(白):"清河公主,是太祖武皇帝长女,我常呼作姑母,算来你是我的姑父啊。"

夏侯楙(白):"这也真是蠢占了。我们到底还是同族兄弟俩。况你才名盖世,盛誉方隆,现在天子左右。我有不周不到之处,都只能靠你老弟台在天子面前方圆遮掩哟。"

夏侯玄(白):"那么,驸马究竟有什么嘱咐的?"

夏侯楙(白):"我与清河公主的关系搞得不好,你是知道的。这次皇帝来到长安,多次对我脸色难看。有何利害,望老弟台本亲亲之谊,泄漏一二。"

夏侯玄(白):"皇帝沉毅果断,任心而行,我虽近臣,不能窥其涯涘,虽欲泄露,也是无露可泄。只有一事可以见告:有人说你职在戎务而不能军,但以治生歌舞享乐与务。皇帝闻之不喜。但以清河公主故,不至于轻贱驸马也。"

夏侯楙忸怩介。

侍臣上(白):"曹大将军到。"(随下)。

夏侯玄对夏侯楙(白):"我们一同出迎。"(同起迎介)

老丑扮曹真上(念):"到底还是官大好,别人功劳我占倒。"(见二人介)"哈,驸马也在这里。"(问帕生介):"皇帝起床没有?"

夏侯玄(白):"早已起床盥洗,现在后园散步吟哦。"

曹真(白):"你引我们同去朝见。"

夏侯玄(白):"遵命。"与二丑同下。

小生扮魏明帝曹叡,便服徐步上(唱):"蜀军来,关中地,人心惶乱。没奈何,孤只得,出镇长安。蜀军退,在汉中,为地不远。孤去后,有何人,保卫雍凉。"

夏侯玄上（白）："曹大将军、夏侯都督求见。"

明帝（白）："请他进来。"

夏侯玄（白）："请他进来。"

二丑同上（白）："吾皇万岁。"（拜帝介）

明帝（白）："免礼，请坐。"

二丑（白）："谢皇上。"（同坐介）

曹真（白）："皇上威灵远震，驾才入关，前军便是大捷，蜀贼溃逃。国家之福，人民之幸也。"

明帝（白）："全仗伯父声威，将士效命。"

夏侯楙（白）："陛下何时回銮洛京，臣当准备祖送？"

明帝（白）："清河公主以驸马久镇在外为言，你便随朕同回洛阳，只留大将军与太初在此办理善后何如？"

夏侯楙惭悚介（白）："嗯，一时办不完交代，还求缓日奉诏。"

明帝厉色（白）："不必多言，速去准备一切，限三日之内，随朕还都！"

夏侯楙惧色（白）："咋！"（作失望态下。）

曹真（白）："老臣昏聩无能，难当关中重寄，还求陛下察酌。"

明帝（白）："先帝有统一天下之志，大业未就而崩。临危托孤，以小子嘱咐伯父，与文烈大司马，陈长文司空及司马仲达将军。小子虽不能进取吴蜀，完成先帝遗志，亦当师以守成固宇之道。今吴蜀二寇嚣张，东西难于兼顾，正是国家危难之际。小子文弱幼稚，不习兵戎，唯当恪遵先帝遗命，仰仗文烈大司马，捍御东南；老伯父捍卫西北；抚军将军坐镇南阳，以东西策应。诸葛亮既已进驻汉中，小败暂退，势必再来。这关中地当蜀寇军锋，孤若东还，自非得老伯父坐镇不可。深望念先帝顾托之重，勉为担此重任。"

曹真（白）："老臣遵旨便了。但求多留兵马以备蜀寇。备寇之余，臣仍当伺隙进军，荡平巴蜀，以期永安。"

明帝（白）："除伯父直属部伍全驻关中外，并将张郃所统五万人马全部留下如何？"

曹真（白）："我们两军经过前番战役，伤亡多了。还请再添人马，凑足十万数，方足与蜀寇相当。"

明帝（白）："夏侯楙所统，号称十万，一并拨归老伯父统领，便已超过二十万了。"

曹真（白）："守卫之军，算已够了。若还征蜀，仍是不够。"

明帝（白）："追征蜀时，更调关东各军来助。此时只当守境而已。"

曹真（白）："行嘞！兵虽也算够了，还有粮饷也是同样重要。如何储备粮饷，也要陛下决定。"

明帝（白）："刺史郭淮，谙熟雍凉形势。他曾建议于横门邸阁以外，更在郿鄠、陈仓、陇州、金城四处储粮各十万石，除一半由雍凉二州征购外，一半由关东漕运供给，孤已准行。老伯父再与他详细商定。关会洛中照办便是。"

曹真（白）："虽然兵够粮足，仍当留心将才。未知陛下是如何安排的。"

明帝（白）："张郃乃先帝旧臣，勋劳卓著，巧变素称，与张辽、徐晃、乐进、于禁号称兴魏五良将。今便当在关中，受伯父调遣。费曜、郝昭、夏侯儒、成公英、鹿磐等武略过人，勇猛善战。皆留关中听候老伯父使用。"

曹真（白）："兵、将、粮饷都算有了，还得有得力的理民之官，才能够使地方安靖，国力充实。"

明帝（白）："朕所思虑难决者，正在于此。先帝分关中、陇右为雍、凉二州、用邹岐为凉州刺史。岐不能抚循其民，酿成河西数年叛乱。乃以京兆尹张既为凉州刺史，克以平定羌胡，暂安一时。张既死后，继任无人，只以雍州刺史郭淮兼摄。郭淮近颇有功，自宜仍做雍州刺史，以收驾轻就熟之效。凉州羌胡杂居，屡有叛乱，蜀寇乘之，逐成国家痛疽之地。必须有威严廉正，知兵有勇之人理之，乃能纾我后顾之忧。朕已遍察群吏，未得其人。昨有司马懿派遣徐邈前来奏事。其人气宇威强，谈吐也能出经入史，与一般官吏不同。他又在司马懿戎幕多年，深知兵要。朕欲试以凉州善后委他，伯父以为何如？"

曹真（白）："老臣之见，正同陛下。"

夏侯玄（白）："徐邈酗酒任性，恐不适于理民。"

曹真（白）："太初所见，也是。"

明帝（白）：刺史虽以理民为务，因地因时又有偏民宜，雍州三辅旧地，重在民政，郭淮足以胜任。凉州动乱之区，则当偏重戎务，故拟试用徐邈。今趁大将军在此，可即召他二人觐见，咨询治要，若还除说中肯，便好决定两州善后方略矣"。

夏侯玄（白）："微臣前往宣诏。"（起向台口呼）："皇帝宣召郭淮徐邈觐见。"（归座介）

副末扮郭淮，副净扮徐邈，左右分上。（郭念）："雍雍雁鸣旭日旦。"（徐念）："凉风初退爽气来。"（同白）："圣上宣召，一同觐见。"请。同跪拜介。

郭淮："臣雍州刺史郭淮。"副净（白）："抚军军师徐邈。"（同白）："恭祝吾皇万岁、万岁，万万岁。"

明帝（白）："平身，赐坐。"

曹真（白）："坐下，有国事商谈嘞。"

郭、徐（同白）："遵命。"（左右分坐介。）

曹真（白）："圣上决定你郭淮仍做雍州刺史。你徐邈就不用回南阳了，留此做凉州刺史。叫你们说一说如何收拾这个烂摊子。你们各抒所见吧！"

明帝（白）："是呀。朕留大将军镇守关中，夏侯侍郎在此辅助于他，办理军事善后事宜。将以雍凉二州民政委付二卿。二卿有何方略翼赞大将军整军、抚民、防备蜀寇再来？"

郭淮（白）："微臣之见，善后首务在于劝耕、储粮，以裕军食。只要足食足兵，进退有据，便不畏蜀寇来犯了。"

曹真（白）："对，对，对！这个刺史说到点子上了。"（顾徐介）："这个刺史，你也说一说。"

徐邈（白）："微臣之见，又与郭君不同。雍州沃野千里，人民效顺，固当劝耕储粮以裕军食。凉州土薄气寒，华夷杂处，民族纠纷既繁，官民隔阂尤甚，自汉末迄今，叛反频仍，迄无宁步。从来宽容叛民，抚多于剿。积习百年，因循坐误，至于民不畏官，官不给军，军不悉地，地不养民，循环长乱，乱无底止。《周官》有言'刑乱国，用重典'。窃谓凉州善后，在立威刑。威刑既立，民不敢叛，地方安靖，然后教化可施，耕垦可定，军士敢战，外患可弥也。"

曹真（白）："叛乱之民，诚属可恨，杀他个大半，也是应该的。只是国家建置郡县，也须人口支持。一旦杀得稀稀拉拉的，又谁来供应兵马钱粮呢？"

徐邈（白）："凉州地产薄而人口多，故数十年来，国家所征取于人民者少，而耗费于人民者多也。今若痛剿叛乱不法之民，以安善良守道之士，使叛乱之苗尽铲，耕者之地有余，则可人不为乱，奉法力耕，教化易施，兵食俱足也。"

明帝（白）："所言似亦有理。只那凉州羌胡，族类繁多，分布广远。若诛戮太过，刑赏失平，则举族怨叛，更难安定。还是要恩威并施，取得民心才是！"

徐邈（白）："皇上英明。臣定谨遵圣训。"

明帝："孙权拒不归顺，前已命曹休部署防备，相机进剿。只诸葛亮仍屯兵汉中，收买人心，招兵募士，随时准备偷袭我国。你等有何制他之策？"

玄："臣以为：皇上可颁发檄文，露布天下，数其罪过，瓦解其军心，召唤蜀之吏民起来反叛于他。"

明帝："爱卿所言正合孤意！就命你草就檄文，露布天下，主要发给蜀汉益。"

玄："领旨。"（即场草檄介）："檄文草就皇请观。"

明帝："（观檄文介）呜呀！写得甚好。"（唱）："从刘备你骂到那诸葛丞相。撑危邦，辅昏王他井底弄权。民已穷，国已敝，犹把武讲，十万兵遇王师一扫而光。我大魏扶圣教亲亲长长，汉天子禅帝位，业已三传。不伐罪怕的是人民涂炭。岂能忍井底蛙长久跳梁。知天命，蜀将吏早做打算。来降者，朕当与厚禄高官。"爱卿，就此颁发下去吧！

玄：臣即刻命人抄发、张贴。

（众下）

第五幕　七难

时间：建兴六年（228年）九月。

地点：汉中沔阳丞相行府。

人物：

诸葛亮，时为"右将军行丞相事"；帅盔，蓝袍。俊脸，黑三。

张裔　丞相留府长史。白髯，白袍，束绦。

费祎　（同第二、三幕）。

杨仪、魏延（并见初出祁山）。

高祥、马岱、王平、句扶、四武将。

（诸葛亮悼赵子龙丧回营）四龙套，诸葛亮上。（白）："子龙哇，子龙！想不到你就先我而去了！"（唱）："赵子龙他本是五虎上将，一身胆振军威国之栋梁。送丧回长叹息宿旧凋残，取中原复汉业何时愿偿？"驻介。杨仪、魏延，左右上。（同白）："望丞相节哀悼。整理河山。"

吹打。亮（白）："换了吉服。"当场换帅盔，蓝袍介。

锣鼓。张裔（外）、费祎（末）上。

（内白）："张长史，费参军来到。"

亮（白）："有请。"

吹打：张裔、费祎上，见丞相参拜介。

亮挥扇示意介（白）："你们长途辛苦了。亮乃戴罪之身，何敢当此？"

裔（白）："久违丞相慈颜，不胜思慕。合当叩拜。"

亮（白）："你乃蜀中名贤，何得如此过谦。一同请坐。"同坐介。（亮中坐，杨仪、费祎依近侧坐。张裔、魏延分左右外侧坐。）

亮（白）："文伟入都，可曾奉到少主手诏？"

费（白）："宫府议论不一。少主派张长史来，转达众官之意。仍请丞相专行，未付手诏。"

亮（白）："君嗣请讲。"

裔（白）："少主接到丞相手奏，已曾命费攸之倚中召集百官会议。持议赞同与反对者不一。少主难于决定。命裔陈诉前来。仍请丞相裁断。"

亮（白）："但请将反对出师诸议告知可也。"

裔（白）："持议反对者俱是蜀人。裔虽心无适也，^①却以生于蜀地，能无偏于一方之嫌乎？"

亮（白）："纵然蜀贤皆持异议，亦是为国忠谋。亮将洗耳恭听，择善而从。君嗣何用芥蒂？"

费祎（白）："少主之命，丞相之情，皆是如此。便请长史直言了。"

裔（白）："如此，恕裔直陈便了。（起立介）（唱）："体丞相广忠益，再三询问…"

亮（白）："请坐。慢讲。"

裔（白）："谢丞相。"（唱）："恕张裔将朝议，如实转陈。许多人怀疑我国小民贫。那曹伪处中原蒂固根深。先帝爷取汉中，便未前进。况今世岂能够扫穴犁庭？倒不如，保疆土，待机俟命。愿丞相，罢兵征，养息惠民。蜀中人闻丞相，政躬瘦损。无长幼莫不是忡忡忧心。虽然是迂儒们不免谬论。望丞相体谅他一片赤忱。"

诸葛亮（叹白）："君嗣呀！"（唱）："先帝爷永安宫执手授命：汉与曹不两立誓把贼征。那曹贼托受禅，妄称天命。他岂肯不统一，听任三分？争存亡就必须不断前进。又岂可图苟安，坐待陆沉。联孙吴已许我东西相应，又岂可他已动我不出兵。许此身为国家竭忠尽命。你且讲反对论，实言勿隐。（收）有长计亮自当接受遵循。"

裔（唱）："有人道：鼎三分，局势已定。孙与刘是二国，岂能同心？卞庄子待虎斗，俱疲才取胜。楚项羽与邯斗，高祖灭秦。^②愿丞相按军威时机待等。师卞庄效高祖暂不出兵。"（一难）

亮（唱）："高皇帝先入关，未获尺寸。项羽至他险些丧命鸿门，被封为汉中王边陲

---

① 《论语》："无适也，无莫也。谓无所可否。"
② 卞庄刺两虎，待其疲，而后俱杀之。楚怀王与诸约：先入关者迁之。项羽与秦将章邯斗于巨鹿，遂后至。刘邦先入关受秦降。

小郡。奋威武又才得，还定三秦。败睢水战成皋，屡濒危困。得天下仍也有八年战争。谁人说运长计，天下坐定。无非是梦呓语，自欺欺人。"

裔（唱）："有人说：唐虞世三苗抗命，歌南风舞干戚，苗自来迎。孙伯符闯天下，早年丧命。又道是'善战者必服上刑'。孙仲谋坐大在江南九郡。他并非创业主，但只守成。"（二难）

亮（唱）："迂儒们动辄就谈尧说舜。谁能信荒唐语，无验可证。江东地原本是刘繇坐镇，更还有会稽守王朗景兴。① 他二人聚群儒高谈阔论。说诗书讲礼乐，坐守其成。孙伯符率千人与他争竞。数月中灭二邦，如大风扫尘。前车鉴在当前，何用远引。岂可效刘繇辈，不战不征。孙仲谋年十五便亲戎政。用周郎与吕陆②连年战争。谁道他坐大在江南九郡。创业事还未了，何言守成。"

裔（唱）："那'五大不在边'前贤明论，'兵凶器战危事'何可躬亲。遣偏师便已是'东西相应'。愿丞相且回到都城坐镇，理民政料戎机宜有重轻。"（三难）

亮（唱）："主幼弱为臣僚更当自奋。周公旦辅成王三年东征，咏'破斧'咏'鸱鸮'备历艰困。建安中曹操把群雄平定，他也是辅孱主丞相领兵。论智计曹操贼他无人比并，论兵谋他胜过吴起孙膑。战宛城烧濮阳却也遭危困。哪有个得天下不用战争。何况我承当有恢复重任。是忠臣岂能怕履险危身。"

裔（唱）："今上年出祁山已平三郡。无将才用马谡败在街亭。未逾年再出师怎保取胜，培元气还有待百年树人。愿丞相量敌我权且耐忍。又道是待时机蠖屈求伸。"（四难）

亮（唱）："兵戎事虽孙吴也难必胜。所贵在屡败北仍不灰心。曹操他攻昌豨五次未定，越巢湖讨孙权四度不成。我先帝还每称曹操为能。况我亮驽下才何能必胜，可贵在将士们有必胜之心。"

裔（唱）："曹魏贼他拥有数十余郡。扫平它必须有百万大军。我才有二十万相差远甚。当前事还重在积饷练兵。愿丞相积气厚方把翅奋。到那时扶摇上翼覆南冥。"③（五难）

亮（唱）："亮已曾纠合了四方英俊，汉与夷羌与叟良将精兵。到汉中才一年多有耗损，最近日，便死去大将赵云。武骑兵病故者一千余人，不趁在精兵多，贾勇前进。

---

① 王朗字景兴。与刘繇同为孙策两逐。
② 权用周瑜败曹操于赤壁，用吕蒙取荆州擒关羽，用陆逊败刘备败曹休。及他诸兵役不可胜计。
③ 《庄子》说：鲲鹏翼如垂天之云。自北冥"徙于南冥，水击三千里，抟扶摇而上者九万里。风之积也不厚，则其负大翼也无力"。

数年后哪还有宿将出征?"

裔（唱）:"有人说曹魏国政乱日甚,有三马共一槽猜防纷纷。愿丞相且宽他数年之命。且待他内讧起趁机而进。事功半容易把汉业复兴。"（六难）

亮（唱）"战与守较军费也正相等,能出征尚可以因粮养兵。他那里关中虚正好前进。有道是抢时机用兵宜勤。"

裔（唱）:"初出师便已把实力亏损,又何可趋小利再度出兵。宫府中多道说难保必胜。百官们对北伐怀疑更深。立异议有多端我转述不尽。望丞相再上表说服人心。"（七难）

亮（唱）:"天下事成与败谁能卜定？祸与福本就是起落相因。但只当循大道奋勇前进,哪管他闲言多顾及自身。我只有尽臣事鞠躬效命,便劳烦赍表文上报宫省。将此心,和此志,传达蜀人。"（白）:"既然天子命亮取决。亮便决定出师了。就烦君嗣赍回再出师表者。"

魏延（白）:"向朗去后,长史久虚。张长史既来,便请久在此处,与丞相分劳。"

亮（白）:"蜀中民政事重,君嗣仍宜早回,筹调兵马钱粮,接济汉中。行府有威公分劳。文伟又到。长史暂缺可也。"

杨仪（白）:"如何出军,便好趁张长史在,共同商讨。"

亮（白）:"正该如此。便召诸将进商。"

费祎起（白）:"请丞相升座。起鼓聚将!"（亮升座介）

邓芝、高祥、马岱、王平,四将分左右上。（同白）:"参见丞相。"（高祥、马岱可以穿袍。邓芝、王平甲外套袍。）

亮（白）:"起立,赐坐。"

四将同（白）:"谢丞相。"（长史、司马、参军四将分左右坐。）

亮（白）:"费参军使吴归来,已知东吴出军。曹叡急调张郃率军东顾,关中空虚。张长史奉诏来此,商定出师北伐。今日会议,讨论如何行军。希诸君踊跃发言。"

马岱（白）:"俺马岱以为:当趁陇西人心尚在,仍用前计,再出祁山。"

亮（白）:"前度祁山撤军,非惟由于马谡军败,亦由祁山道远,粮运难济。此次若仍出祁山,便当宽筹粮运。"

魏延（白）:"俺魏延以为:陇西民心可用,只以地瘠天寒,无粮可资。莫如分为数道。真取长安,因横门邸阁储粮。可省转运之劳。"

杨仪（白）:"俺杨仪以为:横门邸阁在长安城中。长安城大而坚,有曹真大军坚守,未易攻破。若还我军攻坚不下,无粮可因。旷日持久,转运更难。贼以关东军相击,反成危局。仍以从祁山转进为便。"

王平（白）："俺王平，昔在魏地，屡见曹军争夺汉中，皆由陈仓故道，出于武都、阳平一路。陈仓亦是他关中屯粮之所。近闻曹真夸言入侵，运集陇西粮谷，在宝鸡山下，筑城建邸，大量储存。是否可以伪作上年原计，一面伪言出军褒斜，夺取郿坞；一面以大军伴作再出祁山。入武都后，只用老弱与西县人民，多张旗帜，伪作大军，进驻南北二围，以惊陇西。丞相乃潜率精兵，循故道遥出散关，袭取陈仓。陈仓既得，陇西亦可传檄而定。乃挟陈仓之粮以取三辅。长安亦在我军掌中矣。"

众（同白）："赞同王将军此计。"

亮（白）："如此便当仍守秘密，出贼不意。何人愿伴出褒斜？"

高祥（白）："末将高祥愿往。"

亮（白）："好，命你率五千人前往。待大军已得陈仓，便率军直取郿坞。自有大军相应。又谁人愿往祁山？"

马岱（白）："马岱愿往。待丞相取得陈仓，便好编组羌胡人马，听从丞相征讨。"

亮（白）："好。便是如此。只留魏文长仍镇汉中，接应各路。便请君嗣将此部署回奏少主。明日分别上道。"正是：（诗）"一年再出勤王事，两路虚声一军精。马谡虽死王平在。"

众同（念）："更有嘉谋胜前人。"同下。

第六幕　进兵

地点：行军途中

出场人物：诸葛亮

　　　　胡　飞（探马）　武丑扮

　　　　众兵将

诸葛亮（内唱导板）"昔年南征冒炎瘴……"上。绕场，众军作爬山、越冰轿、人马滑倒、众互牵挽、冒风雪前行等跟斗、舞蹈。

亮（续唱）："今日北伐斗风寒。嘉陵水，漱岩石，飞激如箭，青松林，凝树挂，琼瑶一般。过冰桥，众军士，丢心放胆，望悬崖梅花开，好似火燃。上雪山人换鞋，马要换掌。"

胡飞（白）："禀丞相，来此雪山稍停。人换草履，马挂钉掌。丞相乘车，也要改换齿轮。"

亮（白）："下舆换来。"出舆坐介。胡飞作换装左轮状、手试转状。（身翻大轮一度）再换右轮状。（再翻大轮一度）内作敲金铁声，表示众换马掌。

胡（白）："换掌已毕，请丞相升舆。"亮上车，胡仍作挽车状。

亮（续唱）："谈笑中相率挽，抢险过山。"众将士相次作扶挽过雪山状。胡飞与车夫作推挽不动状。亮身与之相应。久之，仍不能进。胡（白）："禀丞相，轮齿挂石，久拉不动。看来齿和冰胶着了。"

亮（白）："这便怎样？"

胡（白）："要烧锅水来浇它一下，把钉齿拔出来，才能走。"

亮（白）："那边烧有开水便去浇来。"胡下复持壶上，浇介，随挽车前进。

亮（唱）："浇沸水拔齿轮，车才脱险。山顶上原来是一片草原。士兵们在此处埋锅造膳。"

胡（唱）："请丞相下车舆来到故关。"

亮下车介（白）："此地为何叫故关？"

胡（白）："此地原有关城，常有守兵，亦有街房客店，招待商旅食宿。人称作'大散关'。自曹操退出汉中，此地成了两国交界。人被迁移，城被拆毁。商旅往来，便只叫它作'故关'。"

亮（白）："今日便在此处宿营。命你扮作商贾，先往陈仓探查贼方情况。明晨回到山下，迎接大军。你可愿去。"

胡（白）："这一套，俺在行嘞。"筋斗下。

亮（白）："邓芝！传令众军，饭后分队寻觅老林安宿。明晨早饭后抢下平原，夺取陈仓。"

邓芝传令介（白）："丞相令下。各将官率领军士，各选林地安宿，明日拂晓早饭。按队抢下平地，夺取陈仓。"

众应声同下。

第七幕　围陈

人物：

郝　昭　魏陈仓太守，正末

王　双　魏大将，武净

靳　详　魏解粮官，生

正末扮郝昭同兵士上。

郝（念）："城工竣，粮储足。望远处，炊烟涨。"（白）："本督郝昭。奉命镇守陈仓。为防蜀军来袭，我已将城垣加固，粮食军械备齐。任凭诸葛亮诡计多端，也难进我陈仓城也。适才探马报道：望见故关山岭，白雾上升，有似行军造饭的炊烟。是俺一面飞骑前往侦察。一面邀请王双议事。合当来矣。"

王双上（念）："刚从淮南御陆逊，又调关西佐郝昭。"（见介）（白）："郝将军紧急相招，为了何事？"

郝（白）："故关炊烟大起，必有敌军来犯。你我商议如何用兵。"

报马上（白）："诸葛亮亲率大军来到故关宿夜，立即便要前来攻城。"

郝（白）："飞报曹大将军去。"报马下。

王双（白）："郝将军！朝廷久有吞蜀灭吴之志。如今诸葛亮自送前来。我二人就该一人守城，一人出战。趁他立营未定，一鼓而擒。"

郝（白）："那诸葛亮行军缜密无间。今既自来，必操全胜之算。我等宜趁新城完固，粮储充足，以静制动，坚守勿战。"

王（白）："哎呀！郝将军！俺王双从军以来，百战百胜。往年被派乘船夺去东吴的中洲，落水被擒。被囚数年，方得逃归。又遭曹大司马军溃。正若无有用武立功之地。今被调来关中，幸逢诸葛亮自己前来。谅他文墨之士，何能作战。就请拨我一支人马，捉得他来，雪我当年被俘之耻。"

郝（白）："王将军骁勇善战，素所钦佩。但此乃屯粮重地。我等职在能守，不在能战。若要出战，尚须大将军有令，派兵到来之时。"

王（白）："俺好不难耐也。"

郝（白）："这陈仓有新旧二城。新城依山，旧城依水。新城驻军，保卫粮仓；旧城住民，推行政务。今便分兵一半，与你去守旧城。我守新城。仍当首尾相顾，掎角相成。且待长安援军到来，再作攻之计。"

王（白）："如此分头部署去者。"同下。

副末扮靳详押粮车上（白）："俺，曹大将军麾下督粮官靳详是也。奉命催取陇西郡县粮算，运到陈仓储存，供大军伐蜀支用。众将官，押粮赴陈仓去者。"众应声同下。

蜀军士，四将、诸葛亮依次上。胡飞对场迎上介。

众（白）："胡飞回营。"

亮（白）："人马列开。"

胡飞（白）："禀丞相。小人探得了（念）：陈仓新旧两座城。合共不过三千兵。新城坚厚屯粮秣，守将郝昭有威名。旧城临水人民众，守将王双字再生。他从淮南来不久，统率一支生力军。敌人不知大军到。正有军粮运进城。粮车蜿蜒十余里，护送不过数百兵。押粮官儿他姓靳，道是郝昭同乡人。"

亮（白）："句扶听令！命你率领五千人马，去夺贼军粮车。务要将押官与其粮车全部押回。不得放走一人。"

句扶（白）："得令。"率军士下。

亮（白）："我军直到陈仓新城下半里安营，将招降檄文射进城中去者。"率众同下。

句扶率军与靳详率粮车对上。句扶军士夺得粮车，并擒获靳详。同下。

蜀军与句扶军对上，合并列开。诸葛亮与句扶对上。句拜启介（白）："夺来粮车。拿到贼将。"

亮坐（白）："押上来。"

兵士绑靳详上，掀倒于地介（白）："缴验贼将。"

亮（白）："此乃文职官员。既已捉来，并无战斗之虞，绑他作甚。把绑松了。叫他站立问话。"

军士解缚同，提起介（白）："站起来，低头答话。"

亮（白）："你叫何名?"

靳（白）："靳详。"

亮（白）："哪里人氏?"

靳（白）："家在太原。"

亮（白）："是何出身?"

靳（白）："幼读诗书，因与郝昭同里，受他推荐，在曹大将军麾下，做一名督粮官。督运陇西粮秣，到陈仓囤积。"

亮（白）："你今既已被擒，可愿降否?"

靳（白）："乱世臣民，苟全性命为本。不敢不降。"

亮（白）："俺是汉丞相诸葛孔明，原是山东琅琊生长，转居荆州南阳，现又家在西蜀。此次北伐曹魏，为的是惩戒篡夺，复兴汉业。正当延揽天下人才，共扶汉业。你若真心投降，随营立功，国家决不相负。"

靳（白）："投降虽有诚心。才疏力微，愧无立功之处。"

亮（白）："你将城中情实具报，便是立功。"

靳（白）："但承丞相问到，无不尽其所知以对。"

亮（白）："这新城何时所立？"

靳（白）："魏大将军曹真有志灭蜀，命得郭淮、郝昭，筑城屯粮于此。完工不过半月。新城中只有仓库，驻军居民不多。"

亮（白）："现已储粮多少。"

靳（白）："邸阁百间，尚未全满，已有八九万石。"

亮（白）："郝昭为人如何。率兵多少？"

靳（白）："郝昭字伯道，与我同里同窗。为人忠勇质实，强毅多智。从军以后，屡立奇功。现在城中，只有所率筑城工兵一千余人。合旧城王双之军不过三千人。但皆山右健儿，甚耐战斗。"

亮（白）："如此兵将，若在汉廷，定当有侯封爵赏，方面重任。我欲命你往城下说降。你意如何？"

靳（白）："丞相雅量宏涵，小人心折。若得与郝伯道同仕蜀廷，固所愿也。"

亮（白）："好，暂任命你为益州从事。待说得郝昭来降更有升赏。"

靳（白）："叩谢丞相。"（拜）

亮顾邓芝介（白）："伯苗，你引他遍观我营军容军实。具备衣冠车马送他往城下，说降郝昭。一切要他心服，勿用欺隐，勿用强逼。"

邓芝（白）："靳详，随定我来。"率靳同下。

亮（白）："句扶。夺来了多少粮车？"

句（白）："全部夺得。不过千石左右。"

亮（白）："仅足供我军十日之用。还待取得陈仓，然后，后方粮运可以舒缓。北伐成败之机，决于此役矣。郝昭能降与否难知。凡我将士，俱各分头准备攻城去者。"

正是（念）："千里运粮士色饥。因粮于敌其庶几。但得郝昭能归我，一帆风顺送马蹄。"同下。

邓芝与靳详衣冠骑马上。邓（白）："来在城下。军士叫城。道有督官靳详，求见郝将军。"军士（呼）："督粮官靳详请郝将军上城答话。"

郝（内唱）："闻道是靳详运粮到陈仓。"郝昭与军士上城介。（续唱）："上城楼，察看个，是非分明。他乘马，衣冠鲜，前呼后拥数十人。（问介）你督粮，为何把粮车隐，空手徘徊叫开城。"

靳（唱）："运粮到中途被围困。抢我的乃是蜀汉军。诸葛公深令人佩敬。放我纵观他军营。说道是愿投降，同把汉业整。不投降，放还乡，具有诚心。念伯道，只千人孤城坐困。怎敌他节制师十万雄兵。若同降，定能佩万户侯印。（收）从贤辅就高枝，明哲保身。"

郝（唱）："道你是运粮到要把城进。却要来投蜀寇甘做降人。魏家的科法严，你当已念。是旧交，你应知我的为人。但有个捐此身与城共命。安能够降敌方，赔累家门。你既降，便已是两国对阵。何不请你诸葛公，下令攻城。"郝下。

靳（唱）："他不降，我只得回营复命。"

邓芝（白）："有请丞相。"

亮上。靳（唱）："那郝昭情愿战死，不愿投降。"

邓（白）："郝昭倔强不降，便请相下令攻城。"

亮（白）："且待。"（唱）："他不降也只是一时任性，一千众安能抗我十万雄兵。是忠臣我不忍取他的性命。是名将他岂肯轻易降人。必然是，利与害还在细审。命靳详再劝他三思而行。"（仍坐上场角不下。）

靳（唱）："汉营中我又领说降之命。来城下再邀请伯道将军。"

郝（内唱）："斥去他，又复回转来作甚。（上城）心坚定，哪怕你口赛苏秦。"

靳（唱）："蜀将请攻城丞相不忍。怕的城破后玉石俱焚。"

郝（唱）："尔只知道苟全性命。那晓我粮储厚，城固池深。有外援，在长安，百里远近。一千人，同心力，众志成城。纵然他，诸葛亮，知难而进。攻与守，形势异，胜负难分。"

靳（唱）："暴秦亡，炎汉兴，出于天命。王莽篡，禁不了，光武中兴。那曹操与王莽不差分寸。诸葛公，赛过那，邓禹岑彭。知顺逆，你也该，归心听命。又何必，辜负我，苦口婆心。"

郝拈矢介（唱）："一言激起怒生嗔！拈了搭矢向书生。收拾迂腐诳言去。俺认你是故友，箭不认人。"

邓芝（唱）："郝昭胆敢抗天兵。大小将士怒腾腾。我请丞相发大令，十万士马齐攻城。"

诸葛亮（白）："且待。"（唱）："邓伯苗何用逞一朝之愤。"招手低语介，（续唱）："亮把这利与弊说与你听。大军来取陈仓为的是甚。只为的，取信者粮使转输减轻。郝昭他恃储粮，与城共命。城若破，他必然把粮库火焚。倘若是他与粮同为灰烬，城虽破也只算虚此一行。命靳详两度劝，是我的含忍。常言道'投鼠忌器'，还得耐心。"

邓芝（白）："虽然如此。他既坚决不降，难道我军就不攻而去？"

亮（白）："郝昭不降，城内军民未必齐心。可将谕降檄文，多写若干份，用箭射入城去。劝军民开门出降，许以重赏。说定逾日不降，便要攻城。"

邓（白）："我军粮运艰难。岂宜屯兵城下，待他如此之久？"

亮（白）："可叫靳详与你在此招降郝昭。只虚作攻城之势。我自去攻取旧城。旧城攻下。新城气夺，或可及时迎降。能得此城储粮，方是我军之利。"

邓（白）："丞相深谋远虑，将军无任敬服。"

亮（白）："决计已定。便传命诸将，分道攻取旧城。你与靳详围守新城去者。"亮下。

邓（白）："遵令。"与靳及军士同下。

蜀军士，句扶、廖化、王平依次急驰上。王平（白）："众将官，攻取陈仓旧城。"

（旧城）王双率军士上城介。

王双（白）："众将官。放出礧石、乱箭。坚守以待援兵。"

蜀军士退下。王平（白）："军士们，用了云梯、卫车。"蜀军士，分运云梯与卫车上。（此可使用木架绘贴新式砌末。）

王双（白）："众将官，给我用砲石打他卫车。火箭烧他云梯。"（演出卫车被碎，云梯被焚状。）

王平（白）："将士们，用土囊盛土，填平城壕，直接攀缘入城。"蜀军作负囊填濠状。王平率先出，枪上刺，王双矛下刺，相持入城。蜀军拥入介。同下。

王双率军上（白）："城被攻破。将士们。随爷巷战。"两军对打数场。王双上，大打。句扶、廖化上。王双败下。众追下。

王双上（白）："蜀军破城，郝昭不救。如何是好。"一兵追上（白）："郝将军城上传话。叫王将军杀向长安求援。他要坚守城池相待。"

王双（白）："如此随我杀向长安。"蜀军追止。王双战斗，败下。

大净扮费曜率军士上（白）："俺，大魏援剿都督费曜是也。曹大将军闻得蜀军再出，陈仓被围。命我率军三万人往援。众将军，疾趋前往。"

军士（报）："王双败走前来。"王双上。相见介。

费（白）："王将军为何狼狈至此？"

王双（白）："诸葛亮大军突然袭来。我与郝昭分守新旧二城。旧城被他攻破。郝昭紧守新城不开。因而狼狈至此。"

费（白）："曹大将军闻陈仓被围。命俺率三万人来援。那新城乃储粮重地不可有失。

随我兼程往援。"

王双（白）："新城现已被围。请拨精兵五千与我，杀开一条血路。进得城去，与你大军内外合力，夹攻蜀军。"

费（白）："如此分军前行去吧。"分军士一半王双率之先下。费随下。

诸葛亮邓芝王平同上。亮（念）："郝昭不降粮难继。徒破旧城等于无。"

芝（白）："旧城已破，新城仍自不降，如何是好。"

平（白）："待我率同军士，挖掘地道。潜入城中，保卫粮仓之后，再行攻城。"

亮（白）："我军现粮只足供两日之用。你须快速进行。要在明日入城方好。"

平（白）："容我立即开挖。望邓将军在城下密排云梯、卫车，并筑士山，以做掩蔽。"

亮（白）："正当如此。伯苗下令，筑起士山。卫车云梯并出。大举攻城。"

胡飞上（白）："贼魏大将费曜率军一援。以王双为前锋，已到城外交战。"

亮（白）："传令句扶、廖化，阻击援军，勿许进城。"（唱）："粮将尽，城未降，援兵已至。万不料，小郝昭，敢阻王师。但只望，地道成，王平得志。他援军到，也只算，一队死尸。"

胡飞上（白）："王双骁勇，已经夺路进城去了。"

亮（白）："往探地道何如。"（胡飞下）亮（唱）："他城中，有水泉，粮如山峙。援军来，他郝昭，岂能不知。王双他，杀进城，能济何事。便内外，夹攻我，也只是痴。"

胡飞上（白）："我军地道已成。进攻前去。不料城内已有战壕横截。双方正在地下战斗。"

亮大惊介（唱）："万不料那郝昭善战善守。他就知备地道做了横沟。看将来破陈仓，不可能够。倒叫我智谋尽，苦闷心头。"

胡飞上（白）："营中粮尽。"

亮从容介（白）："我车粮车难于过山。伯苗！传令出去。鸣金收军。回师迎粮。"摆头叹下。众同下。

附注：

《魏略》载：亮围陈仓。郝昭千人御之。攻守二十余日，亮无计攻克而还。此必不然也。亮善治军械，攻无不克。既自率火军来，安能不能克一千人驻守之城。本剧指出"夺粮""忌器"一点，应是历史真实。魏人之书，恒多依据私家而为谀慕夸诞之文，非实录也。上幕所引贾逵、满宠诸传，亦正如此参看附录诸条自得其实。

第八幕　斩双

郝昭与王双对上。喜笑介。同拍手（白）："哈哈！哈哈！诸葛亮逃走了！诸葛亮逃走了！"

郝昭（白）："王将军刚得进城！敌军便逃走了。是王将军声威吓走他也。"

王双（白）："便该乘他军心随败，追杀前去。"

郝（白）："援军大队将至。且待费将军到时部署。"

军士（报）："都督费曜援军前队已到城下。"

郝（白）："我等一同出迎。"吹打、转场。

费曜大军同上。二将迎介。

郝王（同白）："恭迎费大都督。"

费曜勒马望（白）："为何不见敌军？"

王双（白）："末将昨日杀开一路进城。城内郝将军正在地道督战。但听得敌营鸣金收兵之声。今晨人马呐喊，似将攻城。我二人乘城督战。望见敌军不是攻城，竟是撤营逃走。"

郝（白）："王将军便要率军追击。适闻都督到来。迎候都督部署。"

费（白）："你我先行登城察看他军动向再定。"同作入城、登城状。同立望介。

郝（白）："远望他军前队登山，后队在野。乃是向故关来路退回。"

王（白）："我方新到人马甚多，正好乘其败溃齐出追杀。生擒诸葛，永除后患。"

费（白）："这是自然。那秦岭故关，山高数十里。谅他本日尚难过山。且让军士们饱餐战饭之后，乘他上山疲乏，一举击溃，可擒孔明矣。"

郝（白）："十余日来，我在城上，望见贼军纪律严明，指挥灵动，静如山岳，动如奔马。此乃节制之师。未败而退，行列整齐，人马从容，旌旗不乱。必有伏兵掩护。我军但可掩其后队，取其辎重。似未可轻向他军主力进犯。"

王双（白）："郝将军所见有差。"

费（白）："依你之见如何。"

双（白）："前从曹大司马大战淮南。当其初自皖口败还，还有五万人马。他布置两队伏兵。待敌于石亭决战。未料前锋既挫，军心随靡。被那陆逊乘胜气锐分兵三路，冲伏而过，大败我师。大司马几乎不免。是俺死斗保卫，又得贾逵大军接应，才得生还。今诸葛大军，败退正似淮南。我军乘锐，岂能不如陆逊。愿都督下令，乘锐冲伏而过，直取诸葛本营，必可生擒之矣。"

费（白）："王将军所言有理。我便依照陆逊，分兵三路，冲伏而过，直取诸葛本营。迨他主力一溃，余众自即奔散矣。"

郝（白）："恐那诸葛与曹大司马淮南之众不同。"

费（白）："哎！同是退走之军，军心丧败必同。同是辅政大臣，将略安有高下。淮南平地作战，尚且如彼。这秦岭故关，山高雪重。来时尚属艰难，退走应更困屯。我军乘锐进攻，安有不胜之理？你之怀疑，可能是久守孤城，疲困畏战之故。可率你本部，做我后队。但俟我取胜之后，搬取敌军弃械可也。王将军便率前锋。任中军。三万余人，饭后一齐出发。不得有误。"

众呼应同下。

亮（内唱）："军战事，难遂料，成败利钝。"蜀军士，四大将，胡飞挽车。诸葛乘车与车夫同上（续唱）："哪料到，围陈仓，大功不成。小郝昭，一千人，他敢于抗命。惜粮储，怕惧毁，我未便攻城。遣靳详，说不动，他铁肠之性。破旧城，他不救，紧闭垒门。穿地道，他先有，深沟横梗。粮已尽，智已穷，未能得新城。援军来，我只得，以退为进。料定他，恃援到，必来追跟。我设下，三重伏，将他候等。擒他后，便回军，夺取粮城。过平原，上南山，迤逦徐进。（望介）远望见，尘头起，果来了追兵。叫胡飞，驻车辇，诱他前进。倘若得，郝昭来，便是天幸。若还他，仍城守，便只合收兵。"亮下。胡飞倒踢下。

王双（内唱）："援兵到，吓退了，西蜀诸葛。"魏兵士王双同上，（续唱）："俺谅他，军心溃，狼狈过山。"廖化率头伏军上接战，败下。（续唱）："有伏兵，又焉能，把我军抵抗。堪笑他，如芦柴，御火一般。"句扶率二伏军上。接战败下。王双追下。

费曜率军上（唱）："前锋已破伏兵关。要擒孔明有何难。远望他中军旗不远。"（续唱）："众将官，紧跟前队，抢上山。"同下。

郝昭率兵上唱："远望输车驻半山。我军抢功争上前。虽有伏军来阻挡，我后队只好跟上山。"众将官。前队中队皆已得胜，我队跟上前去。同下。

败军鼓。

廖化率军上（白）："众将官，敌军已入三伏。诱敌成功，奋勇还战。"

王双追上。两军对绕场战斗。廖败下，邓芝持大戟上。费曜对上。

邓芝（白）："来将何人？"

费（白）："援剿都督费曜。"

邓（白）："丞相要的郝昭，何用尔来送死。"

费（白）："尔乃溃逃之军，何敢抵抗。快叫诸葛下车就擒。"

邓（白）："你已陷入重围，还敢大言。杀鸡焉用牛刀，叫军士擒你。"退下。

蜀军士四人上，合战费曜。王双上救费曜。费（白）："果已陷入重围。如何是好。"

王双（白）："前次我能保得曹休。今日也当保你脱险。我们率众奋勇突围。"

费（白）："众将官，跟我杀开血路。"二人向左不能突破。向右，不能突破。卖枪逃下。众追下。

郝昭率军上（白）："哎呀！且住。王双费曜两大队皆已上山，才见伏兵出现夹攻。必中计矣。新城空虚，虑有敌军前往夺粮。众将官。前军业已中计，我等疾速退回保城。"率众急下。

王平率军上（白）："俺王平。奉丞相命设伏于此。只待郝昭军过，便去抢城。看看来敌后队，正是郝字旗号。为何地方才行到此处，忽又返回疾驰而去。（想介）想必郝昭已知中计，疾驰回去保城。我当紧追前去。众将官，紧追贼军夺取粮仓去者。"（急急风）下。

郝军上。王军追上。郝断后，不战，退入城内。门闭。王军不得进。

郝立城上（白）："王平。你来迟一步。仍请回去了罢。"下。

王平（白）："唉！来迟一步。回报丞相。"率军下。

费曜（内唱）："果然诸葛会用兵。"与蜀兵对仗上（唱）："他攻城不下假退军。诱我援军上秦岭。后面更无援我人。我左冲右突，无路遁。王双率残兵上，杀退蜀兵。"（白）："末将王双在此。"费（唱）："还剩下这样的一队人，也算是救星。"（白）："王将军！走投无路，如何是好。"

王双（白）："又道是一人拼死，万夫莫当。我现还有数百残兵。人人奋勇，还能死中求活。"

费（白）："好。众军们。随我杀下山去。"蜀军上围上。费王与残兵力战。同下。

蜀将廖化句扶与蜀兵追下。

费（内唱）："将士奋勇血路开。"费曜王双败兵同上（续唱）："跟跟跄跄过山来，人马饥疲追兵远。"（白）：大家下马息一回。

王平率军士自下场门上，绕场下。

王双（白）："呀！这里又是一路伏兵，来阻击去路。我等无路可走。只有奋勇砍杀。"

费（白）："哎呀，我已遍体鳞伤杀不得了。"

王双（白）："你快卸下衣甲，扮作军士。随我杀开血路。"

费急扮军士介。

王平上（白）:"败军。投降免死。"

王双（白）:"王双在此。"战斗介。大开打。魏军士战斗全倒地。王双与费同上。王平枪刺费倒地。王双跃过其身战斗。胡飞上，大斗王双。王平枪刺王双倒地。胡飞急斩其首。高举其首，向王平（白）:"王双已经斩首。贼军未活一人。"

王平（白）:"收兵回复丞相去者。"同下。

《再出祁山》全剧完。

任乃强全集·第十二卷

荒野尘梦校注

弁 言

张厂长志远游南川归,示湘西陈玉鋆君所著《艽野尘梦》。余一夜读之竟,寝已鸡鸣,不觉其晏。但觉其人奇、事奇、文奇,既奇且实,实而复娓娓动人,一切为康藏诸游记最。尤以工布、波密及绛通沙漠苦征力战之事实,为西陲难得史料。比之《鲁滨孙漂流记》则真切无虚;较以张骞、班超等传,则翔实有致。非陈君不能有此奇迹,非其手记不能如此真挚,非学有根底不能若是畅达也。适学友之喜研究边事者来过,偶以贻之。辗转传阅,一月之内,更十数人,原册已破,而求阅者无已。或请于《康导》转载,以慰向隅。余以其为追忆之作,人名地名及追述史事,难免偶有小误;又所记人事,每有省笔隐文,未能使局外人澈然明了之处。乃就个人所知及访问所得者为之校注数十条,犹裴松之事陈承祚之道。他日得识陈君,抵掌谈笑,宜可无愧为知己耶。

1941年1月15日　南充任乃强筱庄甫记

〔校注一〕陈渠珍,字仲谋,号玉鋆。光绪末毕业于长沙军校,任湖南新军第一标队官。并加入同盟会,从事革命活动。已而疑之,弃职赴武昌谒赵尔巽。巽荐与其弟尔丰,拨入川军籍,受知协统钟颖,随颖军入藏。过川边,以雄奇为赵尔丰所赏,擢管带。仍从钟颖入藏。驻防工布,进攻波密,多有战勋。清鼎覆,统帅罗长裿为部下所杀。陈氏率湘中子弟一百十五人东归。误采传说,取道绛通草原,途中绝食者七阅月,茹毛饮血,生还者仅七人,所娶藏女西原与焉。西原卒于西安,陈痛悼下绝意仕宦,返乡里。其后仍任军职,至师长。据湘西数年,后卸军职,办纺织厂于南川。一九三六年冬撰成此书。原序有云:"追忆西藏青海经过事迹,费时两月,著为《艽野尘梦》一书,取诗人'我征徂西,至于艽野'之意。"《说文》解"艽"(qiú)为荒远。余按"艽jiāo"草名,入药曰"秦艽",其叶宽、薄有白纵纹,微似龙舌兰。根茎纤维绞扭如束丝,故曰艽。广产于海拔三千米左右之高原,即康藏、青海地方。古自秦中输出，故曰秦芄。小雅之"芄野"，解为青康藏高原（青藏高原）极合，无容解为荒远也。今人习呼康青藏为"草地"，何如呼为"芄野"之典雅贴切乎。

总　叙

西藏，古唐古特之一种，汉为西羌，唐为吐蕃，明为乌斯藏。素奉佛，初崇红教，习符咒及吞刀吐火之术。有宗喀巴者，入大雪山苦修，道成，乃正戒律，排幻术，创立黄教，风行全藏，红教浸衰。其高足弟子二：长曰达赖，即当时藏王，驻拉萨，握政教权，统治全藏，与罗马教皇同；次曰班禅，驻后藏，仅负教皇之名而已。清初，设驻藏大臣管理监督，既而印度沦为英殖民地，英之陆军直达喜马拉雅山麓。俄之势力亦骎骎逾帕米尔高原，侵夺中国领土。英、俄争夺加剧。于是英人欲得西藏，进窥康蜀，以完成其扬子江势力范围；俄人亦欲得西藏，附印度，逾葱岭，夺新疆，席卷蒙朔。英人自失北美，视印度为"天府"，恐俄捷足，因先发制人，利诱达赖，认西藏为独立国，与唐古特政府直接订立英藏新约。钦使某，且为署名签字。自后清廷遂不能过问藏事矣。达赖既入英人彀中。驻藏大臣类皆昏庸老朽，清末孱王守位，淫后专权，不知强邻逼处，宜固藩篱。达赖亦渐知英之阴谋，其属下藏王边觉夺吉，饶智略，见英人虎视眈眈，乃联俄抗英。借贺俄皇加冕为名赴俄京，以施其纵横捭阖之术。英闻之怒，遣精兵数千，逾雪岭侵入中国领土。达赖固以活佛自居，至是亦就其建亭寺护法跳神问卜，以决和战。护法大言曰："佛能佑我，敌可虏而收其器械，请决战。"达赖信之，调藏中兵数千拒英兵于庆喜关外。英人涉险深入，遇伏仓促应战，死亡百余，稍却。藏中相庆，以为神言验矣。而英复整军进，藏兵素缺乏训练，卒大败，死千余人，遂望风披靡。达赖知大势已去，乃捕建亭寺护法寸磔之，因其母于工布之凯浪沟，携带珠宝珍物数百驮，率千余人出奔哈喇乌苏。因行甚缓，恐英兵追及，乃封存宝物丁其喇嘛寺，留兵守之，仅率百余人入京求援，为慈禧诵皇经祈福。慈禧素佞佛，乃命川督遣混成一协赴援。予时任川陆军六十五标队官，亦与入藏焉。

〔校注二〕"总叙"首则所叙藏事，多有错误。兹为略校数处：一、"唐古忒"为清人加于西藏之名，其称非古，不当冠于汉前。二、达赖、班禅皆非宗喀巴首座弟子。达赖至三世始为蒙、藏人民所崇奉，有尊号。三、驻藏大臣虽创于雍正之世，至乾隆末叶平廓尔喀后，始掌握西藏政权。四、英军入藏，强与藏人订约，驻藏大臣有泰署名约中，为光绪三十年（1904年）事，达赖即于此役离藏，原文叙次有误。五、达赖初欲奔俄，清廷多方阻之，迁延年余，始被迫入京，非径赴京求援。时达赖与清廷甚相左也。六、达赖离藏后，清廷命张荫棠、联豫等先后入藏办理善后，直接掌握西藏政权。联豫奏请自川调兵一协入藏驻防，震慑反侧，非清廷应达赖请，调兵往援也。

予自长沙军校毕业后，任湖南新军第一标队官。湖南新军，创自湘督端方，以旧有巡防军改编为一、二两标，士皆稚愚，将校多出身行伍。独予队兵卒，新募自家乡，皆青年学子及茂才廪膳生。其时革命思潮已萌芽于内地，湖南民气尤激昂。革命先进，迭遭失败，知非联络军队不足以颠覆满清，乃设同盟会支部于长沙。予鉴于清政不纲，外侮侵陵，方醉心于政治革命。窃幸所部皆青年俊秀，乃于军事训练外，授以国文、史地、测算诸科，期年之后，思想为之一变，且大半加入同盟会。尝秘密集会于天心阁。士气日涨，泛驾跅驰之行不可复制。予既怀古人勿撄人心之戒，以为从此鼓励激撮，清政可复。然偾骄之祸，收拾綦难，则始于救国者，必终于误国。因是，决计解职归里。

越年，同学友约赴鄂，谒鄂督赵尔巽。尔巽在清封疆大吏中，为最明达者。抚湘时，锐意兴学、练兵，予等皆受其陶铸者也。其弟赵尔丰督川，将有川边之行，急需材。尔巽资遣予辈入蜀。至成都。尔丰疑湘人皆革命党，不即擢用。未几，尔巽移督川，尔丰授川边大臣，任命予为六十五标队官，隶协统钟颖部。旋分防百丈邑。军余多暇，知英人谋藏急，部下有自藏归者，辄从问藏中山川风俗，参以图籍，深悉藏情。适钟颖奉旨援藏。予见猎心喜，上西征计划书，于藏事规划颇详尽。钟颖大加称赏，立召予回成都，委援藏一标三营督队官。予以眷属浮寓成都，留无依，归无资，送无人，力辞不就。管带林修梅力劝不已。钟颖复馈多金，优给月廪。予感其意，遂行。

〔校注三〕清末编练新军，每省额驻军一镇，镇辖二协，设协统。协辖三标，设标统。标辖三营，设管带，犹今营长也。营辖四连，设队官，犹今连长。连辖九棚，设哨官。每棚有兵夫共十八名。百丈驿属名山县，原作邑，误。驿当藏蜀冲途，陈之研究藏事，基于此也。

钟颖，字毂明。正黄旗人。父晋昌，尚咸丰妹，官至盛京副都统，以附义和团罪，遣戍西藏军台。行至成都，托病，经川督锡良奏留养病，实慈禧后密旨也。颖与同治帝为表兄弟，故邀慈禧宠眷。光绪三十一年（1905年）密诏假协统衔，于凤凰山训练新军，时年仅十八耳。新军成，钟为协统，率之入藏。时宣统元年（1909年）也，年二十二。

钟颖协下，乐山王方舟（陵基）任参谋长，荣县王伯樵任秘书长。其三标统，一由颖自兼。一为刘介堂，一为陈庆。

林修梅，湖南人，时任陈庆标下第三营管带。后随征入藏，至昌都，解职归。与石青阳等奔走革命，在广东有声。陈渠珍，初任其营督队官，犹营副也。后代林为管带。其后，林在广东，陈在湘西，始终不协。

时革命思潮遍于中国南部。四川僻在边隅，一年之中，捕拿革命党，破获机关之事时有所闻。青年志士，亦渐染革命思潮，群起作排满运动。予入藏之心虽决，时侄方大病，妻年少，凄凉异地，形影相吊，闻予将出塞，均痛哭牵衣。予至是亦觉儿女情长，英雄气短。顾钟颖遇我厚，又念革命潮流，终难避免，异日茫茫禹域，谁是乐郊。且予在军未尝他务，而川当局犹以革命党目之，久客他乡，殊非长策。西藏地僻远，而俗稚鲁，借此从戎之机，漫作避秦之游，亦计之得也。乃百计安慰家小，摒挡家事，挥泪而行，时宣统元年（1909年）秋七月既望也。

第一章　成都至察木多

援藏军出师计划，经长时期之筹备，颇极周密。讵一经开拔，障碍横生。尤以夫役逃亡一事，最为骚扰。军行所至，四出拉夫，人民逃避一空。三营殿后，夫役逃亡尤多，行李沿途遗弃，虽出重资，不能雇一夫。纪律废弛，非复从前节制之师矣。读唐人应役出塞诸诗，苍凉悲壮，非身历其境者，不知其言之酸而词之切也。

自成都四日而至雅州，风景与内地同，自是以后，气象迥殊，山岭陡峻，鸟道羊肠，险同剑阁，而荒过之。沿途居民寥寥。师行于七月，时方盛暑。身着单服，犹汗流不止。过雅州，则凉似深秋，均着夹衣。愈西愈冷，须着西藏毡子衣矣。过大相，飞越诸岭，皆重峰叠嶂，高峻极天，俯视白云，盘旋足下。大相岭，相传为诸葛武侯所开凿，故名。经虎耳崖，陡壁悬崖，危坡一线；俯视河水如带，清碧异常，波涛汹涌，骇目惊心。道宽不及三尺，壁如刀削。予所乘马，购自成都，良骥也。至是遍身汗流，鞭策不进。盖内地之马，至此亦不堪矣。行六日至泸定桥，为入藏必经之道，即大渡河下流也。夹岸居民六七百户。河宽七十余丈，下临洪流，其深百丈，奔腾澎湃，声震山谷。以指粗铁链七根，凌空架设，上覆薄板，人行其上，咸惴惴焉有戒心。又行二日至打箭炉。

登大相岭，相传不能交言，否则神降冰雹。予过大相岭时，竭蹶至山顶，见清果亲王摩崖题碑诗，上部为雪所掩，以马挝拨之，有句曰："奉旨抚西戎，冬登丞相岭，古人名不朽，千载如此永。"盖景仰先贤，亦自诩也。同辈回顾，予犹未至，大声呼唤，有应声而呼者，众声交作，天陡变，阴云四起，雹落如拳粗，予急奔下山。后来者多为雹伤。盖雾罩山头，阴寒凝聚，一经热气冲动，雹即随之降落，亦物理使然也。

打箭炉，为川藏交通枢纽地。相传为诸葛武侯南征时，遣郭达于此设炉造箭，故名。其地三面皆山，终日阴云浓雾，狂风怒号，气候冷冽异常。山巅积雪，终年不化。三伏日，亦往往着棉衿焉。驻打箭炉数日，官兵内着皮袄，外着毡子大衣，犹不胜其寒矣。予尝戏谓内地冬寒，寒由外入。病疟发寒，寒由内出。塞外之寒，寒生肌肤。亦事实也。

一入炉城，即见异言异服之喇嘛，填街塞巷，闻是地有喇嘛寺十二所，喇嘛二千余人。居民种族尤杂，有川人、滇人、陕人、土人、回人。又有英、法各国传教士甚多。土人迷信喇嘛教，家有三男必以二人为喇嘛，甚或全为喇嘛者。盖喇嘛据有最大势力，能支配一切，一为喇嘛，身价即等于内地之科第，故人人以得为喇嘛为荣也。

〔校注四〕打箭炉三字，系藏语"打折多"之译音。明初即有此译称。清乾隆时，始有人捏造武侯遣将军郭达造箭于此之说。世多仍之，荒谬之甚矣（余另有辨）。其地才高于海面二千六百米，较巴塘、雅江、甘孜、道孚等处为低。但以四围雪山环抱，阴湿多风之故，反较巴塘、雅江、甘孜、道孚等处为寒。打箭炉号称八大喇嘛寺。当时尚存七所：安雀寺、南摩寺（皆黄教）、夺吉札寺（红教），三寺最大；夷龚寺、撒迦寺、俄巴寺、杜渣寺，皆小寺，分属萨迦（花教）或红教，寺僧亦各只十余人。旧曾有白教（噶举）寺，在白土坎。后毁，改为关帝庙。康熙时，跑马山有大白教寺，因作乱被毁，今为南摩寺分院，不在八大寺之列。兹云"十二寺"，盖追忆，未确也。

康藏一带，气候酷寒，仅产稞麦，故僧俗皆以糌粑为食，佐以酥茶，富者间食肉脯。以麦粉制为面食者甚少也。糌粑制法，以青稞炒熟，磨为细粉，调和酥茶，以手搏食之。酥茶者，以红茶熬至极浓，倾入长竹筒内，滤其滓，而伴以酥油及食盐少许，用圈头长棍上下搅之，使水乳交融，然后盛以铜壶，置火上煎煮。食糌粑时，率以此茶调之。且以之为日常饮料。藏民嗜此若命，每饮必尽十余盏。予初闻此茶，觉腥臭刺鼻。同人相戏，盛为酒筵，约以各饮一盏，不能饮者罚如其数，予勉呷一口，即觉胸膈作逆，气结而不能下，自认罚金，不敢再饮矣。

藏民男子皆衣宽袍大袖之衣，腰系丝带，头戴呢帽，或裹绒巾，足着毡子长靴。女子衣长衫，毡裙，系腰带，头戴八柱，项围珠串。

喇嘛服饰，因阶级而异。上为者内着衬衣，外缠红黄哔叽披单，帽作桃形，靴为红呢制，手拿佛珠，口诵佛号。其下，则粗呢披单，交缚上体而已。藏民住宅。皆为层楼，上中层住人，下层为豢养牲畜。屋顶扁平，上覆泥土，室内及墙壁彩绘山水人物。若喇嘛寺，则楼高有至十层者，金碧辉煌，极为壮丽。

我军由川出发时，适达赖由京返藏，途次，得其藏王厦札密报，谓："英兵已退。川军大至，恐不利，宜制止之。"达赖既向清廷求援，又不便反复，乃密令厦札发藏兵万人扼要拒之。川边大臣赵尔丰，知其谋，乃自率兵八营，由大道进；令我军由北路进，会师于昌都。

〔校注五〕此所谓"藏王"，即噶伦厦札边觉多吉也。当时称其为藏王者，以其握政权故。达赖虽出亡在外，噶伦在藏者，仍每事请示于其行宫。联豫虽主藏政，令教多格不行，故请派兵入藏震慑。达赖被放回藏，行至甘青境，闻川军入藏消息，即令噶伦派兵抗阻。与此文所谓"求援""反复"者不合。

又其时赵尔丰方在德格平降白仁青之乱，办理改流，迄闻乍丫等处番民抗拒川兵，虑钟军新成，士未习战，故令其改由北道随边军前进。避免与藏军冲突。

我军集中打箭炉待命，约一周，钟统领始至。又准备三日，即出发。由打箭炉出关，即属川边境。其入藏大道，自巴塘、里塘、昌都、恩达、硕板多、丹达、拉里、江达至拉萨，是为康藏南路驿传大道。逐站人户甚多；又出关，行一日，由折多塘北向，经长坝春、霍尔章谷、甘孜、曾科、岗拖，至昌都，或绕岗拖，趋类乌齐、三十九族，至拉里，为北路。道路荒僻，往往一二日无人烟。

藏地行军，动须乌拉驮运。又须二三日一换，故无乌拉，即不能行一步。盖弹药粮秣，行李乘骑，每营须牛马二千余头之多，悉取给予沿途藏人。长途行军，决非内地夫役力所能任。即内地之马，一入藏地，亦不堪用矣。赵尔丰以陆军初入藏，情形不熟，恐猝遇战，乌拉不继，故令我军走北路，为策安全也。

我军由炉出发之日，适雨雪交作，寒风刺骨，军队与乌拉，恒混杂而行。此路名虽驿站，半为山径，沙砾遍地，雪风眯目，时登时降，军行甚苦，沿途绝少居民，抵折多塘宿营，已七时矣。天黑路滑，部队零落而至。士兵喧呼声与牛马嘶鸣声，直至夜半始止。官兵咸缩瑟战栗，不胜其凄楚焉。

由折多塘经长坝春、道坞、霍尔章谷，至甘孜一带，沿途均有村落。居民数十户或数百户不等。途中亦有小村落及喇嘛寺。此二十余日中，天色晴霁，道路皆沿山腹或山沟行。甚平夷。犹忆第一日由炉出发，官兵饱受风雪之苦，金以此去苦寒，必更有甚于此者。殊次日，天忽晴霁，沿途风清日暖，细草如茵；两面高峰直矗，山巅积雪，横如匹练。有时出岫白云，与摩天积雪，共为一色，凝眸远望，奇趣横生，几忘塞外行军之苦。

予任督队官，每日必于黎明前率通事藏人及各队监营官，乘马先行。一日，将抵长坝春时，天和春软，周道如砥，一望平原无际。藏人扬鞭策马，疾驰如飞，群马奔逐，勒之不能止。予马术未精，身重腿轻，左右颠簸，几跌下，勉驰至宿营地，已汗流浃背，腿痛不能行矣。

〔校注六〕长坝春（原书误作长春坝。此追忆之误也）。为康定县上木雅乡农村名。藏语呼农村曰宗。汉语转讹为长坝春也。自折多塘至道孚，沿途皆牧场，惟此与泰宁为农村。故皆为替换乌拉要地。此书未言泰宁者，清末北道乌拉，自折多塘至长坝春为一站，长坝春至上八美为一站，上八美至少乌石为一站，少乌石至道孚可拆为一站，其道不出泰宁。1918年以后，上下八美、少乌石三村差民逃尽，改由泰宁喇嘛寺支差。差路始绕由泰宁。

一日，行抵道坞，天尚早，因偕同人闲步近郊，有民舍十余家散居疏林间，草美而细，风景如画。林外一沟，宽四五尺，碧水清浅，鱼多而巨，往来游跃。予等正苦无肴，将取之食之。又疑此地居人甚多，岂无网罟，令河鱼之繁殖如是。询之通事，始悉藏人死后，不用棺封土掩。其上者，延喇嘛讽经，寸磔其尸，以饲雕鸟，为天葬；其次，以火焚之，为火葬；下焉者，投尸水滨，任鱼鳖食之，为水葬。故藏人无食鱼者。予等闻之，乃止。

〔校注七〕藏俗，以火葬为上，喇嘛乃得行之。天葬为次，一般平民用之。水葬最下，罪人及贫民用之。原书所记，微有差误。

又，藏俗忌杀小生命。故鸡、鱼、野鸟之类，例不诛杀。喇嘛之教曰：凡生命皆不可杀，但藏地粮实缺乏，不能不屠牲畜以维持人之生命。故戒行僧侣，亦得食肉。惟不可亲手屠杀及亲见其死。屠杀之事，另以卑贱之人专司之。如属业屠之人，在西藏社会中为最贱者，谓其死后必入地狱。所屠亦仅限于牛之一种。因杀一牛，可以维持多人生命，故其罪小。若屠杀小生命如鸡、鱼等，则牺牲多数生命，以维持少数生命，其罪更大。至于猎取野兽，捕捞鱼类，则其人之贱且恶，更甚于屠。此乃藏人不渔不猎，鱼鸟繁殖之原因。非因食死尸而恶之也。

霍尔章谷，居民百余户，已"改土归流"，设理事官于此。汉人甚多。我军出关后，沿途所见，皆赭面左衽之藏民；所食，则酥油、糌粑、奶酱。荒山野户，又无蔬菜可购，竟日疲劳，不获一饱。出发时，原拟多带食品，因林修梅力言不可，致途次食不甘味，至以为苦。至是，始有物可市。共购猪一头，鱿鱼数斤，切碎拌豆豉炒之，分盛两桶，载之以行。修梅犹啧有烦言，予等亦不之顾。然以后每餐，修梅则较他人抢食为多，其馋酸真可鄙也。

〔校注八〕霍尔章谷，即今炉霍县也。原霍尔章谷土司驻地。光绪初，川督鹿传霖，讨平瞻对之乱，倡议改流。时章谷土司绝嗣，遂以兵威收抚其地，置炉霍屯。其后清廷根据藏人请求，仍以瞻对归藏，罢改流议。惟炉霍屯因章谷土司已绝，竟设流官未废。其地在北道开市，汉人市场此为最早，故有百物可购也。炉霍屯至1913年改县。未曾经过设理事官阶段。此云设理事官者误。

途次，见乌拉千百成群，尚未注意。至霍尔章谷换乌拉。先日傍晚，尚未齐。夜半，闻四野声喧，视之，乃藏民送乌拉牛马至矣。漫山遍野而来，不下数千。予方虑明晨调换乌拉，驮装捆载，不知费时几许。迨次晨起视，则一人挟一驮，置牛背上，每驮重逾百斤，竟能举重若轻，约一时许，而二千余驮粮弹捆载已毕，身手敏捷，诚非汉人所及。因见藏民体力之强，不觉羡健无已。无怪唐代屡为边患，郭马名将，尚不敢言战，而言和也。

〔校注九〕郭、马指郭子仪和马璘，为唐朝中期名将。当唐肃宗、代宗之际，安、史之乱未平，吐蕃、回鹘屡次联兵寇扰陇西诸郡，数犯京畿。关陇诸镇，竭全力以备御之。虽屡获捷书，而寇终不可制。不得已而与和，订立盟约。事具《唐书·吐蕃传》。

每日宿营，牛马拥挤坪中，藏民卸装，更为迅速。驮牛二千余头，不及一小时，即卸毕矣。藏民扬声，驮牛四散，满山满谷，到处龁青。迨黄昏前后，藏民呼哨一声，但见山头群牛攒动，皆争先恐后，戢戢归来，勿烦驱策。藏民即就平地之桩，系长绳，排列为若干行。长绳中系无数短绳，拴于牛蹄。牛倚绳，或立或卧，秩然不乱。犹忆一日中夜起溲，弥望白雪，不见一牛，大异之。询之卫兵，始知牛卧雪中，雪罩牛身，望之似无数雪堆，隐约坪中。非转侧雪落，不知其为牛也。

甘孜、曾科、麦削、岗拖一带，嶂峦横亘，冰雪满山。每从山腹过，山水泻冰，宽恒至十数丈，人马通过，须先凿道敷土，方免倾蹄。谷底溪流，亦凝结成冰，牛马数千踏冰过，冰破碎声闻数里。时已暮秋，天气日加寒冷，大雪纷降，朔风怒号，人马牲畜，灿若银装。予有句云："冰敲马蹄铃声细，雪压枪头剑气寒。"亦纪实也。

自麦削以西，河深流急，无舟楫，无津梁，故军队渡河，皆用皮船。船以野藤为干，以牛革为衣，其形椭圆，如半瓜；其行轻捷，似飞燕，凌波一叶，宛转洪涛，浪起如登山丘，浪落如堕深谷。临岸遥观，若将倾覆焉。乃方沉于浪底，涌现于涛头，俨如飓风时际，立黄鹤楼看轻舟冲浪，同一触目惊心也。幸河幅不宽，波澜甚小，舟子一人，摆双桨，坐后梢，顺水势，乘浪隙，斜行疾驶，瞬息即登。

皮船大者，载重四百斤，小者载二百余斤。小船以一革制成，大船则用二革，其结缝处时时以酥油涂之，以防浸漏。军队渡河时，先渡辎重，再渡官兵。船小而少，每渡一河，须延数日。计予一营人，渡河已费三日之久。沿途河流甚多，故行军稽延甚久也。惟藏地牛马皆能泅水，每渡河时，先纵一牛过河，系于彼岸，然后纵马牛入水，不待驱策，皆攒望彼岸之牛而群集焉。

予渡岗拖河时，宿江干数日，见山中贝母鸡数十成群，飞行地上。闻其味极佳，因约同人携枪入山击之，日必获数头。就江干去皮骨，取肉切为小块，拌胡豆酱炒食之，味鲜美，远非家禽所及也。

藏地行军，不苦于行路难，而苦于起床太早。盖自甘孜而后，沿途居民渐少，赵尔丰所定程途，又恒远至百二十里以上，非竟日趱行，即无宿站。无宿站，即无藏官预备燃料，不能炊爨也。故起床不能不早。且行军均自带帐幕，到处架设，出发撤卸。藏地几于无日无雪，一入夜半，雪满帐幕，次晨早起，须先撤帐去雪以火烘之，方能驮载。最苦者，天犹未明，帐幕已撤，雪风削面，鹄立旷野中以候。撤帐幕，上驮牛，约需一小时半之久，手足僵冻，战栗呻吟，其痛苦诚非语言所能形容也。行五十余日，始至昌都。

〔校注十〕按通常行程，北道按站行，十七日可至昌都。只甘孜渡雅砻江，岗拖渡金沙江，两次须以皮船渡，以各耽延三日计，亦仅二十三四日耳。再以炉霍、甘孜等处勾留一、二日估计，三十日必能到达。此云五十余日，或是因故稽延，或是误记。

此行路线，系自甘孜大金寺进打火沟，至甑科（属白玉县。原书作曾科），经麦宿（属德格县。原书作麦削）、八邦寺至岗拖河。未由雀儿山大道，缘赵尔丰尚在德格，虑支差难也。岗拖至昌都，则循同普（江达）大路。此路自卡工以西、直至昌都，皆无农家，须野宿三日。原书无记载，缘自卡工以西皆牧场，由纳夺土司支差，一直送至昌都。故既无留滞，亦无风物勾留。达赖所调阻路藏军，皆在南路。故钟颖军能直抵昌都无阻。

第二章 腊左探险

昌都，亦名察木多，为打箭炉至拉萨之中心地。有居民六七百户，大小喇嘛寺甚多。汉人居此者亦不少。设有军粮府治理之。我军至此，已困惫不堪矣。是时，赵尔丰驻更庆，侦知厦扎遣其堪布某，率藏兵万人，进驻恩达，阻川兵入藏，邀钟颖由甘孜单骑往见。钟不敢往。赵遂令大军暂集中昌都，细侦番情，以待后命。钟颖既至昌都，号令全军，选将校侦探四名前往侦察。数日无应之者。时尔丰方以援藏军官皆学生，不晓军事而言。予甚耻之，因力请行。林修梅亦怂恿之，为咨请于军粮府，给马牌。予乃轻装携通事张应明前往。应明年五十余，四川人，流寓藏土日久，经营商业，熟悉番情。是日，由昌都出发。稍迟，过西藏桥，行三里许，有群鸦千百遮道飞鸣，应明马惊而坠。予亦下马步行，驱散群鸦，牵马而进。初以藏地多鸦，不虞其有他也。

〔校注十一〕此章为作者西征最惊险事，亦其最得意事。但所述地名，与今地名多有未合。兹特补注当时地理情势如次：

时西藏地方政府承达赖密谕，派色拉寺堪布名登珠（原书失名）者，征调硕般多、洛隆宗、边坝三区民兵约万人，拒川军于恩达。（当时公文称硕洛边三区为"洛隆三边"。藏人则称之为"硕达罗松"。其后尹昌衡请置硕督县者是也。）恩达在瓦合大山之东岸。登珠驻节于此。沿恩达河而东十余里至"梭罗坝"（原书作"林多坝"者是也）。又数里至"甲木桥"（原书作"并达桥"者是也）。又十里至"纳贡塘"（原书称为"腊左"者是也）。此一带地区皆庄房密布，藏军驻守于此。自纳贡塘上纳贡山，山高四千余米，逾山约四十里为浪荡沟。原书作"腊左塘"，盖误记也。自浪荡沟沿河而下，六十里过俄洛桥（又名西藏桥），至昌都。自昌都至恩达，旧作两站。浪荡沟设有塘兵，恩达设有汛官，皆由打箭炉阜和协派遣。此次藏军东来，目的仅在拒阻川军，未敢公然与清廷相抗。故恩达汛官，仍与登珠相处无间，而浪荡沟之塘兵，亦未为藏军所劫。不过自浪荡沟以西，不容汉军往来侦察而已。

于时赵尔丰已定乡城，平德格，威名远震，藏军畏之。陈渠珍之冒险深入，竟获生还者，实由此故。附绘昌都至恩达略图以便参考。

行三十里至俄洛桥，驻有边军一哨。哨官邓某，川人，武备生未卒业者，招待极殷勤。因时已薄暮，具餐留宿。予亦欲一询前方情况，遂宿其营。饭后，共话川事，甚欢洽。且知藏兵屯恩达，其先头部队抵林多坝，逻骑出没于距此三十里之腊左塘，戒勿冒险前往。予虽感其意，然以任务所在，不能中道而返。次晨出发，沿途无居民，亦无人迹。策马行三十里，至腊左塘，即腊左山麓也。是地有塘房一所，设塘兵四人。予抵其地时，塘兵已捆载行李，将回昌都，甚仓皇。见予至，大惊，为言番骑夜夜至此，力请同回。予颇厌之。应明亦言不能再进。予奋然曰："纵不至腊左，亦宜登山一望。"遂决然上山。山高十余里，纡曲而上，冰雪载途，人马颠蹶者再。牵马步行，亦屡蹶屡憩。将至山巅，遥望白雾漠蒙，疑为烟尘。至山巅，则空中狂飙怒号，卷雪飞腾，寒风砭肌骨，人马气结不能呼吸，遽昏倒。幸予神志尚清，有顷即醒。强起牵马，再扶应明起。应明愀然曰："不听吾言，徒自苦耳。果何所见？"予曰："子勿尔。既至此，必往腊左一观。"因鼓勇下山。应明不得已，随行之。沿途颠蹶，几为马所伤。行约八九里，始下至平地，已薄暮矣。幸有雪光掩映，尚能辨路。沿小溪行，二三里至腊左，隐约见民舍二十余户，散居两岸，家家闭户，悄无人声。以棰挝门，无应之者。后至一家楼下，一老人出。问询之，具言："藏兵离此仅十余里，逻骑夜夜至此，居民皆逃避，予病不能行，是以留。"应明问予如何？予指对岸傍山一室可投宿，遂牵马过溪。止宿其家。登楼，推门入。楼高仅齐人。系马楼下，予择楼上较宽一室下榻焉。燃洋烛，略食烧饼。应明劝勿燃烛。因移烛室隅，取板覆之。推窗望月，月色明朗，照耀冰雪，倍觉清寒，因思稍憩后，即登山眺望，且避番骑之来。倘能登高一览前方形势及番兵所在，亦不负此一行。正凝思间，忽闻铃声自远来，知番骑已至，急下楼，翻着白羊裘，伏山麓大石后。未几，见番骑数十，从容进至对岸民房，按户以马鞭敲之，操番语问有汉奸否？勿得藏匿。未过溪，即向腊左山去。约一时许，仍回，敲门问如前，随即自去。予以为从此无事，入室休息。应明继至，蹙眉而言曰："险哉！几不免矣。"予因戏之曰："尚未，尚未。明日将携汝至前方，一观其究竟。"语未毕，突闻前方铃声来甚急。灭烛推窗外窥，见番骑百余，张两翼，飞驰而来。距对岸约百步，皆下马拔刀，跳跃而前。是时欲遁不能，但闻喊杀声，马嘶声，一时并作，震应山谷。予急趋出，见旁一小室遂避入，暗中摸之，有砖石，似厨非厨，有小穴。钻穴外窥，见番兵持刀拥至，刀长四五尺，映月光雪色，森严可畏。已渐近，急扃门，推石撑之。再外窥，则番兵相距仅十余步矣。因转念，门既内扃，安得无人，是不啻示敌以匿迹之所，不若开门以待。门甫开，番兵已至楼下。又念藏身暗室，设番兵持刀斩入，则殆矣。不如出而叱之，或可幸免。遂挺身出，甫出门，番兵已登楼。予厉声叱之，先登者奔向予，猛斫。幸室矮刀长，为檐格，未中。后至者复拥集，刀剑无所施。但觉尾脊受刀伤甚重。一时拳足交加，喊杀活捉之声并作，最后有以刀柄击予右额，眼花迸飞，倒地渐昏。似有人拽予至楼口，向下抛掷，遂一痛而绝。

予昏绝后，即为番兵系马背上以行，颠顿复苏，乘月色行十余里，过并达桥。桥长约十丈，宽丈许，上敷木板，番骑百余蜂拥而过，蹄声杂沓，予始清醒，知为番人所房，头腰手皆受重伤，但麻木，尚不甚痛楚耳。此地驻番兵数百，见番众拥予至，皆拍掌呼跃。再沿河进，两面皆有番兵警戒。其法左敲锣，右击鼓，左敲右应，络绎不绝，如刁斗然。行十余里，至林多坝，时已夜半。番兵牵予上一楼。楼上男女数人，方燃火熬茶，即系予柱上，予倚柱而坐，渐觉头腰痛不可支。应明继牵入，已无人色矣。移时，有似番头目者至，持马箠就予诘问。予对以衔赵大臣命来此。番目不信，横加箠楚，几又昏绝。又有顷，复来一人，装束如番官状，盘诘甚详。色稍霁。予仍告以衔命来此。问以文书，予曰："文书置鞍囊中。"番官下楼甚久，复回曰："鞍囊无文书，得勿诳耶？"予素稔藏人畏尔丰若天人，乃正色曰："行李文书，尔等尽劫去也。既疑无文书，曷往昌都赵大臣行辕一询！"番官曰："赵大臣已至昌都乎？"予诳曰："赵大臣率边兵八营，先我一日已至昌都，尔等犹未知耶？"番官沉思良久，复问："赵大臣遣尔来此何意？"予曰："见尔堪布自知，尔勿多问。"番官复详视予伤痕，与一头目细语甚久。又问予现居何秩？予伪以三品对，番官乃偕头目下楼。未几，有番兵二人来，释予缚。绳甫释，两手痛彻心脾，昏倒不能起。番兵负予下楼，至一室，较清洁，似为番官住所。番兵进酥茶，予方渴，饮之其甘如饴，神思渐清，倚墙盹睡。忽闻鸡鸣犬吠雀噪声，始惊醒，仰视窗外，天已黎明。又移时，闻室外人马声嘈杂，番官后至，为予言："堪布有令，约君至恩达一会，请即行。"予闻之，矍然而起。番兵扶予上马，行甚缓。觉腰际创裂，血流不止，痛苦不堪。途中每过溪沟，或登临山坡，前后簸动，痛尤甚。时晨风凛冽，彻骨生寒，触目荒野，倍觉凄怆。偶一思及妻侄浮寓成都，千里家山，何以得归，不禁悲从中来。然转念男儿报国，死则死耳，何以妻儿萦念为。又不觉神清而气旺。

行二十余里，至恩达，已午前十时矣。即有恩达汛官叶孟林氏，黼黻出迎，执礼甚恭，导予至堪布大营。堪布亦迎至营外，极谦恭。入座，献茶点，力白未得赵大臣通告，致生误会，逊谢不已。予亦婉辞答之。因言："赵大臣以藏人二百余年恭顺朝廷，前者英兵寇藏，大喇嘛既请兵于先。今英兵甫退，边觉夺吉又复阻兵于后，试问藏兵几何？器械若何？欲与川军、边兵较胜负，庸有幸乎？赵大臣恐大军逼近，玉石俱焚，特遣某前来晓谕，限即日撤兵退回，当为奏请朝廷恢复大喇嘛封号。今新军已由北路出拉里，川边军集中昌都，所以不即前进，亦悯藏民无知，不忍遽以兵临之也。"复详言在腊左经过甚详。堪布惶恐谢过，具面食果饼，极殷勤。为言："我本僧官，藏王督责甚严，不得已统兵出藏。今驻恩达不进，亦待赵大臣之至，敢有异动耶？"又具文呈赵尔丰，请予即日返昌都复命，允以三日为期，撤退藏兵。予以创痛马羸，不能即行。堪布力请不已，始允之。又为施符咒药饵，并选良马及藏佛、藏香、捻珠、奶饼为赠，又派兵四人送予至腊左塘。于是收拾起身，已午后一时矣。堪布等直送至山下始返。

归途冰雪满山，寒风载道，创痛渐止，符咒之力欤？抑药饵之力欤？予归心似箭，痛苦顿忘。经腊左时，仍门户紧闭，寂无人踪。上腊左山，山高而峻，冰结路滑，番兵牵马扶予，顷刻而上，不似前日下山之苦矣。下山，至腊左塘，塘房已空无一人。从此道路平夷，且极安全，即将护送番兵遣归。予偕应明，略食奶饼，纵马疾驰，更觉毫无痛苦。至俄洛桥，日色将暝。前驻川军亦开回昌都。应明极欲就此止宿，明晨再行。予不听，鼓勇前进。天已入夜，冰风拂面，冷冽益甚。幸月色清朗，照耀如白昼，夜行尚不觉其苦。抵昌都，已晚十二时矣。沿途哨兵见予生还，咸欣欣然有喜色。

予至营部，同辈多已就寝。惟修梅犹倚案研墨。予笑曰："诸葛先生归来矣。"盖予素与朋辈戏语，辄以此自命也。一护兵见予归，急入报。修梅惊讶出视，相见之余，悲喜交集。一时同辈皆披衣起身，询经过。夫役具饼食，予且食且谈，直至四更后始就寝。

予自被掳后，相传已被杀身死，碎尸投山林中。予初归，与同辈坐谈，时时觉坐垫后蠕蠕有物，初不之异也。谈毕归寝，见坐垫后满堆衣物，亦不之异也。次日，从兵李元超密告曰："自公凶耗传来，金谓公必死。公之行李，某某等竟破箱瓜分几尽。及公生还，咸不自安，始暗中退出，置坐垫后，是宜有以惩之。"予则付之一笑而已。

予外创经七八日后渐愈。惟内伤甚重，肚肠时复作痛。友人送雷击散一瓶服之，大泻两次，下血块甚多，寻亦痊愈。惟雷击散原系暑药，并无治内伤之力，不知当时服之，何以奏效如此，殊不可解也。

〔校注十二〕陈渠珍叙述身历，细致翔实，娓娓动人，一气呵成，直书其事，未为伏笔。而首尾因果，竟成伏笔。如腊左所遇老人详告藏情原是实语。亦当见陈、张二人去而对岸突现烛光。当藏兵查户时，亦必以告藏兵。查号藏兵人少，不敢往捕。只能佯作不知，归报藏官。故去若无事，而突然大军分两路搜来，逃避不及也。

此等藏兵，系藏中调来，对当地人极其残暴，故当地土人，皆藏匿不敢家居。其对俘虏亦极残暴，张应明能藏语，故受害较轻。陈渠珍不能藏语而态度傲慢，故数濒于死。幸统兵官堪布登珠文明有识，虽奉命阻拦入藏川军而不背叛清廷，乃得生还耳。

第三章　昌都至江达

赵尔丰知藏兵已抵恩达，乃亲率边军五营由更庆至昌都。我军齐集四川桥东岸迎迓。边军虽为旧式军队，然随尔丰转战，入边极久，勇敢善战，其军官兵体力甚强，日行百二十里以为常。是日，予随队出迎，候甚久，始见大队由对河高山疾驰而下。有指最后一乘马者，衣得胜褂，系紫战裙即是赵尔丰。既过桥，全军敬礼，尔丰飞驰而过，略不瞻顾。谛视之，状貌与曩在成都时迥殊。盖尔丰署川督时，须发间白，视之仅五十许人也，今则霜雪盈头，须发皆白矣。官兵守候久，朔风凛冽，犹战栗不可支，尔丰年已七旬，戎装坐马上，寒风吹衣，肌肉毕见，略无缩瑟之状。潞国精神，恐无此矍铄也。

〔校注十三〕钟颖系宣统元年（1909年）十月二十二日抵察木多，赵尔丰后六日到。赵致军机处电有云"该军纪律严明，秋毫无扰，……藏民颇极欢迎，于十月二十二日抵察。尔丰亦于二十八日赶到。藏兵在恩达、类乌齐一带大小路堵截"云云。

是日钟颖率标统、管带至钦帅行辕参谒，夜分始归。有护目张子青，随修梅往，先驰归告予曰："钦帅以公贪功失机，罪当斩！奈何？"予问："管带如何对答？"子青曰："管带默然不语。"予颇异之。及修梅归，询之又。但言钦帅明晨传见，而不及其他。于是予始知修梅之用心矣。因念奉命而往，不顾万死，疐辵匪躬，庸何伤。翌晨往见，甫出门，即有尔丰武弁持大帅令传予。予甚讶之，随之往，至则钟颖及军粮府刘绍卿，皆立辕下。武介导余入。尔丰盛怒立帐中，责予贪功冒险，损威辱师之罪，将置予于法。钟颖、刘绍卿亟趋入，力为缓颊。尔丰怒犹未息。予至是，亦不能为修梅讳，乃慷慨陈言曰："某罪自知。但衔命而往，身虽被虏，番人犹能以礼送归，且宣示德威，番兵望风撤退。功罪自不敢言，惟钦帅深察之。"钟颖又力为解释，尔丰意始动。因详诘奉命始末。又问林管带果知尔去否。予具以实对，并言军粮府尚有管带咨文可凭。尔丰一一按问实，又索咨文验讫，乃反诘修梅。修梅不能对。尔丰大怒，立褫其衣刀，就案上手书朱谕，撤修梅职，以予代之。予亦不敢言，叩谢出。

〔校注十四〕赵尔丰电川督云："顷接察禀，藏番将陈渠珍放回。可耻可恨！请速电饬正法。川军弟不便擅专。钟守毫无营规，非此不足以肃军纪也。"初读此，疑尔丰因赏陈之雄奇，故试其胆。检得此电，始知斩陈出自真心。前电军机处云该军"纪律严明"，此乃斥其"毫无营规"者。颖虽少不更事，于朝廷有肺腑之亲，特邀恩宠，不敢显斥之于军机处，但可实告之于手足间耳。

刘廷灏，字绍卿，贵州举人。时任昌都军粮府，号为边中能员。鼎革后离昌入京。后曾任伪满洲银行总经理。

昔人谓，"塞翁失马，安知非福"。如予以事之转祸为福，诚奇矣！不谓暗幕中操纵牵引，大有人在，事更有奇于此者。有皖人张鸿升，性诈险，初隶尔丰，任边军管带，后因事被黜回川，投钟颖。钟颖入藏，委以工程营管带，亦虚名而无实兵者。鸿升日思得为步标管带，而苦无机会。会予腊左被虏，凶耗传至昌都。有尔丰随员某，与鸿升善，为言钦帅以陈探修梅，问陈某事如何？修梅无一语，但嗟叹而已。鸿升怂之曰："钦帅性如烈火，倘有所询，宜伪为不知。钦帅幕中，吾有密友，当为君先容，可勿虑。"修梅信之。及尔丰至，怒予损威辱师，修梅嘿不语。尔丰怒甚。鸿升复见尔丰亲信文案傅华封，为予力辩其诬，而痛诋修梅。意在取修梅而代之，非爱予而憎修梅也。华封为鸿升旧友，遂在尔丰前力诋修梅。至是，尔丰颇滋疑，故传见时，而赦予贪功冒险罪。即欲一穷其实耳。不料按问抵实，修梅褫职，鸿升未及经营，而一纸硃谕，捷如迅雷。鸿升固自垂头丧气。予则死里逃生，转祸为福。险人用心，可笑亦可怜矣。

〔校注十五〕张鸿升，字雁宾，安徽人。随提督马维琪到边任管带。泰宁、巴安、乡城三役均得力。然不学粗鲁，赵尔丰颇抑之，始终不以统领任用。钟颖赴藏，途中谒赵，求最优管带，赵以予之。其弟张惠如亦随军任队官，皆从钟颖入藏。藏事败，又随钟奔后藏依钱锡宝。最后同钟与钱自印度返国。倪嗣冲荐之于张勋，与钟颖属之标统陈庆，同任张勋营长。钟颖被逮（后详），张命其弟惠如率六人赴京申辩。至天津为罗长裿党所杀，七人皆死。张氏指为陈渠珍所为，长久为疑案也。张闻弟死，续自赴京为钟辩抑。至则钟已就戮。张遂弃职为僧。

翌晨至钦帅行辕，循例谢委，并呈递堪布文书。候甚久，尔丰始出见。诫予曰："汝冒险深入，尚饶胆气，故畀汝要职。今后益当努力，否则吾又杀汝也。"言次，目炯炯，使人望而生畏。

赵尔丰以予明晰前方情势，嘱拟进兵计划以进。予商承钟颖，拟定川军先驱，逐恩达之敌，仍取道类乌齐、三十九族，出拉里。边军则由恩达大道直趋拉里。此第一步计划也。其第二步计划，则候川、边两军会师拉里后，视番情再定。并绘图贴说，规划甚详。尔丰韪之。定后日出动。钟颖令予率部先行，大军继之。计划既定，全军准备一日。

予于次日黎明出发。是日宿腊左，居民逃避一空，知尚避匿附近山中，乃令士兵分途搜捕，得番人多名，询之，林多坝仍有番兵，并有一部扼守并达桥。因思："番兵无抵抗之力，堪布亦非统兵之人，今屯军未撤，或钦帅尚未答复，犹存观望耶？抑留此兵力，掩护其大部之退却耶？但距在咫尺，仍当戒备以进。"又按林多坝地势开阔，进攻尚易。惟并达桥岸高河宽，番人扼险而守，则进攻殊难。犹忆前由恩达归时，曾注意观察，桥之上游四五里处，河水结冰，可以徒涉。我军进攻，宜佯攻正面，主力渡河攻下，方易奏效。是夜，月明如昼，四鼓出发。佯攻之一队，接近桥边，遥见桥上番兵甚忙乱。予亲率三队，从上游踏冰偷渡，进至番兵右侧，天始黎明，鸣枪突进，番兵遂狼狈败走。我军乘胜追逐，沿途皆不敢回抗。追至林从多坝附近，番兵悉出迎战，我军仍分两翼猛攻。战约二小时，我左翼军已占领林多坝后山，前后夹击，番兵又纷纷崩溃。予因此去为番兵大本营所在，地势甚复杂，沿途必有激战，乃集合部队，分段搜索前进。殊将抵恩达，即有恩达汛官叶孟林氏，由山径奔来云："番兵均向南退走，约二小时矣。"遂住恩达，警戒宿营，以待后命。此役毙番兵约四十余人，我军仅伤排长二人，阵亡士兵九人，伤十七人。

〔校注十六〕河间刘燮丞（赞廷），时任边军顾占文营督队官。躬与恩达、边坝诸役，入藏数次，先陈渠珍驻防工布，于此役进军情形，知之甚详。其后入京，服务于清史馆及蒙藏委员会。检钞赵尔丰时之档卷，积成巨帙，加以诠注。亦曾自记边事短文多种。当时适在康，常相过从，娓娓谈边事，本文所注多资之。据云，陈氏所著皆实。然校所谈述及笔记，则又与此书微有出入，此记恩达之役，盖陈氏自纪所遭，非全局鸟瞰也。刘君所记则云：藏军战阻恩达，撤站罢差，赵恐师老粮挫，奋勇攻之。于是管带顾占文出俄洛桥直奔纳贡。管带齐得胜为左翼，绕里脚山，猎其背。管带张荣魁为右翼，逾博集山为奇兵。相约夜攻。顾至松罗桥，获敌卡兵，尽得其详。既见敌营番帐林立，烧火遍山，番兵皆酣睡无备。大军直入恩达，获噶伦登珠及其随从四十余人，余敌各自梦中惊觉，四散溃逃。天既明，收敌之帐幕粮秣器械共千余百驮，并登珠等解至昌都。此役一弹未发，一兵未伤，即至大捷。为开边以来所仅见。赵尔丰在昌都，闻登珠解至，陈兵三十里，命总文案傅华封、军粮府刘绍卿、统领钟颖、凤山以下出迎之。节布亲信，令报登珠沿途仪仗。报云：

"乘马不下，神色自如。"赵即饬厨盛供以延之。登珠夷然入座，不自以为囚也。赵戏问曰："何以被擒？"登珠曰："两军作战，理当先约战期，鸣鼓对垒，以力相较，如此行劫，未足为武也。"赵笑曰："能再战乎？"曰："能。期以半月，调洛隆三边民兵，战于边坝。"赵礼遣之，派护送出境。即复遣顾占文、张荣魁、齐得胜率兵千六百人，分三路进击。顾占文由类乌齐登歇马雪山，渡教楚河，断其后路。张荣魁自三十九族，经上噶鲁，绕道达尔查，以攻其右。余众由大路并进。时方腊月，冰雪千里，各军昼夜兼程，赴期攻之。于时藏军皆仅明火枪，达赖新由英国购入猪槽炮（即前膛枪）三千支。以千五百支，命藏官许特巴运此济用。新到边坝，尚未散发。登珠未料边军神速至此，方与民兵安闲蹀步。时番兵已集数千，尚多徒手，猝见大军进攻，皆不战溃散。登珠欲遁，甫上马，即被擒。时宣统二年（1910年）元旦也。于是将登珠及其猪槽炮兼程驰解昌都，赵复列队迎之，礼待如昔。谕以国家抚宁西陲之意。登珠请回藏劝导达赖自新，留数日而去。边军沿途招抚，直抵江达。钟军亦由三十九族进至拉里。登珠一行奔至拉里附近，钟军陈渠珍等误以为敌，邀击，擒杀之。赵曾以此再请诛陈云云。

然此文亦刘氏追忆之作，或亦小有错误。大抵恩达之进攻，顾、齐、张三营在前，且系奇出夜袭，先擒登珠。陈营由大路后进，反在梭罗坝（林多坝）等处与番兵作战，以致伤亡二十余人。后叶汛官奔告云，番兵已溃走二小时矣。自是以后，钟军改由三十九族前进，边军由大道趋边坝、拉里。边坝之役，非陈氏所知，故未记入。惟陈书后文，谓登珠奔过拉里，经其军邀击擒获，为元旦之事。时日似甚确。此文则谓元旦擒登珠于边坝，解赴昌都，留数日后始遣回藏，在拉里被误为敌，被擒。时间出入太大，或是刘氏误记也。

再查档卷。赵尔丰致川督电云："顷据营官禀，藏军已由恩达撤去。让耶？惧耶？诈耶？不可知。大约退硕洛边大道。然与三十九族路无碍（按：谓钟军由三十九族路入藏可不遇敌也），所虑者到藏数程耳。或者联（联豫）已有备。……钟军后日开毕。弟丰叩请。"此是宣统元年（1909年）十一月九日电。据此所云，则恩达之役，登珠先退，未被擒也。然刘为亲预此役之人，所言不当有误。故两存之。

又赵尔丰宣统二年（1910年）奏片云："查本年正月间，接据川军协统钟颖来禀：藏人聚兵于墨竹工、拉里两处，欲图阻拒川兵入藏之路，臣知必有战事，惟恐川军行路疲乏，或为所阻，（按川军实不堪作战，赵故以边军助之。迭见其他文电。此奏所云，盖婉为之讳也）。因急派卫队管带齐得胜，新军前营管带张荣魁，西军中营管带顾占文，各率所部，由洛隆宗，硕板多，边坝等防地，迅速开拔前进。复饬四川督臣派来之中路第一军统领张继良，分督两营，自察木多填扎，直至边坝一带。入藏之路，正二月大雪封山之际，……乌拉倒毙者甚多……"此奏，足将当时用兵西进情形说明。大抵赵饬三营前进之目的，一在掩护不能作战，绕由三十九族入藏之钟军。一在借此进兵拓地直达藏境，不仅追驱登珠而已。登珠当时实不能战，故节节溃退，一再被擒。至元夜被擒于边坝否，因档案无徵，未易判断。依此书前后文判断，则似曾于边坝被擒也。（参看校注二十）

齐得胜，川人，即辛亥手杀赵尔丰者。张继良，李经羲外甥，以豪奢不耐苦，为赵所斥。后任云南大理镇。鼎革被杀。

翌日捷书至昌都。予奉令，俟大军明日到恩达，即照原定计划，改道向类乌齐、三十九族前进。

自恩达北进，已冬月中旬矣，气候愈寒，冰雪愈大，益以山势陡峻，跋涉甚苦。类乌齐居万山之中，山皆导源于铜鼓喇山，自西北蜿蜒而南，山脉横亘，支干纷披。我军前进后，无日不披雪蹴山，行冰天雪窖中也。士兵被服单薄，每至夜分，冷极而醒，辗转呻吟，不能成寐，恒中夜起坐，围炉烘火，以待天明。尝一日五更时，乘月色出发，登一山，山高而峻，仰视不见岭顶。乌拉前驱，部队后继，甫登半山，忽群牛斗于山上，狂奔怒吼，往来冲撞，行李纷纷坠落，士兵趋避不及，伤十余人。时予犹在山下，急入民舍避之，幸无恙。

自打箭炉出发时，规定每班预备病兵乘马一匹。入类乌齐后，天寒地冻，乘马稍久则两足僵冻，痛不能忍。故乘马者，初出发须步行数里，乃乘马。乘一小时，又须下马步行。惟狡黠士兵，恒饰为病重，不能行走，冀获马乘。一上马，虽奇冷亦不肯下，防其他病兵争去也。则自朝至暮乘骑，两足冷极而肿，愈不能下马矣。如是三数日后，足肿溃烂不能行矣。病亦弄假成真矣。途次无医药，又不能休息，因此身死者，比比皆是。亦可悯矣。沿途乌拉，时有延误，行二十余日，始达三十九族境内。士兵已发长寸许矣，于思茸茸矣，辫蓬松如氮丛矣。帕巾长袄，步履蹒跚，已无复人形矣。营部书记官沱玉昆，年五十余矣。美须髯，尝购一狐皮围颈。一日行甚早，大雪弥漫，冰风削骨，玉昆坐马上，埋头缩颈而行。中途，番官设有尖站，燃牛粪熬茶为待。予等下马休息，玉昆亦去狐下马，殊呼吸久，二毛已冰结不可解，呼痛不已。见者皆为绝倒。

三十九族，纵横千余里，人口数十万，相传为年羹尧征西藏时，遗留三十九人之苗裔。但以时间计之，人口生殖，决不如是之繁。意者，唐时吐蕃极盛，文成、金城两公主，先后下嫁，其汉人遗下之种族欤？彼族与藏番，积不相能。惟对汉人则极为亲善，故尔丰为钟部选定此路，免乌拉缺乏也。

〔校注十七〕三十九族，藏名"甲得"。义为"汉人百姓"，亦可作为别解。因其土人来投诚于赵尔丰时，曾自称为汉人苗裔。其实非也。藏人在民族上称此地人为"霍尔"。藏人之云"霍尔"，犹中国之曰"胡"也。举凡北方之异民族皆可以此称之。如今西康之甘孜、炉霍人，青、甘之羌戎，新疆之回人，皆用此称。又曾以之称呼成吉思汗之祖先。却未以之称呼汉族。故知三十九族之自附汉裔为妄说也。查此地带，古为羊同、苏毗之国，实为羌族，藏人呼古羌亦为"霍尔"也。年羹尧暨文成、金城两公主从人遗种说，皆无稽，不足置论。

三十九族在昌都西北，气候高寒较类乌齐尤甚。重峦叠嶂，峻极于天，弥望白雪，灿如银堆，平地亦雪深尺许。尝询一喇嘛，此地何时降雪？喇嘛曰："此间七、八月高山凝雪，九、十月半山铺雪，冬、腊月平地雪深尺许矣。按时而至，不待降落。至山巅之雪，皆亘古不化者。"雪山且多出产。如动物则有雪蛆、雪猪，植物则有雪蒿，矿物则有雪晶，皆稀有之珍品也。

〔校注十八〕按雪蛆为蛞蝓之一种，暖地高山，如峨眉瓦山等始有之。康地殊鲜见。雪猪，即旱獭，造穴于康藏大高原之厚土平野，不产于雪山高岭。雪蒿，蕨类，传可入药。产于雪山之岩石间。雪晶，产于高山岩穴中，康地亦少见。四物除雪蒿外，皆非雪山产物，雪蛆与晶，且非康中产物，盖以其名弁雪字，遂误类引之耳。

由恩达北行月余，始抵拉里，已腊月二十八日矣。拉里为川藏驿道，旧设有汛官，隶川边。后又设有军粮府。因而居住汉人甚多，异地相逢，倍觉亲昵。晤军粮府邓君，谈甚欢。邓君设酒馔为予洗尘，备极丰盛，皆近五十余日中得未曾有者。细问番情，知其大队已过五日矣。惟统兵堪布尚未至。有云其已由南路绕道回藏矣。未知确否。席散辞归，奉钟颖令，速开江达待命。予因准备乌拉，须迟一日方能出发。

〔校注十九〕其时拉里军粮府为陕人孙蔚如，非邓君。孙蔚如于一九一三年交卸回陕，曾任陕西议员。陈盖忘之，误作邓君也。

"军粮府"者，清雍乾时，迭次对藏用兵，每苦粮运困难，曾于打箭炉、里塘、巴塘、昌都、拉里、拉萨等处，建设粮台，办理运输。乾嘉以后，遂于各地常设流官，照料差务，称"军粮府"。清末民初，始悉改为府厅云。

是日夜半接协部通知：番兵退至江达后，其先头一部，约二千余人，在距拉萨七十里之乌斯江固守。又一部约三千人，已退入工布。其统兵堪布，尚在后。令予至江达后，严行戒备云云。予因情势紧张，复催军粮府，务于明日午前将乌拉传齐，以便后日起行。

除夕将近，预购酒肉，遍赏士兵。又备酒食，约各官长早餐。餐毕，清查乌拉犹未至，予甚焦急，亲往军粮府催之。至，则见大厅内数十番人，箕踞坐地上，邓君偕番官立其前。予知其有事，略一周旋，亦立厅上观之。但见番官手持番佛，向众喃喃语甚久，即以番佛一一置众头上。每至一人，则一问一答。一书记秉笔记之。良久始毕。众散去。邓君乃邀予入座，笑谓予曰："顷间之事，君知乎？"予问故。邓君曰："顷即为乌拉事，因各番目以大军通过，供应太多，牛又疲甚，咸诿不肯缴。乃商之番官，集各头目而诘之，仍狡辩。番人极信佛，遂令其顶佛盟誓，则不敢匿报矣。今幸誓毕，总其数，犹较原派多二百余匹。亦神道设教意耳。"予甚佩邓君操术之神，且知番人信佛，视西人之奉耶教尤有过之无不及也。

予自军粮府归，时已不早，即偕营部职员共饮度岁，仿内地吃年饭例也。食甫毕，闻后方枪声甚急。正询问间，复队一传令兵来报："番兵进袭，于队官已率队前往矣。"予方集合部队。又据报："番兵已退，于队官受伤阵亡矣。"予甚讶之。后又捕一番兵至，予细询之，始知即恩达统兵堪布也。堪布自恩达脱逃后，即弃军逃走，至是始出，欲绕道回藏。昨闻予驻此，急欲来见，殊哨兵误会开枪。予以堪布为统兵要人，不宜纵之去，急遣人召至。又得知于队官闻警率队出，遥见番人，即散开，乱枪齐发，于犹驱马指挥，马闻枪惊逸，直冲出散兵线，为士兵乱枪误毙，殊可怜也。于学生出身，未经实战，一闻警报，即张皇失措，勿怪尔丰之轻视学生也。移时，堪布至，予殷勤招待之。并密报至藏。又至后队料理于队官装殓事，至晚方毕，予亦疲极就寝矣。

〔校注二十〕于队官名鸿藻，资阳秀才，四川弁目学校毕业，随陈渠珍自三十九族入拉里。藏军官堪布登珠，至边坝回藏，岁暮于拉里，未知川军在此。与其从人数十骑，纵驰直入。于等新自学校毕业，未经战役，误为敌骑来袭，仓促备战，秩序混乱，致被后队开枪击毙。已而知来者无敌意，停枪，使番人往来传话，知即恩达引囚为兵之堪布，堪布知陈在此，亦乐依之，遂入住其营中。世传元旦再擒堪布登珠者或由此故。当是时，边军及钟颖等已先趋至江达拒阻，番兵则又先边军溃走过此。其统兵之堪布，反于此时奔至，则校注第十六所传登珠再擒释归之说，可信。惟其被擒当在元旦前二日，而非元旦日耳。

次日黎明前即起，赁屋安厝于队官灵榇，复率队致祭毕。即约堪布一同出发，行两日，至凝多塘，为元旦日。荒树野户，无可住宿，支帐露营而已。万里蛮荒，复逢佳节，回首家山，百感丛生，勉市酒肉，约众共饮，亦借酒浇愁耳。翌日诘早出发，午后三时抵江达。有汛官吴保林率塘兵及番官、喇嘛等百余人出迎。江达为西藏巨镇，人户寺庙，约四五百户，百物咸备，素极繁盛。自藏番出兵，往来蹂躏，市街如洗，极目荒凉。次日，边军亦有三营人开至。予在此一驻兼旬，日与吴保林往还。保林成都人，入藏已二十余年矣。家有八十余岁老母，犹健在，日思归川，苦无机会，乞予便中为谋一差，冀可生入玉门。时屈新年，尝延予至其家，具面食，皆其妻子手自为之。妻年五十余，居藏久，凡面食、蒸馍、薄饼之属，颇优为之。且均咄嗟立办，至可感也。

〔校注二十一〕吴保林，四川成都人，短小面麻。时以把总驻防江达。自边坝所辖甲贡塘凡八站至江达所辖之凝多塘。沿途多荒山乏庄房。除拉里以粮台所在有市肆外，极目荒凉，号为穷八站。自凝多塘至拉萨，地势平坦，气候温和，庄房繁密，农田衔连，号为富八站。

予抵江达第八日，奉钦帅钉封密谕，迅将堪布暗中处决。遂于是日夜半执行之。盖堪布乃藏中二品僧官，达赖甚倚重之。时达赖已出亡大吉岭，依英人。纵之恐为后患。又不能公然处决，恐达赖有所借口也。

〔校注二十二〕刘燮丞云："陈渠珍擒杀堪布登珠于拉里。达赖由是疑惧奔印度。赵尔丰怒陈，曾请再诛之。"此记乃云"奉钦帅钉封执行"，无案可质，未知孰是。若如刘说，则陈此文为饰词也。若如陈说，则所云"钦帅"当是驻藏大臣联豫，非赵尔丰。陈于元旦前二日得堪布，元旦后一日至江达。至江达第八日杀堪布。共凡十一日，公文往返拉萨可能。往返昌都为不可能。且川军至藏境，应受联豫指挥，故前得堪布时亦曾云"密报至藏"，未云报昌都，则非赵使钉封可知矣。果如此云，则赵氏之不满于擅杀堪布，而欲诛陈，事理亦合。

我军抵昌都时，达赖已回拉萨，初犹增兵抗拒，且向英人请援。事犹未谐，而我军已出拉里。达赖急邀邦办大臣温宗尧会议，宗尧竭力安慰之。达赖终怀疑，潜逃印度。钟颖率大部至江达，其乌斯江之兵亦撤退。工布情形不明。相传藏王边觉夺吉，尚拥众千余人，负隅于窝冗噶伽，意图反拒。乃令予率部入工布相机进击。

〔校注二十三〕当时因川军、边军与藏军火力悬殊，及藏人不愿抗拒大军之故。达赖虽严饬沿途拒阻，藏兵皆徒张声势，未敢拒战。故闻川军逼近即自奔溃。乌苏江距拉萨二站，为其最后防线。此线既溃，已更无险可扼。其时联豫与达赖交恶，久不相晤，赖邦办大臣温宗尧转圜调停，达赖已许川军入驻拉萨。殊钟军毫无纪律，入拉萨日张狂失度，击毙贵喇嘛于琉璃桥。达赖大惧，当夜出宫南奔，初未决奔印，不过欲逃死于尼泊尔、布丹界间耳。英政府遣人迎之途决投印度云。

予驻江达时，已侦知厦札噶伦已至后藏，工布已无番兵。及奉令入工布，仍戒备前进。是日天气晴朗，沿途风景宜人。午后一时抵牙披。上一小山，即宿其营官家。层楼广厦，金碧争辉，地板且涂酥油，光滑可鉴，明窗净几，陈设精雅，恍若王侯第宅。后临大河，滩浅水平，中为沙洲，野鸭数十成群，游行水滨，景物不殊内地。时牙披营官入藏未归，其管家出而招待，殷勤备至。见予倚窗眺望，笑谓予曰："河中鱼肥美，可供肴馔。公远行，想久不食此味矣。"即急命仆人入河取鱼。予笑曰："此得勿食水葬者之鱼乎？"管家曰："否。否。公所见者，小溪鱼耳。此则河宽水深，源远流急，幸勿为虑。"予虽不嗜此，然颇喜观人取鱼，姑应之。即见番人数辈，负网入河，布网滩头，未几，网起鱼跃，网中映日有光，谓番人取鱼归矣。予观之，顿觉胸襟为之一爽。

予自来塞外，满目荒凉，积雪弥山，坚冰在地，狂风怒吼，惨目伤心。至此，则楼台涌现，景物全非。以风尘之子身，入庄严之画栋，虽曰爽心适意，翻觉顾影怀惭矣。主人曲尽殷勤，所具山珍海品，皆购自拉萨来者。其面食尤佳，皆以番女为之，艺绝精。凭尺许方板，顷刻而成，非如内地制面，几案横陈，刀棍罗列也。

此主人之妇，杨柳为腰，芙蓉如面，蛾眉淡扫，一顾倾城。汉代明妃，恐无此美丽。其夫为赘婿，现任牙披营官。数日后始由藏回，衣冠楚楚，皆唐时装束，谈吐极雅，已脱尽番人气习。藏俗恒以长女承祧，操家政，召赘其家。长男则出赘他人为婿焉。

〔校注二十四〕牙披，一作"阿丕"。距江达九十里。一日即至。江达一区，藏名"工波"，一作"工布"，以一营官治之。汉曰"营官"，藏语为"碟巴"也。其治所即为牙披，因牙披不当大道，故设差站于江达。汉人不知有牙披，但知有江达，惟亦知其属于工波，故曰"工布江达"。尹昌衡拟设太昭县者是也。牙披既近拉萨，其人文化程度颇高。一切仪仗享用，胥娴雅有大国风。营官养尊处优，豪华极致，与一般平民，大有云泥之别。此营官之妻绝美，而冶艳。当时年二十余。此妇有一子一女，并韶秀，于时尚在襁褓。其女后长大，赘一婿，即近年主持大白战事之噶伦阿丕也。阿丕大白战役失败，畏罪死于昌都。此女复招一藏军官为外夫，仍留昌都，时与当地军政汉藏官吏周旋，艳名藉盛。蒙藏委员会派驻昌都组长唐仲纯曾频见之。藏俗，夫死生子，仍为正祀。故阿丕夫人得明白与其外夫携手酬酢。谈此事时，刘燮丞、唐仲纯均在座。

第四章　收复工布

予开驻牙披时，沿途僧俗，遮道欢迎，进哈达、酒食。番人呼酒曰"呛"，以长筒盛之，中系皮带，背负而行。番人行呛时，先倾掌上自饮，后而敬客，以示无毒也。

予驻牙披后，即以"厦札远遁，番人无反抗意，请示招抚，以安人心"，呈报入藏。旋报可。予乃从事安抚，逐渐向曲巴、增巴、脚木宗推进。每至一处，则召集僧俗，晓以汉藏一家，达赖受英人嗾使，出兵反抗。今达赖远遁，朝廷轸念藏民，不咎既往，各宜安业勿惊。又不时巡视附近村寨，抚问疾苦。其贫无力存活者，又周恤之。且将旧例供应柴草夫役，皆分别给钱。更申明纪律，严禁官兵擅入民房及喇嘛寺。于是番人大悦。远近向化，相率输诚。钦帅亦嘉予深识治体，抚驭有方。历时两月，工布全部遂完全肃清矣。

〔校注二十五〕当时康藏官吏，称赵尔丰与联豫皆曰"钦帅"。此云"钦帅"，指联豫。先是，边军先钟军入工布境，占领牙丕（即牙披）等地。故赵尔丰于宣统二年（1910年）奏请与藏人于江达划界。言江达，实指工布也。藏人于工布一区，设营官驻牙丕。牙丕不当大道，故设差站于江达，承办汉官驿运事宜。称其地为工布江达，示其隶属工布营官。汉官罕识牙丕，但多知江达，故以江达代表工布全境。言与藏人于江达划界，实即于工布划界之意。换言之，即欲以工布全境划隶川边康境。钟军入藏境前受赵尔丰指挥；入藏境后，受联豫指挥。自边军撤回丹达山以东之硕般多、边坝等地后，拉里与工布皆隶藏。故知此，所指为联豫。

工布在江达之西南，纵横八百余里。东接波密，西南接野番。其极西之窝冗噶伽，则为藏王边觉夺吉之衣胞地。民情朴厚，气候温和，物产亦尚丰富。历年在达赖压迫之下，痛苦不堪。此次出兵，亦迫于达赖威力。自予部开入，人民翕翕向化，咸庆来苏矣。

脚木宗，居工布之中心，田野肥沃，气候温煦。山上有大喇嘛寺一所，极壮阔，喇嘛三四百人。其呼图克图，亦一年高德劭之喇嘛，和蔼可亲，与予往还甚密。尝就其考问西藏风土，亦言之娓娓可听。一日，设宴邀予游柳林。果饼酒肴，罗列满桌。中一火锅，以鱼翅、海参、鱿鱼、瑶柱、金钩、口蘑、粉条之属，杂拌肉圆鸡汤，又以腌酸青菜及酸汤调和之，味鲜美绝伦，内地所未尝有也。不知喇嘛何以办此。予自西藏回，已二十五年矣，亦尝仿此为之，食者莫不称善。可见口之于味，有同嗜焉。

〔校注二十六〕按喇嘛不食小生命之肉。海参、鱿鱼、瑶柱、金钩等来自海外，喇嘛不识其生态，则亦食之。至于鸡鱼，则不肯食，然人以鸡鱼飨治，喇嘛亦得食之。绝无自烹鸡鱼飨客者。此云鸡汤，或是误记。抑或工布之俗，微异于康，虽不食鸡肉，得用其汤调味欤？

予一日设宴请呼图克图游柳林，约全营官佐作陪。支帐幕四，每帐设一席，呼图克图欣然至。酒酣，众饮甚欢，猜拳，狂呼不已。其随从喇嘛闻喧呼声甚惊，窃往观之，则见奋拳狂呼，如斗殴状。亟奔回告其众曰："呼图克图危矣，急往救之。"于是众不及问，随之往。至则猜拳喝呼声方浓。有曾至拉萨，知为猜拳者，为众言之，始一笑而散。予与呼图克图亦皆笑不可抑。

予至脚木宗，驻半月，奉命赴窝冗噶伽，查抄藏王边觉夺吉家产。予遂率部开往，行四日始至。其地崇山陡峻，小溪迴环，居民寥落，极目荒凉。营部设第巴家，房屋虽宽敞，亦极简陋。视脚木宗、牙披，则逊远矣。调查藏王家产，计有庄房三十余处。每庄有牛羊数百或千头。又有仓廒麦稞各数千克不等。乃分途派员清理，费时两月，始告完竣。

窝冗噶伽有藏王旧宅数栋，仅数人留守而已。予亲往启锁检查，楼上弓矢、盔铠、铜器、瓷器甚多，尘封数寸，盖数百年前物也。有瓷碗、高椿碟甚多。第巴云："系唐时物。"予虽不能辨，但其莹洁细润，则确非近代物也。予驻此久，闻厦札出亡之先，曾携《甘珠尔》经一部，藏于此间附近密室中，乃藏中之佛宝也。予询之第巴。第巴曰："诚然。今尚藏匿某处。公传某头目至，责令缴出，勿谓我所告发，则幸甚矣。"后如言追出。则经为一百零八卷，每卷千页，长二尺六寸，宽八寸，皆藏文赤金所书。底面以薄板护之。板面为宽五寸，长二尺之长方框，中嵌寸许金佛三。框缘缀以珊瑚珠百余颗。框内环以碧玼、玛瑙及红蓝宝石嵌成花纹。金佛周身皆极大钻石环绕之，各三十六颗。佛顶圆光中，嵌金光圆润之蚌珠，径约三分许。框面又以五色锦缎交互掩盖之。诚稀世宝物也。张司书子青，力怂予尽取其珠宝而后呈报。予因是经为藏中极宝贵之物，遐迩皆知，解缴入藏后，藏人必有质之者，一追索则实惠未至，而先蒙攘窃之罪矣。拒不可。予又恐左右窃取，令藏归原处，待日后议处。后予仓促出江达，亦不能绕道窝冗噶伽矣。物各有主，非可取而私之，既损清廉之身，益遭造物之忌也。

此地荒远幽僻，几同世外桃源。予到此半月后，事简身闲。辄披阅书籍，以消寂寞。昼长人倦，赖有第巴时相过从。虽方言各殊，然有舌人通译，予亦略解藏语，日久交欢愈密。第巴有女公子，年方十五。豆蔻初开，盈盈玉立，排长谭鸿勋求婚，第巴欣然许之。结婚之日，鼓乐喧阗。番女十余人，皆少艾也，盛服拥新妇步至婿门，群芳争艳，笑语盈室。新妇落落大方，毫无羞涩状。第巴首作种种笑谑，以娱来宾，几忘其身为泰岳也。是日，闹至更残，始尽欢而散。

我军入工布后，携带粮米渐罄，官兵多食糌粑，予亦渐能食之矣。予驻窝冗噶伽久，米尽，则以面食代之。旋查抄事竣，奉令移德摩。第巴置酒饯别，菜食亦仿汉人为之，尚可口。席终进米饭，虽色黄而粗粝，得之甚惊异。问其所自，则称购自野番。予习知藏南野番殊犷狉。问："此米何以得来？"第巴曰："自脚木宗至此，一带皆大山。山后行六七日至珞瑜，再进，则为生番地矣，多旱稻，产米甚多。熟番素与工布通商，半月前即托商人购之，今始得也。"予初以野番地远，亦不置意。今相距匪遥，不觉大喜。亟欲绕道野番一地觇其情况，广绝域之见闻。第巴曰："此甚易事。公由此行五日，即南向上大山。山下时有野番在此贸易。"予甚喜。数日后出发，绕行六日即至野番地也。次日，召至野番二人，年均三十余，披发跣足，无衣裳，上体着领褂，下体以裙二幅前后遮之，皆用竹编成之也。手持烟筒，如西人吸雪茄烟之管。内盛野大黄叶，见人即箕踞坐地上，无礼貌。状谨朴，不脱山野气。询其至藏何事，对以编制竹器藤器。取所制竹、藤器观之，亦古朴可爱。又询其家中距此几日，答以六日。询其至生番地几日，则以手指指天而口言之，云由其家中至生番地尚须廿余日也。予因其来久，使回休息，嘱晚再来，予尚有所询也。

黄昏后，仍召野番至，问其出产如何。则谓其地出产尚多。除旱稻．竹藤外，尚产肉桂、麝香、鹿茸、野莲。因舌人操番语不甚熟，遂遣其归。

次日晨起，又觅得熟悉番语者为通译，复召野番至，反复诘问生番情形。始悉其地皆重山，少平原。人尤太古，无政府，无宗教，无文字；构木为巢，上覆树皮，以蔽风雨。截巨竹留节，以为釜甑，一端实稻米为饭，一端实野虫为肴，泥封两端，洒水烘熟。饭熟倾出，以手搏食。编竹藤为衣，以障身，非为御寒也。民野朴，安居乐俗，不通庆吊。遍地皆崇山峻岭，道路鲜通。番人来往，则攀藤附葛，越腾上下，捷若猿猴。遇悬崖绝壁，亦结藤梯登，不绕越。亦无市廛。但每年生番、熟番至交界大山上交易一次。熟番以在工布所换之铜、铁、瓷、瓦器皿，易其茸、麝、莲、桂。其记账法，用符号，取巨竹剖开，刺符号于其中，缝刺毕，各执其一，逾年算账，则取简合之。谈至此，日已晌午矣，予亦疲倦，遂赠以茶壶、小刀、瓷碗、手珠、糖饼之属。野番欢悦，起谢而退。予初至塞外，以藏番为野蛮民族。至是，觉藏番与野番，又有文野之分矣。

〔校注二十七〕以上所言各地名，皆在工布南境。就陈渠珍此记揣之：脚木宗即在牙丕附近。脚木宗为村落名。牙丕为营官驻地之名，喇嘛寺又在脚木宗后山。窝冗噶伽在脚木宗西四日程，为工布极西境，德摩距窝冗噶伽四日程，位工布极东境。则窝冗噶伽，当非脚木宗正西而是西南，德摩则在脚木宗东南也。窝冗噶伽之南六日程逾大山为"熟番"贸易地。又南六日程为"熟番"地。再逾大山二十余日程，始至"生番"地。查所谓珞瑜"生番"，在喜马拉雅山南侧，与工布相隔喜马拉雅山脉及雅鲁藏布大江。陈渠珍召询"野番"处，接近白马岗（今墨脱县）。

次日，予亦率部开赴德摩。行四日始至。德摩，居工布之极东，居民二百余户。有大喇嘛寺一所，第巴住宅极壮丽，足与牙披营官住宅相颉颃，其地为一大平原，屋宇错落，风景清幽，阡陌相连，物产富饶。第巴人亦谨厚，时相过从。予驻此月余，招抚事毕，僧俗尤爱戴不已。暇时，辄与第巴入山射猎。此地野兽，以獐熊为极贵重，故产麝香、熊胆为多，行销内地之珍品也。

藏地多獐麝。予尝从番人至山中猎，始知取麝之法。獐长二三尺，类鹿而无角，毛灰褐色。当春夏之间，辄侧卧山中，脐张开甚腥臭，虫蚁缘附，则吸收之，又复张开。久之，脐满，遂成麝矣。麝之最贵者为"蛇头香"，麝中之宝也，亦蛇闻腥臭附脐上，獐衔其头而去，辗转月余，蛇身腐脱，其头含脐中，久而成麝，重恒一两以上。其他重不过三五钱而已。行猎时，獐行迅捷，犬追不及。然獐行稍远，频频停立回顾，故易获之也。番人得獐，立取其脐而悬之室，历数十日始干。再掘土窖置其中，以生叶裹之，覆以薄土，火烘其上，去其腥汗，而后芬芳可用也。予自出炉关，沿途番人馈赠之麝，不下数十枚。入工布后，馈赠尤多，予又多方收买，总计藏麝二百余枚，重一百一十二两。

〔校注二十八〕麝香为雄獐脐下香囊（即麝香腺）分泌之芳香质。香囊为腺状体。雄獐二岁为成年，届求牝则腺体自生香质。初甚稀薄，随年增长其浓度，至八九龄时香质充斥腺体，作蛇头状，为最上品。香腺露一孔，为使香气放射，诱其雌也。当发情时，此孔胀大，时则香腺常痒，獐喜以就他物摩擦之，故每有土石粒、麦粒、虫蚁等羼入。香质大毒，虫蚁拦入立死。故猎麝香者每见木石、碎片及虫蚁尸体在囊中，而发为异解。陈氏盖误采其说，记之入此。非的解也。

麝，亦名"香獐"，世俗悉呼为獐，似鹿而小，善走多疑，昼伏林莽间，未易发现。暮夜乃出。所食草树枝叶，随地取足，夜出惟饮水耳。猎者善察其迹所常经，布机阱焉，谓之放索子。捕得恒在夜间。亦有以猎犬逐出，枪击之者。则由汛猎百兽，祸及于獐，非专为猎獐也。此物为土伯特高原四周森林区域之特产，除香有高价外，肉味亦美。皮薄而柔韧，细软似布，不费鞣工，即可为衣。毛直而中空，质轻脆宜制垫褥。目前猎者尽取其香，皮肉多未利用。

一日，第巴偕其舅加瓜彭错来见。彭错现为贡觉营官，年六十余，岸然伟丈夫也。貌和蔼，泣诉藏王历年虐待情形。谓："今见汉官威仪，始出水火而登衽席。"予亦抚慰至再。彭错复请曰："此去贡觉不远，草屋数椽，尚堪容膝。老妻颇能治膳。公能枉驾一行乎？"予欣然允之。次日，偕第巴及营部职员同往。行十余里，过一小河，河宽数丈，有舟可渡。舟长二丈许，宽约三尺，剜木为之，不假木工，真似太古时遗物也。平流稳渡。又行二里许，至其家，则一极富丽之巨宅也。彭错夫妇迎至村外，皆六十许人。献家制果饼甚多，极殷勤。坐移时，彭错笑谓予曰："儿女辈喜跳歌庄，尚优为之，请往一观。公鞅掌军事，恐不暇及此也"。引予至一大庭。见艳妆女子十余辈，舞袖蹁跹，歌声抑扬，历半小时始毕。彭错复约予至园中比射。置弓箭甚多，皆极粗笨。予家世娴弓矢，自火器兴，遂如广陵散矣。今故剑重逢，睹之欣然，遂偕众比射为乐，亦古人投壶之意也。射毕，彭错又牵良马十余匹至，云："儿女辈能驰怒马，拔地上物。请试观之。"引予至河干。一望平原数里，细草如毡。地上每三四十步，立球竿一。竿高尺许。乘马女子，皆束丝带，袒右臂，鞭策疾驰，其行如飞。至立竿处，则俯身拔之。以拔竿多少定输赢。中一女子，年约十五六，貌虽中姿，而矫健敏捷，连拔五竿。余皆拔一二竿而已。众皆鼓掌。彭错引予回，复观其楼上大经堂。佛像庄严，陈设雅洁。惟佛前一碗不甚圆，又饰以金花。怪而问之。乃人骨天灵盖所制。遂恶其不脱野蛮气，不欲再观。闻藏地各喇嘛寺皆如此，殊不可解。观毕，入室坐。进面食。众咸称番女体力之强，马术之精。予亦盛夸乘马女子连拔五竿，虽丈夫不及也。彭错曰："此即侄女西原。"予称不绝口。第巴笑曰："公如属意，即以奉巾栉如何？"众皆大笑。予亦大笑漫应之。既而入席，肴馔丰盛，皆其夫人自手调之，味颇适口。予素不能饮，是日，亦饮酒不少。最后进腌酸青菜汤鱼一盆，尤鲜美无伦。予久食牛羊腥腻之品，即宣威火腿亦厌苦之。至是，始得果腹。一餐之惠，至今不忘。其夫人见予爱此，乃另赠一盂。宴毕辞归，彭错夫妇皆送至河岸。归营，天已薄暮矣。

工布民风淳朴，经予安抚后，人心大定。汉番感情，日增浃洽。番官喇嘛等，不时过谈，借以考风问俗。佥谓大兵到后，匕鬯不惊，民安生业。惟波密民族强悍，性残忍，时借通商为名，窥探情形，辄乘虚入境，肆行劫掠。凡接近波密之工布及硕板多至拉里一带，常被蹂躏。工布受祸尤深。唐古特屡次用兵，因其地险兵强，终难征服。防御偶疏，又遭荼毒，人民畏之如虎狼，谈者变色。予意大军入藏后，达赖、厦札相率逃至大吉岭，昵就英人，可忧方大。应乘此全藏底定之际，仿川康例，改土归流，建设行省治理之。不宜再事羁縻，一误再误。乃条陈改省、练兵、筑路、屯垦、兴学、开矿等六事入陈。久不报。及闻僧侣所谈，益知波番强悍可虑，若长此不治，祸且蔓延腹地。乃一再考察，知其地东界工布，北界硕板多，至丹达，南与野番接界。其入工布之路，一由冬九入鲁朗；一由白马杠入觉拉沟。皆工布境也。波密地势，万山丛沓，绝少出产，民贫苦而性强悍，其然也。

〔校注二十九〕"东界工布"东字当作"西"。原书排字之误也。波密东界桑昂。时边军管带程凤翔方在桑昂杂瑜办理改流事。征波之役，程即自桑昂进军，克薄宗、松宗等寺（皆在波密东境）与彭日升会军春多寺。因未与陈晤，故此记略之。因补志于此。

予一日晨起，将赴喇嘛寺一游。途遇第巴向予笑曰："彭错以公极称西原之能，早欲送来给奔走役。西原亦甚欣喜。因略备衣物，今日彭错夫妇亲送其来。公当不以蠢陋见斥也。"予愕然，乃知一言之戏，竟缔蘖缘。因途中不便深谈，乃约其同至喇嘛寺，晤呼图克图。第巴以西原事告之。呼图克图笑曰："此事大佳。我即为公证婚如何？闻此女矫健，胜似男子，给役军中，当不为公累也。"予知不可拒，笑应之。第巴辞去。予与呼图克图谈西藏古代神话事甚久。忽第巴仓皇入告曰："波番数百人，昨已窜入觉拉沟矣。"予诘问实，即归营传令，亲率兵两队，疾驰而往。行三十余里始至，则波番竟夜抄掳，天明已饱载而归矣。时人民逃亡一空，仅一老番来见，云波番已沿河退去。予以波番去不久，令觅一向导随往追之。老番谈虎变色，辞以不能。予因地形不明，无法进追，遂率队回营。时第巴及彭错夫妇，已送西原至矣。范玉昆、张子青等咸集致贺。彭错夫妇，导西原来见，靓衣明眸，别饶风致。予亦甚爱之，既而来宾益众，子青料理宾客，督治酒筵，忙乱不已。移时延宾入座，畅饮甚欢。子青约第巴拇战。第巴屡败，不能饮，子青强灌之，席未终，即颓然醉矣。于是彭错夫妇亦告辞，扶第巴归。

予昨至觉拉沟，败兴而返。觉招抚事，终无所藉手，因令第巴再传觉拉沟熟习波密情形之人来此，详询之。次日，来一老人，亦语焉不详。予一再嘱其物色一人携文书赴波密。老人曰："鲁朗第巴与波密冬九营官有旧，可衔命往。"予反复询问甚久，赐其酒食。食已，有醉意。予复问曰："老人如许年龄，又密迩波密，岂彼情形毫无闻耶？"老人始从容言曰："我二十年前，曾一度随达赖至波密，但行未远即折回耳。"予问故，老人曰："达赖往朝活佛，故随之去。"予甚异之曰："西藏止有一达赖活佛，岂有活佛尚朝活佛耶？"老人曰："我初亦疑之。因达赖每十二年必亲往一朝，故信之。"予曰："活佛究在何处？"老人曰："彼中活佛，距此一万八千里。何国何地，亦不知其名。但经白马杠入野人地，又行数月始至。其地遍地莲花，气候温煦，树木扶疏，山水明秀，奇花异草，芬芳四溢。活佛高居莲花中。莲花大可容人。白昼花开，人坐其上。夜间花合，人寝其中。地下泥土，捻来即是糌粑。枝头垂露，饮之皆成醇呛。人能诚心前去，无不立地成佛。"老人言之，津津有味。予不觉大笑。诘之曰："老人亦曾一至其地否？"老人曰："否，否。我至白马杠即折回矣。"予见其所说言殊荒谬，亦不愿再听。遣之归。

〔校注三十〕按此老人所言，盖缅甸也。印度被回教徒占领后，佛教摧毁，惟锡兰与缅甸能保持佛教不败。西藏之宗教法物、经典佛像等，多由缅甸输入。长年有人往游缅甸，携入金像之类。东亚未有铁路、轮船以前，藏缅交通实取道工布，波密、白马杠一路。盖唐代吐蕃征服阿萨密（亚山）古道也。达赖十二年一朝缅甸之说，未尝闻，于理亦不可信。大约达赖之使者往求法耳。野人未知究竟，侈妄言之。然其事终不可信。

次日，至喇嘛寺，以老人言告之呼图克图。呼图克图曰："此波密人故神其说，以售其行劫之术耳。八年前，波密曾造此语，轰动工布，于是入野人山朝拜活佛者相望于道。有广携资财，举家前往者。有抛弃父母妻孥，只身前往者。有扶老携幼，牵牛羊前往者。甫入波密境，即被波番拦劫一空。至达赖朝佛事，亦实有之。每三年，遣呼图克图一往。每十二年达赖亲身一往。尤记五年前，达赖往朝活佛，一行二百余人，由此经过。行至波密与野番交界大山下，即为野番所阻。盖历年朝佛，道经此山，须赠野人铜、铁、瓷瓦器皿甚多，名曰'买路钱'。例有规定，不增不减。此次赠品，未能如数，互争不已。野人曰：'吾有成案可稽。'乃负一老野人至，置地上，年百余岁矣。头童齿豁，历数历次赠品之数。藏人语塞，悉数补出始通过。"予曰："达赖亦朝活佛，真咄咄怪事。"呼图克图亦唯唯无以自解也。予尝谓中土称灵山为极乐。西方又言五台尽黄金。天下事无独有偶，此则鼎而三矣。

第五章　进击波密

自觉拉沟被劫后，工布人民益惊恐，深虑他日汉兵移动，波番乘势侵入，危害不堪言状。第巴等屡请为策久远。予亦不忍工布被其蹂躏，因详呈波番强暴及边局利害，禀报入藏。旋奉"相机剿抚"令。予乃决定先抚后剿。拟率兵三队至鲁朗。意在耀兵绝塞，宣扬德威，使波番知所震慑，易于就抚。初无穷兵黩武意也。

德摩至鲁朗，计七十里。经德摩大山。山高十五里。予率队前进，行十余里，即见高峰插天，危崖峻壁，冰雪遍山，道路泞滑，竭蹶而过。经拉佐至鲁朗，再进即波密境矣。遂就鲁朗宿营。传第巴至，详问波密情形，嘱其明日持文告赴冬九。第巴有难色。予曰："我当遣一传骑同去。勿虑也。"

次日早，遣传骑偕第巴，持文告入冬九，谕其营官冲木，晓以向背祸福，冀其翻然归诚，不烦兵刃也。予亦于是日，率部回德摩。越两日，第巴回。予正嘉其归其速。第巴愁然曰："传骑已被波番杀矣。我等甫行，至觉泥巴，即为波番所执，与之言，不听。示以文告，亦不理。竟杀传骑，释我归。尤叱之曰：'后勿再来，自寻死路。'"予初不料波番横暴至此。乃据实入报。时钦帅联豫，方筹议西藏改建行省，已专折出奏。因见尔丰已将川边各部落次第收复。亟思收复波密，以为改省之张本。乃决定剿抚方略。令钟颖率步兵一标，炮工各一队，集中工布，筹划进兵，令予整备待命。予乃厉兵秣马以待，既而钟颖偕统带陈庆，率步工各营队至，详考波密形势、道路。决定：第一步由冬九、纳衣当噶、八浪登至汤买，并肃清两翼；第二步进至卡拖、倾多寺；第二步则向其酋长白马青翁所在地进攻。予率部先行，留西原在家。西原不肯，必欲同行，遂亦听之。第一日宿鲁朗，以第巴为向导。次日四鼓蓐食，疾进至觉泥巴，零落十余户而已。番人犹未及知，留兵一排监视之，仍疾行而进。沿途长林丰草，乱石塞途。过长桥，行里许，即至冬九营官寨。有人户百余家。寨内仅营官冲本住宅十余所。环以土墙，外掘深壕，左山右河，形势险固。番人尤不知大军突至也。良久，其营官冲本来见，貌恭敬而面目狰狞可畏。予反复晓谕，示以利害。亦唯唯而已。波番身材雄伟，体力强健，又非工布人所及也。次日钟颖率大军至。乃传檄白马青濛晓以利害，令于五日内来见。逾期仍无音耗。数日后，侦知波番已调兵拒抗。共议波番反状已露，再不进兵，反为所乘。闻前方八浪登一带，山势高峻，道路险阻。遂决定以予全营，偕工程营管带张鸿升部先进。大军则进纳衣当噶，俟先头通过八浪登，再行推进，以完成第一步计划。议决，予乃偕张鸿升由冬九出发。是日宿营纳衣当噶。有人户三十余家。次日宿甲米青波，则旷野荒山。夹道草深五六尺。草尖遍生旱蟥，细如针，闻人声则昂首蠕蠕动，附着人身，即穿衣入，沾肉吸血，顷刻长寸许矣。行者莫不遭其毒螫。予等将宿营地附近，以火焚之，始得安寝。番人言火焚后，遇雨复活。与内地蚂蟥同，而利喙过之。

　　次晨前进，行四十里，登大山。山势巍峨，古树参天。行山腹道，历七八里峻坂，乃复下，下而又上。如是者又行十余里，忽番兵阻其前，据险开枪。战移时，我以一排兵出其上，乘高侧射，番兵始退。踵追而进，番兵沿途抛弃衣履，似甚狼狈，盖诱我深入也。又行十余里，至八浪登。番兵稍抵抗，仍退走。八浪登乃一山腹隘口，无人烟，乱石嵯峨，洞穴天然如巨室。下临绝涧，深不可测。俯视河流，一带碧涛银浪，响彻山谷。弥望古树森森，皆三四人合抱者，高数十丈，荫翳蔽天。古藤盘绕，藤粗如臂，叶嫩绿色，应手而断，盖千百年前物也。林中有物，虎头、狐尾，胁生肉翅，状似飞虎，番人谓之"绷勃"，盖手翼类也。闻枪响声，飞跃树梢，其声呜呜，以数百计。予以前进山势愈险恶，候鸿升久未至，乃留兵一班守之。仍率队前进。行七八里，渐纡曲下。遥见山下，密菁乱石，荫蔽道路。左为连山，右傍河流。前方四五里处，高山横亘。山下帐幕云屯，多数番兵撤卸帐幕，甚忙乱，似知大军已至者矣。予即停止部队，派侦探一班前进搜索。半里许即下山，忽左侧密林中，火枪土炮，轰然齐发。左山右溪，羊肠一线，士兵鱼贯而进，伤亡颇多，不能再进。乃以一队沿山行，相约进至密林附近，鸣号音，予鸣号以应，双方夹之。既而沿山一队攻至林内，伏兵果败退。李队官负伤。我正面之兵，冲锋下山。行里许，则乱石塞道，番兵修石卡数道，高丈许，横亘去路，无可绕越。正踟躇间，正面番众据险轰击。左侧高山伏兵应之。往来冲荡，皆为石卡所阻，不能进展。鏖战一时许，双方接近，短兵肉搏。移时，刘队官阵亡。士兵死亡相继。与番兵相距止数武矣，遥见番兵大队绕山至，瞰射益急。战至日暮，鸿升犹未至。忽番兵数人，傍大石绕出予后，为西原所见，急呼予。予回枪击之，毙其一，余皆退走。予见此地两面受敌，不如退下河边，乃挥兵徐徐退下。有石坎，高丈许，西原先予纵身跳下，以手接予。予随之下。而对山枪声忽起，向石坎猛击，弹落如雨。继予而下者，死伤七人。司书苏宝林亦死焉。既而士兵均下至河边，伏乱石中，成方阵待之。天已昏黑，番兵亦不敢再逼矣。清查人数，仅余六十余人。每枪弹药，平均不及十发。予乃多方安慰士兵，戒勿轻动。夜半，隐约见番兵数十，沿道路回，且行且笑，亦不知其作何语也。移时，月色朦胧。官兵整日作战，饥疲已极，援兵又未至。有伤兵二人，倚予卧岩穴中，呻吟垂毙。西原曰："张营如能援助，今日早至矣。君竟死守不去，试问天明后，番兵知我虚实，庸有幸乎？"官兵咸是其言。予不得已，乃于四更时，率部沿溪蛇行而上。至半山，天已微明。渴极，拾山上野菌食之，已惫不能行矣。西原扶予登山，见鸿升警戒哨兵，始入安全境矣。至八浪登，众皆饥疲不堪。鸿升言："昨已天黑，不敢轻进之。"予但领之，不与较也。清查此役，我军阵亡官兵三十余人，伤二十余人，亦剧战也。

晚间，与鸿升一再筹商，决定明日两路进攻。鸿升沿大道进至石卡附近停止。予率一队沿左侧连山进。俟将山上伏兵驱逐，乘高下射，然后张部攻其前，我部冲其右，番兵必弃险而走。计划定，凌晨，予与鸿升分途出发。予仍携西原同行。披荆斩棘，沿山行十余里，及抵石卡，对山中隔一深涧，不能再进。探望鸿升部，竟无一人至。守候良久仍复杳然。孤军突出，恐被包围，惟有徐徐退回。至八浪登，鸿升反支吾其词。知其不能再言进攻矣。乃将番兵阻险情形，报请钟颖增兵协助。遂商鸿升，固守待援。而番兵已逼近八浪登，日夜攻扑。虽经我军击退，然番兵退而复进，相持四日。一夜二更，番兵千余，三路呼啸而至，声震山谷。予亲出督战，至四更，始击退。时月黑风凄，山高夜静，怪鸟悲鸣，河水呜咽，用兵绝塞，凄恻心脾。古人乐府，尤无此苍凉悲壮也。

次日，钟颖遣参军王陵基至。与熟商竟日。陵基力主退兵，云曰："此处山势险阻，我以两营军力，深入敌境，彼竭全波密之力，出而相抗。今粮弹两缺，汲道复梗，断我归路，则天堑难飞，欲归不得。计不如退兵纳衣当噶，有险可守。统领尚驻冬九，亦易联络。再请边军由硕板多进攻，以分其势。我军重整师旅，一鼓而进，胜券可操矣。"众韪之，决计退撤。

是夜，三更时退兵。陵基率一排兵先行，鸿升继进，予断后。途次尚无战事。至甲米青波大休息。抵纳衣当噶，已夜半矣。次日黎明起，侦察地形。前二里许，有石门焉，极险隘。左有石墙丈许，连接高山绝壁。右有横墙如城堞然，峻坂百余丈，下临河。河宽急流。对河亦高山绝壁。石门宽六七尺。出石门，即斜坡，纡曲而下。相传藏兵屡与波番鏖战于此，乃古战场也。城堞虽毁，而遗址犹存。予乃就旧址，亲督官兵日夜修筑，两日即成。且于墙外加掘深壕，即以一队驻石门。石门后半里，横溪，久涸。驻兵一队，中筑横墙数段，防对山侧射也。又后里许，鸿升驻焉。予率两队驻寨内。越三日，番兵大至，屡攻扑，均被击退，死伤甚巨。已停止八日不攻矣。予不时巡视阵地形势。西原均随之往。左面一带高山皆绝壁，有斜坡数处，可乘险而下。复于横溪左后方，驻兵一队，以备不虞。一日早餐后，予出石门外视察，见傍河一段墙稍低。恐警戒疏忽，番众由此侵入。乃集合官长，指示形势。复令系獒犬数头于墙下。正指划间，忽枪声突起，呼啸大作，西原急牵予退入石门，则番兵已进薄外壕矣。战移时，番兵伤亡甚巨，始渐退下。然枪声不稍减。时予方踞坐石门左侧岩壁下，令西原回寨制面饼送来。久之枪声寂然。予以为番兵退走矣。忽我军左后方枪声复起。一传令兵急来报告："番兵已由后方高山缒绳下矣。"予急驰回，留黄督队官守石门。黄即就予坐处坐焉。予行不及三十步，忽闻岩石爆裂声。回视，番兵乘高推石下，一石落黄坐处。黄头伤血流，臂断膝脱矣，竟因伤重而死。使予不先离开，亦不免矣。险哉！生死固有数也。既而予驰至后方，我军与鸿升部枪声已息。且将番众悉数扑灭矣。盖我哨兵，初见缒绳下，隐伏不动，迨将下至平地，即排枪急发。番众约百人，伤亡几尽，俘虏十余人，无一生还者。至是，番兵不进攻者十余日矣。时钟颖驻兵冬九，已具报入藏，请边军协剿。但往返数千里，须一月后边军方能进兵。乃令我军严守以待。一日傍晚，忽对山上枪声突起，猛向溪内射击。幸为横墙所隔，无损伤。士兵亦不还一枪。未几复发见番兵蛇行而进，经我守兵力战击退。退移时，又突至。于是对山枪声亦起，双方激战至三更后，战事始告终结。自后番兵亦不进攻矣。越日，时见对山隐约有番兵少数向冬九方面去。而遣赴冬九投文之传令兵，回至中途，亦见对山有番兵不少。予料石门天险，屡攻不下，番兵必不肯再攻。但我军屯兵日久，形见势绌，波番定绕出冬九，攻我必救，则纳衣当噶之兵，可不战而退。因冬九为我军大本营所在也。乃与众兵商，石门虽险，终难久守，不如合兵冬九，尤可团结兵力，固守待援。众皆以为然。遂转报钟颖。钟久不决。予等惟有严加戒备而已。

我军自防守纳衣当噶以来，先后二十余战，死亡已达百余人。青磷白骨，触目心伤。日前巡视防线，闻士兵数人，谈夜见鬼火事。询之，异口同声。予尤斥之。忽一夜，初更将残，一卫士入告曰："对岸鬼火又见矣。"予急出视，则见对岸果有火光圆似箕，大亦如之，有无数人影绕火围坐。时西原随后至，予问有所见否。西原指火光处言曰："火光处时有一二人跳跃往来，君见之否？"予视之，果然。遂下山迹之。行愈近，光愈低。下至河岸，则光渐减，一无所见矣。予生平习闻鬼怪之说，然目所亲见者，只一次而已。释氏言天堂地狱随人心境而异。善则超生天堂，恶则堕入地狱，如磁石引铁然。彼浅儒不察，动持无鬼论以非议之。不知子不语怪力乱神，固自有其神怪在焉，特不轻言之耳。夫芸芸众生，质本凡庸，生前既无建立，死后自然消灭，此理之常也。若夫忠臣孝子，烈士贞女，仓促遇变，誓死轻生，精灵不昧，遂呈异状，此亦理之正也。况为国捐躯，魂羁异域，依同袍而不散，乘月夜以现形，此为予所目睹，而亦理所必然。薪尽火传，安可以怪异目之耶。

我军防守既久，波番兵已增至万人。其大部则纷纷由对河山后绕出冬九。沿河石岸，处处设伏，以致递送文报之兵，时被对河伏兵射击，死亡不少。至后传递往来，皆须绕山而行。惟牛马驮运粮秣，非遵大道不可。且需兵一队以上护送之。至是，纳衣当噶至冬九之路，已渐梗阻矣。既而波番兵大部，进逼近冬九，仅隔一河。幸拉萨增加步兵两营，骑兵一营，格林炮六挺，已到冬九，兵力尚厚。又数日，波番兵已出没冬九至鲁朗之间，不时劫夺粮运，后方交通亦梗阻矣。于是钟颖大惧，乃飞调我军，集中冬九。予遂偕鸿升乘夜撤退。行三十余里，天甫晓，波番兵又追至，我军回兵奋战，毙其百余人，始败退。我军即乘胜退回冬九。

我军退至冬九，时方正午。晋谒钟颖后，即偕各管带登山视察地形。冬九在河之北岸小山上。左为横山，蜿蜒直达波密之汤买，长六百余里。由冬九东行二里许，过长桥，向西行，至鲁朗。向东北行，即纳衣当噶也。过桥后，两面高山矗立，小道中通。桥之西岸，乱石峻岩，波番兵守之。过此约半里，两面高山，亦为波番兵所据，众不下四五千人。至沿河要隘，及横山一带，皆我军守焉。幸河宽水深，波番兵不能徒步，仅隔河开枪射击而已。佥以对岸之敌，不急驱逐，则后方交通一断，粮运不继，危险殊甚。乃连日冲锋出击。虽屡经击退，然波番兵临据险阻，退而复集。我军死亡已达三百余人。冬九左侧大山，又为波番占据。又数日，鲁朗运道又梗。存粮仅支三日。波番愈集愈众。钟颖乃决计退鲁朗，俟与边军联络再进，免为所困。时四月初旬也。波密气候炎热，乃乘夜全师撤退。予以头一队出桥，扫清乱石之敌，掩护大军前进。予自率三队断后，并焚毁桥梁，断其追兵。密议定，至夜四更时，我先头一队冲锋出桥，乱枪轰击，大炮同时猛射。大军乘势前进。一时枪炮齐鸣，声震山谷，弹飞如雨，捷若霆电。予即封闭桥门，纵火焚之。我军且战且行。钟颖体肥胖，不能行。初出桥，见弹火喷飞，光明如昼，惧为枪炮所伤，卧地不起。予选健卒二十余人，更番舁之行。幸是夜番兵猝不及防，火枪土炮，发射迟缓。我军出其不意，以全力猛扑之，故不能抵御，渐次引退。其扼守道路之番兵，亦奔避登山。我军始得安全退出。仅受伤兵士二人，亦云幸矣。行至中途，遇德摩解粮兵一队至，云："出鲁朗十余里，遇番兵百余人，经力战击退，向山上奔逃。粮秣均无恙。"予甚喜。遂同回鲁朗，已午前十时矣。官兵竟夜作战，不得食，又行甚急，均饥疲不堪。予勉出部署警戒即回。夫役进面饼，西原炒牛肚一盘至，予持饼倚枕而食。食未竟，即沉沉睡去。醒来，漏已三下，残饼尤在手中，疲劳可知矣。

我军入藏经年，行军作战，死亡不少。钟颖乃由川募兵补充。有溆浦人陈遐龄，随黄忠浩入川，任工防营管带。所部大半募自湘西。后川军扩编成师，工防营撤并之。适西藏募兵，乃择其愿入藏者，得百六十人，编为新兵一队，送入藏。官兵以予湘西人，咸愿隶予部。时波密之役，予部死亡甚巨。钟颖即以新兵队补充之。于建制四队外，加编新兵一队。

我军退鲁朗后，拉萨得报大震惊。联豫调钟颖回藏，以左参罗长裿出而代之。钟颖得藏友密函，乃大恚。及长裿至，相见无一语。明日封送印册，即匆匆回。钟颖宽厚，得士卒心，濒行，官兵皆泣送之。予与管带随陈统带送至德摩山下。钟颖召予等入室坐，愤然曰："吾不能臧人物，而谬托腹心于彼，今竟为所乘矣。"众问故。颖曰："始罗统川边新军，以失机被撤。钦帅置之幕中，司文案。长裿出怨言。钦帅亦衔之。罗局促不自安。适吾赴更庆谒钦帅，与罗订盟交，遂以图入藏相托。慨然许之，急为请之联帅，始奏调其入藏焉。今竟乘我之危，多方媒蘖，取我代之。此尚有心肝乎?! 吾认贼作友，吾之过也。"言讫，愤骂不已。久之，始别予等，恨恨而行。

〔校注三十〕罗长裿者，湘乡罗泽南之嫡孙，以翰林拨军机处行走。工书善文，好谈兵事。调充边军五营统领。赵尔丰初待之以礼，嗣以其乏于苦干精神，又屡为节制，调入幕府，改以凤山摄统领事。罗以原职居幕府办文案，抑郁无聊。钟颖以帝戚，少年得志，豪爽任侠。过昌都时，罗乞其设法调移。钟密电其情于宫内，以内旨风请联豫请调入藏。罗于宣统元年秋，先钟军驰入藏，任参赞大臣。联豫甚爱敬之。迨钟颖至，联豫见其少年轻佻，颇不喜，屡欲以罗易钟，碍于内旨。及是，钟军征剿波密失败，困守德摩。联豫乃遍札驻藏文武官吏，使论罗、钟优劣。各官承其意，皆称罗优。联豫据以入奏，请易将。军机处惧不敢决。联豫已饬罗长裿率军往代钟。钟大愤怒，不肯返藏，留驻乌苏江观变。迨革命消息至，波密兵变，杀罗长裿，蜂拥回藏。至乌苏江，共戴钟为首，劫运藏饷银，以招变兵。遂逐联豫，据藏。藏局之坏，自是始矣。

先是联豫拟扩充钟军成师，自四川续招新兵入藏。并调川省候差之参将、游击、都司外委之属入藏，备充将官。谢国梁、周春林、张鹏九、方仲孺辈皆是也。罗长裿接统钟军，见人心不附，遂重用周春林等，引为腹心。钟故部与周等大相诟，势同冰炭，由是激成兵变。俱见后文。谢国梁后受藏人聘为土兵营长，且与钟军鏖战于拉萨云。

第六章 退兵鲁朗及反攻

长褂至鲁朗，颇重射击，日引官长至郊外比射，以定升降。又用川人周春林、张鹏九，鄂人方仲孺三人。周随军入藏，任排长。张随运输队入藏，任书记，亦众所不齿者。不一月，周升预备营管带，方、张皆擢升善后委员，日夕不离左右，长褂颇倚重之。后波密平定，长褂委张为冬九理事官，委方为彝贡理事官。犹记方任事之初，寓书遍告朋辈，书中有"弟以武夫而干文事，不啻汗牛充栋"之语，全藏传为笑柄焉。

前敌易帅，多所更张。又值初秋，气候渐寒，予乃令西原随钟颖一同回德摩，清检寒衣。西原初不肯，予许以翌日出发同来，始行。

予回鲁朗后，搜讨申儆，士气大振。波番兵亦严守冬九，不敢越雷池一步。一住经月，赵钦帅始遣彭日升率边军三营，定期由硕板多经春多山，直捣中波密。令我军同时向冬九攻击前进。长褂奉令，因准备粮秣运输，迟四日，始令予率部先进，附格林炮三挺。予整队出发，沿途皆无波番兵。至冬九桥，亦空无一兵。搜索寨内，居民亦迁徙。予甚诧之，遍搜附近数里，均无人迹。判断边军必已攻入中波密矣。乃急报长褂，请示进止。予是日即就桥西平原中，刈草莱，张帐幕止宿焉。此地久为波番兵所据，尸骨遍野，壁垒依然。予下马凭吊，尤恍惚如闻当日奋呼杀贼声也。夜半，时闻臭气，不能成寐。秉烛起而迹之，则不少断肢残骸，掩藏土中，予枕畔亦得碎骨数块。盖鏖战久，天又炎热，死亡尸骸不能收殓，以致血化青磷，尸残原野。睹兹遗骸，不禁恻然。

〔校注三十二〕赵尔丰此时已调署四川总督，行在甘孜，得藏中请会攻电，即饬统领凤山，督新军前营管带彭日升，西军中营管带顾占文，西军左营管带牛运隆凡三营自硕板多进军。另饬新军后营管带程凤翔自桑昂（科麦）进军。计凡出兵四营，分两道。自硕板多进之彭日升，曾与陈遇，故陈但知此三营也。其时边军精悍无匹，加以久习边事，深入番境，如在康途。加以全波壮丁多已调攻冬九。故边军入波时。如入无人之境，迅速攻下上波密之春多寺、松宗寺、薄宗寺等中心地点。波密头目白马青濴，仓促返救，亦被边军攻破。波民皆逃集中波密。故藏军反攻时，下波密已无一兵矣。

次日午后，长褚亲率大军至。信宿即进，留予殿后。予迟二日始出发，过纳衣当噶、八浪登时，旧垒重经，遍检遗骸，日久天热，悉化虫沙。仅在八浪登下山时，寻获刘队官尸身一具，火化，裹包携之行。余皆残骸满地，碎骨渗沙，无法认识矣。予惟念忠诚正气，亘古长存，固不必辨蒋侯之骨，归穆伯之丧也。因在此停止半日，督令士兵，聚残骸于一处掩埋之，始行。

由八浪登前进，经京中、树枝、央噶三山，皆重岗叠岭，高耸入云。远近众山，一齐俯首。而危崖狭道，陡峻异常。我军穷三日之力，始能通过。每上下一山，皆须整日赶行。恒登降于深壑绝涧中。山中皆千年古树，大树十围，高数十丈，直矗霄汉，荫蔽不见天日。此道偶有番商往来，然负重而行，必须六日始能通过。三日宿山上，三日宿谷底。山上无数尺平地可栖止，故番商恒傍大树根，凿穴隐身，以避风雨。久之，穴宽八、九尺，深五、六尺，人可挺卧其中矣。然凿穴如此之巨，犹未占全树之半。此真大而无所可用者也。予尝谓材虽栋梁，而生非其地。不遇其人，亦终老穷荒，弃如废材。人之怀瑾抱璞而不遇者，亦尤是耳，又山中秋高叶落，泉水久浸，遂成积潦，水阴寒而含毒汁。番人饮之，颔下生肉瘤，垂五六寸长。波番无老幼、男女皆有之。下山，地势起伏，行半日至汤买。薄藏布江横其前，宽十余丈，波涛汹涌，有藤桥通之。大军前进后，已被番人砍断。乃就河岸宿焉。是日，行进甚速。途中渴燥，汗流不止。入河濯巾洗尘，又觉寒透肌骨，不可支。盖波地山高岸陡，溪小水寒，终岁不见天日故也。

〔校注三十三〕按自纳衣当噶至汤买（亦作汤木）之间，凡大山四重：八浪登、京中、树枝、央噶是也。高度皆在四千米左右，然山脚底而河谷深狭，崖路陡险，故觉其高倍常。此山脉为工布与波密之古界。后因波密强悍，工布孱弱，致德摩山以东，鲁朗、冬九、纳衣当噶等村亦为波密民占领也。汤买临薄藏布江，那波密河也。薄藏布即波异译。其东北部地势高，称为"波堆"，即上波之义。西南部海拔低，称为"波密"，即下波之义。藏人统称之曰"波部"。汉人不惯呼一音地名，故曰"波密"也。藏布者，"清洁者"之义，藏人以称大河之圣洁者，"雅鲁藏布"、"薄藏布"同义，又加江与河字，乃汉人所增益。波密全境，胥属此河流域。各支流皆出于雪山，此带地方雪量甚大，故水源丰富，源流虽不甚长，干流之水量甚大。水急江阔，津梁难施。幸地暖多藤，所在以藤为笮（溜索桥）。汤木桥，以其地名桥之一也。

凡饮水多含有机质乏于矿质者，其人颈生瘿瘤。曾见多数森林区域，与缺乏食盐之地，其人皆如此。多食海盐及海带足以解之。因两物中多含碘质，故知瘿瘤必由碘质缺乏而起。然则输入碘质于血液，或吞食碘化物，应足以疗之。波密乏于食盐，而多森林，故其喉瘿特重。

是日，遍寻居民，皆匿不出见。夜有一番人至，乃此地小头目也。予悬重赏，募人架桥，诺之。次日凌晨，即引一老人，负藤绳两盘至。沿河上下呼唤甚久。始见对岸来一番人，手携毛绳。于是彼此各持绳的一端，向上流力抛。忽两绳相交结，成一绳。再张索桥，引渡而过。两岸原有石墩，高丈许，中埋木柱。拴桥绳于柱上，即成桥梁矣。对河番人，攀缘藤绳而过。余取所携毛绳观之，其一端系有三棱铁钩。又视老番绳端，亦系一铁球，大如卵。始知两绳相交，即钩结为一矣。渡桥时人依桥柱，背河而立。有曲木，长尺许，如半月形，紧系胸间，桥绳即由此穿过。另一细绳，系人背上。自此岸循索溜达彼岸，一人牵引之。凡渡河之人，仰身倒下，手足紧抱桥绳，手攀脚送，徐徐而过。对河一人持细绳，亦徐徐牵引之。

桥既成，官兵陆续渡之。每渡一人，约十分钟之久。全营三日方渡毕。当我军初渡兵一排时，予即继之渡过。初则顺势下降，甚易。向下视洪涛，不无惴惴耳。迨渡至桥中，绳下坠丈许，距水面亦不过二丈。浪花喷飞，扑面沾衣，不觉惊心动魄。仍竭力攀缘，久之始达彼岸，已喘汗交作矣。此岸有居民百余户，时均已逃避。予驻此两日，俟全营渡毕始行。从此道路稍平，山较少。行河右岸，沙洲七八里，皆木瓜树，郁然成林。树高丈许，结实累累，清香扑鼻。又行十余里，接长褚令，以彝贡番人复叛，驻军损失颇巨，令予急率部进剿，以清后路。又行数里，遇一司书狼狈至，乃由彝贡逃出者，携之同行。至别夹宿营。询其经过，知大军至汤买，彝贡喇嘛即来投诚。乃留兵一队驻其地。殊官兵垂涎喇嘛寺财物，肆行掠取，遂激变。复聚众千余，围攻两日，驻军不支，被缴械。死伤尤重，生还者不过四十余人而已。翌日出发，行五十里，沿溪进。途中时见村舍，傍溪右岸。又行十余里，横山阻之。山高而险。山后波番兵所在也。左为大海子。宽里许，长数十里。对岸即彝贡，人户甚多。闻向导云："二十年前，此为小溪。后因左面高山崩溃，壅塞山谷，遂潴为海子。而右岸亦夷为平原矣。"我军沿海子下流里许，徒步过，水深尺许。遂宿营彝贡。遥见海子对岸，无数烟堆，兵来往其间。沿岸登陆处，似均掘有壕堑。予部署甫定，边军彭管带日升开到。日升，永绥狮子桥人，入川二十余年，由夫役积功升管带，为边军骁将也。异域相逢，倍动乡情。日升自愿以全力协助。予甚感之。约以明日拂晓进攻，彭营由左岸登山，我军由彝贡渡海。议定，日升辞去。即军于海子下流五里许之村内。

〔校注三十四〕入藏川军，多募自市井无赖。军官又多为凤凰山训练之学生，缺乏治军经验，加以钟颖童騃轻佻，但以宽厚博人和，故其军纪极恶。赵尔丰知其不堪用而不敢言。但虑其在川边（西康）滋事，故使绕从北道入藏，以边军卫送之。其与川督赵尔巽函电，曾迭论钟军纪律极坏及钟颖治军无状等事。乃其奏折中则称钟军纪律甚好，沿途受人欢迎云云。赵之苦心可知。而钟军之一塌糊涂亦可知矣。联豫与钟颖皆满洲人，乃不喜钟而悦罗长裿，亦非无故。此时虽以罗长裿整理该军，罗亦因无人可用，难挽积习。其克定波密，全赖边军力耳。罗之反攻，实未曾遇战事。使遇战事，仍不免于挫败。其军糜败如此，乃毫无自知，竟于假人余威占领彝贡（属中波密）之后，劫掠其喇嘛寺，以致激成民变。此时白马青翁，已经逃入野山，更无人率领，乃亦发为叛乱，则其为民变可知矣。此事正与民国元年（1912年）拉萨川军之攻掠喇嘛寺事相同。其时钟颖据拉萨所率领亦是此辈，日夕劫掠市民，肆其淫赌。耗用既尽，又复出劫。民国元年（1912年）三月，市民皆穷，乃往劫色拉寺（西藏三大寺之一）。寺僧乘垣抵抗。数日后，寺僧突击反攻，民众揭竿应之，钟军反被包围，结果缴械离藏。

收复波密，予实首议。乃以友军不力，致兵败退回。今彝贡小丑，尚烦边军援助，予甚耻之。计非立功自见，不足以雪此恨。乃激励官兵，单独进攻。众咸为感动，愿效死力。乃于上流搜集木船七只，至夜四鼓时，派两队，越过对岸大山进攻。予率兵两队，绕至上流四里处，乘船偷渡。时月色昏蒙，舟小人多，微波荡漾，左右倾簸，舟不灭者一指。戒士兵，万一波番兵发觉开枪，宜镇静。一动摇，舟即覆灭矣。幸值昏夜，离敌尚远，平流缓渡，舟行无声。渐近岸，即隐舟芦苇中。予原与越山进攻两队约，候其下至半山，鸣枪为号。予即起而应之。但守候甚久，犹未闻枪声。又恐天明，为敌觉。予遣出侦探回报云：“番兵数人一组，围火坐，多已盹睡，毫无警戒。”予遂决心出其不意掩袭之。预计接触后，我越山之两队，当亦下山矣。乃舍舟登陆，鼓励士众，两路齐进，直攻其树寨。波番兵闻枪声，始惊醒，稍还枪，即溃不成军矣。我越山两队，已下至半山，适遇被我击溃波番兵数百人，向山上窜匿，乃猛力射击。波番兵遂豕突狼奔，向上流溃走矣。此役毙敌三四百人，我军伤亡四人而已。予集合全营，分三路，沿海子搜索前进。沿岸地势平坦。行十余里，至一大森林，波番兵数百，复阻险开枪。中路接战，约半小时，我左右两路兵抄至，波番兵被我三面夹击，不支，又四散奔溃。我军就此大休息，约一小时。又行四十余里，皆一带平原细草，风景天然。天已不早，就草原中宿营焉。官兵饥甚，采樵而炊。护兵某，在山后摘回子辣椒甚多。某队在山中搜获牛一头，不及宰杀，即割其腿上肉一方送来。予正苦无肴，得之大喜。乃拌子辣椒炒食之，味绝佳。予生平嗜此味，入藏，久不得食矣。今不图于万里绝荒，又值战后饥苦之际，得之。是日，予食之不知几许，但腹累累，坐地不能起矣。是夜，四更造饭，五更又出发。仍沿海子上行，地势起伏，尚无大山。沿途亦无敌踪。行五十里，至一地，忘其名，有居民数十户，但屋宇均极湫隘，远不如工布屋宇之精洁。甫宿营，彭日升率队至，见面致贺，略无愠色。予殊惭负约独进，因约至静室，为述前此战败退兵之耻，欲借此一盖前愆，非敢争功也。促膝倾谈甚久。日升亦颇谅予之苦衷。复商进兵事。侦知波番兵大部已退至八阶十四村。由此前进不远，即渡小河右行，予自任之。日升则前进二十余里，即海子极端也，沿海岸行，肃清哲多沟彝贡即回。议定，翌日诘早出发，与日升临歧依依，约以春倾寺再会。时边军均驻春倾寺也。

〔校注三十五〕此云春倾寺，应是春多寺之误。上波密有两大河谷，东谷通桑昂，以薄宗寺为中心。北谷通硕板多，以春多寺为中心，春多寺也作倾多寺，译无定字故也。陈氏写时，因有此异译，偶误缀合耳。他处皆仍作春多寺。自春多北逾大山（春多山）即硕板多，故彭日升等边军驻此。

予出发，登山行数里，一带森林密菁，道路崎岖。下山即溪河，宽五六丈，岸高略等，藤桥通之。但引渡器具皆无。幸昨夜携来之老番三人为向导，乃为撤驮鞍曲木代之。中一老番，年八十余，极矫健，手攀藤绳，悬身并足，顷刻而过。见者皆为惊叹不置。通事曰："波密地多藤桥，故村寨中皆牵绳为桥，高四五尺，密如网，便儿童练习也。"番人童而习之，长而娴熟焉。此桥攀渡甚难。中波密山高岸陡，别有所谓鸳鸯桥者，即用藤绳两根，甲绳则系于甲岸高处，徐降至乙岸低处焉。乙绳则系于乙岸高处，而徐降至甲岸低处焉。各悬竹筐，人坐其中，手自引绳，徐徐降下，势等建瓴，往来极便捷也。

我军渡河，又费一日夜之力，全营始渡毕。再沿河进，两岸高山逼狭，时行山腹，时行河岸，军行甚苦。行七十里，至八阶，忽现平原，纵横里许，有居民数十户，又有小喇嘛寺一所。番妇数人来见。细询之，云前日有番兵数十人由此回家矣。予曰："番兵甚多，当不止此数。"番妇曰："彼等皆由各处征调而来，非一地一村之人，闻战败后，均纷纷由山后逃回家矣。"予将信将疑，仍多方侦探。驻此三日，所得情况亦同，始率队回彝贡。

驻八阶时，予宿喇嘛寺内。官兵半宿营，半露营，傍河岸支帐幕焉。士兵掘来雪晶，巨如斛，小如拳者十余方，洁白莹澈，如水晶然，烈火不能化也。又掘得蜜蜡数十块。色金黄，微红，中含蜂蚁甚多，栩栩如生。予复至河岸，掘出甚多，满装两袋驮之归。次日，一老喇嘛来见，谈十四村颇详，盖极荒僻中之野蛮部落也。复询雪晶、蜜蜡所自出。喇嘛曰："此地绝壁千仞，山岭皆万年积雪，亘古不化。历千万年后，冰凌结晶矣，性极寒，凡眼因热肿痛，以雪晶擦之，痛立止，肿亦消矣。至皮肤病，如疮疥之类，因血热所致者，擦之无不立效。蜜蜡亦蜂巢，峭壁上积蜜久，无人取，历千年后，结块如石，遂成蜜蜡，藏人取为捻珠。此二物，皆年久岩石崩落始得之。波密亦惟八阶十四村有之。皆珍品也。"

〔校注三十六〕按此所谓"雪晶"疑是方解石。方解石为石灰石之结晶纯净者，透明如水晶，硬度则远逊之。晶形作方平面，不似水晶之作六角圭形柱状。世人多识水晶，鲜识方解石，以其触体甚凉而质软（爪甲能伤之）遂呼之为雪晶软。喇嘛谓雪山冰凌所结，语属荒诞。冰为水之结晶，加数度热即必融化，热近百度，（若在藏中高山。则只需七八十度）即必气化。此水之性，岂容有近火不化者。

至于蜜蜡、琥珀，则确由树脂或虫蜡入土，矿质渗入硬化而成。物质入土年久，遂能硬化者，盖由矿质浸入填充其空隙之所致。松脂与蜜初本含多量水分，质软性黏，虫蚁或被黏附同为土覆，则俱化为石。初渐散失水分发生空隙，矿质渐填充之，积年愈久，则矿质填充愈密，终乃全部石化。各种动、植物化石，皆同此理。蜜蜡、琥珀，谓为蜂蜜、松脂之化石也。谓为蜂蜜、松脂年久固结而成，则殊有误。

予抵八阶之次日，喇嘛送牛酒糌粑犒师，遂分给官兵食之。是夜，有小牛至屠牛处，婉转悲号，惨不忍闻。次日又如此。予怪而问之。喇嘛曰："凡未离乳之牛，屠其母，血渍地上，百日内。小牛嗅之，尤知为其母也，则号泣悲鸣。尝徘徊至数十日不能去。"予闻之，怅然若有所失。昔予过秦陇，见乡村墙壁间。遍贴长条如广告状，词曰："劝君莫打三春鸟，子在巢中望母归。"可见地无东西，心理则同。人禽虽殊，共此佛性。至若儒家远庖厨，释氏戒杀生，此又仁人之甩心也。然则今之手刃父母而自鸣工作彻底者，其视小牛为何如？吾不禁喟然长叹！

予自八阶整旅还，即沿河而下，不渡藤桥。行五十余里，至海岸。从此沿海行，二日至彝贡。沿途村落甚多，不似对岸之寡落。予出发时先遣通事持文告，晓谕各处人民安心回家。予每至一处，必召集人民，多方抚慰。番人大悦。滨海一带，时见水中枯树林立，浮出水面四五丈，其树干犹在水中，不知其高几许也。番人云："二十年前，此地森林甚多，自山崩成海，森林遂大半汩没水中矣。两岸屋宇沉灭海中者，更不知凡几。"复指海中某处，昔日之村落也。某处，昔之喇嘛寺也。及当日山谷变迁情形，历历言之，如闻长爪仙人谈东海三扬尘也。

予将抵彝贡时，见一大平原，围木栏成椭圆形，马数十成群驰逐其中。番人告予曰："彝贡产马甚富，此即马场也。"近视之，群马奔驰殊雄壮。一枣骝马，昂首奋鬣，奔蹄疾驰，众马莫能及也。抵彝贡。询诸头目皆云："此彝贡名马也。彝贡滨海，海龙出水与马交，故生龙驹。"予笑曰："涔蹄之泽，亦生龙蛇而育宝马耶。"因喜其英骏超群，出重金嘱为购致，头目等允为物色之，约以五日为期。予授以藏币三百元，为订金。是时，长裿驻卡拖。因波酋白马青翁窜入野人山，长裿调予至卡拖，筹商进剿事。予因连日进军，官兵甚疲劳，遂休息一日，始率部开赴卡拖。行两日始至。

予抵彝贡二日，彝贡头目送枣红马至。云此彝贡名驹也。予出视之，英骏不似前日所见者。后邀同辈善相马者共视良久，亦谓此马鬃尾极粗，恐非良骥。特骨干粗劲，头面雄阔。试乘之，亦了无他异，遂不觉大失所望。

我军退鲁朗后，波番倾巢远出，进屯冬九。边军乘其不备，突入倾多寺，冲其腹地。于是波酋白马青翁大惊，急调冬九大军回救，已无及矣。使钟颖不去，按期早进，则白马青翁可虏而致，波密可完全底定矣。

迨我军与边军会师后，白马青翁率残部数百，越野人山，至白马杠。其极有权势之奢可削（番官女婿之称）林噶，节节顽抗，经边军三战三败，亦窜野人山下之格布沟。予抵卡拖，长裿以予克复彝贡，不假边军之力，欣然嘉慰不已。复商进军格布沟。予以其地荒远，用兵不易，力主招抚。长裿亦同意。于是遣排长王孚，偕一番官前往。据王孚言："沿途皆悬崖绝涧，历藤桥七处，始至格布沟。其地三面绝壁，河流环绕，后依白马杠大山岭，岸高流急，无路可通，仅藤桥一线，恃为津梁。且林噶率侍卫百人，住山上喇嘛寺。山下有百余人护藤桥。番官往返过桥，述明来意。候一日，始准过桥。"王孚等过喇嘛寺，林噶踞高座见之，傲不为礼。王孚等伏谒甚恭。前致辞曰："大军来此，因冬九人屡为工布患。乃奢可削不察问罪之由，误启衅端。今幸天讨已申，波密底定。边军即日撤回昌都。我军因波地无主，静待奢可削早回镇抚，即便撤回。参赞特派某等前来奉迎，请即命驾同回。"反复陈说甚久，林噶犹未深信。又住两日，百计安慰，始率众来降。经过仁进邦，我军驻兵一营，乃止其随从，告以边军驻卡拖甚多，恐生误会。至卡拖，馆于喇嘛寺，备陈水陆，极盛优渥。但密派士兵监守之，不令出入耳。次日，予往会之。彼颇疑惧。问参赞何在。予曰："已赴昌都谒赵帅，明日即回。"始安之。长裿因各处招降番官均解至，乃决定一并诛之。翌晨，长裿至郊外刑场，升坐，解林噶及招降番官至，数其罪，咸就缚焉。惟林噶体貌雄伟，年二十余，见长裿升坐，知有变，怒目咆哮，不肯就缚。健卒十余，反接其手，以毛绳紧缚之。犹狂跑奔逃，毛绳尽断。予急夺卫士刀，自后砍之，始扑地就戮。

林噶及各番官骈诛后，遂不能再以计诱白马青翁矣。白马青翁远窜野人山，又无法用兵。于是长裿乃赴昌都，谒赵帅，请示方略。赵为悬重赏，通令各理事官番官，募能生致白马青翁者。适有新任昌都理事官朱慎，晤昌都喇嘛寺管事喇嘛，偶谈通缉白马青翁事。喇嘛曰："予昔游野番地三载，为野人诵经，颇识各处酋长，不知渠辈今尚在否？"朱慎极怂之，曰："曷往一游。万有一成，以赵帅之力，为子谋一大喇嘛寺呼图克图，不难也。"喇嘛大喜，赢粮而往。至野番地，晤昔时所识酋长，扬言大军数万，已平定波密，现闻白马青翁逃至于此，将移师压境，宜早为之谋。野酋大惊，求计于喇嘛。喇嘛曰："白马青翁现在何处？"野酋曰："前已入境，吾等尚拒之，不使过夥惹桥。"喇嘛曰："何不诱而杀之，函首送汉军，可免祸矣。"野酋踌躇良久，曰："万一波番报复奈何？"喇嘛曰："既拒其入境，彼衔恨已深，今不杀之，能保其将来不图后报？祸在眉睫而不顾，遑计后事耶。"野酋大悟，急召各山酋长共谋。数日，乃决定从喇嘛议。竟诱白马青翁过桥，执而杀之。复以强弩守其桥。其余波番见酋长已死，又为弩箭射死十余人，悉散者。喇嘛乃偕野酋，函白马青翁首，绕道送至卡拖。长裿重赏野酋而去。又送其首入拉萨献功。赵帅以昌都喇嘛功尤伟，遂升为硕板多呼图克图。此役不失一兵，不费一弹，而能收此全功，诚有天幸，非人力也。

〔校注三十七〕按此所应募喇嘛即诺那也。诺那者类乌齐寺黑教喇嘛。宣统元年（1909年），充三十九族民众代表，谒赵尔丰于昌都，请内附，因留充统领凤山之夷文缮写员。此时应募，入白马杠，说诸土酋擒斩白马青翁，与土酋函献其首以功授大总管衔，称呼图克图，建诺那寺，拨三十九族差民七十户奉之。

陈氏此记，虽较韩记翔实，惟亦微有错误。查此时为宣统三年（1911年），赵尔丰已赴四川总督任。离昌都已一年矣。罗长裿安能谒之于昌都。又诺那时充凤山夷文书记，非昌都寺管事喇嘛。于理，昌都寺（即江心林寺）系黄数，诺那尚不得入住寺内，安能为其管事僧乎，陈当时在卡拖，但知诺那偕野番酋函送白马青翁首来报功状，未知其应募情形。既得其应募情形于传闻，又系二十年后追忆之作，自不免有用字错讹之处，兹依当时事实校易数字。至于呼图克图，乃转世活佛之称，非赵边使所得授予。韩大载行状作"大总管"似较合。且此时赵已入川，授之者亦当为代理边务大臣傅华封或凤山诸人。不应仍为赵尔丰。惟当时傅与凤氏一切仍请示于赵，书为赵授，亦符史法。诺那进入内地后，自称呼图克图，则汉官曾许其假用此种名号，或当时姑妄给札以娱有功，庸亦事之所有。

自波密入野番，中界白马杠大山。过山行十余里，雅鲁藏布江横其前。江面宽七丈余，有藤桥通焉。两岸绝壁百丈，遍生野藤，粗如刀柄。桥宽丈许，高亦如之，皆野藤自然结合而成，不假人工。桥形如长龙，中空如竹。枝叶繁茂，坚牢异常。人行其中，如入隧道。野人呼为夥惹藤桥。"夥惹"，番语义为"神造"，即神造藤桥之意也。野人迷信神权，语涉荒唐，原不足据。究之此桥如何结合而成？河幅宽至六七十丈，岸高亦近百余丈，水流湍急，决非人力所能牵引而成者。陵谷变迁，匪可思议。安知今日之大江，非太古时之溪流也？则当日结合自易，稍加人力，遂成小桥。迨千万年后，浅流变为巨浸矣，小溪变为大江矣。水力既猛，冲刷日甚，故河愈久而愈深，河岸亦愈冲而愈阔，而短桥之藤亦愈延而愈长矣。虽其构成之经过不可得见，然以理推断，其所由来者渐矣，非一朝一夕之故也。

〔校注三十八〕按此夥惹桥，跨雅鲁藏布江上，为波密白马杠通珞瑜"野番"孔道。以西文地图按之，其桥当在雅鲁藏布江大峡之南部。雅鲁藏布江峡者，在西藏东南境，喜马拉雅山脉东端。西藏与波密全境之水，皆自此峡泻入印度平原。西藏古昔为内海，赖此峡泄其水，始成陆地。故自有西藏，即有此峡江。绝非古为小溪今为大江也。陈推理论夥惹藤桥生成之理，虽与科学原理吻合，似与西藏地史不能相应。余之推测：疑往时原系一索桥，引岸藤缘附以达彼岸，复以同法，引彼岸之藤达于此岸。彼此牵引排成平桥。复更引其枝，蔓结似隧道，一切皆赖人工导引。因缺乏记载，又无法解释，年久传云神造耳。

白马青翁与林噶先后就戮，各处投降番官亦诛戮几尽。于是波人震恐，无所逃死。复有倾多寺呼图克图及营官觉罗涅巴等，聚众数千于八噶山，声言报仇。其南有大雪山，距春多寺八百余里，中隔金珠山，皆荒徼不毛之地，终年积雪，仅每年夏秋可行，余时大雪封山矣。长裾恐其窜入，乃派兵一队驻金珠山防之。予以地势荒远，雪山甚大，谏阻。不听，竟派遣之。队长姓石，山东人也。后驻波军队哗变回藏，此队因大雪封山，不能归，尽为波番攻杀之；又有谓逃至三十九族被藏番所歼。未知孰是。

长裾以波密全境平定，乃筹划善后，分全波密为三县，仿川边例，设理事官治理之。又取中波密喇嘛寺银骨塔解京，献于贝勒载涛，借以表彰平定波密之功绩。此塔以银制成，上嵌珠宝甚多，为呼图克图示寂后焚尸装置之所。各地喇嘛寺皆有之。后闻此塔解至雅州，内地已反正，遂不知流落何处矣。波密平定后，川边军已撤回两营，彭日升尚率一营驻春多寺，日与官夫役作牧猪奴戏，毫无警戒，亦边军积习使然也。此军随赵尔丰在藏久，颇能野战。然平时无教育，无训练。驻军时，但于营内设更鼓焉。一夕，官兵聚赌楼上，正呼雉喝卢之间，忽番兵百余人，持利刃潜入营，巡更兵方起如厕，番兵突入喊杀。幸楼上官兵闻警，开枪堵击，毙十余人，始遁去。边军亦死伤数人。亦云险矣。

〔校注三十九〕彭日升，湖南永绥人，由行伍积功致新军前营管带。勇敢善战，亦与陈相似。然彭以不学故，治军宽疏如此记所云。其后赵尔丰在川督任内，为保路同志军所困，急调边军入援。彭营进驻在昌都。藏军东犯，彭力战死守，赖以保障全康，以功升标统。民国三年川边镇守使张毅到职，分旧边军为三部，刘端麟统领驻巴塘，刘赞廷为分统驻江卡，彭日升为标统驻昌都。分段设防抵抗藏兵（时藏军沿澜沧江东侵不已）。彭曾率军进援类乌齐，大败藏军于葱坡埂。进勋五位。其年夏，藏军反攻，彭军败退。自是川边军和藏军以瓦合山脉为分界线。至1917年9月，驻类乌齐炮兵连长擒送越界割草之藏兵二名至，彭按处置间谍法斩之。由是藏军复东侵。时藏军得英人接济之新式枪弹极犀利。边军戍久师老械窳。彭被俘入藏，不知所终。其营长兼昌都知事张南山，于缴械日投水死。

第七章　波密兵变退江达

边军彭营,不久亦回昌都。罗长裿移驻春多寺。予仍留卡拖。时周春林在长裿左右,屡言:"哥老会势力,已布满全藏,军队尤甚。前此败退鲁朗,乃军队不服从官长命令,而惟彼中会首意旨是从,致有此败。今兵气益嚣张,官长拥虚名而已。我军远屯塞外,脱有事变,危险不可言矣!"罗长裿在拉萨,即习闻哥老会之名,而深恶之。至波密后,春林又屡以为言。长裿遂思乘此波密平定之时,严加整顿,以除后患。适驻春多排长王雨膏,因处罚兵士稍失当,哥老会即在郊外"传堂",罚之跪。其执行首领,一正目也。长裿自喇嘛寺楼上瞥见,而不解其何故,使春林查之。春林以哥老会规告。长裿大怒,曰:"排长处罚一士兵,而正目挟哥老会之力,竟可使排长长跪,尚成何军队耶!"乃严核哥老会组织,及其首领姓名。乃知官兵入会者,已占全军百分之九十五。其总公口为"聚集同",分仁义礼智信五堂,以川人刘辉武、甘敬臣等为首领,即彼中正龙头也。本营军需张子青副之,其重要首领共十三人。其时甘、张等六人驻德摩;余七人驻波密。长裿乃遣马弁,持密札往德摩,令管带保林,执甘、张等六人杀之。驻波密首领七人,则密令春林五日后捕杀之。此十月二十七日事也。

既而武昌起义消息,由《泰晤士报》传至拉萨。钦署洋文翻译某,乃长裿所推荐者,急由驿传快马,密缄告长裿。长裿惶急。急召予至春多寺,引至内室,出示拉萨密缄谓予曰:"大局已生剧变,三数日后,消息传遍全藏,军队恐生动摇。奈何?"予踌躇久之,乃言曰:"塞外吏士,原非孝子顺孙,公所知也。此信传出,兵心必变。彼等皆川人,哥老会势力之大,亦公所知也。不如委而去之,径出昌都,以观其变。"长裿默然,约予出大厅中餐。因密言:"兹事决难成功。吾辈皆官守,何可轻易言去。纵军队有变,傅大臣必进兵镇压,决不听若辈横行。不如暂至江达,再决进退。"予因武昌情势不甚明晰,不敢如何主张,唯唯而已。长裿嘱予迅返卡拖,密为准备。俟约陈统带来此商定,再告。予遂匆匆而返。是夜,即见士兵窃窃私语,似已知拉萨消息。时新兵队驻彭褚,相距四十里。乃星夜调其回。司书杨兴武，永顺王村人，年四十余，颇谨厚。予以实告之，嘱为刺探川人行动。兴武曰："事已至此，不敢诳公。我队亦早有组织，归我掌事，团结甚坚，请勿虑。"予闻之，甚慰。次日午刻，炮队队官湛某，亦四川驻防之旗人也，忽被士兵杀之。继而官长被杀戮，被殴辱，被驱逐者踵相接。盖今晨已得拉萨密信，各部纷纷扰动。兴武多方为我周旋。亦幸予素得兵心，数月战役，甘苦与共。又赖新兵多湘西子弟，故军队虽变，犹莫敢侮予也。次日晨起，长褊尚无函来。甫传餐，则报罗参赞至矣。予下楼迎入，则只身，狼狈不堪。见予，泪潸潸下，无一语。予甚讶之。后一护兵，为长褊携一狐裘至。兵士某，即前夺之，曰："我辈寒甚，参赞无须此矣。"长褊入室，予见其身着毪子风衣。内止一袷服。问之，为述："昨夜二更时，兵变围喇嘛寺。我幸事先得信，不及披衣，即只身逃出。暝行十余里，始来一护兵扶我。行数里，在路旁番人家，得牝马一匹，乘之至此。"言讫，泣下不止。予急取衣请其更之。忽报陈统带来，延之入，状尤狼狈，见长褊，叹曰："参赞不肯出昌都，今如何矣？"相对咨叹而已。未几，春多寺之兵纷纷至。见新兵队戒备甚严，未入犯。休息半小时即前进。本营亦有二百余人随之去。盖此时各以字号相号召，非复从前建制矣。予原有前左右后四队。兹所存者，止八十余人，皆对予爱戴极深者。是夜，陈庆仍力主出昌都。予曰："军队驻春多时，大局未变，出昌都甚易。今番人知我军已变，再由春多出昌都，害莫大焉。"长褊曰："玉鋆言是矣。"遂商明日即回德摩。迟恐波番有变，则难出险矣。长褊曰："吾惩办哥老会首密札，已落兵士手，恐至德摩，川人不能容。闻德摩山有小道通拉里，吾到德摩山，即从此道出川边，亦甚易也。"予正虑大军在德摩集合，长褊去不利。如能取道出昌都，则大佳。遂力赞其说。

〔校注三十九〕所云陈统带，即陈庆。余曾见赵尔丰与赵尔巽函，甚诋其庸。然兹劝长褊出硕板多，实为卓见。春多寺距硕板多最近。波番新定，悍首尽诛，土人仓促未知革命及兵变消息，安能集合武力截阻归路乎。当时变兵充塞卡拖至德摩，以及工布江达一带。挟诛哥老会首领之怨，随时欲得罗长褊而甘心之。罗不图与变兵异道东走，乃反从之而西，可谓自投死地也。陈渠珍才能功勋，昭然在变兵耳目中，态度超然，对各方无怨。又兼尚有湘黔子弟百余自卫，皆能战之兵。其取大道，从乱兵西旋，自无不可。若罗长褊者，安可与比哉！然罗之必欲西旋者。亦自有故。彼自诩清室忠臣之后，憎恶革命，实畏东归。兼持联豫知遇，又与陈为乡人，思得其用，而素憎边军，不欲再入其境。此所以不听皖人陈庆之言也。其后陈庆竟得生还，而罗死于德摩。其侍从周逊，同罗稚子，上书为罗讼冤，牵连于陈。盖痛其误于陈渠珍卡拖之言耶？

次日出发。行两日，至汤买。入夜，陈庆犹未至。有知之者曰："陈统带今日黎明时，率十余骑回硕板多去矣。"盖其主张出昌都最力。此行如能安全到达，固善。但虑其从兵不多，途中遇险耳。后陈庆竟安全到达昌都。又由昌都而川，而皖。陈庆，安徽人也。民四洪宪之役，复在张敬尧部任营长。驻长沙甚久。闻予在湘西，曾一度通信焉。前年，有友人自北平来，偶问及陈庆事。友人曰："陈自洪宪失败北旋。未几，任袁项城陵墓守护队。后因袁墓被掘，陈竟被戮。"未知确否。

〔校注四十〕陈庆未死，当时（1936年）在四川北碚居住。四川将领中，多其入藏时部属。北碚之住宅与生活费用，均各将领供给之也。

晨早，由汤买出发。候长裪，久未至。予亲往催之。长裪密语曰："予随大队行，使人刺目。吾将后子一日行。吾声言已同陈统带出昌都。子若为弗知也者。吾自有出险之法。"因顿足叹曰："悔不听吾子与陈统带之言，早出硕板多，即无此厄矣。"长叹者再。予至是亦不敢强行之。乃以所余大米一袋，留供长裪。予则自食糌粑。亦造次颠沛之中，不敢忘麦饭豆粥之意也。又由其亲信同乡周逊，为选兵士一班随之。予遂告辞启行。

郁郁行六日，至德摩。西原迎予德摩山下，言笑如常。予抚今思昔，悲怆欲泣。西原惊而问之曰："君得毋有恙耶，何若是不豫色然？"予乃强颜为笑以解之。抵德摩，仍下榻于第巴家中。时军队解体，哥匪横恣，三五成群。在予室内，亦明目张胆"对识"叙礼。其首领，即贱如夫役，亦庞然自大。众起立，予亦起立。众敬礼，予亦敬礼。号令无所施，权谋无所用，听其叫嚣，天日为暗。时甘敬臣、张子青等先两日已赴拉萨，将谋大举。张子青者，贵州印江人，性机警，有才辩，壮游川滇，结识哥老，会众推重焉。复随予入藏，由护目而司书，而军需。平时对予甚殷勤。故予待之甚厚。波密之役，留其在德摩掌粮秣运输事。时伤兵皆送德摩疗治，子青请优待之，予慨然许其便宜处理。德摩为工布至波密通衢，凡官长兵夫过往者，子青遍父欤之，挥金如土，供应极丰。于是在藏军识与不识，皆慕其名。士兵尤倾向。遂一跃而为哥老会中之副龙头焉。波密兵变后，子青竟不顾予而去。及予民二回家再治乡兵，子青又来依附。予不咎既往，任以指挥，畀以重权。乃矜骄性成，卒为部下田义卿刺杀于宸阳。惜哉！

时大军聚集德摩未动。予颇疑之，密询兴武，亦不知何意。但闻拉萨来人甚多，不时秘密会议，内容无从刺探。终日乱兵呼朋引类而至。予虽深恶痛恨之，亦不可如何也。乃偕西原，去其家以避之。甫出门，即见兴武疾驰而来。问其故，则请入室谈。因密告曰:"参赞已被义号赵本立、陈英等勒死于山下喇嘛寺矣。"予惊惧不知所为。兴武曰:"公宜戒备。我即将队伍密为部署,以防意外。"乃匆匆下楼去。西原问故。予曰:"此非汝所知也。"因促其先回:"予事毕即来。"移时,陈英偕兵士数人,汹汹至。入门,即大言曰:"罗长裿阻挠革命,已杀之矣。"予一时不能答。坐移时,始从容答言曰:"近闻番人颇动摇,此耗传出,恐于我军不利。"陈英曰:"我等与长裿同命。彼不死,我等首领不能保。公勿虑。"予默然。又移时,士兵来益众,一兵士向陈英曰:"事毕矣。明日可请管带一同至拉萨。"陈英复向予曰:"江达某某等有信来,革命事重,推公出而领导。请明日即行。"予唯唯应之而已。时西原已遣人来催。予即乘机出,至西原家,倚垫而卧。默念参赞被杀,予日与豺虎为伍,能幸免乎?不觉泪下。西原问不已,予始为言之。西原大惊曰:"似此将奈何?"予曰:"明日到江达,再看情形。"西原大哭,留予勿行。予曰:"军队已变,无可收拾。达赖虎视境上,必乘机而入。汉番仇恨已深,后患犹堪问乎。覆巢之下无完卵,留此,不独我不能存,即汝也不可保。幸彼辈虽横,对我犹善。是前进犹可望生,留此终必一死。汝必同我去,勿以家人为念。万一藏事可为,吾离去不久,仍回工布也。"言次,西原哭不已。其母至,又牵衣大哭。母亦哭。予亦哽咽不能成声矣。乃百计安慰之,始止。未几,兴武寻予至,为言:"彼等明日开拔。标部周书记官、一营胡督队官等,均在江达,主张革命,驱逐联豫、钟颖,组织军政府,推公出而主持。细探此间众意,亦多赞同。因协部有人在此,不便明言。公明日能否同去?"予叹曰:"此事谈何容易。但我不去,安所归耶?明日仍同至江达面议。子宜密探彼辈意志如何。第求免祸,勿问其他。"兴武又曰:"参赞尸身,已火化包裹,周逊愿负之行。"予极嘉之。移时,进面食。食已,即偕西原回。而坐客已满。予亦强颜为笑,竭力应付之。至二更后始散。

〔校注四十一〕此云罗长裿被陈英、赵立本等勒死于德摩山下喇嘛寺。他官书亦云缢杀。刘燮丞云:哥老首领某,寻得罗长裿,以绳缚之,系马尾后,鞭马曳行。凡数十里,至喇嘛寺,罗已气绝矣。时罗年五十余云云。则其死之残酷,不仅勒毙而已。民国元年(1912年),罗长裿子刺指血上书讼冤,指控钟颖、陈渠珍等。时燮丞方在北平,住赵尔巽家,悉其控案原尾,所传当实。

次日,黎明起。西原母即来送行。因出珊瑚山一座为赠。高约八寸,玲珑可爱。谓予曰:"西原随本布(番人称官名)远行。谨以此不腆之物,永留纪念。"因顾西原言曰:"汝若随本布出川,则天涯海角,相见无日。汝其谨护此物。异日见此物,如见吾面也。"言讫,声泪俱下。西原亦泣不可抑。予一再慰之,曰:"此行但赴拉萨，相见有日也。"第巴及各喇嘛均来送行。予一一周旋已，即告辞起身。时部队均已出发，仅新兵队随予而行。

自德摩行两日，至脚木宗宿焉。喇嘛寺呼图克图，及加瓜营官彭错夫妇，均来送行。聚谈至初更始回。次日晨早出发。呼图克图感予德惠，执手依依，不忍离别。彭错与予尤契好，见予远去，皇皇如有所失。敬献酒呛，情致殷拳。予虽不能饮，亦勉尽三杯。彭错率其夫人双拜马前，泣曰："彭错老矣，无能为役。本布此去，重会何年？"泣不已。复执西原手泣曰："汝其善事本布。"赠藏佛念珠各一。予与西原亦含泪而别。后闻达赖返拉萨，按治交欢汉官者，皆杀之。彭错夫妇，竟寸磔而死。亦惨矣哉！

是日宿甑巴，范玉昆住此。玉昆娶甑巴番女，生一子，甫几日。予约其同行。玉昆因怜爱幼子，恐不胜塞外风寒，迟疑不决。予劝之曰："雪地冰天，携幼子远征绝塞，谁复堪此。但恐大军一去。藏番皆敌人，子身且不能保，又能保全幼子耶？"筹商半夜，不能决。翌晨出发，予再催之。玉昆曰："公先行。公在江达，必有数日勾当，我即携眷同来。"遂怅惘而别。

予住江达三日，玉昆犹未至。两函促之，初犹复函，支吾其词。后一函则杳如黄鹤矣。玉昆贵州省人，家寒微，有老母妻室，一子年十四岁。玉昆初以府经历分发成都。适我军入藏，玉昆乃慨然从军，为营部书记。亦欲资此为终南捷径也。与予交甚笃。因年老惮行役，每遇战事，皆留其在后。予则亲治军书焉。后子青由藏归，询玉昆踪迹。云自予去后两月，即为番人所杀。所娶番女及幼子，同时遇害。予年来与黔人往还甚密。每从问玉昆家属。有云其子曾毕业云南测绘学校，后亦不知所往。悲哉！良友不可见，其遗孤亦不知矣。不禁凄绝。

予抵江达时，各部尚未开动，终日纷扰不堪。拉萨来人甚多。密探渠辈意志，有主张革命者，皆官长职员及少数部队。有拥护钟颖者，皆哥老会之流。其时联豫方由川领回军饷三十万，钟颖挟其撤职之恨，嗾使士兵拦劫于乌苏江，即拥此巨资，号召哥老会人，且劫钦署，幽联豫。子青入藏又久，无只字见告，予尤愤甚。虽革命派拥予甚力，然势力远不及哥老会之盛。况钟已劫联，而以哥老会相号召。予又有革命之嫌。去则徒滋扰乱，予藏人以可乘之隙，有百害而无一利。乃决心出昌都。但秘密准备，不使川人知之。

〔校注四十二〕先是，联豫既以罗长裿易钟颖。奏入，清廷不准。又请调钟任左参赞，与罗互易，亦不准。钟与内廷密电相通，既仗内势，愤留乌苏江不进。挺然与联豫及罗长裿相仇。留驻德摩及工布江达等处士兵，仍与钟颖款通。值罗长裿整军纪，锄哥老，失士心。官兵在哥老籍者，皆与钟通声息，仗为护主。罗之惨死，钟实授意焉。当兵变时。初皆云响应革命。罗既已死。首领人选，众咸属意陈渠珍。而哥老川兵，爱戴钟颖宽厚，不乐附湘人。故西进之际，行动思想，并极混乱。钟颖既尚存统领名衔，遂恃截劫饷款，借以号召乱军。故乱军纷往依之。钟乃部勒之称勤王军，西行入藏。幽联豫，勒藏人筹饷及乌拉，云将返川勤王。其主张革命之少数官兵，因陈渠珍逃去，群龙无首，亦多逡行入藏，依附钟颖矣。其后因钟军劫掠淫杀，无恶不为，激成藏人反抗。罗党之谢国梁等，亦组织士兵助藏人与钟军相攻，钟军终被缴械，逐出藏境。达赖自印度返藏。

予初抵江达之日，江达理事官石敏斋，设宴为予洗尘，意极殷勤。席间向予长跪请罪。予愕然，不解其意，疾扶之起。乃自述前过，亦文字之误，非有意中伤。予始忆在工布清剿时，文牍往返，石恒掣肘。且于联帅处多指摘。查抄厦札一案，石竟谓予受贿少报。予愤极，曾向其科员大骂之。乃当前一语，事后辄忘。今石见藏局糜烂，予拥兵至，恐予未能释怀，故恐怖若此。予乃温语慰之曰："前者之事，兄惑于人言，若以我为不可友也，而弃之。今吾释怨言好，相见以心。兄其许我为友矣。"遂一笑而罢。

予驻江达三日，见大势已去，无法挽救。乃决计回川。因约孟林君至郊外，班荆两坐，密询前进状况。孟林曰："昨夜晚赵帅来札，以藏军叛变，已派兵三营来此防堵。公若出昌都，则误会滋大。宜熟筹之。"予亦颇以为虑。然进既不可，退又不能。再四磋商，惟有走青海出甘肃一路较为安全。但此路孟林亦不甚悉。闻有三路可至甘肃。其东、西两路，沿边境行，人户不少。但道路行远，须行三四月方到。惟中路一带，平原沙漠，杳无人迹。青藏商人，恒往来于此。计程六十马站。行四十日到柴达木，即有人户，有蒙古堡。由此经青海入甘肃境，不过十余日。沿途人烟更多。予乃归，与兴武密商。兴武力主出青海。因言我军由波密出发，一人一骑，随军驮牛尚有百余头，兼程而进，月余即到柴达木，不宜迂道费时。予因边军将至，进退皆不可。遂决定遵此道而行。密嘱兴武清查人员粮秣，迅速准备，明日即行。入夜，兴武来见，密报湘西籍及滇黔籍兵士共一百一十五人。其余川人，可临时遣回拉萨。牛马皆齐备。仅糌粑止余四十余驮，以六十日计算，欠缺尚多。今晚恐筹办不及矣。予计算粮食勉足一月。此去哈喇乌苏，沿途皆可增购，殊不足虑。乃决定明日诘早即行。令兴武密将此意告知随行士兵，严守秘密。

第八章　入青海

次日黎明前即起，整队出发。甫过桥，川人始有知者，群集桥边叩马相留，予反复陈述不能留藏之苦衷。众犹强留不已。予即辞别，匆匆而去。盖恐久留生变也。沿途景物不殊，而今昔异势。回忆波密之役，我死亡将士遗骸未收，魂羁异域。孰无妻子，读古人"可怜无定河边骨，犹是春闺梦里人"之句，不禁恻然心痛，泪潸潸下也。

是日宿凝多。清查人员，共官兵一百一十一人，皆一人一骑。予乘枣骝马，西原乘黑骡。随余左右者，仅马夫张敏，亦汉父藏母所生，藏人称为"采革娃"是也。藏娃一，为已杀波番招降营官贡噪之子，皆各乘一马。共一百一十五人。又驮牛一百二十余头，分驮粮食行李。

入藏两年，薪俸所入，积有藏币（每枚值银三钱三分）六千余元，皆分给士兵携之，亦虑多财贾祸也。有麝香一百七十两，满装一背囊，令护兵刘金声负之随行。金声，成都人，年十七岁，在川即相随，又不愿入藏，故可信其无他也。殊予出江达之初日，宿凝多，竟未至。亦不知其何时窃身而逃矣。后张子青回家，言此子死也，初为乌拉番人所知，追金声，杀而取之。黑夜过江达，为士兵管带谢营兵士所知，派兵一排追及，夺回，杀十余人。最后谢兵败，复落藏人之手。因争夺此物，互相杀戮至数十人之多。黄雀、螳螂，同归于尽，亦可叹矣。

由凝多改道北进，沿途居民甚多，帐房相望于道。每帐房牛羊数百成群，小山起伏，道路平夷，接近沙漠。时大雪纷飞，寒冷特甚。幸官兵乘马，日行七八十里，尚不觉苦耳。兴武以哥老会之力，颇能约束士兵，途中秋毫无犯，所至尚能相安。予每宿一地，即召地方耆老，询问青海道路。佥以此路往来人少，多不熟悉，仅能知其概略，与孟林所言相同。行七日，即至哈喇乌苏。

哈喇乌苏有河流，导源于卫藏布喀集、达喀噶诸池，东流会索克河。番人呼黑为哈，呼山为喇或腊，呼河为乌苏。布喀诸池，水皆黑，又多流沙，其《禹贡》所云流沙黑水欤？二流来会，群山鼎峙，故以义名其水，即以水名其地。旧为达赖食采地，设有营官治理之。赋税所入，悉归私囊，而唐古特政府不通过问。其地北为黑番，南为三十九族。西藏区域，至此为止。青藏游牧，到此则止。盖蒙古、青海、新疆、关陇入藏之总会处也。

〔校注四十三〕按：哈喇乌苏，系蒙古语，非藏语。蒙语：哈喇，黑水。乌苏，河也。西藏受蒙古统治甚久，故多蒙语地名。清初对藏用兵，及使节往来，皆以蒙古通译，故地名用蒙古称者颇多，如天湖（藏称朗错，义为天湖）曰"胜格里诺尔"（蒙语天湖之义），黑水曰"哈喇乌苏"是也。此所云哈喇乌苏，系指怒江上游之阿克河谷。此河为怒江之南源（北源即索克河，发源于当拉岭）。上游当西藏入青海大官道上。旧为康熙五十八年准噶尔策零敦多布击覆提督康泰等大军之地。当时蒙古向导称其地为哈喇乌苏，后遂以为台站名。积年既久，藏人亦习此称。犹之炉霍、定乡，本非藏名，设治既久，藏族人亦惯呼之也。哈喇乌苏台站，系西藏文差之地。后为西藏重镇，常设重兵驻防。其河下游属三十九族。河谷中颇有农地。陈氏所经之地是也。陈氏如沿此河谷西行，即可入当拉岭官道。虽冬季仍难通行，但因往来者多，不致迷途，如后文所云。今其所行，全属常人不甚经行之路，即如自凝多入三十九族，便有大道，须经拉里。陈氏则自凝多北行，避越拉里。故其全路线之各地名，甚难考订。只此河谷，以有农村故，得知其为阿克河谷云。

予将抵哈喇乌苏时，遥见大平原中，有人户六七百家，市井殷繁，俨然一巨镇也。又有大喇嘛寺一所，华丽庄严。予窃喜此地人户繁盛，可以休息，补充粮食，再赋长征。殊行渐近，见有番兵数百人，持刀枪夹道而立，阵势森严。予甚异之，乃停止队伍，遣舌人前往探询，并告知来意。良久，偕一喇嘛至，挥令我军速去，不许停留。时日色西沉，又无帐篷。计无复之，力白假道之意，往复磋商至再，方许一宿即行。指小屋三间栖止。番兵愈来愈众，四面围绕，禁止出入。复与磋商，乃许夫役四人出外取汲。然牛马饿不得食，聊以糌粑饲之。又出重价购糌粑一百包。彻夜戒备。天明，知不可留，乃收拾起程。幸昨夜取水士兵，觅得一老喇嘛为向导。遂携之行。行约十余里，忽见番骑千余人，张两翼踵至。予行则行，予止则止。众愤甚，请战。予止之曰："既已通过，何必轻起衅端，妨我行进也。"又行十余里，番骑踵行如故。予乃择地停止。番骑亦停止。因聚众谋之曰："番人果有异图，昨夜何以不发。今我既前进，何以又复踵追。然番人狡诈难测，意者，我军猝至，调兵未齐，且惧我械利，故隐忍未发耳。今晨大兵毕集，始悉众来追。但相随二十余里，又未逼近者。是必别有企图，欲乘夜袭我。我不及时击破之，一入黑夜，四面包围，则吾侪无噍类矣。"遂决计先发以制之。予乃分部队为三队，兴武率一队攻其右，予自率一队攻其左，余一队守护行李辎重，兼为后应。时右侧大平原中，帐房甚多，番骑皆下马入帐房中休息。兴武直前攻入。番众出，倚矮墙迎战。我军且战且进，逼进墙边。番众仍顽强抵抗。予乃绕出番兵左侧猛攻之。番众不支，始上马奔逃。我两路猛追，乱枪扫射，番人纷纷落死。追逐三里许，番骑去远。不敢深追，始收队回。番兵死伤三百余人，我军均无伤亡。搜索帐房，已空无一人。惟余粮食甚多。予急驱驮牛至，尽量捆载。整旅急行，不敢久留。行四十余里，天将暮，至一地，帐幕零落十余处，有小喇嘛寺一所，遂止宿焉。晤一老喇嘛，与之语，甚谨厚。予因叩以番人见拒之意。喇嘛曰："是必以君等为拉萨叛兵也。活佛前过哈喇乌苏时，曾封存宝物甚多。恐君等劫之，故调兵严防耳。"予曰："彼果防我，则我既去，又何必追踵至数十里。恐意尤不止此也。"喇嘛笑曰："是或有之。彼等见君等畏葸而去，或更得寸进尺，欲乘夜相图，亦未可知也。"又询前进道路。喇嘛曰："此去行三日，即入酱通沙漠，无人烟也。"予复问："闻此去月余，即达甘肃，信否？"喇嘛曰："此路行人甚少，但闻程途甚远，非一月可能到。"予颇讶之。

归再细询向导喇嘛，喇嘛曰："我九岁入甘肃塔尔寺披剃，十八岁随商人入西藏。今磨牛重践，已五十年矣。前途茫茫，不能细忆。尤记曩随商人行，两月余方到哈喇乌苏。然尔时正值初夏，气候温和，旅行尚易。今则天寒地冻，行期恐难预定矣。"予闻之，怅然如失。但既已至此，官兵乘马行，较步行为速。至多亦不出两月，定可到达。复令兴武清算粮食。每人尚有糌粑一百三十斤，可供九十日之食。遂安心前进。从此行三日，均无人烟。仅第二日途次，见右侧山沟中，有帐房三四处。其余一带黄色，四顾荒寂而已。

〔校注四十四〕按：达赖十三世虽好事，初亦未尝奖励战争事。常集民兵，对外来人用压迫退却之方式耀武。历年入藏探险队之迫退，皆以此术成功。其对军队，更因自知火力不如，未敢轻易作战，而又不能不作防堵。其防堵方法，极其滑稽。据荣赫鹏行军日记：英军与藏军初度接触时，见藏军剑拔弩张，以为必先开火。因待其先开火故，逐步进逼，皆未放枪。殊已达两军混立之际，藏军尚未开火。直待英军下令解除藏军武装，已经实施时，藏军官始发怒，拔手枪击杀英兵一人。数分钟内，战斗即告结束。当时藏军之作风如此。前述邓珠恩达之役，亦正如此。

此役藏军之跟踪不舍者，度亦不过因陈军行踪诡异，疑其为掠取达赖遗存宝物而来，故派队监视出境之意。非乘夜劫杀也。惜其语言不通，情意隔阂，致酿成一场惨祸。

第三日，至一处，天已不早。见山谷中有帐房十余处，因向其借住。坚拒不纳。

士兵强入，彼辈不许，竟持刀扑杀。士兵大怒，毙其一，余始逃去。予闻枪声，止之无及矣。因戒士兵后勿复尔，恐激怒番人，祸不浅矣。于是鸠占鹊巢，聊避风雪。翌晨出发，喇嘛曰："从此入酱通大沙漠矣。"弥望黄沙猎猎，风雪扑面，四野荒凉，草木不生。时见沙丘高一二丈，近在前面，倏而风起，卷沙腾空，隐约不可见。逾十余分钟，则空际尘沙，盘旋下降，又成小山。予等初颇惊骇。喇嘛曰："旋风甚缓，马行迅捷，可以趋避也。"沿途无水，取雪饮濯。马龁枯草，人卧沙场，风餐露宿，朝行暮止。南北不分，东西莫辨，惟喇嘛马首是瞻而已。行十余日，大雪纷降，平地雪深尺许。牛马饿疲难行。士兵恒以糌粑饲之。清查驮粮，原可支持三月，今已消耗过半。因力戒士兵勿再以糌粑饲牛马。终不可止。

〔校注四十五〕此云酱通沙漠，即"羌塘"也。藏语，北方曰"羌"，或译"张"，或译"绛"，译无定字也。荒原曰"塘"，或译"坦"，或译"通"。里塘（理化县）之塘，即是此义。科学的解释，则所指为康藏高原之顶部地方。一般为海拔四千米以上，浅丘浅谷错列之地。冬季皆雪，夏季野草丛生，春秋两季甚短。随处有水泉河湖，或沮洳沼泽。因其夏期甚短，草量甚啬，不适为固定牧场。故牧民极稀。汉人视之，比于沙漠。唐书吐谷浑传，称为"碛尾"即谓其类似沙漠。其实与沙漠意义迥别。（今世汉康人尚有译塘字为沙漠者。其实非是）陈氏续沙漠二字于酱通之下，亦从汉人俗称，状其荒凉耳。（藏语，山口曰"拉"，而汉人必曰某拉山口。河即曰"曲"，而汉人必曰某曲河。塘即荒原，而曰某塘沙漠，积习如此，未足为累）。

沙丘与旋风，为蒙古、新疆真沙漠中之产物，此草原中无之。此节所传喇嘛谈沙丘迁移事，当是谈蒙古沙漠，陈误记入此耳。藏人所称之羌塘（酱通）包括西藏北部与青海西南部地方。此带无沙丘。即陈氏此记，亦始终未见有沙丘也。

予所购彝贡枣骝马，自卡拖出发，即乘之行。经过树枝、央噶、京中三大山。他马则行行复止，鞭策不前。惟此马健行异常，勒之稍息，亦不可。予始异之。及由江达出青海，予仍乘此马。西原则乘予之大黑骡。入酱通大沙漠后，无水草，众马皆疲惫。每登一小山，亦须下马牵之行。独此马登山时，昂首疾行，不可勒止。众咸异之。乃知波番称为龙驹，确非虚语也。

一日途次，见沙碛中尘沙蔽天，远远而至。众颇骇然，停止不敢进。有顷，行渐近，隐若有物长驱而来。喇嘛曰："此野牛也。千百成群，游行大漠。大者重至八百余斤。小者亦三四百斤。每群有一牛前导，众随之行。此牛东，群亦东。此牛西，群亦西。遇悬崖，此牛坠，群牛尽坠，无反顾，无乱群。大漠中野牛甚多，再进则日有所见矣。但性驯善，不伤人。见者无害。惟遇孤行之牛，性凶猛，宜远避之。"众曰："若遇孤行之牛，我有火枪，何畏焉！"喇嘛曰："牛革厚而坚韧，除两胁及腹部外，恐非君等枪弹所能洞穿也。"言次，群牛横予等奔驰而过，相距仅二里许。行十余分钟始尽。念之，不觉悚然。

〔校注四十六〕此云沙碛，实亦草原之较干燥者。其蔽天尘沙，由牛驰所致。非即沙漠。沙漠中无野牛群也。凡野牛，产于高原顶部，食草饮水，群集驰走，一牛导群，俱如喇嘛所云。其牛体大力猛，角短而螺曲，鼻长而狭。鼻准下偃如鹰嘴。行居恒避他物。故人鲜遇遘。其物不轻斗，斗则无敌，虽狮虎亦畏之。南北美洲及非洲中心各大高原中皆有。在亚洲为康藏高原之特产。牦牛之体格性质，多与相似。疑犁即野牛之驯化者也。

入酱通大沙漠后，终日狂风怒号，冰雪益盛。士兵多沾寒成疾，或脚冻肿裂。因粮食日少，相戒不许再以粮食饲牛马。每宿营时，牛马皆纵之郊外，以毛绳拴其后，两足相距六七寸，听其跛行龁草，防远逸也。一日晨起收马，则予枣骝马竟不知何往矣。一望平沙无垠，踪迹杳然。士兵侦寻甚远，皆无所见。曷胜叹息。西原乃以所乘黑骡给予乘之，自乘一劣马以行。经六七日后，途遇野骡数百成群，予枣骝马也在焉。予见而大喜。野骡见人不避，且行且前，或也疑为其同类也。士兵连发数十枪，毙野骡五。予枣骝马，遂随群奔逃，顷刻即杳。马入骡群，优游自在，诚得其所。予则孤凄一人，踽踽独行，诚马之不若矣。怅望久之，神为之伤。

予等初入酱通大沙漠，喇嘛尤能隐约指示道路。有时风沙迷道，则望日，向西北行。既而冰雪益大，天益晦暝，遂不辨东西南北矣。士兵不时斥责喇嘛。予屡戒之，恐喇嘛一去，更无处问津。然每至迷途处，部队停止以待，喇嘛登高，眺望良久，始导之行。行不远，道路复迷。初向东行者，旋又转而向北。喇嘛亦歧路兴嗟，无可如何。于是士兵益怒，斥责之不已，竟以枪击之，或饱以老拳。予亦无法制止矣。一日宿营后，予从容问喇嘛曰："平沙漠漠，何处是道？子既经过此地，必有山水可为标志者。子其细忆之。"喇嘛沉思良久，曰："由此过通天河，再行数日，即有孤山突起于平原中，地名'冈天削'。我曾在此休息二日。山高不过十余丈，有小河绕其前。又有杂树甚多。沿河行八九日，渐有蒙可罗（番人毛毡帐幕）。再行十余日，即至西宁。沿途蒙可罗甚多。"予乃多方安慰喇嘛。又复婉言劝诫士兵。次日，仍随喇嘛前进。复行甚久，道路仍复渺茫。粮食已罄尽矣。日猎野骡野牛，或宰杀驮牛以为食。然大雪时降，沙为雪掩，野兽皆避入山谷中矣。众议休息一日，共商后事。商之至再，令兴武清查人员牛马，计士兵死亡外，尚有七十三人。牛马不时宰杀,及夜间逸失,只余牛马各五十余头。日需三头,只可供半月之粮。众以粮食告匮,惟宰杀牛马代之。凡行李非随身所需,则并焚之。于是尽聚行李于一处焚之。予与西原,仅留搭袋一,薄被一,皮褥一。西原将其母所赠珊瑚塔什袭珍藏,自负以行。于是左负搭袋,右负薄被,腰系连枪。予则负皮褥,佩短刀而已。从此昼行雪地,夜卧雪中。又无水濯,囚首垢面,无复人形矣。每夜寝时,先和衣偃卧地上,以左肘紧压衣缘,再转身仰卧,蒙首衣中,一任雪溅风吹。次日晨起雪罩周身,厚恒数寸。亦先转身偃伏,猛伸而起,使身上之雪尽落,以免粘着皮肤,致起肿裂。幸沙漠中积雪虽深,然雪一去则地上枯草如毡,且极干燥。

〔校注四十七〕"蒙可罗"即蒙古包。藏族帐幕,皆以毛布为之。毛绳牵引,张地如覆釜。称"黑帐房"。蒙古族帐幕则支木架,而包以毡,圆而尖顶,特称蒙古包。青海西北境,皆蒙古族,住"蒙可罗"。其巴颜喀喇山脉以南及黄河流域之部则皆藏族住黑帐房。此喇嘛所谓通天河即金沙江上游穆鲁乌苏河也。所谓"冈天削",即巴颜喀喇山脉中之昆仑山口也。此山脉之西段,并不高峻。仅因北面之陷落,形成其为分水线而已。惟因北侧陷落之故,每有山峰矗立于纵断各小河谷之侧,所云"冈天削"应即是其两峰间通道处,今云昆仑山口是也。自此以北,为柴达木盆地,为蒙族游牧地方,故喇嘛云然。然则陈氏一行,此时尚在金沙江流域以南之玉树草原西部。玉树二十五族,中之一族曰"玉树族",游牧于穆鲁乌苏河上游高地。占地辽阔。寒而乏草。故人户极稀。冬季则集处于河谷下部,弃高原于冰雪。陈氏一队,适行在无人之高原顶部。使其得一河谷,即顺河谷下行,不问方向,则终可得藏人牧场。不至于陷于绝境。惜当时未知此也。

自江达出发时共一百一十五人,牛马二百四十余头。此时已死去四十二人,亡失及屠杀牛马一百九十头矣。粮食将罄,食盐亦已断绝。淡食既久,亦渐安之。缘大沙漠中,几无日无冰雪。寒冷既甚,凡野肉割下,经十分钟即结冰成块,其质细脆,以刀削之,如去浮木。久之,淡食亦甘,不思盐食矣。非如内地生肉,腥血淋漓也。

自焚装杀马后,道路迷离,终日瞑行,无里程,无地名,无山川风物可记。但满天黄沙,遍地冰雪而已,每日午后三时,即止宿焉。分士兵为六组:以一组敲冰溶水;一组拾牛马粪,供燃料;一组发火;一组寻石架灶;一组平雪地,供寝卧;一组猎野兽为食。盖大漠中雪含尘沙,不可饮用,须敲冰溶化为水。冰坚,厚一二尺,取之甚难。每组七八人,敲甚久,始得一二袋,回则满盛锣锅中,用干粪烧溶,化为冷水饮之。燃料纯恃干粪,幸所在皆是,为雪掩盖,掘雪尺许,即得之。每日约需十余袋。沙地无石，又非石不能架灶，须傍山边觅之。得拳石六七块，费时甚久，遍地雪深尺许，先揉雪成小团，多人辗转推移之，愈裹愈大，往复数次，则雪尽平地见矣。雪下之地颇为干燥，人即栖宿其上。野牛数十成群者甚多，射杀之甚易。野骡尤驯善易得。有一日得数头者，有间一获者。众既恃以为养命之资，故一宿营，即派多人出猎，以供餐食。此组人员，均选体力强健，枪法娴熟者，擎枪佩刀而往。初入大漠时，均携有火柴。因沿途消耗甚多。及粮尽，杀牛马时，火柴仅存二十余支矣。众大惧，交予妥为保存之。每发火时，先取干骡粪，搓揉成细末。再撕贴身衣上之布，卷成小条。八九人顺风向，排列成两行而立，相去一二尺，头相交，衣相接，不使透风。一人居中，兢兢然括火柴，燃布条。然后开其当风一面，使微风吹入，以助火势。布条着火后，置地上，覆以骡粪细末。须臾，火燃烟起，人渐离开。风愈大，火愈炽，急堆砌牛粪，高至三四尺，遂大燃，不可向迩矣。于是众乃围火坐，煮冰以代茶。燔肉以为食。食已，火渐尽。以其余灰布满地上，俟热度已减，众即寝卧其上。既能去湿，又可取暖也。

〔校注四十八〕此段写开始陷入艰难之际，情景逼真，如读影画。使曾经冬季穿行荒原者阅之，狂笑之余，抚然惨沮，也正如身历其境，遭此艰难也。或疑陈氏三十年后回忆之作，必有附会增益，过情描写之处。余谓如此遭逢，不惟三十年不应忘却，果使灵性不昧，则虽千百劫，亦不能写来如此真切，如此细致，如此动人。

行雪地久，士兵沾寒，肿足不能行。日有死亡。初尤掘土掩埋，率众致祭。继则疾病日多，死亡日众。死者已矣，生者亦不自保。每见僵尸道旁，惟有相对一叹而已。

予等由江达出发时，皆着短袄，裘帽，大皮衫，穿藏靴，内着毛袜。行沙漠久，藏靴破烂，则以毛毡裹足而行。行之久，毛毡又复破烂。于是皮肉一沾冰雪，初则肿痛，继则溃烂，遂一步不能行。牛马杀以供粮，无可代步。途中无医药，众各寻路逃命，无法携之俱行，则视其僵卧地上，辗转呻吟而死，亦无可如何矣。予过雪沟时，稍不慎，右足亦沾雪肿矣。西原恒以牛油烘热熨之，数日后，竟完好如初。计焚装杀马后，又病死十三人。足痛死者十五人。经病随军跛行者，尚有六七人。

又行数日，至一处，日已暮。忽见大河。喇嘛曰："此通天河也。"时已腊月三十日，众大喜，以为此去冈天削不远矣。共议明日为元旦。在此休息一日，杀马为食，兼猎野兽。遂就河岸止宿。次日晨，早起，见河宽二十余丈，无竹木可结舟筏，无桥梁可为津渡。幸时已岁暮，河水结冰。乃踏冰过河。岸旁立有界牌，高约三尺，宽尺许，上刊"驻藏办事大臣青海办事大臣划界处"。喇嘛曰："大漠无石可采，此石乃取自江达，用两牛运负而来，费金数百。昔过哈喇乌苏时，我曾亲身见之。"

第九章　过通天河

通天河，一名穆鲁乌斯河，为扬子江上游，导源于巴颜喀喇山，素称青海要津。今则一片黄沙，渺无人迹。是日，复询喇嘛："此去冈天削尚需几日？"喇嘛初言只需十日，复又言需时半月。众以其语言矛盾，责之。喇嘛默然。兴武曰："此去冈天削，料亦不远。但牛已杀尽，马亦只能供数日之食。疾病又多，徒步蹒跚，再入歧途，即无生理矣。不如先选强健者数人前进侦察。余皆留此出猎，多储野肉，以为粮食，不亦可乎。"众咸韪之。乃决定兴武选十人前发，予留后以待。约十日为期，即行回报。议定是夜，兴武以糌粑一杯馈予，重约二两。予即煮水二锅，邀众分饮之，借以度岁。呼喇嘛久不至，初不疑其有他也。次晨，兴武等出发，再寻喇嘛，不知所在。始知昨夜已亡去矣。极目平原，绝难远窜。意者，畏士兵之暴虐，乘夜逃走。荒郊多狼，喇嘛年老独行，定果群狼之腹矣。为之感叹者再。予等既处绝地，复失导师，惟有静待兴武佳音之至而已。

到通天河时，死亡又约十余人。兴武既去，所余仅三十余人。乃逐日分班派出行猎。西原强欲随行，冀有所获，以延残喘。予亦听之。至晚，抄手而回，一无所得。西原曰："连日大雪，野兽定匿谷中。我明日再往，必有所获。"予急止之曰："可以休矣。士兵分途而出，如有所获，我可分食。汝何苦冒险如是。"西原泣曰："士兵所分几许，命在旦夕，尚何所惧。君如肯行，明日偕往如何？"予见其意甚坚，乃许之。次晨，士兵犹未起，西原即呼予同出。斜行约二里，入山谷。西原行甚速。闻砰然一声，予前视之，竟毙一野骡。西原方取刀割其腿上肉。予止之曰："割肉几何，不如取其两腿曳之归。"西原极称是。乃截两腿，以带系之，牵曳回。中途来士兵数人，令急往山谷取其余肉，免为狼噬。既归。西原已汗涔涔下矣。瞩予小心看守，复匆匆去，负牛粪一包至。操刀割肉，为多数方块，以通条穿之，燃之烘热。谓予曰："有如许干肉，可供十日食矣。"是日，士兵亦获野骡、野羊、山兔甚多。皆仿西原法烘干之。次日，复降大雪。士兵连日出猎，皆无获。从此雪益大，深二尺许。所存野肉，行将告罄。士兵日有死亡，转瞬十日矣。兴武尚无音耗。越日，雪住，天忽开霁。予曰："前途佳音，恐不可望。久守何益，不如前进。"众以为然。次日复行。沿途野兽匿迹，终日无所遇。仅不少野兔，挺而走原，费弹甚多，仅获四五头，亦杯水车薪也。断食已两日矣，饿甚。所储干肉，仅余一小块。略其半，分西原食之。西原坚不肯食。强之再，泣曰："我能耐饥，可数日不食。君不可一日不食。且万里从君，可无我，不可无君。君而殍，我安能逃死耶。"予则泣下。"天下可无洪，不可无公"之语，不图于藏族女子中亦见之。痛哉！士兵亦饥火中烧，急不能行，复休息一日。次日午，闻士兵喧哗声，予往观之。则士兵杨某，昨晚死于道旁。今日，众饥不可耐，乃寻其遗骸食之。殊昨晚已为狼吞噬几尽，仅余两手一足。众取回燔之，因争食詈骂也。予闻而泣下，婉劝不止，乃诳以"前方已获一野骡，何争此多少为"。言未竟，果来一士兵，报射得三牛。时众皆饥饿奄奄一息。至是，精神焕发，皆跃起随之往。至则群狼方争噬，几去其半矣。众急开枪，毙一狼，并舁之归。众皆饱餐，尤有余肉，分携之，以为次日之需。众得野牛饱餐后，复前进。又行二日，未遇野物。前日所携肉已尽，众复恐慌。午后止宿，得一野羊。众分食之，尚难半饱。有刘某，年五十余，湖南籍，任江达军粮府书记，仓促追随返川，亦附余行。时冰雪凛冽日甚，士兵绝食两日，四出行猎，皆空手回。饥甚，无可为计，乃密议欲杀予随身藏娃，以延残喘。托刘一言。予曰："杀一人以救众人，我何恤焉。只是藏娃肉尽骨立，烹之难分一杯羹，徒伤同伴，奚益于死。"乃止。入夜，众复乘月色，擎枪入山行猎。深夜始归，获野羊四，野兔七，分肉生食，始稍果腹。次日复行，除沿途死亡，仅存二十余人矣。复疲惫不堪。双目又为风沙所吹，多赤肿，视物不明，日行三十余里即宿焉。昨晚猎归，已夜深，故晨起甚迟。出发时，予因事令众先行，予行稍后。初犹见士兵远远前进，转过山阜，即人影依稀。又行十余里，踪迹遂杳。即张敏及藏娃亦前进无踪。仅西原一人随予，踽踽而行。再行七八里，天已昏暮，四顾苍茫，不能再进。遂就沟中宿焉。既而狂风怒号，无数野狼，嗥鸣甚急，时远时近。西原战栗欲泣，力请趋避。予至是，亦以必死自期。因极力慰之曰："黑夜迷离，道路不辨，将何之。恐一行动，狼见人影，群集扑噬，即死在目前矣。不如静卧沟中，狼未必即至。倘此身应饱狼腹，又岂子身所能避耶。"乃布褥地上，与西原同坐。覆以薄被。西原握连枪，予持短刀以待之，因戒西原曰："狼不近十步，慎勿开枪。"既而风号狼嗥益急。隐约见群狼十数头嗥鸣而至，相去不过丈许，无何，又越沟去。时予与西原饿疲已极，不知何时，竟同入睡乡矣。凌晨，西原呼予醒，天已微明。幸刀枪尤在手中。予笑曰："险哉，此一夕也！"西原曰："我夜梦在家中后山，为狼所逐。足折，老母负我奔。骇极而醒。亦胜似此一夕惊也。"予曰："此疑心致梦也！"遂同起，收拾被褥，出沟，循原来道路行。但见前途苍茫无际，不知何处是道。行行复止。默念："兴武一去不回，今又与众相失。独予与西原子身行，连枪短刀之外无长物。幸而遇野兽，既非屡力所能取。又不幸再延一日不得食，又不与众遇，惟饥卧荒漠，有死而已。"西原知予意，亦长叹曰："从此愈行愈远，茫茫前途，吾侪无葬身所矣。"予曰："昨日众行未远，不难寻获。汝勿忧。"言次，忽见道旁有子弹一枚，已粘泥沙，似久遗之物。因拾告西原曰："杨兴武必从此道。否则无此物也。"西原亦喜。复前行里许，西原时时回顾，若不忍去，忽大呼曰："后面有人来矣！"予回视之，因目盹，无所见。伫视久之，果见二人，缓步来，渐行渐近，乃马夫张敏也。予不禁狂喜。张敏提一布袋，见予，大哭曰："我等中途遇骡百余头，驱入山沟。久候公不至，众数派人出寻，均未见。我今晨黎明前，即来寻公。"言讫，哽咽不成声。手探布袋，出热肉一块，重约二三斤，云："公速食此，即始同回。"问："众在何处？"张敏遥指左翼山沟中，微烟起处，曰："即此是也。"予细观之相去不过三里而已。予正饥苦，得肉，即与西原分食之立尽。乃偕同归。至则众方切肉炒食，见予至，悲喜交集。予见地上陈兽肉甚多，询知昨日得野骡七头，足供十日之粮。乃与众会商："如许骡肉，既难负之以行。不如尽一日休息，烘成干肉。则一人可负数日之食。仍沿途行猎。如能日有所获，则留此以备不时之需，更佳矣。"众皆以为然。遂四出搬取牛粪，烘骡肉，以为行粮。次日，休息一日。晚间清查，每人约有干肉十斤。遂决定明日续行前进。一夜安息。翌日，诘早出发。饱食之后，复得休息，众精神复振，不似前此之颓丧矣。

〔校注四十九〕人行雪地中久，日光自雪反射入目之量过多则目暂盲，是为"雪盲"。此所云："目为风沙所吹，多赤肿，视物不明，盖雪盲也。西原为藏人，体健，稍能耐之。故能望见张敏行来。"

瞑行七八日，干肉将尽，又不遇一兽。于是众又大起恐慌。因忆喇嘛言，过通天河行十余日，即至冈天削。遂日日悬诸念中。见一小阜，以为至矣。近视则非。见一小山，以为至矣。近之又非。日复一日，望眼为穿。在内地几无处无山阜。一入大漠，求一山一阜，亦渺如蓬莱三岛、印度灵山，可想象而不可企及矣。伤哉！

又行两日，忽见一山，高十余丈，形如掌。下有清泉，傍山而流。水边小树丛生，高仅尺许，细叶粗干，蒙茸可爱。番人称为油渣子，可取为薪。谛视良久，又非喇嘛所言冈天削也。颇失望。尤幸此地既有山水，则去冈天削当亦不远矣。予等众即就此止宿焉。自入酱通大沙漠后，一片黄沙，万年白雪，天寒地冻，风怒狼嗥。至此，则有山有水，别似洞天。依山为蔽，可以栖息。乃伐薪取暖，猎兽疗饥。是时，火柴止存一枚。士兵生存者，仅十七人。乃分三组，早晚出猎。时众饥甚，望食甚殷。乃候至日中，始回一组，空如也。众皆行愁坐叹。予慰之曰："尚有二组未归，岂均一无所获耶。"少顷，余二组先后回，仅获野兔四头。众生啖之，勉充饥腹而已。次日，众复出猎。留士兵杨正奇看守行装。正奇见予瞑坐不语，若不胜其愁者。因含泪向予言曰："长安路远，玉门关遥，盲人疲众，夜半深池，吾侪其殆于此矣。"予不觉凄然。西原知予意，因为壮语慰之曰："时已季春，天气渐暖，死亡虽众，我辈犹存，是天终不我绝也。况三月程途，已行五月之久。所未达者，亦一篑耳。倘能贾此余勇，奚难到达彼岸。吾人生死，有命在焉。何自馁如是！"予闻西原语，颇自感愧，岂真女子之不若耶。遂奋然而起。忽觉胸襟开朗，烦愁顿除。盖否极泰来，机已先动。虽犹未逢坦途，亦自暗伏佳兆也。亭午时，众猎归，均无所获。予无奈，登山眺望，冀有所见。乃饥火中烧，步履甚难，强而复登。观望良久，忽见数里外隐约有物屹立平原中，颇疑之。急下山，令众往寻之。皆惫极，不欲往。予强之行，彳亍至其地，则庞然久僵之野牛头也。高约五尺，大亦如之。其死也，亦不知历时几千百年。大漠奇寒，久而不腐。风吹日炙，遂自僵枯。狼牙虽利，终不能损此金刚不坏之躯壳，故巍然独存，殆将留此以供余等穷途之大嚼也。然其头笨重，摇撼不易。仓促间又无法肢解。乃竭十余人之力，推挽至山下，堆积柴薪燔之。且频频浇水。经三小时，唇皮离骨寸许。他处仍不可拔。又以数人更番敲剥，得八九块，巨如掌。以大火煨之，经两昼夜，始稍柔软，可施刀斧。皮厚二寸许矣，作金黄色。饥不择食，味较鲜肉尤佳。幸此三日来，又获野牛、马各一。众已饱餐，尤有余肉，即将煨熟唇肉留之，以为行粮。翌日晨，仍向前进。

〔校注五十〕野牛头大如此，革坚如此，则谁人砍堕此地。颇难置信。余曾读藏人史籍，布肉列吉传云："龙昂篡位，以王后为马牧。后于牧马处。梦与耶拉香波山神交，产一掌大血团，微能摇动。口目均无。遂置入温暖之野牛角中，束裤两脚以掩之。数日往视，出一幼婴，名之曰降格布肉列吉。义犹角中降生之子也。"初疑角洞中安能育一婴儿。以为藏义含义，或有别解。反复绎之，义皆如此。足见野牛头角确有甚巨者。查兕虎之兕字，与犀有别，而同属牛类，体巨革厚，古以传之。而曾见某笔记中（似为西征日记）云阿咱海子中旧曾见兕，体形极巨。是犀为热带沼泽产物，兕为高原沼泽产物。陈氏所见，盖兕首，昔猎人得，取革以去，遗其首于此。因其革厚，不为狼所咽吞，地寒，又未腐烂耳。

第十章　遇蒙古喇嘛

又行三日，携带之粮又尽。众饥甚，途次获野牛一头，去皮生啖之。竭蹶行十余里，突见人马甚多从后至，众颇惊疑，伫视之，则喇嘛七人，策骑款段而来。又有骆驼四头，高大异常，无识之者。喇嘛忽见予等，亦颇骇异。近前询之，皆下马，操蒙古语。初不解，乃以唐古特语相问答，始知喇嘛皆蒙古人，久住拉萨奢色寺，近以藏中兵变，达赖调兵围攻，战争即在目前，故弃藏而归。遂同行，十余里宿焉。喇嘛携有帐幕，到地即架设。且赠予等幕房二，约予至其帐内坐谈。询知予等皆西藏陆军，携有利械，又为避乱而出之，极为尊崇。出面食、果、饼款予，赠予细糌粑一小袋，白粮一包，骆驼二头。又许赠士兵糌粑两包。予既得饱餐，又有骆驼代步，穷途拯救，仙佛慈悲，垂死鲋鱼或不至再困涸辙矣。众以死里得生，咸狂喜，请休息两日再行。予商之喇嘛，亦同意。

次日，喇嘛过予帐中坐谈。予询以："此行同至何处即分道矣？"喇嘛曰："与君同行四日，即分别矣。君由此行前进，约月余，至盐海。过盐海，沿途渐有蒙古包。又行七八日，至柴达木，乃塞外一巨镇也。由柴达木至西宁。不过十余日，沿途蒙古包甚多。且汉人在此贸易者亦甚夥。"予问："前方是否沙漠地？有无道路？"喇嘛曰："前方皆平原草地，时有山岗起伏，非如前此之一片黄沙也。但君宜谨记：如遇歧路，宜向西北走，勿向东行，自无舛误。我十年前曾一度赴西宁塔尔寺，沿途停住为番人讽经，故于此道尚能记忆也。"予极表感谢。

〔校注五十一〕按内外蒙古，青海西北部，新疆东部各地皆蒙古人，蒙古人皆奉喇嘛教。做喇嘛皆须留学拉萨。此所遇蒙古喇嘛，如系内外蒙古人，应恰好与陈氏一行同道直至湟源、西宁，乃分手别行。因内外蒙古人往来藏地，皆须经过西宁、湟源也。如系青海境内之蒙古喇嘛，则亦应同行至柴达木地方，不至云同行四日而别，因青海蒙古之帐幕冬季皆在柴达木平地也（文中云沿途渐有蒙古包之处）。如系新疆境内之喇嘛，则不取道于此。纵使取道于此，亦必经过柴达木盆地南缘，正应与陈氏同行至盐海附近（即有蒙古包之处），不至如后文之坚决拒绝同行赴盐海。大抵喇嘛在拉萨时已曾见汉军放肆抢劫蹂躏佛教之状，迨兹所遇又系携有利械饥困已久之军，惧因同行遭祸，故为托词别道，借以避祸耳。下文谢海舞等图谋喇嘛，陈不能制止。生于其心，见于其面，喇嘛或先已有觉察矣。又喇嘛两度闻枪声皆惊讶穷诘。又行时"枪皆实弹，似早已有备者"，皆足见喇嘛心理。

又文中蒙古堡皆当作蒙古包。蒙人帐幕有骨架，有覆毡，汉人呼之为蒙古包，与堡义不合。

予生长泽国，虽耳闻骆驼之名，究不识骆驼为何物。至此方知喇嘛所乘，即骆驼也。昔读唐史，见哥舒翰开府西陲，扬威边塞。遣人奏事，乘白骆驼行，从西域城至长安，万里之遥，兼旬即至。询之喇嘛。喇嘛曰："白骆驼不常有，惟灰色者遍地皆是。凡行沙漠地，非此不可。以其足宽如掌，踏地不陷落，能负重五六百斤，又能耐久，能耐渴。沙漠极缺水，则杀之，取其胃中藏水以度命。君等行近盐海边，即非骆驼不能行也。"

喇嘛回蒙，予等度陇，一东一西，分道扬镳。然前进月余，始有人烟，则茫茫前途，覆辙重蹈，颇为忧惧。乃商喇嘛，约其同行至盐海，再分道回蒙。喇嘛曰："我仓促出藏，携粮无多，今又分赠君等不少，倘迂道太远，中途无可采购，则殆矣。"予终以前进尚远，恐又迷道，复与喇嘛计议，忽闻邻帐枪响。喇嘛大惊，问予何故。予亦惊惧，不知所为，答以："勿虑！勿虑！"急出帐视之，乃兵士严少武为同伴谢海舞枪毙矣。予亦不敢穷诘，但委婉向众言曰："吾侪万死一生，甫逢喇嘛，道无迷失，众获安饱。倘因细故自相残杀，使喇嘛惊惧，弃我而去，则盲人瞎马，不由自寻死路。"言讫，不觉泪下。众亦无语。复至喇嘛帐内，饰词告之曰："适间士兵擦枪不慎，致伤一人，幸伤甚轻微，已为敷药，当不致死也。"喇嘛始安，复谈移时，告别回帐。忽谢海舞汹汹至，挟其枪杀严少武之余威，密谓予曰："我等行囊仅藏币六百余元，纵达西宁，而乡关万里，旅行何资。喇嘛携资甚富，不如劫而杀之，留其一仆为向导。行则资其骆驼，归则资费藏元。公以为然乎？"予闻谢言，如晴天霹雳，气结不能语。久之，始诡辞答之曰："子所虑甚是。但喇嘛一行七人，皆体力健壮，吾侪人数虽倍之，而羸弱至此，贸然行之，未必即能取胜。况喇嘛待我等有恩，岂可负人！至于尔后资斧，到达西宁后，我可力为筹措，不足虑也。"谢默然退。予至是，坐卧不安。复密召纪秉钺至，乃以谢言告之，曰："知其事否？"秉钺曰："此事毫无所闻。"予叹曰："喇嘛生死人而肉白骨，我负心劫杀之，世有鬼神，岂能容？世无鬼神，亦安忍？子宜劝诫诸人，慎勿为此。"秉钺去，久不回。予忐忑不能睡，步出帐外，闻弄兵器声，及喁喁语甚急。予又虑其反戈相向，乃入帐持短刀，拥被而坐。久之，语声寂然。予亦倦极而睡矣。

次日，拔幕行。众无一语。方幸劝告有效，众已不作是想矣。殊行约三四里，忽谢海舞等六人，向山边飞奔，依土坎开枪，向喇嘛猛射。继而，后方枪声亦起。时喇嘛乘骆驼前行，予与西原在最后，兵士居中。喇嘛闻枪声，回首厉声问予何故。予惊惧不能答。喇嘛即就鞍上，取出十三响枪，向山边回射。其随从亦各出步手枪射之。枪皆先已实弹，似早已有备者。一时枪声大作。喇嘛中两枪，倒地而毙。又毙其随从二。余四人策骆驼飞奔而逸，顷刻即渺。其余骆驼，亦随之奔去，仅予与西原所乘骆驼犹在。喇嘛行李财物既随骆驼飞去，即许赠糌粑二包，亦口惠而实不至，至可痛心也！是役仅获十三响枪一支。谢海舞等六人，则负重伤，卧地呻吟。于是众皆坐地，相觑无一语。予愤然曰："何不前追？"众默然，垂头咨嗟。计无复之，因就山边止宿焉。予责秉钺不能制止，演此惨剧，何所得耶？盖自兴武去后，公口均由秉钺负责也。秉钺曰："众意已决，不敢深言。亦不便复命。"然详询受伤之人，皆昨主张最烈之人，天网恢恢，真疏而不漏矣！是日无粮，乃杀西原所乘骆驼为食。余肉堆积山沟，入夜又为群狼曳去。但闻伤兵终夜呻吟叫苦。又闻呼救声甚急，众皆颓卧不起。次晨起视，则伤兵二人，夜为狼噬，仅余残骸而已。

计自江达出发，共一百一十五人，除沿途死之，及兴武等十人前进无踪，今生存者：莱阳人纪秉钺，云南人赵廷芳，贵州人滕学清，龙山人胡玉林，叙浦人陈学文、舒百川，乾城人曾纪仲，共七人而已。众议仍前进。濒行，伤兵四人，其一伤稍轻，扶杖而行，余二人已奄奄垂毙。独谢海舞宛转地上，号泣曰："众弃我去，忍令就死耶？"予等行不顾。复大声呼曰："君等既不相救，我亦不堪其痛苦，曷以一弹饮我，以速我死。"曾纪仲怜而应之曰："诺。"予急喝之曰："杨兴武等已前进，安知其不具粮食乘马来迎。况患难相从至此，忍自残杀耶！"盖予虽幸其不即死，亦深幸其不速死也。时众亦恶其祸首，咸揶揄之曰："君稍待，即有乘骑来迎。"遂行。行数里，犹闻其号泣呼救声也。

〔校注五十二〕陈氏所率之人，入羌塘（酱通）后野处兽食，久已失却人性。一旦获遇蒙古喇嘛，恰是穷极无聊之时，获得意外舒快，故谢海舞等兽性勃发，陈亦不面制也。此时，钟颖率到拉萨之士兵，亦正演为暴乱惨剧，与此间谋杀蒙古喇嘛事，如出一辙。而其走入自杀途径，亦正相同。先是波密乱军溃入工布后，经钟颖拥饷相召，附集如蚁，钟乃改称勤王军，率赴拉萨，逐联豫，据扎什城汉军营房，逼迫商上筹饷十万两，乌拉五千头，云将返川。藏人利其速去，已筹交六万两，乌拉齐集，官兵既得多金，不肯行。日夜淫赌，一掷巨万。负博者不甘抄手，则劫掠市民。兽性一发，如水溃堤，淫掠屠杀，骚乱全市，市民既空，则围劫色拉寺（三大寺之一）。终被寺僧逆袭击溃。于是藏民揭竿群起，扑逐乱军。乱军困守数月，竟出营缴械被俘，押逐出境。时为民国元年（1912年）春季。此不幸之蒙古喇嘛，盖曾亲见之也。避地来此，仍死于劫杀之下。而劫杀之者，亦仍与拉萨之暴乱军人同归自杀。亦可哀矣。

自劫杀蒙古喇嘛后，粮食已绝，道路复迷。人少，行道益艰。蹭蹬道上，互相怨怼。一日行三四十里即宿。行七八日，沿途皆草地，又多小山，时获野羊、兔以充饥腹。一日，马夫张敏，在道旁获死羊一头，盖狼食之余也，仅余头颈一截，众分啖之，味亦甚佳。时久晴无雪，渴则敲冰嚼之。又行数日，遇野羊一头，跛行沟中，众追杀之。即止宿沟中共啖之，亦十余日来始获一饱也。西原取所弃肠肚暗怀之归，去其秽，细嚼之，以告予曰："此味殊佳，可食也。"予嚼之，亦脆异常，共食几尽。晚间饥甚，又嚼其余。已而满口沾滞，抹之，则肠中余粪未尽也。又行二日，忽天降大雪，冰风刺骨，众益惫。不独野牛、野骡无所遇，即野兔亦潜伏土窟不出矣。勉行二十余日，有小山，略可避风，遂傍山边止宿焉。众饥不可忍，乃杀予所乘骆驼食之。余肉甚多，乃派六人更番守之，以防野狼。至夜，竟为群狼曳去两腿。守兵趋前夺之，狼亦不缓颊，互争甚久。众闻呼唤声，群集，开枪吓之，犹衔其一腿去。少顷，复来狼十余头。众已持枪戒备，众枪齐鸣，群狼始缓步而去。去数武，犹立山头回顾。众惫甚，亦不能追也。

一夜，予登山溲便，距宿地仅一二十步。西原持枪伴予出，忽见黑影蠕蠕而动，谛视之，狼也。西原叱之，不动，开枪击之，始反奔去。住此七日，狼日夜伺其旁，众亦日夜严防之，如临大敌，不敢稍懈。时连日大雪，众亦不能出猎，存肉亦无多，众议困守无益，决于明日冒雪前进。翌日晨起，雪住天霁。众鼓勇而行。予休息久，亦健步如常矣。行两日，转过山沟，忽见前面地势开朗，一望无际。行里许，即迤衍而下。时地上隐约有牛马蹄痕，予颇异之，止众细视良久。时晴日当空，见前进向东北行，蹄痕甚多。折而西北行，亦隐约有路。予忆蒙古喇嘛言，乃决向西北行。众亦以为然。行七八里，前方忽见小坪，细草茸茸，苍翠可爱。有小山，山前一湾流水，活泼清浅，潺潺有声。溪宽二丈，水深二三尺。对岸矮树成荫，高与人齐，亦入沙漠来所仅见也。坪内有石堆数处，皆为烟熏，似曾用以架灶者。众咸欢跃，想离居人不远矣。遂就草坪止宿，时方午后二时。

是地山水明秀，非复沙漠地之一片荒凉，众亦乘此天色晴和，抖擞精神，入山行猎。去不久，即获野羊二匹归，颇肥壮，共饱餐之。日将西沉，胡玉林犹未至，金谓玉林素强健，又未病足，何迟迟不至。颇以为念。玉林性淳厚，尤勤敏耐劳苦。予等自入荒漠，凡凿冰、觅石、取粪、宰割等事，皆力任其劳，数月如一日，众无不爱。不忍中道相弃，约以明日住此一日，寻之。次日，众分途寻觅甚久，皆不遇而归，金疑只身野宿，必饱狼腹，相与嗟叹不置。次日早起，众议此去居人不远，宜速行。予默念玉林虽失踪，未必即死，倘我一去，虽生亦犹死也。怅怅不忍遽去，而又无以为计。正踌躇间，众复催行。予忽忆前日在分路处，犹仿佛见玉林在后，相距不及二三里。或已向东北行，以致相左。昨日众至四处寻觅，然疲惫之余，行亦不远，故未能相遇。是玉林虽失道，去此或亦非遥。此地既有小山，倘于山头鸣枪，枪声可达一二十里外。玉林闻枪声，知予所在必出。出则山头可以远望而见之。万一鸣枪之后，仍不出，则必真饱狼腹矣。然后委而去之，亦无疚于心矣。乃以此意告众。且约以各发十枪，一小时再不至，即行，众勉从之。持枪登山，予随之往。一时众枪齐鸣。未几枪停，众四处眺望。逾十余分钟，果见有人策骑疾驰而来。近视之，则一番人，抱玉林坐马上至矣。众跳跃欢呼。玉林亦笑语相答。下马，互相慰问。玉林曰："我前日因足痛，行稍缓。初犹见君等前行，力疾而进，终不可及。渐行渐远，遂不见君踪迹矣。又再前行甚远，忽见山边烟起，以为君等在此。竭蹶至其地，见猎番四人，坐帐幕熬茶。我一时大惊，认为蒙古喇嘛之随从在此。自念命休矣。猎人初见我，亦甚惊讶。继见孑身至此，乃延入帐幕坐。彼此言语不通，以手示意而已。猎番知余穷途饥甚，款以面食牛羊肉，已饱食三餐矣。但不审君等何往，又不敢贸然而行。适闻枪声甚急，猎番颇惊疑。我知为君等行猎至此，以手语示意，始同其乘马出。果与君等遇矣。"言讫，众既幸玉林克庆生还，复得猎番可为向导，皆喜不自胜。忆自蒙古喇嘛身死后，久迷塞外，日暮途穷，已无生还之望矣。不图中流一壶，复遇猎番，谓非有天幸耶。然非予恻隐之一念，恐亦不能获此意外之奇缘。铜山西崩，洛钟东应，感应之理，捷如影响，亦奇矣哉。

第十一章 至柴达木

予等甚感番人款待玉林之厚，出藏币十元赠之。番人大喜，称谢不已。即招其伙伴，携毳帐、牲畜、猎品至，就地支帐，具面食、牛羊肉款予等。视其猎品，则有猞猁皮、狐皮、羚羊角甚多。又有挂面、酥油、奶饼、牛羊肉各食品。挂面质白而良，闻购自西宁者。面以牛羊肉蒸煮食之，尤鲜美无伦。惟淡食已久，初食盐味，反觉喉涩不能下，仍淡食之。予等餐风寝雪，已四阅月矣，乍获面食，又居帐幕，恍如羽化登仙，不徒视藜藿逾珍馐，抑且认番人为故旧矣。时众惫甚，乃向番人赁牛乘行。牛为青色，小而多力，与内地黄犊等。予等不谙青海语，以手示意，面谈甚久，每牛索银八两，且供给日食。予等欣然从之，先给藏币五十元。盖由此至柴达木，尚有十五日行程也。

次晨出发，番人乘牛前道。予等日乘青牛，夜宿帐幕，饮食供给，亦极丰厚，众心大慰。其渡水二十余道，愈行水愈深。陆无道路，水无津梁，使非番人，无由办法。予等足皆冻，一沾生水，即肿痛不能行矣。沿途树木青葱，高达丈许，道路纡曲，不可辨认，时而穿林，时而渡水，气候虽寒，景物清幽，心神安适，纵辔徐行。行十六日，至柴达木。无数蒙古包散布广原，居民殷繁，俨然内地村市也。

柴达木译音"柴丹"，昔为青海王庭。清初，岳钟琪破罗卜藏丹津十余万众，即此地也。为内外蒙及新疆入藏要道。盖由哈喇乌苏而北有三道，中、东二道至西宁，西道至柴达木，再西（应为东——校者）进约千里，方至西宁。此路甚迂远，且经酱通大沙漠，数千里无人烟，征行至苦。中道瘴疫甚盛，魏唐北伐，皆遇瘴而返。东道则石堡一城，素极天险。故吐蕃恃之，凭陵华夏。微诸历史，其地艰险如此，以予身所经历，则艰险更有甚焉。

〔校注五十三〕按，自西宁至拉萨有东西三道：西道沿青海湖经柴达木折南，沿金沙江上源之穆鲁乌苏，逾当拉岭至拉萨，旧为军台正站。有当地人沿途设帐支差，凡七十五日而达。鼎革后，此路荒废。东道，自湟源逾日月山，穿广大低平沮洳、荒原，渡黄河至玉树（戒谷多），又穿玉树草原合当拉岭路。更自玉树旁通昌都及西康各地。近时青藏往来，悉取此途。中道沿青海湖经柴达木与西道同。自柴达木径渡通天河合当拉岭大道。前章蒙古喇嘛所说之道，盖谓自西宁东出木瓜湾至玉树之路为东道也。陈氏所行，乃走入无人烟之地，冰雪中向导亦不能辨。西道，当时台站已撤，又值冬季，故途间若在夏季，此带亦时有藏蒙两族，张幕游牧。冬令草枯地冻，牧户远徙。故陈氏一行，陷于绝地。兼以不谙道路往复绕折，日行又仅三四十。致费二百余日，始获穿过荒原，其间尚幸获蒙古喇嘛、藏人猎户等之指道。否则纡回数月，亦未必能到柴达木也。

从来用兵青海者，隋炀帝、唐太宗、清雍正帝三朝为最深入，皆曾穷追土酋，入于荒原。唐书呼此荒原为"碛尾"，藏人呼为"羌塘"，本书称酱通沙漠者是也。原文"魏唐北伐皆遇瘴而返"句，宜作"隋唐西伐"，此所谓"瘴"指寒瘴言。瘴者，漫指不适之气候言之。温带住民忽遇湿热多含微生物之空气则感不适发为疾病，是为瘴。骤遇寒冽压过低空气，则感不适发为疾病是为寒瘴。从来征青海者多迫于寒瘴而回也。

石堡城，唐哥舒翰筑。在湟源县西南日月山下，今遗址尚在。自石堡城经玉树入藏（即青藏东道），为唐代汉藏往来大路。文成公主下嫁由之。

又原书"再西进"句，西当作东。附青藏交通路图，示陈氏所经路线。

柴达木至青海（指西宁），尚有五百余里。其中三百余里皆盐淖，须改乘骆驼。遂在此小住。次日遇一喇嘛，相见极亲昵。自言甘肃北大通人，而为僧者。来此十年矣。各处番人时延其诵经祷佛，知予等皆汉人，由西藏回，极称达赖、班禅之神异，宛然一生佛也。予实一无所知，姑饰词应之。喇嘛尤兴会淋漓，邀予过饮。予携西原同往。至一蒙古堡，即其寄宿处也。献奶茶糖饼已，又宰肥羊款予。止之不可。更解去外衣，手自毛氎截羹。既而具熟肉面食，味绝美。又出蒜辣一碟，尤生平所嗜，而久未得食者。一餐之后，果腹充肠。感东道之殷勤，遂忘北来之饥苦矣。

次日，复休息一日，购备面食，并雇骆驼代步。喇嘛又引一丹噶尔厅商人至，亦汉人久商是地者。云："此君明日将回丹噶尔，可为君等伴侣，不须再觅向导也。"其人姓周，别号瑶青，年四十许，自言素业商，往来青海二十余年矣。前进道路极熟习。予大喜，约明日早餐后起身。翌日早餐时，喇嘛复来送行，馈以蒜辣一包。予称谢作别而行。从此行，四十里即入盐淖。地沮洳难行。一望平原旷野，遍生小草，无人烟，无畜牧，无河流。其土壤，视之似甚坚实，踏之则下陷。予尝以枪托插地上，应手而入，深四五寸，水即随之涌出，故行盐淖地，非骆驼则不能行也。

〔校注五十四〕按，此所谓盐淖，即柴达木盆地中之沮洳部分。柴达木盆地者青海高原之低凹部，纵横各数百里。地层作锅状，附近水泉，因地层导引，汇集于此区。然无长大河流，而储面甚广。故不为湖海。仅为淖泽。凡水源皆含矿质，与微量食盐。倘使储而不泄，则水分逐年蒸发，盐分遂行集积，至成苦卤。湖则为咸湖，淖则为盐淖。惟淖之边缘，新泉涌出之部，始为淡水。又凡咸水，皆不能生长普通植物，故柴达木沮洳地，非惟陷足难行。亦且荒无生物。大道皆依边缘敷设。以其平坦而近淡水也。此所云柴达木，按所记程站，当是噶尔木（格尔木）地方。在沮洳地正南，属于青藏西道路线。陈氏本东向玉树，出东道。盖因蒙古喇嘛戒其遇歧路慎勿向东，遂再三西斜向行。由是入于果纳河谷，出此谷口，遂为噶尔木地方也。此盆地之东南有柴达木河，自东向西流入沮洳区内，附近蒙古包甚多。然此所指之柴达木，决非即此河谷。即自此河谷行五日始尽淖地，若自柴达木河谷东向都兰，则一日即尽淖也。通常称此地为噶尔木，柴达木河地方方始云柴达木。陈氏所记称柴达木，似即为柴旦（柴丹）。

淖中水咸涩舌，含有毒质，不可饮濯。但每行一二日，必有淡水，或出于淖中，或出树旁，亦无泉源，无井穴。视之，与淖中咸水无稍异，非惯行是地之番人，不能知也。故旅行之人，必以皮革满盛淡水，系骆驼上，随之行。予见同行番人，宰二羊，去肉存皮，缝其破穴，从喉部盛水使满，亦甚便利也。闻商人言："昔回人大举入寇青海，马陷淖中，不能驰骋，大败而还。且误饮咸水，而痘疫大作，死之略尽。自后回人亦不敢再犯青海矣。"

行五日，过盐淖，皆平原草地，沿途山渐少，路亦纡曲，时见三五蒙古包，散居山麓道旁。一日，宿于小喇嘛寺，寺外蒙古包甚多，俨若村舍。时有陇商多人在此，收买羊皮，番人方操刀解羊，身手轻捷，砉然响然，批隙导窾，约一小时，十余羊尽解矣，此真庖丁之神技也。

是地居民，皆以游牧为生活，居则支幕，衣则毛裘，食则牛羊，行则骡马，逐水草，饮潼酪。水草既尽，又卷帐他去。居无定址，行无旅舍，其贫富即以牛马多少定之。富者每一帐幕，必有牛羊骡马千余头。贫者亦有百数十头，盖非此不能生活也。一日，途遇番人举家迁徙，驱牛羊骡马数百而至，男女老幼，皆乘骡马行。粮食衣物，锅帐器皿，则以牛马负之，随人行走，无须驱策。惟时见羊三五游行，随地吃草，驱之则走散，听之则行迟。有妙龄番女数辈，袒手臂，执长鞭，款段随行，呼喝照料。又有獒犬十余头，高三四尺，狞恶可畏，时前时后，监视出群之羊。故羊亦畏之。然犬至则羊归队行，犬去羊复逸群出，亦羊性贪玩如是也。

入盐淖后，野牛野骡已绝迹矣，时见麋鹿成群，游行山上，见人即逸去。予等将至青海时，山岭渐多，频渡溪流。一日入山谷，沿溪而行，有群鹿饮于溪边，见予等至，即奔向山巅去，其行如飞。山高数里，瞬息即达。众持枪射之，不能及也。又行十余里，峰回路转，前有大平原。遥望银河一线，横亘其中。初疑河水结冰，商人曰："此青盐海也。"海宽里许，其长无垠，商人皆下骑卸装，就海边张幕栖宿。时天尚早，询其不行之故。商人曰："我等须在此取盐，明日方行。"予乃同至河边视之，见冰厚数尺，其坚如石，行至海中，闻冰下海水砰击有声。问盐在何处。商人曰："饭后，君自知之。"遂同回，晚餐后，商人携革囊一，捆橛杵一束至海边。初以铁橛掘冰，深数尺。再以铁杵凿之，碎冰四溅，久之，成小孔，深二三尺，冰洞穿矣。即有海水一线，喷起数尺。然后覆以革囊，以冰块压其四周，即归。予尚不知其盐在何处也。次晨早起，随商人等入海取盐。至则昨日空囊委地，今已卓立冰上矣。推倒视之，囊中青盐充盈，粒粗如豆，莹洁有光，色微青，即吾乡药市所售青盐也。较精盐味尤浓厚，天然产物，付之荒漠，殊可惜也。事毕起行，日已向午，是日行不远，即宿蒙古包内，番人招待甚殷勤。又有华服华言商人，闻予等皆汉人，新自西藏来，过谈甚欢洽，云："来此已久，乃贩运西宁布匹、麦面、瓷、铁器物，至青海各处易皮革、茸麝者。颇谙番语。"询以前途景况，与周瑶卿所谈均同。馈予香烟一听，云："我素不嗜此，亦友人所赠，特转以赠君。"予喜极，取而吸之，觉头目昏眩不可支，盖不吸此烟已五阅月矣，故乍吸之，反觉不适也。

又行两日，沿途人烟渐密，山麓渐多。且有商人伴行，谈笑甚欢，心神益觉怡悦。至一处止宿，有人户百余，散居平原中，林木清幽，亦所仅见。一老番人来会，精神矍铄，状貌伟岸，率儿童五六人。自道湖南湘阴人，年七十余矣。早岁随左宗棠出关，辗转新疆、甘肃，流落不能归，遂家青海，娶番女，生子。子又生孙。乃知所携儿童皆其孙也。旁一二十许少年，其幼子也。久居塞外，语言生涩，多不可辨。因闻予从西藏归，又同乡井，倾谈甚欢。予询以内地革命事，但知："袁世凯为大元帅，孙文为先锋，国号归命元年。"亦道听途说，且误"民国"为"归命"也。谈次，呼幼子归取鸡蛋十余枚相赠。予亦赠以藏币四元。复请益，因笑曰："以此饰诸儿发，尚少三元。"予如数赠之，大喜而去。次晨，予将行，又亲携酒肉来，执别依依。予问："老人何日归？"乃长叹曰："乡音久改，鬓毛已衰，来时故旧凋零，不通音信已六十年矣。今纵化鹤归去，恐亦人物全非。儿孙在此，相依为命，君问归期，我归无期矣。"相与太息而别。

〔校注五十五〕此云"人户百余散居平原中，林木清幽"，其地即都兰也，时已设县。柴达木盆地牧民皆蒙古族。都兰为其最大市场。多有汉、回商人住此交易土产。

别老人后，沿山谷行。途中，商人高唱秦声，慷慨激昂，响彻云霄，即谚所称梆子腔也。予等久闻缺舌之音，忽听长城之调，不觉心旷神怡。乐能移性，信哉。入山谷行甚久，逾一小沟，宽六七尺，流水潺潺，游鱼甚多，长一二尺，身圆而肥，充满沟中。众下马以刀刺之，获四五尾，悬之骆驼上。住宿时，众烹食之。因无豆酱葱辣，予与西原皆少尝辄止，仍食生肉。众大嚼，至夜，皆呕吐，狼藉满地。次晨行不远，予幸略吐即止，西原竟无恙。岂河豚有毒不可食，故能繁殖若是耶？抑鱼食人尸，腥膻不可食耶？后至西宁，遇一医士，以青海之鱼，何以不能食。医士曰："凡鱼无不可食者，惟鲲鲡有毒，误食常致呕吐。君不闻鱼禁鲲鲡耶？"予始忆及众贪味美，并鲲鲡食之。然予从此不食鱼，亦四年矣。

次日早起，商人曰："今日至青海矣"。众喜极。初行谷地，再入沟行。出沟，经大平原。原尽，前临大海，苍茫无际。商人曰："此青海也。"即止宿海岸。细询青海景况，商人曰："此海回环二千余里，有无数番族环海而居。中有二岛，有居民五六百户，岛中产麝香、鹿茸，海中产鱼、虾、发菜，九月海冻，踏冰往还。至五月冰解，舟楫不通，遂绝行人。岛中喇嘛甚多，有异僧。凡游青海山岛者，往往裹一岁粮往栖焉。"言已，复同商人至海岸眺望。但见烟霞蒙蒙，浑无际涯。大过洞庭、鄱阳诸湖，其水皆四面雪山融积而成，潴而不流，时同行番人，亦来观海。予问之曰："子曾入海岛游览否？"番人曰："此间惟喇嘛尝往来其间。我但知此海甚宽，乘马环游一周，需二十八日。其大可知矣。迩来海北多夹坝，亦鲜行人矣。"

次日沿海南行。二日海尽，沿山冈行，地势绵亘。至一处，道左一带小阜，有城垣，广约里许，大半颓圮，房屋遗址犹依稀可见。商人曰："此某协城池也。仿佛为富和协，日久不能复记矣。城内驻兵千人。二十年前，番人叛变，一夜尽杀之。"再行甚远，沿途房舍喇嘛寺甚多，颇之繁盛气象。是日宿喇嘛寺外民舍内，食物咸备。番人亦多晓汉语者，非复从前之寂寞矣。遇一番人，颇能汉语，与之谈内地革命事，亦但知重建新朝，而不知易帝为共和也。次日，复前进，行十余里，不见张敏及番娃随行。众亦不知，再行数里，亦不见其来。有言其昨晚至喇嘛寺，与一喇嘛谈甚久。晚未归。必留喇嘛寺不来矣，予不胜叹惋。既念其相从万里，别离心伤。然彼辈终为番族，恐亦不惯与汉人居。倘得喇嘛相留，在此栖迟，亦未尝不深幸其得所也。

〔校注五十六〕青海湖为中国第一大内陆湖，蒙名库库诺尔，与西藏之天湖（蒙名胜格里诺尔）同为喇嘛教之两大圣海，以环海行一周为大功德。沿青海地，原为蒙古族居，近因藏强蒙弱，半已全为藏族所占，蒙族则退入柴达木区矣。自都兰至西宁有二道，一循海之南岸，逾日月山至湟源。陈氏所循系海南路，藏蒙人之绕海诵经祈福者，率自海南向西行，海北向东行。故自都兰东行者应取海北路，藉是绕行半海，亦成功德。汉人不重视此业，故往来常皆取海南也。

自喇嘛寺前进三十里，即日月山。山高不过三四十丈，横亘道中。山阴略有耕地。商人曰："此地屡次开垦，均因气候太寒，未收成效即罢。"予上至山顶，遥望内地，则桑麻遍野，鸡犬相闻，屋宇鳞鳞，行人往来如织。予等过青海，即觉气候渐暖，冰雪尽消。然一过日月山，则豁然开朗，别有洞天，居民皆宽袍大袖，戴斗笠，乘黑驴，宛然古衣冠也。番人谓："过了日月山，又是一重天。"信哉。下山行二十里，即宿。

〔校注五十七〕日月山，即唐书之"赤岭"，开元二十二年（734年）与吐蕃和，竖立界碑于此。原以土石色赤，故曰"赤岭"。竖界碑时，曾以二石砾像日月，以喻信誓之明。故后世称日月山。今岭上二石尚在。未知是唐代遗石，抑后世好事者所补镌也。此山脉自青海湖岸东延抵于黄河，横断南北。北侧深陷为谷，有农村寨堡。南侧平缓为高原，仅堪放牧。故历为汉藏界限，开元二十五年（737年）唐蕃败盟，仆碑复战。山北之石保城，为唐蕃往复争夺地，安史之乱后自岭以东迄于陇山，皆为吐蕃所有。

次日黎明，复前进。沿途皆汉人，有屋宇、贸易、耕作。且时见乡塾，闻儿童咿唔读书声，顾而乐之。行两日，至丹噶尔厅，遂择旅店投宿焉。

〔校注五十八〕丹噶尔厅，即今之湟源县。

第十二章　丹噶尔厅至兰州

予由江达出发，为冬月十一日。至丹噶尔厅，已六月二十四日矣。长途征行，已历二百二十三日之久，衣服久未洗濯，又无更换，皆作赭黑色。辫发结块，不可梳理，即行割去，非因朝代更易剪发也。须长半寸许，非因年老蓄之也。幸塞外奇寒，尚无臭汗。然前者闻酥酪而香，今则觉腥臭不可闻矣。予等奇装异服，市人咸集店中询问。自视殊觉形秽。乃洗濯，更衣入市购制服物。是地民俗朴陋。以予等为南方人，又新自藏来，妇女传观，商贾肃敬。子卿返汉，令威归辽，客感沧桑，主观新奇，亦自伤矣。入店市物品，主人咸起立致敬，且出果饼相款，必令饱，次日晨起，至一布店，店主殷勤招待。导入官室，土炕横陈，上布芦席，请予登炕坐。持长方小木匣一，中为数格，分置水烟袋、鸦片灯、酒壶、酒杯、棉烟、火柴、烟杆。首敬酒，再以木匣授予，予略吸水烟，即置匣炕上。店主犹殷殷劝鸦片不已。盖是地无家无烟具，无人不吸鸦片也。

予因购制衣履，羁留一周，旅店多暇，留心风土，乃知是地东西全皆汉人。余皆汉番杂处。风俗犷獉。妇女尚缠足，裙下莲步，不及三寸。服饰既古，文化尤卑，邻居为私塾，尝见一生久读不能成诵，塾师罚之跪，以草圈罩头上，频加砖石，令其跪诵。予见骇然。

予所宿店主，年六十余，皓然老叟也。一日冠服送厅官某归，谓其家人曰："厅官哭甚痛。我等亦为之泣下。"予叩其故。店主曰："厅官某，（忘其姓名）年逾花甲，无妾媵，夫妇齐眉，仅一公子，来时年十五六。官此二载余。公子就学兰州中学，寒假遣仆迎之。归至离城十五里某处，仆有阿芙蓉癖，入店吸烟。公子久待，归心甚急，遂怒马先行。仆随后至，不见小主人，乃策骑至署。厅官夫妇以为偕公子归矣，大喜。唤公子，不见。问仆，仆饰词曰：'入城后，公子即先行矣。'乃遍索不获，始疑仆，固诘之，亦无词。仆素忠实，相从甚久，知有他故，乃悬重赏勒差役缉访。数日无音耗。厅官夫妇日夜哭祷于神，求公子生还。差役遍缉无踪，畏厅官追捕，至离城十里某山寺祷于神前，祈显示。陟山甚倦，倚神案后假寐。无何，闻有人来祀神，初不之异，既而闻其喃喃自语，似忏悔。细听之，即杀公子凶犯也。因独力难支，急从侧门下至路旁，遇相熟人，语之故，同上山执之。械诸署严讯之，尽吐其实。乃青海盗也。因初探富商某岁暮至西宁收债归，将从山下过，乃约同党数人伏半山石壁间，垒石以伺之。山下右削壁，左临河，羊肠一线，往来所必经。未几果见一人乘马疾驰，与富商马毛色相似，乃推石毙之。搜其囊中书数册而已，他无所获。视其貌，又一翩翩佳公子，非商也。大骇。曳其尸掩埋石壁间。自知误伤，颇自追悔。番人信佛，乃祈祷于神寺。亦不虞逻者卧其旁也。厅官既痛爱子惨死，又见清社已终，遂挂冠归里。我等因其清廉仁厚，空城往送。具火炮，直送至郊外，洒泪而别。厅官亦自见其子之出，而不见其子之归，故哭之痛。非徒为斯民而堕泪也。"店主谈已，叹息者再。予亦怅然者久也。予尝细按兹事始末，则默默中亦有意似无意。以良吏之子而横遭惨杀，似无天理。乃因其夫妇之精诚感格，胥役之虔诚祈祷而速盗之来，状类自首，又似有神明显示焉。怨毒所积，戕人适以自戕。积善降祥，积恶降殃，天道不大可畏耶！

予住丹噶尔厅七日，制备衣物毕，即乘骡车向西宁前进。计程九十里，道路平坦。抵西宁，见堞楼森严，市廛鳞比，肩摩毂击，往来如织。清时设总兵一，道、府、县各一。青海办事大臣，亦建衙于此。乃边疆一重镇也。车夫导予投逆旅宿焉。闻管弦繁响，歌声杂沓，询之店主，乃一剧团寄宿其中。房舍虽极简陋，然招待颇殷勤。知予为军官，携有枪械，又远从塞外来，更敬礼之。客中忽闻清音，倍增佳兴。次晨，予方起，忽报客至。颇异之，方出迎，客已昂然入，据炕坐，傲不为礼。又见随从武装兵士多人，立门外。询问甚久，始改容谢曰："此地方戒严。君等携武器，胡不入报官厅耶？"予以昨日到甚迟对。询其人，姓颜，湖南长沙人，现任城防营管带。知予来意，又兼乡谊，始问讯寒暄。忽西宁府陈某又至，严诘来历。予对如前，因取枪弹交付之。陈接收讫。颜又转来意，陈色始霁。谓予曰："君不言几误会矣。"约予同至镇署谒张镇军。张立大厅接见。予详述援藏离藏始末，及塞外迷道，部众死之经过，慷慨纵谈至一小时许。张闻而壮之，乃延入座。复询问甚详，亦太息曰："予皖人。官期三载，囊橐依然。今时移势异，一家三十余口，欲归不能。时方多难，如君英才，飞腾有日，今南归无资，当为竭力筹之。幸勿为虑。"予称谢辞出。归至逆旅。西原见予久不归，惊惧欲泣。至是，始破涕为笑。既而颜君复来，共话行藏，深为叹息。又约至府衙，晤陈太守，谈藏变经过。陈问："在川曾识陈宧其人否？"予曰："此二庵先生也。我到川时，闻已随锡清帅赴方诏。"颜曰："二庵先生，即太守犹子也。"陈复曰："君南归，一行七人，旅费颇不赀。顷晤张镇军，极称君才，共商备文推荐于甘督赵公惟熙。此公怜才爱士，倘一觏面，必有所借重，君亦不必亟亟南归也。"予亦称谢不已。

住西宁三日始行。随从滕学清、赵廷芳则荐之颜管带处。张镇军、陈太守、颜管带等共馈八十金。张又遣其甥孔某，持文同赴兰州。乘骡车行六日始至。寓炭市街客店。店主为太原人。行装甫卸，见店主与店伙喁喁语，颇现仓皇之状。有顷，即有武装兵十余人牵马入，系马柱上，遍入客房，厉声问："此谁行李，不收检？"一一抛掷庭中。店主乃请其一人似头目状至内室，谈移时，伴之出。犹微闻其语头目曰："此区区者，幸包涵之。"无何，武装兵皆牵马出。店主始向众客道歉。予愕不解，固诘之。店主曰："此马军门来省所带马队。皆撒喇回子，极凶暴。顷已馈银二两，始去。亦藉打店为名，沿街须索而已。每岁必有一二次来。我等甚苦之。"予闻之，慨叹不已。

次日，孔君来约赴督署投文，谒赵督。立延见，赵貌和蔼。予陈述经过已，赵亦为叹息者再，引孟子天降大任一章相勖励，复言："近接川电，达赖已调兵围拉萨。我军万里孤悬，救援不易。倘迁延时日，粮弹两绝，则殆矣。昨中央电川、滇、甘三省筹备援藏。此事殊不易。君能在此稍待，将有所借重。"予亦力白愿供驱策。言毕辞出。

予由工布回至江达，即寻周逊所在。兴武等遍寻未获，有云已出昌都矣。迨予抵兰州未久，闻周逊亦到。予遣人四出寻之，无所见。又数日，晤督署巡捕胡立生君，亦长沙人也。云有同乡周君，控君于督署。予颇讶之，继思此必周逊所为。因同至督署查之。果周逊为长褂事，控为予所主使也。遂入见赵督，备陈颠末。赵曰："乱军之中，人命贱如泥沙，讵能一一埋之耶。"为嘱旅甘湘人出为调解。翌日，同乡十余人毕集会馆。周逊亦至。予当众详述罗事经过已，因诘周逊："罗公之死，子何所见而指为我所主使耶？吾解衣以衣罗公，推食以食罗公，子所目击也。途次不肯同行，子所主张也。留兵护卫，子青所拣选也。杀罗公，乃川人赵本立也。死难地，距德摩犹远也。罗公诛哥老会首未成，而藏局已变。罗公犯川人之怒，构此弥天之祸，亦子所尽知。而亦子等促成也。子既误罗公以死，今又陷我以罪。子诚何心而忍出此？且子以兵卒入藏，由正目而司书，而推荐于罗公。谁之力也？"予且数目责之。周逊始而色峭然，继而色赧然，后亦强颜为笑曰："具状督署，亦聊陈出藏经过耳。且至此旅费已尽，不能归罗公遗骨，借此以求赵督资助也。"予斥之曰："子之旅费，胡不我谋，而竟陷我以杀人之罪耶！"周逊默然。众力劝乃已。

予痛愤之余，万念俱灰，决计辞赵督南行。赵督赠川资五十金。予乃资遣纪秉钺等回里。予俟其去后，始偕西原乘车取道长安南归。从此朝行暮宿，饱受艰辛。一日行至邠州，时已八月十四日，明日即为中秋节，停车休息一日。予亦略市酒肉，与西原共饮。西原曰："囊金将尽，去家犹远。如此破费，何以得归？"予曰："汝言诚是。但囊金有限，到达长安后，终须致书家中，待款方行，汝其勿虑。"正叙谈间，忽一军官至。自言乔姓，曰："昨阅店中循环簿，知君由丹噶尔厅来。我丹噶尔厅人，特来过访。住丹时，闻有乔子丹被官府枪杀否？"予问故。乔君曰："我亦革命事败，逃至此地。乔子丹即家兄也。当时被逮捕。我逃至兰州，兄已被杀。"予对以住丹不久，亦无所闻，言讫即辞去。

至晚，复有湘人王君兆庆来会，问予姓名籍贯甚详。乃告予曰："我即王瑞林同胞兄也。我来此四年矣。屡接来书，云已随君入藏。且以堂兄朴卿之故，颇蒙优遇。迄今书信渺然。频传藏军已被番人围缴枪械，杀戮尤惨，迄无从探询真相。顷晤乔排长言，有同乡陈某，自西藏归。窃疑为君，至今果然矣。"初其弟瑞林，由川随予入藏，任司书。藏乱，即随予出青海，途中病故。因以实告之。王君已语不成声矣。适予案上有墨盒，乃瑞林物也。盖上凿有瑞林名号。王君视之不觉泣下沾襟。复谈出藏经过及此后行止甚久，始别去。移时王君复来，馈以酒食糖饼。谓予曰："君到长安，待款方行。然长安颇戒严，寓中日夜盘诘。吾乡童观察，有巨宅在城内洪铺街。现人去屋空，仅戚君兰生为守是宅。我为君作缄介绍，君寄居其中，省事省钱不少也。"予甚感谢之。王君就案头书就一函，交予携去，即辞归。

次日诘早，乘车前行。七日至长安。径投洪铺街童寓，晤戚君，亦宁乡人也。留予迁入，云："东厢空房，君自择之。"予乃居其最后一栋。前三进空房十余间，尘封已久，无人居住。予与西原略加扫除，购薪炭米面，躬自炊爨。又写书至家索款。所居室甚幽僻。予日与西原相依为命，跬步不离也。转瞬又初冬，气候渐寒，添制衣物，囊金将尽。屈指家中汇款，非两月后不能至，长安居大不易。又住二十余日囊金尽矣。西原曰："家中汇款需时，何能枵腹以待。无已，曷将珊瑚山售之。此山途中摩压，已久碎断矣。"予亦无计，姑携入市求售。行两日无问之者。后至一古董店，售银十二两而归。西原喜曰："得此以待家中款至，不忧冻馁矣。"

予住此多暇，时与戚君晤谈。知邻居有董禹麓君，湘西永顺人，久游秦中，任某中学校长，又兼督署一等副官。为人慷爽好义，同乡多敬仰之。予次日过访，未遇。晤其同居张慕君，为历阳人，与之谈，尤亲洽。未几，禹麓归，延至厅中坐。禹麓沉默寡言笑，学通中西，质直无文。予甚敬之。自后，时与慕君过从。禹麓事繁，亦不及再晤矣。旅居至冬月初，家音犹未至，床头又尽。囊中余望远镜一具，售之，得银六两。予颇焦忧。予住宅在最后，每外出，西原必送出偏门，坐守之。予一日归稍迟。西原启门，予见其面赤色。惊问之。对曰："自君去后，即周身发热，头痛不止。又恐君即归，故坐此守候也。"是夜，西原卧床不起。次日，又不食。问所嗜。对以："颇思牛奶。"予入市购鲜牛奶归，与之饮。亦略吸而罢，不肯再饮。予急延医诊治。医生曰："此阴寒内伏，宜清解之。"一剂未终，周身忽现天花。予大骇。襄昔在成都，即闻番女居内地，无不发痘死，百无一生者，乃走询医生。医生曰："此不足虑。"另主一方，予终疑之。从此药饵无效，病日加剧。一日早醒，泣告予曰："吾命不久矣。"予惊问故。对曰："昨晚梦至家中，老母食我以杯糖，饮我以白呛。番俗，梦此必死。"言已复泣。予多方慰之，终不释。是晚，天花忽陷，现黑色。予知不可救，暗中饮泣而已。至夜，漏四下，西原忽呼予醒，哽咽言曰："万里从君，相期终始，不图病入膏肓，中道永诀。然君幸获济，我死亦瞑目矣。今家书旦晚可至，愿君归途珍重。"言讫，长吁者再，遂一瞑不视。时冬月□□日也。予抚尸号哭，几经昏绝。强起，检视囊中，仅存票钱一千五百文矣。陈尸榻上，何以为殓，不禁伤心大哭。继念穷途如此，典卖已空，草草装殓，费亦不少。此间熟识者，惟董禹麓君颇慷慨。姑往告之。

时东方渐白，即开门出，见天犹未晓。念此去殊孟浪，又转身回。见西原瞑然长睡，痛彻肺腑。又大哭。移时，天已明，急趋禹麓家。挝门甚久。一人出开门，即禹麓也。见予仓皇至，邀入座。问："君来何早？"予嗫嚅久之，始以实告。禹麓惊问曰："君余资几何？"予犹饰词告之曰："止存钱五串耳。"禹麓蹙然曰："似此，将奈何？"略一沉思，即起身入内。有顷，携银一包授予，曰"此约有二三十金，可持归为丧葬费。"又呼其内戚罗渊波，为予襄理丧事。予亦不及言谢，偕渊波匆匆回。渊波途次告予曰："禹麓实一钱莫名。兹所赠者，乃其族弟某贩羊寄存之物也。"予唯唯，亦不知如何言谢。既而渊波为入市购衣棺，又雇女仆为沐浴更衣。称其银，得三十七两，亦见禹麓之慷慨高风也。复延僧讽经。午后，装殓毕，即厝葬于城外雁塔寺。

予既伤死者，复悲身世，抚棺号泣，痛不欲生。渊波百端劝慰，始含泪归。入室，觉伊不见，室冷帏空。天胡不吊，厄我至此！又不禁仰天长号，泪尽声嘶也。予述至此，肝肠寸断矣。予书亦从此辍笔矣。

〔校注五十九〕全书描写西原，字字感人。及是记其死况，使阅者亦不禁怃然欲泪。藏族妇女性格大都如此。经陈君深情妙笔，曲为之传，不仅西原不死，藏族妇女亦当相与欣然矣！

西原二字，自四川土音读之，不似藏族女性名字。疑为是于归后，陈氏所命之汉名。其旧名若何，曾拟函询君，苒苒又复忘之，迄今为憾。

再，陈君原书有祭西原文及西原归骨湘西后，陈君手撰墓志，并极哀感可读。报社录稿者遗之，校时本拟增入，因事匆匆赴雅，但携钞稿，忘取原书，是校迄竟无凭以补录。亦一憾事也。

任乃强全集·第十二卷

长生岛

罗布东察（代序）

1944年夏秋之际，余偕藏族妻子罗珠青措参加华西大学边疆考察团再度入康考察。十五年前，余受川康边防指挥部之邀，第一次入康区考察时，路经瞻对，蒙一位当地头人垂爱，将其爱女罗珠嫁余。十五年来，余研究康藏多得妻之辅助。今故地重游，忆及当年佳遇，山山水水均倍觉亲切。

考察团离康定后，分南北两路，因妻欲乘机返家乡一晤亲友，故余夫妇随北路考察队而行。时届初秋，金风乍起，层林尽染，高原别有一番景色。在道孚、炉霍做了两周考察后，考察队来到甘孜。甘孜者，藏语义为"圣洁之地"，遥见卡哇罗日神山雪峰巍然在望，临吾妻之家乡已近。是夜，月明如水，久不能寐，披衣出帐外散步，至随队藏族民工火堆旁，忽有一人趋前，视余良久，问曰："任教授阿惹？（你是任教授吗？）"余应之。其人大喜，忙拉住余手，恳请余务必到炉霍其家一宿。余讶其亲昵情态，询其姓名。其人曰："吾名却默，宜巴沟人。十五年前你过炉霍时，对我有恩，思慕历久，苦莫能报，故求过临我家，使家人皆得瞻拜。"余茫然不解，姑漫应之，约待考察德格后返回时，顺道一往，彼再三询问返炉霍日期，尽礼而去。

余随队考察德格后，本拟自甘孜径至瞻对探亲。因思却默之约，乃决定取道炉霍至瞻。至炉霍城之日，却默早已携子等候矣。其子年十五六岁，健壮英挺，目光炯炯可爱，略会汉语，谈吐恭敬有礼，气宇轩昂。余一见即喜，询其名。曰："罗布东察。"却默抢言曰："此子教授所赐也！"余惊愕不解。东察父子乃详为解释：

原来，十五年前余考察西康，过炉霍，随行有川康边防指挥部派同考察之二官员。为考察方便，边防指挥部亦临时委余以"边务视察员"之名号。按康藏惯例，官吏过境，当地应承担乌拉差役，派人派马无偿供驱使。其时却默四十岁，为当地庄房差巴，正轮值乌拉于县上，而其妇已将临盆，家中无人照料，曾向头人请假未被准，不得已牵马离家来县城支差。余得知此情，乃商请同行二位，免去其乌拉，自雇马而行。却默万分感激，高兴返家，不想头人以为其逃差，将彼缚至县衙，欲鞭挞示众。幸余闻知，召见头人，说明缘故。头人称按惯例如不支马差，亦应按价折银交给享受差马的官吏，却默应缴银三元与余，方不违规。余拗其不过，乃唤却默至前，曰："头人命汝缴我的马价，就权作我送你生儿子的贺礼。"饬头人不得再索。却默千恩万谢以别。当夜其妻难产，却默待产于马厩旁，梦中见余授给"罗布"（藏语"宝贝"）一大筐，方叩谢间，忽闻婴儿啼哭，其妻已产一子，大喜之下，遂取名为"罗布东察"。"东察"者藏语"千"之数，因却默梦见"罗布"甚多，遂以此为名。藏人重恩义，故却默常对人言："此子是教授赐予。"

余听其言，恍惚似有此事，唯已不能确记。盖余素力主废除乌拉制度，觉此事为当然，未曾记在心中。经彼提起，方略有印象。感其父子热情，遂留宿馆驿中。是夜，余夫妇与其父子围炉长谈。极尽欢洽。余讶东察年幼而能通藏、汉双语，询其是否入公立小学学习。东察曰："未曾上学堂，但自幼随父至县城支差，遇汉人多，便学会些汉语。"却默插言："此子极聪慧，尤善模仿，曾随我去罗科马牛场，数日便能会牛场话。支差去道孚两趟，回来便能讲流利的道孚地脚话。后替一陕西商人赶驮子，一路看商人写账，便学会识汉文的数字了！"余试以汉字书其名教之，才两三遍，即能熟练写读，发音极准。余大异之。暗思此子真有过目不忘之能，将来长大必为边地之才俊。罗珠见此子如此灵性，亦甚喜爱，悄商余欲抚为义子，带往内地就读。却默闻之频频点头道："本是教授的儿子，听凭决定。"余虽深爱此子，然思其家无多之劳力，却默长年支差，已未老先衰，怎忍其父子分别。乃拒之曰："汝只此一子，焉能夺爱！余今离康，今生不知能否再来，'义子'虚名何用？为今之计，乃如何教导此子成长，其记忆力既佳，当令其多学习。我当商请县小校长，准其免费入学，待小学毕业，再做打算。"次日余携东察拜会炉霍县小校长姚君，姚在成都时曾听余讲过课，自认为学生，执礼甚恭。听余之求，当即慨然应允，并愿提供东察在校食宿费用。却默见子甚想求学，亦表示完全支持。余深知康地人欲学文化，旧时必入寺当扎巴（小沙弥），诚可学会识文，但亦受宗教思想之桎梏。清末以来，虽在康试办国民小学，然未普及，教材亦多不妥，未得多数康人认同，入学率甚低。炉霍县城近年才新办小学，其教学效果，难期佳好。唯东察如系可造之才，自能奋发，获得成就，遂再三拜托姚校长而别。临离炉霍时，东察父子又来送行，程程远送，依依惜别，胜似亲情，罗珠为之泪下。

至此一别，未通音信，然心常念之。成都解放后，有解放军首长邀余询进军西藏有关事宜，希推荐翻译人员。余乃介绍康定一带精通双语之人，因念东察时已廿余岁，正可为国效力，故将彼之情况也予以介绍。

1962年,我住四川大学铮园宿舍,时刚摘右派帽不久,罗布东察突然来访。见面已互不相识,熟视良久,乃握手欢言。此时东察已过而立之年,军装笔挺,肩头金星闪烁。谈吐间露出丰富之阅历与干练,唯面上略带病容,稍嫌消瘦。余询以何故,乃知其年前体检,查出有绦虫病,盖少年时喜食生牛肉所感染。经多次服药驱虫,故身体大不如前。此次来成都即奉命至华西医大彻底检查。余询以别后情况,东察曰:自那年别后,其父即送彼入县小住宿,蒙校长关照,家中无须供给,虽在班上年龄偏大,然因学习成绩甚佳,颇受教师喜爱,同学敬重。三年后,因父病,乃辍学返家,随亲友赴牛场挖药,替驮队赶脚,以维持家计。1950年解放军至康,动员其参军做翻译,并发给安家费三百大洋供其父养病。参军至拉萨后,因其语言能力甚强,又勤奋好学,颇受领导赏识,多次立功受奖,已升为上尉。其间曾走遍前后藏各地,到过藏北羌塘"无人区"和藏南的门、珞地区,学会了许多部落的土话。

余治藏学多年,然对藏南门、珞地区未曾亲历,每以为憾,遂欲向他详询藏东南地区之风俗民情。东察笑曰:"此来一则探望,二则即欲以有关奇遇相告耳。"余忙询之,东察遂娓娓言道:

"西藏解放后,为开辟墨脱一带工作,我奉命率一个排护送工作队员至墨脱。自波密翻越多雄拉后,便进入藏东南高山峡谷区,两岸高山相峙,一水中流。工作队一行劈荆攀藤,穿行于江岸莽莽密林之中。这一带气候炎热,人人汗流浃背。但均不敢打赤膊,因树丛之中多有旱蚂蟥,往往爬满全身,裸露之处常被咬得鲜血淋淋。而遇到断崖绝壁阻路时,又不得不翻越高山绕道而行。高山上寒风凛凛,积雪不化。虽将全部衣服加上,亦冻得瑟瑟而战,经过将近半个月的艰苦行军,才来到墨脱。

"'墨脱'是藏语'花'的意思,因属亚热带气候,森林密布,繁花似锦,真是地如其名,花一般美丽的地方。在藏文古籍中将墨脱地区称作'白马冈',意为'隐藏着的莲花'。喇嘛教经文中有'佛之净土白马冈,圣地之中最殊胜'之说。这一带居民主要为门巴、珞巴。因高山叠嶂,每年只有三个月可通行,其余时间均大雪封山与外隔绝,故此地很少有外人进入。旧时西藏地方政府将此地交波密土王管理,按年缴纳税租。清末波密王作乱,驻藏大臣左参赞罗长裿率军征讨,杀波密土王。此地即由西藏地方政府和拉萨色拉寺管辖。辛亥革命时,驻波密军队哗变。英印乘乱侵入墨脱以南之珞瑜地区,提出了所谓的'麦克马洪线'。然而这一带自古以来的习惯边界实在珞瑜地区以南。故本地人从不承认有这一界线,珞瑜各部落一直仍与西藏、西康交相往来,互通有无。

"在墨脱期间，常听当地人谈起当年赵大帅①派边军计诛波密土王的故事。原来，罗长裿进军波密时，恐波密王自白马冈外逃，乃商请边务大臣赵尔丰派所属边军协攻。边军程凤翔营，自察隅直插墨脱，断其逃路。后又派诺那活佛，招抚白马冈头人，诱波密土王入伏，擒而杀之。赵尔丰之边军前后曾在墨脱驻扎两个多月。边军虽多为四川的汉族人，但在康日久，习染藏族生活习惯。故与本地门、珞人民相处较融洽，留下了很好的印象。当地老人们向我谈及边军用银圆向他们买鸡之事时，还眉飞色舞，显得很亲热。

"一次，我在访谈中，偶然听说本地一珞巴少女与边军一个士兵相恋，最后相偕逃离墨脱之事，引起我极大兴趣。遂遍访知情的老人，探听其下落。但所有的人都只知这一传闻，不知他们逃至何处。直到我快要离开墨脱前，才从一位珞巴猎人的口中了解到，当年那个边军士兵与珞巴少女逃到了墨脱南面不远处一个叫作博垄的村子中，定居下来。那里属另一个珞巴部落，但热情接待了这对逃来的恋人，故这对恋人生活一直不错，我既知其下落，即央请猎人带路专访。我们沿雅鲁藏布江南行，穿越林莽，越过一座高山，便来到博垄村。

"这是一个只有百来人的小村，位于雅鲁藏布江的一条支流旁，四面均为大山，只沿河一条小路相通，因为我已学会珞巴土语，没费多大工夫便打听到那家人的住址在村后树林中。

"来到村后小山坡前，从远处望去只见山坡上长满松杉，一片葱郁，看不到任何住屋，待走至林中，方才发现原来在密林深处有一块微凹的空地，有三四亩大。一条山溪穿过其中，一幢珞巴的板屋就在小溪之旁。由于周围树木不太高，阳光依然在这幢屋墙上洒下一片金色的光芒。

"开门的是一位四十多岁的珞巴汉子。当闻知来意后，殷勤地将我们让至屋内火塘边上坐，斟上茶来。我打量屋内陈设，与一般珞巴家庭无异，只有厅屋正中梁上悬吊着一条羊皮袋十分特别。汉子很健谈，自称名叫其美，已结婚二十余年，生有一女，嫁在河对岸另一村寨内，昨日其妻前往探亲未归，家中只他一人。我亟欲知道其家是否为边军后裔，因问其父母之事。其美道：父本名赵斌成，汉族，四川遂宁人。读过几年私塾，参军后被派作边军程凤翔营的文书。随军至墨脱后，因患疟疾，留下疗养。其间与一名当地姑娘相恋。边军撤走时，被托付于驻波军队。但不

---

① 即赵尔丰，清末任川滇边务大臣，并曾一度任驻藏大臣兼川滇边务大臣。1911年任四川总督，在辛亥四川保路运动中，被四川革命政权"大汉军政府"都督尹昌衡所杀。

久，波密驻军发生兵变，他俩遂相约逃来此地，自称为康巴人，取了个藏名，叫斯郎夺吉。他会木工，常帮助当地人做家具，造新房，人缘很好。尤其是他剃头手艺很好，是家传技术，还有一把从家乡带来的极锋利的剃刀。当地很多想理发修须的人都来找他。剃头在内地本是个平常手艺，会的人很多。但藏地和边军中却极为缺乏会剃头之人，特别是没有锋利的剃刀。故原先在边军部队时他就以帮上司剃头而受青睐。到这里后，他更被当地人视为拥有神技的人，'神刀剃头'的名声被传到了珞巴各地。

"说到这里，其美笑指着房中吊着那羊皮袋道：'父亲因为剃头，遭遇了一件非常古怪的事。他把这件事详详细细写在了几个本子上，就放在那个羊皮袋中，要我们好生保管，说将来有用。我只跟父亲学过百来个汉字，所以我也不太懂写的什么。他去世前，一再叮嘱我要把它保存好，等待有一天来了懂汉文的、可靠的人，才把它打开。这几年雨水太多，我怕潮湿将它损坏，只好将袋子吊在房中。你们解放军是菩萨兵，懂汉文，可以交给你看看。'说着，其美走到柱前解开绳子将羊皮袋取下，放到我面前。听他一说，我也很想知道写的是什么，于是郑重地接过来，将袋打开。发现袋中是一摞土纸，用线装订成不太规则的几个本子。上面写满密密麻麻的竹笔小楷，还绘有两幅简单的地图。

"我将手稿翻阅一遍，才知所写为作者误入藏南喜马拉雅山区一极隐秘之边地，生活于原始部落中所经历之奇遇。不仅事奇、地奇、风俗奇，而且字里行间多有感慨抒情，读来如入世外桃源一般。不过其记述半文半白，不大通顺，而且有些地方字迹模糊不清，描写简略，使人有杂乱之感。因而我想将其稿带回拉萨，请人整理成书，作为研究了解藏南地区族群社会的参考资料。于是商请其美，欲将其父之稿购买带回。谁知其美闻言后，高兴地说：'将这稿子带去传扬，是父亲遗愿，情愿相赠，决不收钱。但请务必忠实我父所写的，不能任意篡改。'

"在其美的重托下，我慎重地收下了这摞手稿。半年后我奉调到昌都，因我汉文程度不高，难以担任此稿的整理工作，想请人整理。但几经周折，始终未遇适合之人。后来想到您或许还健在，便多方托人打听。后来知您运动中被整，处境极艰，不便以此给您再添麻烦，只好将稿子压在箱内，等待机会。今年初在报上见您在一次研讨会发言的消息，知您已在从事学术活动，这才趁请假来蓉检查身体之机，将此稿带来。"

东察言至此，双手奉上一塑料袋密封之包裹，曰："自思此稿多涉及离奇怪异之事。非深研民族社会学之专家不解。贸然外传，颇易成为猎奇怪谈之资。故一直留待亲自交给您。我想您一定会对它感兴趣。盼您在保重身体的前提下，帮助我完成此心愿，予以审定，整理成书。如能够发表更好，以不负其美对我之重托。"

余奇其事，感其诚，慨然允之。东察如释重负，欢然而别。之后，余又与其相约同游公园，畅谈别后经历及开发墨脱等地意见。半月后，东察来辞别，言已在川医打下绦虫之头，从此可断病根矣。今当返藏参加修筑波密至墨脱公路，待公路通车时，定邀其美回来成都相晤。

东察去后，即杳无音信。几年后，听人传言，有谓他在修路时遇泥石流牺牲；或谓其在雅鲁藏布江大峡谷探险中失踪，不知下落。然终未得确信，一直挂念于心。

细阅所交来这稿，觉所记虽杂乱无章，然平实无华，颇引人入胜。其间虽有偏颇之见，但大致尚符合其地之环境和人类学之研究。唯该地之婚姻风俗较为特殊，又仅系其一人之说，难辨真伪。莫若以传奇小说形式而传其事较为妥善。盖原始社会之族群因受所处地理环境之影响甚大，故差异亦大，书中所述之长生岛社会情形即属较特殊之一类，未能以普遍规律视之，则以传奇视之可耳。

然余尚未及动笔，即连受冲击，难以进行。前年避祸来南充乡下暂居，乡间乏木材，乃依岩洞而成屋，石桌石凳，宛然天成，似重返原始，因忆起东察所托。乃翻检旧箧，清出其稿，三阅其文，五易其稿，名之曰《长生岛》，以供出版。

余年已耄耋，气枯笔涩，本不适为文。缘受东察之重托，感赵生之奇遇，思传其事，乃勉力为之。读者识之，当悯其不敏，冀无苛责，爰以为序。

南充任乃强筱庄手记
1972年5月3日

一、误入桃源

鸡才叫头遍，一阵紧促的敲门声把我惊醒，赶紧穿衣起床，收拾好理发工具，来不及吃饭，揣上一个麦饼便出门。巴得楚楚早已等得不耐烦："还不快点，天黑了在林中会遇豹子的！"

昨日午后，在河对岸珞巴村替人剃头时，我们刚认识。这位身材不高，敦厚壮实的汉子，自称是"博多"部落的人，外人称他们为"长生岛人"，奉岛主之命，来此换取物品。因见我剃刀手法利落，工具新奇，便再三劝请我到该岛，替岛主剃头。我推托一阵这才答应今日同去。一路上巴得楚楚详将该岛情况介绍于我。

原来长生岛并非海岛，实为喜马拉雅山脉东南部之一山爪台地，三面绝壁，一面雪岭，形势孤绝，有似海岛。故当地土语呼为"博尔多林"，译义为"长生岛"。岛上为一部落，有两千多人，地势险峻，与外界隔离，又不许外人入境；除岛王所派出的个别商民外，亦不准岛民出境。故一直保持着自己独特的语言和特殊的社会制度及风俗习惯。全岛人民生活稳定，不愁吃穿，陶然自乐。

相传，该岛为一来自西藏工布之黑教喇嘛绷波所开发，岛人称其为"绷王"。距今已有一千多年的历史。绷王制定的一套制度，一直保持到现在。绷王还教导岛人一种"呼吸吐纳"的健身之法，发明了一种叫"绷宝"的药，能祛病强身。故岛人皆长寿，多有百岁以上犹康健者。

全岛有一王、三大臣，九个邦董，十八个邦副，共三十一位头领，皆由全民选举产生。岛王由大臣中选出，大臣由邦干中选出，邦干由劳模中选出。选模每月一次，当选者皆佩戴一面大如手掌之牌，置于胸前。一般劳模戴木牌（称为木章劳模）；连续一年均评为劳模者，戴皮牌（称为革章劳模）；连续十年均为劳模者，戴铜牌（称为金章劳模）。劳模在各种场合皆受优待，人人尊敬；蔑视劳模为犯罪。岛上高级头领，多数是金章劳模，少数为革章者。因此，他们在群众中极有威信，令行禁止，一呼百应。头人中如有弄权违法者，即贬为贱民，决不姑息。

岛上婚偶制度特殊：每当月圆之际的三个晚上为"选偶节"。一月更选一次，非因特殊情况经岛王批准者，不得连偶同居。妇女怀孕后入孕妇院，临产入产妇院。婴儿出生后，入婴儿院、幼儿园。公养至十五岁后，分派工作。故岛人不知有夫妻制度，亦不识得其父母子女、兄弟姐妹，根本没有家庭这个概念。但亦非混乱野合，人人对待婚偶选择，彬彬有礼，遵守规矩，毫无妒念。

岛人没有私人财产，一切衣、食、住等生活资料，全由公共配给。儿童公育，老病公养，财物归公，人无私产私念……

我在这一带理发时，常听当地居民谈到长生岛，本有心前往一探。但听说该岛岛规严厉，外人极难获准进入。因此，一直在等待机会。现遇巴得楚楚相邀，正是良机，心中暗喜。但怕巴得楚楚相疑，依然装出一副不甚情愿的样子，埋怨路远难行。

巴得楚楚道："这次我出来时，岛王正为剃刀太钝，每月剃头一次为苦事，专门叫我打探外间剃头之法。你这样的手艺，定会令他大喜，必有重赏给你！"

我随巴得楚楚走了四天，来到一大藤桥前，但见此桥阔不过三尺，长约一里，以巨藤六条并列编织而成。巴得楚楚道："这桥已建成千多年了。相传有一神人，命龙王牵引藤条过江，编织成桥。后人年年增铺藤条，愈编愈厚，逐步发展成为现在这样的大藤桥了。桥两岸有垣墉、壕堑、碉堡等设施，常驻有武士守卫，严格盘查进出之人。"

说时手指桥头堡，果见堡上站有分持弓矢、戈矛的两个武士。见得我二人走近，张弓扣矢，向着我们叱吼阻止。巴得楚楚拿出腰牌，向其交验，并向他们说了些话。武士方收了弓矢，准我二人过桥。但刚刚进得垣门，又有七八个武士拿着刀矛围了上来。有两个人先把我的双臂捉住，向背后扭去；接着又两个人举矛向我胸膛比着。巴得楚楚说："不要动！他们要盘查。"我很紧张，但遵巴得楚楚之教，任其摆布。他们气势汹汹地问话，都由巴得楚楚做了回答。接着检查了我行李，又要搜身。把上衣全部解开检查后，还要脱去裤子检查。我再三解释也无用，只好脱得赤条条地对着他们。这才获得允许重新穿起，走过桥去。

到了对岸，又是一群武士出来截住要搜查。更还有些非武装的男女老少来此围观。我怕又要脱个精光，便很生气地质问巴得楚楚说："刚才搜查，把我折磨够了。还未离开此桥，又要搜查。看来，不是请我给你王剃头的，而是把我当成俘虏了。我不愿进你岛上去了，请放我回去吧！"

巴得楚楚不待我说完，便打断了我的话说："你不是已经允许听我的话了吗！允许遵守岛上规矩了吗！这就是岛上的规矩呀！"并说："这是复查，是容易接受的。"

果然，这次复查，只翻看了行李，未要求脱下衣裤，叫解开让武士们窥看窥看便罢了。当离开时，武士和群众，都以奇怪的目光看着我。走了好远，还听见他们在纷纷议论，仿佛发现了什么怪物似的。

走过一条渠道，看见一片稻桩遍地的干田，巴得楚楚说这是岛人种的鸡爪谷地。再走上曲折又高陡的坡道，进入中台。穿过一条田间小道，走进一大坝子，巴得楚指着正中一幢石砌的楼房说："这就是王宫。"他把我安置在广场的一块石凳上坐下，便进王宫报到去了。

此时，许多年龄不等的男女，围了上来观看。我见他们衣着简单，男女都是一式的衣裤：上穿短衣，只及腰长，没有纽扣，只用小皮带拴着；下穿短裤，形似筒裙，长不到膝。都是赤脚。有两个人，胸前挂一牌。群众见他来了，都注目让道，估计是个头领。

过了一会儿，巴得楚楚出来，分开众人，向我说："大王在露台上当众接见你。"于是，领着我从石阶走上了露台。这乃是面临广场一间过道屋的房顶。台的内方有门，与王宫相通。听说岛王常在此与群众见面。我随巴得楚楚上得台后，岛王还未出来。我问："见了岛王应当怎样行礼？"巴得楚楚说："我们岛上的规矩：见了王，就立正注目，口呼'阿冈咿'！意为：'尊敬的王健康长寿。'这样就行了。"

不一会儿，见四个武士分持戈矛出来，对立在宫门两边。四个妇女，搬出四条木凳来摆在台上。岛王和三个大臣出来了。他们都是须发斑白的老人，但都很康健。据说都已八九十岁了。他们面容都很和蔼。都是身穿很宽博的长服，只袖子是窄小的。都系腰带，头上戴帽。岛王持有长长的手杖，在正中坐下。三大臣分别在后面两步坐下。四个武士分立在两侧，每边各二人。巴得楚楚引我上前，立正注目，口呼"阿冈咿！"王点头，三大臣和王都在微笑。

王问我："你愿在我岛做百姓吗？"我一忖，我不是来投岛的，当然不愿。忙答道："我是来给阿冈剃头的。"接着王又问："你有什么贡献？"我把带来的礼物取出，献上两包红糖，一包茶叶。王命一齐收卜备宴。

王大概急欲知道我的手艺，命马上开始剃头。我打开工具箱，拿出剃刀、小剪和香皂、围裙等。王闻到香皂气味，十分喜欢。我依他吩咐，剃成了个光头，胡须留下。完成之后，取镜给他照了照，王摩抚着头，连呼"咋！咋！"巴得楚楚告诉我说："岛王很高兴。'咋咋'，是舒畅愉快的意思。"

岛王戴上熊皮冠，向巴得楚楚说了几句，便回宫去了。三位大臣也随着退去。武士们来收拾礼品，他们要把我的工具箱也一起搬走。巴得楚楚说："这是他本人装剃头工具用的,并非贡品。"武士们还是不依。巴得楚楚与其中一人同入王宫请示后,方才准我自己带走。巴得楚楚解释说:"你不用奇怪。我们岛上是没有私人财产的,这是暂时交由你保管。"

我问:"阿冈是怎样安排我的?"

巴得楚楚说:"岛王说他很高兴得到了你。他将与大臣们商量安排你的工作。由于我这个月外出经商,未参加婚选,就暂时把你安置在我的房间里住,先教你学习岛上的语言和风俗,"

我随巴得楚楚来到他的住室,这是离广场左侧不远的一大排小屋中的一间。全是土壁。屋门不锁。室内有一张桌子,一条长凳。竹席铺地为床。据说一般百姓住室内是无桌凳的,人都习惯坐在地上。巴得楚楚自有皮褥和皮被,堆在屋角里。他给我找来一床布被,比较单薄,我便和衣而睡。

这一天,大约是阴历的八月下旬,是我最难忘的一天。因为,这一天我到了完全陌生的世界,从今天起开始遭遇一些稀奇古怪的事情。

二、晴天霹雳

今天早晨，有人来向巴得楚说了一些话。那人走后，巴得楚向我说："昨夜，王和三老、九邦的头人开会，吃了你献的糖茶，评价了你昨天给王剃头的手艺，大家都很满意。经商讨，分配你的工作就是给全岛之人轮流剃头。等一会儿，我领你去吃早饭。饭后立即开始。三老、九邦剃头的次序已排定。今天是宗部保育邦开始。"又说："因你还不会岛上的语言，这半个月，王派我帮助你工作，并教会你说岛上的话。"

我问："三老九邦，是什么意思？"

巴得楚道："我岛的社会组织分为三部，即：生产部，岛语叫'供'；兵工部，岛语叫'匈'；教养部，岛语叫'宗'，供、匈、宗三部各有一位大臣，分称：'供老''匈老''宗老'。供部分：猎、牧、稻三个邦。匈部分：守卫、工巧、矿冶三个邦。宗部分：王命、保育、财贸三个邦。各邦设邦董一人，邦副二人。故称'一王、三老、九邦、十八副'。按岛上语言，称王为'冈'（称人之头也为'冈'）；称人之肩为'宗'，臂为'匈'，手为'供'，脚为'邦'，身躯胸腹为'资'，称人民百姓为'万'。这就是全岛组织机构名称与含义，你一定要记清楚。"我听着他的介绍，一面默记着。

巴得楚又向我说："王给你取了一个岛名，叫'夺'；爱称叫'夺夺'，尊称叫'阿夺'，有了岛民资格后叫'胥夺'。你如犯了罪，就要降为贱民，那就叫你'泻夺'。"

我说："你们取的名字虽很简单，但叫起来还这么复杂呀！"又问："那么，你为何又叫巴得楚呢？"他道："我名叫'楚'。同样的爱称叫'楚楚'，尊称叫'阿楚'。因岛语称经商的人为'巴得'，我是派在外经商的，所以就叫'巴得楚'啊。"

正说话间，听得号角声响。阿楚说："早饭时间到了。"便领着我从王宫楼下穿过去，到了一个饭堂。见有几条长桌。桌上摆列成排的土陶碗。陆续进来的人依次站立在桌旁，各守着一个空碗。我跟着阿楚照规矩站着，发现他们全都没有筷箸。

全堂仅三十多人，男女不一，全是中年人，没见老人和小孩。秩序很好，既无混乱，也无声息。大家都以奇异的目光盯着我。我甚觉尴尬，东张西望。耳听微有响声起时。大家又都有新的表情，一致看着一道门。我也随着望去。有六个炊事员进来了。前两人抬着一只木桶，另一个持长柄木勺跟着；后又有两人抬着一个竹筐，另一人持小铁瓢跟着。他们来到桌头，向排头一人开始舀了一勺汤，然后依次舀汤。到了我的面前，那三人都把我望了又望，发出微笑，笑得很神秘似的。照例分给了一勺汤，便顺次向前去了。我见得汤的人，都坐下了。有的开始喝了，有的仍放着不动。我自己忍不住也先尝了一口：味道淡泊，中有少许块根碎粒。接着抬筐的人分炒面来了，每人一小铁瓢，倾入汤碗内。我看看，以为是糌粑。于是把它揉捏来吃。又觉其味与青稞糌粑不同，大约是另种炒面，不过也还可口，只嫌味淡而已。这六个炊事员，轮流在长桌外走动，见人需要就添，故各人皆能按照需要得到满足。

我初吃不惯淡味，炊事员又给的炒面较多，故未吃完，剩了一些在碗内。阿楚向我轻声说道："吃完！岛上规矩，不许碗内残剩。"我又忙举碗捏揉，把它勉强吃光；阿楚又向我轻声介绍说："规矩是每餐时，必须整齐、肃静。需要多少，可以示意，会有人来添加。但不许碗内有剩。吃完就可以走，洗碗抹桌，是炊事员的事。岛上食堂分三等：王与三老为一等；病人、孕妇、产妇、老人、小孩为二等；其余男女为三等，这儿是宗部的一个第三等食堂。"

早饭后，阿楚领我回室来取工具箱，又对我说："昨天王很满意你的技术。有人主张把你作为全岛的剃发教师，把原有的剃发员交给你作为徒弟带。但有人说：你是外来人，还不一定可靠，又还不甚懂得岛上的语言和规矩，现在不能就按骨干对待。希你努力学习岛上语言和规矩，努力做好工作。今后争取当上劳模，当上头人，那就好了。"

我吃惊地说："我来是给你王和部分居民剃剃头的。十天之内就要返回去的，如何会做你们岛上头人？"

阿楚也吃惊地说："岛上规矩，外人进来了就是岛上的人了，就不能够再回去了。如想逃跑就是犯罪，如逃之未脱而被捉回者，必处以死刑。你可千万不能再有什么回去的念头了呀！你如犯罪，不但自取灭亡，还要连累于我，因为我是把你引进我岛的介绍人呀！"

我听了他这席话，犹如晴天霹雳，怒责阿楚道："我们从前是如何说的？你诱骗我来做你们岛上的百姓吗？"

阿楚也很着急地说："我未骗你呀！是你自己要求我引你进来的呀！可能那时因

语言各异，未能充分表达双方的意思。你依你的意思是进来了，过一段时间又回去。我按我岛规矩：进来了，就是愿做岛民，就不会回去了。当时，我只是想的极力设法说动我王，请你来；你只在考虑怎样能够进来的事，并未想到能不能再回去的问题。你冒冒失失地跟我进来了，是你自作主张，为何反诬我骗了你呢？"

我此时才如梦方醒，气急败坏，大半天咬住嘴唇，说不出话来。心中暗想："难道我便再也不能返回家乡了吗？！"

见我可怜兮兮的样子，阿楚似乎也很同情我，宽慰道："也许有一天，你们的王投降了我岛，成了我们的部落，而你又是真实效忠于我岛的，那也可以得到我王批准，许你回部落。现今你只有三条路可走了：一是忠诚老实地为我岛做些好事，就会成为岛上的劳模，并当选为头人。便如我们的绷王，他也是一个从外面来到本岛的人嘛！第二，如做不出很大的成绩，只要是安心在岛上为'资'（百姓），遵守规矩，也是好的。第三，若还口说想回、心想逃走，那便是犯罪了，便要丧失百姓资格，成为'泻'，就是奴隶或贱民了。那便只有过悲惨生活了。现在，我只希望你努力走前两条光明的路，不要走后一条堕落的绝路。朋友，走光明大道吧，千万不要走绝路啊！"

我听到此处，心中难受极了，痴呆地望着阿楚，不再作声，最后，埋头自语道："是我自己冒失地走进来的。只能自作自受！怪不到你。"

阿楚说："时间不早了，该上工了！"急忙领我往广场去，那是指定今天的工作地点。这时我心情万分悲愤，却又无话可说，不自觉地跟随阿楚走到广场。

广场上乱哄哄地跑着约百个小孩，有几个大人东驱西赶，要他们守秩序，而秩序总是建立不起来，正好像我的思潮起伏无法控制一样。我当时正幻想："我妻会请人来找我吗？""我能寻得机会逃跑吗？"一会儿又想："这个巴得楚真是害我不浅啊！但他看来仍是个好人，并且还可能是我得救的希望……"

我正在胡思乱想的时候，忽觉有人在我肩上拍了一掌，一看，正是阿楚左手提了条木凳，右手在拍我。他把木凳放在场地上，指向我说："该工作了！"又指着一桶水说："你看，水都快冷了。"

我回过神来，连忙打开工具箱，取出围裙，问："先剃哪一个呢？"

阿楚身旁站有一个中年妇女，目不转睛地望着我。此妇人大概是个保育人员。此时，她顺手拉过一个小儿，按到坐凳上，我忙给他围上白巾。在阿楚的协助下，给他勉强洗了头。当把剃刀拿出来，正欲剃头时，那小孩一下吓得像杀猪一样，大哭大叫。这样一来，众多小儿惊慌乱跑，场上哭闹声一片。

我拿着剃刀呆立，不知所措。忽然抬头，看见王与三老，还有另外几个人站在宫门外露台上，望着场内纷乱之状，并未发令。我想了想，向阿楚说："小儿害怕。莫如换个大人来先剃给他们看，再劝他们来剃。"阿楚点头，转身与几个保育人员说了几句话，便跑上露台向王请示。王点了一下头，当即有几人下台来维持秩序。接着王向众儿童们说："新来的剃头人与原来的剃头人不同，他昨天已给我剃了，不痛，很舒服的。你们不要害怕。现在派保育邦邦董先来剃给你们看。"

于是一个中年男子从露台下来，分开众儿，走到木凳上坐下，我忙给他戴巾、去帽、洗头，接着取刀给他剃发。小儿们也围着远远地观看。不一会儿剃完了发。邦董摸着头，连呼："咋！咋！"群儿也为之喜悦。邦董微笑离位，表扬了我数声，又向小儿鼓励一番，便上露台去了。

这时，阿楚再向众儿问道："谁是胆大的，先来试试。"便有一个年龄稍大的儿童，带着半信半疑的神色，似又勇敢地走来坐在木凳之上。我给他洗头，他作勉强镇定的姿态，用力稳固地坐着。当下刀开剃时，他打了个寒战。接着顺利地剃完了发。解巾之后，他连奔带跳地离去，并大呼："咋咋喂！"

如此剃了三人之后，小儿们又争跑向坐凳要求尝试。以后，阿楚和那些保育人员，便只有安排先后的麻烦了，每剃一个儿童，其余的都挤着观看，赞叹说："这个剃头人不但剃头不痛，而且能使人舒服。"王与众人也都表现出喜悦之色。

这一上午只剃了九个人，已经是牛角号响，到吃午饭的时间了。我再同阿楚进入食堂吃饭。此刻工作结束，沉痛的心情又复涌现起来。我想："这样的饭，我要吃多久呢？好久才能在家里吃着妻子做的香饭菜哟？"胡思乱想占去了整个中午。所有入席、吃饭、退席、回室，都是下意识支配着，跟随阿楚在行动，灵魂是完全脱离了躯壳似的。阿楚向我说了些什么话，我也是下意识在做回应。只是在阿楚又猛拍我一掌时，才又清醒过来。听到阿楚说："走吧！又是工作时间了。"我定睛一看，回过神来，重又跟阿楚来到广场。这个下午，顺利完成了二十个人的剃头工作。

我在恍恍惚惚中吃了晚饭，随同阿楚回到室内。不想说话，也不想听阿楚说话，展开铺便睡下了。阿楚躺下不久，便已鼾声呼呼地熟睡了。唯我辗转反侧，不能入眠。我反复地筹划着如何脱离此岛。左思右想，总是想不出一个良策来。我想：藤桥那个方向盘查那么严，是断断跑不脱的。只有后面雪山，人迹不到，若还找得足够的毛裘、毛靴、毛帽，爬上雪山，也许可能跑脱。随又想：这是做不到的。孤身一人去爬万年雪山，不是摔死，也会冻死、饿死。如能学会泅水，在夜深人静之时，摸下藏布河边，泅水过岸，或许能跑脱。可惜以前未学过泅水，现在来不及了。但又想：就是会泅水的人，那样高的绝壁、那样急的流水，也是十分危险的……

后来，我想到："阿楚能够经商远出，往来别处。我若学会经商，为岛上多赚些钱，博得岛王和臣民的信任，也可能到白马冈和波密去贸易，这样就可能容易地逃跑回家了。"想来想去，认为只有这条路才行得通，再无其他办法了。

是不是可以和阿楚商量商量呢？我也筹划了很久。结论是：不可以。阿楚是岛上人，断不会想逃离他的本土。我是异乡人一心想跑回自己的故乡。我们道不同，志不合，不相为谋。若还让他知道我想逃跑，为了自己不受牵连，他必定要揭发检举的。或者泄露了一点儿风声，我便会毁灭在此岛上了。在这个岛上，没有可以与我同谋的人。一切只能靠自己。

最后，我决定了逃离的计划：先要暂搁下逃跑的想法，依靠阿楚学通岛上的语言和本地的风俗，表现为一个安心在岛上生活，永不想走的样子，并且要千方百计地为岛人服务，为全岛谋福利。这才有可能进一步获得岛王与其臣民的信任，掌握全岛的情况。到了水到渠成，有机可乘之时，再逃之夭夭。时机不成熟，一刻也不可有想逃跑的念头露出来。正如藏族谚语说的，"死心不跑，才能得脱"。也如喇嘛经上所云，"诚心施舍，才有福报"。

想到此处，我的心神才安定下来。于是，便迷迷糊糊地入睡了。

三、重新开始

现在是我重新开始的生活阶段了。我决心用自己的全部精力,更加努力地学习岛人的语言、风俗、习惯,研究岛人的性格、好恶和岛内外的一切情况,努力思索和寻找有利于提高岛上的生产、生活的各种方法。让自己一切言行,都是要安心长做岛民的表现。而这一切的目的都是博得岛人的信任,以便寻机离开这里,回到自己的家乡去。

这天早晨起来,阿楚问我说:"昨天我们搞得很疲倦,所以睡得很早。但是,为何我总觉得你老是在翻身,翻来覆去的,似乎未睡好呢?"

我说道:"我在考虑家乡好,还是这里好的问题。因为想起岛上人看我都带着奇异的目光,连小儿也那样歧视我,我有些害怕。但是,看到王和大臣们对我很照顾,特别是你对我无微不至的关心,使我深受感动。我又觉得,这个地方好得很。岛上的人,不愁吃穿,团结友爱,不受外人欺负,王和三老都是活菩萨。我愿在此久居,生活一辈子。再也不愿回家乡那个穷地方去了。只是,我还人地生疏,望你多多关照。"

阿楚听了非常高兴,他说:"这就好了。我一定尽全力帮助你。你的感觉定会一天天地更好的,也一定会一天天地更加相信我是你真正的好朋友。"

此后,阿楚忠实地履行自己的诺言,处处为我排忧解难,每遇坎坷,他都挺身而出,全力相助,使我渐入佳境。

岛上原来的两个剃头人,叫固固和温温,他们手艺很差,工具不好,使岛人觉得让他俩剃头是件痛苦的事。小孩们尤其憎恶他俩。我来岛剃头,人人感到剃得舒服。岛王便命那二人向我学习,当我的助手,听我的指使。这两人开始心里接受不了,很不愉快。他们说:"我们岛上人,从来都看不起岛外人。外来人就是'泻',只能听我们使唤。哪有我们还要听他的啊!"特别是那个年轻的固固,他对我最不满意,到处散布说:"岛外来了一个'泻',还要我们听他的!"唆使他的朋友也跟着前来对我刁难,虽经阿楚多方劝解,仍然时常发生风波。有一次,固固还故意把我带来的大薄口剃刀用他的旧式钝刀相砍,把刀口下部砍缺了。他拿着两把剃刀到处叫群众看,说道:"大家看呀!他的刀砍缺了,我的刀不缺,到底是外来人的刀好,还是我岛的刀好?大家评评呀!"阿楚阻止不住,便报告了岛王,结果,固固被严厉处分,从胥级(岛民)降为泻级(贱民),这才使他有了收敛。

我在阿楚的热忱帮助下,得到王和大臣们的信任;我又善处人事,总是以德待人,逆来顺受,使整个中台的人,大都对我产生了好感。经过半个多月的苦下功夫,语言也比较熟练了。后又脱下了入岛时穿的服装,换上了岛民的衣服,这样说岛语、穿岛服和岛人打成一片了,也尽心尽力地为岛人服务。全岛之人对我的感情也逐渐有了好转,专来找我惹是生非的人少了,与我亲近说话的人多了。固固经过多次捣乱失败,也再不能兴风作浪。每逢他对我生事,群众与头人总是责备于他。而我反倒过来为他解难,又耐心地教他技术,使他很受感动,转而比较服我了。他这一转变,使我的工作顺利得多了。而且许多时候,还把剃头任务交他去完成,自己腾出时间来做更有意义的事,后来他还代替阿楚教我的语言和风俗,与我成了好朋友。

阿楚处处关心我。我也给阿楚的工作不少的帮助。最近阿楚忙于算账,因他到白马冈经商回来后,账目一直未来得及结报。现在岛王说他招来"宿宿"(岛语意为"外来人")有功,准备提名为劳模候选人。但要先把以前经手的账目结报清楚才行。所以,他这几天十分忙碌,我此时已经认得岛上的记数文字了,晚上回来,把阿楚的账单一看,有许多计算错误之处。向其指出,他很佩服,以后每算一笔账,都请我帮他复核一遍。我只用伸卷指头和心算,很快就把阿楚一天做的账单复核清楚了,还更正了一些错误。如此,缩短了结账时间,阿楚很高兴。交账后,他向财贸邦的宗老宣扬我的才能,提议调我到财贸邦去。虽然王与宗老未予批准,却都已经看重我了,说:"这个宿宿,还真有一些本领呢!"每当岛上经费和配给方面发生账目麻烦时,常调我去做些临时性的计算工作。因而我认识宗部的人多了,了解到许多新情况,掌握了全岛的统计数字。

到了月圆的夜晚,岛上例行选婚开始,我此时还未正式取得岛民身份,不能参加。固固是犯了罪的人,也不许参加。并且,我俩都不许去参观,只能闭在各人屋子里。阿楚体谅我个人闷坐的痛苦,把固固叫来陪我,又安排我和固固住在隔壁的房间里。让我向固学习岛语,叫固向我学习技术知识。

固固因自己犯罪,未能参加婚选,甚为丧气,屡次发出叹息和向我忏悔。同时又给我介绍了许多关于岛上选婚制度方面的常识。

这天晚上,听到三次号角吹响后,我看见阿楚引一少女,说说笑笑,欢欢喜喜地回屋去了。固固说:"这个女子叫美美,是宗部保育邦照料小儿和教唱歌的。阿楚上上月当劳模时,选的是她。上月选偶时他在外经商,所以未曾选偶。这是间隔一月,再选中她,所以他俩那样亲热。像这样间月一次选中一人的事,是常有的。但若连月都得偶合的事却很少有。因为,岛上规矩不许。如有特殊情况者,须经岛王批准后才行。况且两个人总是难于长久和好的,一方或升为劳模,或犯罪停权,或已被人先选去,这是常有的事。"

我问:"我们可以进屋去恭贺他们不呢?"

固固不懂恭贺的含义,因为岛上没有这样的风俗。他说:"初选定的一夜晚,是不让别人打搅的;到第二晚以后,便可以进朋友的屋子里去谈天了。"

次日早晨,阿楚仍来邀我同路去吃早饭,固固的饭堂也转到宗部了,于是三人同往。我问楚:"你的新夫人呢?"楚答:"她的饭堂和工作都未改变,要在晚饭后才到这里来。"并说:"我们岛上,没有夫人这个词,只称偶。"

次日晚饭后,我与固同到楚的屋里闲谈。不多一会儿,美美来了,她半点羞涩也没有,劈头便问:"这是岛外人吗?"一屋人都笑了。我说:"我是岛外人,你是楚楚的屋内人了。"她凝视着,听不懂。阿楚细细地解说给她听了。她连连点头微笑着。阿楚也风趣地说:"我这个岛外来的朋友,不多久也会参加选婚了。你们女胥们谁要选他,叫她早做准备啊!"想不到这个姑娘回答的一句话那样惊人,她说:"我若挣得劳模,就一定选他。"于是,大家都笑起来,反倒把我吓了一大跳,尴尬地埋下了头。

固固说:"我这个犯了罪的人,便永远无望了。"阿楚忙严肃地对他说:"只要你和阿夺努力工作,下月你们都可一同参加选婚的,你从前不是也曾当选过劳模吗。"固固说:"纵然回到胥级,参加选偶,也不可能选得像美美这样的人了。"

美美此时又说了一句使我吃惊的话,她说:"你到了再做劳模时,只要我还未被别人选去,就是你的。"这是俏皮话,是讥笑他不可能获得优先权。

长生岛人,对于婚偶的看法,便是如此赤裸裸的,毫无遮掩,我对于岛上这个原始的婚偶制度,甚感奇趣,便邀固固回室,请他详细地介绍介绍这方面的风俗。据固固说,岛上婚偶制度主要有以下规矩:凡岛上男女,年满十五岁为成年,安排就业后,两年无过犯,便可参加婚选了。每度月圆选婚,连续三晚,即藏历的十四、十五、十六的三个晚上。这是岛民最欢乐的时光。白天照常工作,傍晚提前开饭。尔后,男女各着新装,聚会于三个地点:一是下台坪前方之长濠内及藤桥附近,青年美貌之男女大多聚会于此;二是中台坪王宫广场及其附近,中等人才、中年男女大多聚会于此；三是上台坪森林附近，乃是具有缺点之男女以及贱民聚集之处。到时，各等人或预约邀结，或临时凑合，到三个点，以踏月歌舞、比武斗射、结伙游戏、围讲故事等方式，进行娱乐，尽态极妍，以求他人的爱悦。岛王命人吹牛角号三次。初次号角鸣，则各自进入选婚场地；再次号角响，则已选定之配偶成对而游归；三次号角鸣，即罢会各归，未得偶者明晚再来。

选偶，劳模有优先权，次序是金章劳模、革章劳模、木章劳模、旧劳模（即本月落选的上月劳模）、提名劳模（即虽提名而未当选的有成绩的人），最后才是诸胥和贱民。

第一夜，主要是劳模选偶之期。各邦劳模，先集合于王宫广场，依所戴光荣牌号数为序。不分男女，排成小队。各队之间，又复规定有先后，按秩次进入下台坪，然后由左端坎道转至右端，往复观赏。选定对象后，即相与同游而归。一队往复过后，仍未选定者，即须出场，转向中台或上台求偶，让另一队入场。待各队都经过后，即可乱秩自选，至号角三鸣而罢。当晚未得偶者，可于第二、第三晚上再选。

第二晚，主要是王与三老、九邦头人选偶时间。第三晚，主要是诸胥选偶之时。他们前两晚，主要是物色对象，不便选定；选好了，也可能被劳模所夺。

我问："王与三老及九邦头人，据说大多是金章或革章劳模，为何只在第二晚才选偶呢？"

固固答："因为，他们大多是中年以上的人了。自愿让青年劳模先选。他们一般只在中台坪选中年人为偶。还有，年老者，可以不选偶，只选役。唯有年轻的头人，仍是在第一夜参与劳模排队选偶。"

我问："劳模选中胥，如此胥不愿，可以拒绝吗？"

固答："不可以。表现不悦都不行，拒与不悦，均视为犯罪。但劳模选定的人，如果同居后不满意，在三天选婚期内，还可离异另选。而诸胥则不可。"

我问："男女劳模之间，可以互选吗？"

固答："可以，不过双方当先行求爱，得其同意方可。其方式多样：如自卸其光荣牌捧送所爱，对方受之为允，不受则为拒。但如是金章劳模要选革章或木章的，亦同样不得拒绝。革章选木章者亦然"。

我问："犯有错误受处分的人，可以参加选婚吗？"

固固不懂"错误"之词义。岛上把缺点错误，统通称为"犯罪"。他说："犯罪小的人，可以在额上涂一黑疤参加婚选；但只能被人选，不可选别人。此等人，大都是年轻貌美的男女，不愁没人选。像我这样其貌不扬的人，抹黑参选，就无人要。"

我问："什么叫选役呢？"

固答："就是选择供役使之人。王可选役四人，三老可选役二人，邦董可选役一人。男选女，女选男。供役使，夜召同寝。但不视为正式配偶，也不必一月一换；大都是选的'泻'。"

由于岛人语言简单，很多情况固固也说不清。他向我说："你以后成了'胥'，亲身参加婚选了，许多事就会逐渐明白的。"

我心想："我一定要力争尽快地参加这样奇异的选婚，亲身体验一下。"我没有想到自己的意识与岛人完全不同，所以在后来参加婚选中，竟闹了不少笑话。

四、幸遇良缘

　　大概是秋分后十多天，白昼已经开始逐渐缩短的时候。森林里樟木已经有了黄叶，上台坪已经有了冷风，中台还是暖和的，下台坪更还温暖的时候。由于人事关系的好转，我的心绪也逐渐舒畅起来。剃头方面，因阿固、阿温的手艺提高，成了我的有力助手，许多任务都让他俩去完成，自己就比较清闲了。我便更多地去接近群众，了解岛内外的一切事情。每天早晚或午饭前后，我总喜欢到岛上的大藤桥头岩边上去眺望，凝神注目那浩荡的江水，滚滚而来，奔腾而去。自然也随时引起怀念家乡和亲人的情愁，生起离岛回乡的念头。谁知不自觉地已被人看出来了。有一天，阿楚警告我说："有人看到你经常去岛上岩边处察看，猜你是想逃跑。"我闻言大吃一惊，连忙分辩道："我生性就喜欢观赏自然景物。未曾想到，有人竟因而怀疑我想逃跑。我好不容易才寻得乐土，成为岛上人，还要逃到哪里去呢?!"从此，便不敢轻易再去桥头岩边观望了。

　　我在无聊之时，总爱取出剪刀来修剪指甲。固和楚有时也让我给剪指甲。一天，美美看见，也要我给她剪。我替她修剪后，她觉得漂亮又方便，很是喜欢。这样传说出去，愈传愈宽，很多人都喜欢来找我修剪指甲了。于是，我在剃头之外，又成了修剪指甲的服务员。为了与群众亲近，我索性经常带上剪子到公共场所去玩，给人修剪指甲，又交了一批朋友。

　　这个月，我已取得了胥的身份，可以参加选偶了。在月圆之际，我想："我是个外来人，才来不久，料想不会有什么好运。"对选偶不存多大希望，又不敢到处乱走，怕人怀疑想逃；也不敢参加其他活动，怕说错话。于是还是用老法子，带上剪刀去混时间。我先在中台广场里踱来踱去，自己修剪自己的指甲。不一会儿，男男女女相继围了上来，不断伸出手要求给他（她）修剪指甲。我反而成了场上的一个焦点。

　　有两个戴光荣牌的妇女也上来看热闹。一个年轻的看看便走开了。另一位年龄大的看得较久，后来，她伸出手说："请给我修剪修剪!"我见她戴的铁质光荣牌，像个头人，我自然是很恭谨地给她修剪了。她在修剪时，别人没有敢伸手过来的。修剪完成后，她略带命令似的口吻说："你跟我来！"围观的人便都让开了。她带着我慢慢地走出广场去，问："你是哪里来的人？"边问话边引我向岩边走去。我暗暗猜想："这个女头人，定是要盘问审查我为何常到此处，是不是想逃跑？"于是，伪装还不很懂岛语的样子，慢吞吞地斟酌如何回答她。

我说："我是一个漂流无家的人。"

她问："生长在什么地方嘛？"

我答："是播城。"

她又问："播城在哪儿？多远？"

我紧张地答道："在白马冈的北边，从这里要走十多天。是巴得楚引我从白马冈过珞瑜地方进来的。"

说着说着，已经走到右边岩头，看见藤桥了。她又问："你看这个地方好吗？"

我急忙回答："好！好！我走过的地方，只有这里最好，不但人很好，风景也很好。我最爱看这里的风景。尤其这岩边，俯瞰深谷急流，这是十分有趣味的。我以前从未见过这样的美景。"

她诘问道："你说岛上的话，说得很流利嘛！为什么又好似不懂得我的问话呢？"。

我又着慌了，许久才嗫嚅地回答："我……我来岛上不久。大多接触的男人和百姓，很少接近妇女和头领们。今天突然听您说话，心里紧张，又怕回答错了失礼犯规，所以这样。"

这妇人微微一笑道："你太谨慎了！"她又引我到下台坪去，说："那里很热闹，我们去看看。时间还早呢！"

我跟她走向下台坪去。一路上人来人往，遇着她都是十分有礼貌地注目让道。我猜想她定是一个大头领。因是女人，未来剃过头，故我未曾面识。心里总怕被盘问出想逃跑的隐私，一路提心吊胆，忐忑不安。只是埋着头跟着她的脚步走，哪有心思观赏热闹！

走到大藤桥处，她又问："你是从这里进来的吧！"

我答："是的。"

她又问："你经过选偶没有？"

我答："没有。"

这时听得号角声又响二遍了，已经有选好了的对对男女向各自的方向走开了。

这妇人仍是慢慢地走着，又回头问道："你认得我不？"

我答："未曾见过面。还不知道怎样称呼您呢？"

"我的名叫'孍'，你就叫'阿孍'吧！"

"是。阿孍。还要问些什么吗？"

孍说："没什么问的了。以后有的是时间嘛！"说着已经走到中台住宅区了。

我问："阿孍，我可以回去了吗？"

孍答："你就和我同住在这里了嘛！"

听到她这句话，我才如梦方醒：原来她不是要盘问我想跑的事，而是选中我为配偶了啊！受了一场虚惊，又转忧为喜，心想："被这个金章劳模选中，将大大对我有利。"于是高兴得失声笑了起来。

孍忙问："你笑什么？"

我猛然警惕起来，收起笑容，接近她去低声说道："我初次参加婚选，就获得了您这样功绩卓著的金章劳模的看中，真是喜出望外，怎么不高兴呢？！"

孍孍嘴角微翘，向我瞟了一眼，便去开门了。岛上无偷盗，门不上锁，只用小索拴在门柱之上；解开了，便可开门进屋。她的屋子与巴得楚的屋一样，也有桌凳。我怕盖垫薄了，轻声向她耳边说道："我可以去把我自己的衣被搬来吗？我有点怕冷。"

阿孍点头说："可以。我叫一个人同你去搬吧！"于是，她出去叫来一个女泻，递了一支松光给她，说："照着去，要过几个巷道。"

我回去时，阿固还未回屋；他已取消处分，回升为胥级，已去选婚场了。阿楚已经又选了一个新女伴回屋了。他见我和一个女泻同来，打着松光，忙迎出门，问道："有人说你被阿孍选中了呀？"

我道："嗯！你的消息真灵通呀！可是，我还不知阿孍是个什么样的人物呀？！"

阿楚说："孍孍的行动，谁能不注意的。她是宗部保育邦连年长期当选的第一个女劳模。你经她选中，以后就会更好了。我为你高兴。你要恭谨地对待她。取了衣物便快回去。这间屋子正好留给阿固住。"

我连忙卷起衣被，带上工具箱，立即赶回阿孍的住室。自然是十分恭谨地侍奉她，唯恐她有不悦之意。

果然，阿孍是一位温柔而巧慧的妇女。她向我说："你看我床舷上的刀痕没有。你数数看我有多大年岁了？你不嫌我老了吗？"

我说："看不出您年纪大。您是健康而温和贤良的女人，又是个伟大的劳模。我能亲近您就感到万分荣幸了。"

嬷道："你有些虚伪哩！"

我忙又指天发誓地证明自己说的是真心话。次日早晨，我才悄悄数了数床边的刀痕，是五十九个，这说明阿嬷是说真实话的人。她们岛上的人，都习惯在每年白昼最短的这天（即冬至之日），到自己选定之地的器物上，砍上一个刀痕来记自己的年岁。

第二天，我俩仍然各自回原来的饭堂去吃饭。饭后，仍到各自的岗位去工作。我顺便去看阿固，了解他的选婚情况。见他仍然是单身一人。他叹了一口气，对我说："你被嬷嬷选中了，很好。我仍然无人过问，明天再看命运吧！"

我向固打听阿楚新偶的情况时，固说："美美被另一位劳模选走了。楚的新偶也不错，是供部的农民姑娘，端庄勤快，只是，不如美美活泼有趣。"

这天晚饭后，我早早地回到嬷的屋里。她只引我出去闲游了一会儿，便又回屋谈心了。她向我讲："夜间，外面较冷。你是怕凉的人。回屋里暖和些。"这些关心话儿，使我心里甚感温暖，更增加了对她的敬爱。

次日早起后，我再去找阿固同往饭堂吃早饭，见他仍是单身。他焦急地说："我的运气太坏。只今天一晚了。好歹也得找一个。你明早来看就会有了；只怕是你看了要摇头的。"此时，阿楚的新偶已走了。楚宽慰固说："你不要丧气，纵然这月你不如意，还有下月嘛！你若不是阿夺帮助，还可能多做一月㐷，还不是一样单身过夜！"他这些话，是有意帮助我安抚固的。果然，固说："阿夺自己挣得他的地位。我是不争气的人，活该多打一月光棍儿！"

这天夜间，全岛还在进行最后一晚的婚选。我要求阿嬷带我去看看今夜的选婚情况。她高兴地应允了，于是戴上光荣牌携我同行，先去下台坪参观。此时，人已不多了，但见阿固正在那里像蚂蚁寻食一样，匆匆来往走动。见他曾与女性交谈三次，都未被接受。后来阿嬷领着我又回到了中台闲游，又见阿固也来到这里。有个老妇主动与固固接近交谈，说了几句他又离开了。阿嬷向我说："上台冷，不去看了吧！"我仍想去看看，但又怕嬷嬷不愿，便道："你如觉疲倦了想休息，那就不去了吧！"嬷说："不疲倦。"遂又引着我向上台走去。这时，第二次号角已吹响了。我在明月之下，远远望见阿固匆匆跑向上台，又急急地跑进草坪人丛中去了。我暗自为其着急。向嬷嬷询问道："固固竟得不到配偶了吗？"嬷嬷说："他们匈部的青年，大多性格不好。而且人人知道他是犯罪刚刚脱刑的人，妇女们谁还愿选他。只有来上台坪找犯罪抹黑疤的人，才有希望。"她引着我在上台草坪转了转，同时也留心固固的行动，果然见他在与一位额上抹有黑疤的女人在交谈，估计这次可能成功。嬷和我怕打扰他们，在外围游走了一会儿，便返回中台宿舍休息了。

次日清晨，我又去邀固同吃早饭。得知他先前找的那个女人，仍不合意，未选她，而是另外选的一位，是匈部犯罪抹黑的妇女，大约四十岁了。阿固低声向我说："还好比你的那位还年轻十多岁呢！"我立刻严肃地责备他道："住嘴！你这话应受处罚。一个犯罪的妇女，怎可能与一个金章劳模相比呢！幸亏是我听到，若是别人听了，报告岛王，你又要因蔑视劳模而犯罪了。"固固立即向我求恕，连连说道："我该打嘴！我该打嘴！"要求为他包涵。我说："今后，你说话做事都要先想一想后果，才会少犯罪过。这是我关心你。我自然不会向别人说的，你放心吧！"这一来，真的把固固完全征服了，他不仅收敛了自己的放肆性格，也更加敬服我的为人。

五、初立功劳

阿嬷优点很多，性格温柔和婉，说话亲切动人，态度安详稳重，工作踏实认真，对人诚恳厚道，处己谦谨自洁。她不仅心地纯洁，生活习惯也是全岛最爱洁净之人。她已快满六十岁了，但因健康温和，人们见了都不觉得她老。我初见她时，还以为仅是四十多岁的中年女人。这可能是岛上人都长寿，故也能却老。我和她亲近，认识逐步加深，情感也就日益增进了。而且，在阿嬷的帮助下，我知道了许多关于长生岛的历史、地理、风俗、民情等方面的知识。

一天晚上，两人闲谈，我问嬷："为何岛人都能健康长寿呢？"

嬷嬷说："这应归功于我岛的开山鼻祖——绷王。因为，是他为岛人创建的先进制度，又教会岛人许多生产知识，教会岛人进行呼吸吐纳的健身方法，还发明了一种保健药——'绷宝'，叫岛人服用。所以岛人个个精神焕发，身心健康，故能长寿。"

我又问："那么，绷王到底是个什么样的人物呢？"

阿嬷说："绷王是个神人。相传，在一千多年前，他独自一人，从北边的工布地方化缘而来。经过白马冈、波札和上下勃拉等部落，来到此岛。那时，勃拉澎只有海口一条白石梁通连两岸，光滑不能着脚。绷王仗着神力，飞奔过来。原来，岛上只有不穿衣服的裸民，过着猎食野兽虫豸的生活。看见绷王能飞过石梁，都认为他是神仙，向他膜拜，绷王见岛人和善，可教化，便在此留下了。他教导岛人编藤皮、竹丝为夏衣，缝兽皮为冬衣，结竹木为居室，种植麦豆和蔬菜，驯养野驴、野羊为家畜，编竹皮为席单、筐，等等。并又制定了选偶、选模、选干的各种制度，以及划分供、匋、宗三部办事之法。岛民喜悦，奉他为王。他经常住在此岛上台白石岩山洞内，称这里为'绷浦'，他自号为'绷冈'——就是'绷王'的意思。"接着又向我说："希望你一定要像绷王那样，留居本岛，多为岛人谋福利。"

我说："是的。我定要牢记您的教导。但，绷王既是神人，我怎能和他相比呢？怎能做得出那么伟大的成绩来呢？"

阿嬷说:"从小事做起呀!比如说,你现在给岛上男人剃头,都称赞你剃得很舒服,连呼咋咋!可是女人呢,头发都拖得又长又脏,痒得不堪忍受,你就不可以给她们想个办法吗?"

我说:"我在岛外看到妇女经常洗发。"

娘说:"岛上妇女也知洗发,只是洗不掉汗垢。"

我便拿出香皂来给她看,说:"此物便能洗掉汗垢。"

阿嬷嗅到香气,十分喜欢,便要求也用香皂给她洗一次发。

我为难地说:"岛王曾有命令,此物只许他和三老剃发洗头时才用。阿楚也说过,岛上不许有私人财产。这虽是我带来的用品,已经岛王验看,便是公物了。您如想用,我只好在夜深人静后,偷偷地给您洗用。"

阿嬷急忙阻止说:"罢了!那样是犯罪的行为。容我向宗老报告,请王准许九邦的女劳模也得洗发一次,我便洗用合法了。"

我十分钦佩阿嬷这样奉公守法的高尚品德,心里又着实不忍负她,便把香皂放在她的枕下,说:"这是放置。不是使用。"她愉快地接受了。

果然,第二天阿嬷就向宗老反映说:"男人有剃头的权利,妇女也应有洗发的权利,请求剃头人兼任洗发工。"岛王听到宗老转报她的意见后,研究决定:"宣布夺、固、温三人,除为男人剃头外,并给女劳模洗发。一般女胥、女泻仍各自洗。"阿嬷又进一步提出:"给女劳模洗发得用香皂。"王又考虑决定:"现在只有女性金章劳模洗发可用香皂。已命巴得今后经商多换点香皂回岛,到时再视可能让其余女劳模都得洗用。"其实,目前岛上的金章劳模中,只有阿嬷一位女性。

夜间,阿嬷不无得意地告诉我这一消息,说道:"这一下你可以光明正大地用香皂给我洗发了。"

次日,我在饭堂附近用温水和香皂给阿嬷洗了发,围观的妇女很多,她们看到我把香皂的泡沫抓来揉发,都很感有趣。有两个女泻从此经过,见地上掉有香沫,立刻拾起来,嗅嗅,又揉到自己的头发上去。大家对阿嬷能享得这一待遇,感到甚为羡慕。

我为阿嬷用白巾搓干了头发,收拾同她回屋,给她挽成发髻,拿镜子给她看;她高兴极了,悄悄地吻了我的手。便各自上工去了。

这天晚上,我向阿嬷说:"我想到你一人洗头解决了,其余的妇女仍是苦于发垢的事。我又另想到了一个办法,同样可以洗脱头发垢腻,只是不香。但不费事,能立即解决全岛妇女的洗发问题。"

嬷嬷闻言，高兴得跳了起来，急忙说道："什么办法？你快说，快说呀！"

我讲："记得我们家乡，妇女们常用灰水洗衣服和洗头发，脱垢效果也很不错。"又补充道，"灰水，就是用草木烧成的灰，浸水而成。"

阿嬷说："不要说家乡二字了。就说我们岛上的事。明天我们就来试试看。"

次日，她向邦董讲了，便同我一道去厨房取灶底木灰，这岛上全是烧木柴，灶灰很干净。我用竹筐盛着，放在木盆上，浇了几次水，然后用指头蘸水尝尝，碱味醇浓，便把水盆搬回住室，让它澄清。闩上门，各自上工去了。下午晚饭后，把澄清的水，倾入另一盆内，除去渣滓。再盛半盆清水来，把灰水倾入少许，搅和一会儿，再用指蘸尝，微觉扎舌。便叫阿嬷把穿脏的衣服拿一件来。投入盆内。把积垢之处反复搓揉后，再把全衣浸入水中搓揉，然后换清水洗搓两道，拧干，用绳张晒在檐下，方才同去睡了。

这里冬季气候干燥，次晨衣已干了，色泽如新。阿嬷非常高兴，又去叫前次持松光送我的那个女泻来洗发。我给她洗后，满盆浮垢，她的头发洗得可光洁了。阿嬷喜之不禁，端起那盆灰水就向王宫跑去。

她跑到王宫急忙报告了这一新鲜事。用欢庆的口吻高声说道："从此我们岛的妇女都可以把头发洗得很洁净了！我们岛上，人人都可不穿垢衣了。这是夺夺的创造呀！"

王与三老听了她的报告和宣传，还有些糊涂，又叫我去问了问。我说："还是当面试试好。"阿嬷更是主张再试试，到广场去试给大家看。

于是王传命，凡属工作可丢的妇女都到广场来看，一面命嬷、夺做好准备。阿嬷的号召力大，不一时已把开水、盆、灰、凳和垢衣准备齐备。群众来观者不少。王与三老和一些头人坐在露台上看，命广场上的人，扎成一个大圆圈，坐地观看，以免妨碍后面人视线。

我对着露台，如法表演了一番，所用垢衣，是选最脏的。经反复搓揉，再清洗后，变成鲜洁的了。阿嬷捧去献给王看，王看后很高兴。

接着，又换水给一个十分腌臜，油垢满头的女泻洗发。用灰水搓揉后，再用清水洗。阿嬷帮腔说明，"这是灰水"，"这叫洗"，"这叫清"，仿佛她也很内行了。

腌臜的头发变洁净了，盆内浮垢泛泛。围观的人一齐跑拢来看，都甚惊喜，啧啧赞叹。那个脏发女泻，更是连呼："咋！咋！"许多妇女拉住她问是何感觉，她只是说："咋咋喂！咋咋喂！"

王与三老也一齐赞好。王问："这水叫什么名字？"我答："灰水。"王说这个称呼，岛人不习惯。转头向三老等问："取个什么岛名好？"阿嬢抢着答道："这是阿夺创造的，取个岛名，该叫'夺澎'。"（岛语呼水曰"澎"，谓江河亦曰澎。）王点了点头，即宣布道："今后岛上妇女都用夺澎洗发、洗衣。"同时三老提议："将阿夺列为劳模候选人，以表彰他的功劳。"王即令我"本月选模，列名投豆"。（岛民选模、选干时，乃按提名人编号于一碗上，选举时。人执一豆，按参选的候选人号数，以豆投入碗中，豆多者当选。故曰投豆，亦称豆选。）

散场之后，阿嬢非常高兴，携我同归，今天便不上工了。还有一群妇女跟着进屋来，问这问那，说东道西。阿嬢一一应酬着。我也应接不暇。

晚上，阿嬢很亲昵地贴近我，轻轻地拍着我的肩道："你是个很能干的孩子。不枉我选中了你？"

我说："不是您的帮助，我也不能献出这份力来。其实，是您给了我这个光荣，给了我劳模候选人机会。"

嬢说："不要再谦虚了。这是你自己创造的成绩。"

从此，我与固、温二人，除了巡回为岛上男人剃头外，又为全岛女人洗发。我更加忙碌起来了，既要教导固、温二人调制夺澎和洗发的技术，又要指导妇女们调制夺澎和洗衣的方法。阿嬢当然也充当了我最好的助手。

岛上从此又多了一些名词，除叫灰水为"夺澎"外，又叫香皂为"夺把"。叫我带来的薄口剃头刀为"夺翅"。我这阿夺的名声也更响了。后来"胥捧投豆"，我真的当选为劳模了。

阿嬢在月圆前两天，把岛王颁发给我的木质光荣牌带回来交给我，说："你是正式劳模了，投你豆子的人，妇女最多。这与你的工作成效很有关系。"她又给我讲："岛上正给你准备房间。根据巴得楚楚的请求，还是把你安排在他的隔壁，以便互相帮助，待这个月满，新的选婚开始前一天就搬过去。"她说这些话时，态度如常，毫无惜别之意。我反问她一句道："与您同居最幸福了，还要另占一间房屋做啥呢？"阿嬢微笑而又严肃地说："这是岛上的规矩呀。"我听得"规矩"二字，只得低头唯唯而应，不再作声了。

到了月亮重圆，又将婚选的前一天，阿嬢在归寝时，对我说："你可先收拾准备，明晨便把你的工具和衣被搬过你的新屋中去。以免夜间搬动不便。"

我再次轻轻地凑到她耳边说道："你若肯再选我，且不是可以仍然住在此屋吗？那就不用搬了。"

嬢回答的一席话，使我大大地感到意外，她说："若我还年轻些，那一定再选你，因为劳模是可以再连偶一月的。但，现在因我年岁已大，不能生育了。应照顾你们年轻人的幸福，让你去和青年美貌的姑娘结合。像你这样聪明、能干、善良的人，应该多多传宗接代，健全我岛的人种。因此，我不愿再连月占有你。"

听了她这一席话，使我感动得几乎流出了眼泪。我这才感觉到这个原始的部落里，居然也有这样伟大无私的人！在这最后的夜晚，我用最尊敬的赤诚，百般顺承于她，以表达自己的钦佩和感激。

第二天早晨，阿嬷助我清理什物，她热忱端庄，自然和悦，仍似毫无惜别之情。反倒是我依依难舍。当我抱起衣被和工具箱，将要告别时，阿嬷说："暂先搁到桌上吧。这样早就搬去，可能固固的配偶还未走呢？"一句话提醒了我，说道："感谢您的提醒，我对岛上规矩实在还不熟悉，一切望您多多指导。"

阿嬷毕竟还是有些留恋，她叫我再给她修剪一次指甲。我心想："我和她是修剪指甲结合的，又以修剪指甲分离。这很有意思。"指甲修剪完成后，乘机紧紧地握住她的手，轻轻地吻了又吻。阿嬷仍然是端重地微笑着说："这时候你可以搬过去了。"

我含泪说了一句："这个月，我受您的关照太多了，真不知怎么感谢您！"向她注目敬礼，然后抱着衣物出门。走了几步再回头来望阿嬷，只见她挥着手，眼里有点泛光。

六、尝到辣椒

离开阿嬷后，回到旧地的新屋，阿固和巴得楚都在等候我同去吃饭。他们的配偶早已走了。饭后，固固问我："你咋不戴上光荣牌呢？"

我指阿楚道："巴得也未戴上呀！"

固说："他是老劳模了，人人知道。你是新劳模，不戴上，谁知道你是劳模！"

阿楚也说："你还是戴上吧。省得有人向你打麻烦。"他这话出于善意，却把固固的脸都说红了。

我从怀里摸出光荣牌来，终觉得戴起有些难为情，又揣入怀去，竟未戴着它工作。

这一天的白天，我几乎全在为妇女洗头。我念她们今天特别需要，忙不停地加快工作，心想用此一日工夫，把宗部妇女洗光并教会完。这时许多自己洗发的妇女也都到广场来洗，以便就近向我学习洗发。

在这些妇女中，我只留心一个女子，年纪好像才二十来岁，身段面貌都很像阿嬷，就好似阿嬷回转成少女了一样。我不便亲近她，无法知道她的名字和工作部门。也不便转询于别人。但是，心和口都痒痒地想问。正当郁闷的时候，见有个女子走过她身边，说了声"阿咪，我先走了"。她正埋头洗发，应了一声"好"。我知道她名叫"阿咪"了。

"你说的哪一个阿咪？"固固反问我。

我："岛上还能有几个阿咪吗？"

固："名叫阿咪的多着呢！我们宗部只有一个，人叫她'宗咪'。匈部也有一个人姑娘，又叫'匈咪'。供部也有一小姑娘，叫'供咪'，上台老人院有个老妇，叫'浦咪'。还有个牧场的贱名，叫'泻咪'。有男人也叫'阿咪'的。小儿院里还有几个小儿都叫'咪咪'；有'黑咪''白咪''瘦咪''胖咪'。我们幼儿园的保育员，就爱叫婴儿作'咪'。"

我："今天洗发的一个漂亮女人，我听人呼她作阿咪"。

固:"哦!那是'宗咪'。你注意到她了?"

我:"我觉得她很有点像阿嬷。你看怎样?"

固:"你真有眼力。岛上人谁不说她像阿嬷呀!但她又不是劳模。而且年轻得多啊!"

我:"她有多大年龄了?在哪里工作?"

固:"她在保育院工作,与阿美相好。大约二十多近三十岁了吧。这些,你问阿楚。他全知道。"

我极想知道这阿咪的一切。饭后又忙去问阿楚:"你知道宗咪的一切是不!"

巴得楚把我看了一眼,道:"你会注意到她来。"

我道:"因为她很像阿嬷。"

楚:"不错。人人都如此说。"

我:"她和阿美同事又相好。你必然也知道她很多。"

楚:"美美说过,人人都说她像嬷嬷。嬷最后一次分娩后,婴儿院就有了这个女孩。"

我:"你说,她就是阿嬷的女儿吗?"

楚:"岛上产妇,都在产妇院生,娃娃一落地就抱到婴儿院去养育了。没有人知道哪个小孩是谁生的。也从来没有产妇关心她自己生的是哪个婴儿。像宗咪那样与阿嬷相似,也只是旁人猜测如此。她二人是从无任何血缘情感的。你请问这个作甚?"

我:"我奇怪阿嬷已是十多年连选的金章劳模了,阿咪却还未做劳模。难道她们一切都相像,而品德和能力却相差很多吗?"

楚又把我瞟了一眼道:"你已经知道她不少了呀!"

我:"因为我崇拜阿嬷这个人,所以注意到她的女儿为何未能成劳模。"

楚:"由于爱她的人太多了,应酬频繁,她的工作成绩便平常了。现在她已快三十岁。少女时代过去之后,工作会出色的。便如阿嬷,三十岁前,亦是经常未当劳模的。人就是如此嘛!又能有几个能赶得上阿嬷的呢!"

我们谈到这里,时间已到,便各自上工去了。

这天晚饭后,各人都在整理衣服和仪表准备参加选偶。一听号角初鸣,劳模都齐集到中台广场。听从王派的那个干部指挥,排队候选。

我是保育邦的第七名。阿楚是财会邦的第三名。他的一邦劳模先到下台坪去了。我这一邦等了许久,才跟着向下台坪走去。

下台坪的缘堂沟渠很宽，是劳模婚选的主要目的地。少年男女们大都集聚在此。各邦劳模，照例依次从得拉澎左边，走向大桥头。再向勃拉澎崖岸，走到渠道的右尽头，再回头走到得拉一方的尽头，才散开自由选择。若是看中何人，要去订偶的，亦随时都可离队就选。待前一邦劳模来回于渠道一次时，后一邦劳模队列乃出发。就这样陆续进行。宗部三邦，是排面在最前的。

　　我的一邦，有劳模九人。在渠道一个来回间，已有五人出列就选去了。得成列回左端尽头的只剩有四人。散列后，我又独自从左端人丛走到右端尽头寻觅宗咪，但一直未见到。

　　我一心只盼遇见宗咪，更不留心他人。既往返下台数次皆未见着，猜测她应在中台广场。便离开下台，向中台走去。刚上中台坎道。望见勃拉桥头也有一丛人。想那里可能也是婚选场地，决心拢去看一看。还未走得半程，忽听见坪边草丛间有人高呼："阿咪快来看啊！"桥头人丛中，便有个青年女子应声，健步夭矫而来。我想："难道阿咪恰在此处啊？"忙注望那女子。她不是宗咪，却也年轻漂亮。我便走近她去看个究竟。原来是两个女子发现一条长虫，正在那里拨弄。这个女子走拢，也同样拨弄几下，便用块石头把它砸死了。与那两个女子说说笑笑，一同向桥头人丛走去。

　　我猜这个阿咪，可能就是匋咪。虽不是宗咪那样美好，却也俊俏可爱。心想：按巴得楚所说，宗咪追求的人多，可能早已被前队挑去了。这个阿咪既与其同名，样子也是可爱的。难得个同名的阿咪，也可聊慰相思之苦。帮助下次能挑得宗部的阿咪了。心中这一连串的"可能"和"或许"，终于推动了我跟上前去，叫了一声"阿咪"。

　　那女子回头向我婷立。同行的两个女子看我戴有光荣牌，便离开阿咪，向前走了。

　　我问阿咪："认识我吗？"

　　她摇头不答。

　　我又问："你是宗咪还是匋咪？"

　　她答："匋咪"。

　　我说："我正准备教匋部妇女洗发呢。"

　　她忽问："你是岛外来的劳模吗？"

　　我答："是的，你们的理发工。"

　　她："还要问我什么？"

我："邀你同路玩。"

她应了我一声"嗯"！

我："过左边藤桥去看看好吗？"

她："嗯。"更不言语，随着我走。

我们走向得拉桥，中途正碰见宗咪跟随一个戴革章的中年劳模，缓步从对面走过来。过后，我掉头望他二人，自念"我果然不可能得到她了"。又念，给匈咪看出我盯着她不好，便随口问道："你认识她吗？"

"宗咪。"她答。

"那个劳模？"我问。

"不认得。"这女子说话就是如此简单而乏味，并颇露出不快的样子。我以为少女初晤，大都如此。未曾介意。

号角又一次响了。我问她："同住到我的屋子去吧！"

"嗯！"她仍是这样应声。引步迟迟。但未曾拒绝。一路也无话说。

我回屋，燃起松光，指木凳给她坐。凡原劳模，住室里皆有一条凳。她不避让，直身坐上凳去，眼珠溜转着察看屋内什物，一言不发。

我为了讨她欢喜，故意取下光荣牌，放进工具匣去。使她嗅到香皂的气味。她果然感觉到了，说了一声"香"，便拢来匣子看。

我从容取出香皂，凑近她鼻孔说："他们把它叫着'夺粑'。你看好不？"

她说："我们把它叫作'嬷澎'。"

我问："为什么这样称它呢？"

她道："谁不知道只有'棒嬷'一人才得用。"

我安慰她道："虽只阿嬷得用，却是我在保存。这个月就只你才得享受它的芳香了。"说着，便把香皂放入她的枕下，并解释说："这是保存，不是使用。"

她这才表现一点儿喜色，向我做一微笑，解衣就寝了。这一天，我总算愉快地过去了。

第二天，我与阿咪分别到原食堂吃饭，到原编组工作。我仍忙着为人洗发。有个女劳模在洗发后要看香皂。我忙应承着。待开匣取，始觉未曾放进匣内。连忙道歉说："忘记带来。请明天看，行吗？"她并未责备，却说了句俏皮话才走。她说："我们不得亲用，连看的机会也难啊！"

她这话，明是对阿嬷的嫉妒和对我的不满。使我十分尴尬。

收工后，我连忙跑回屋去寻找。回忆是放到咪的枕下的。但翻遍查看，直到午饭号响，仍未寻着。饭后回来，再三遍寻屋内，亦无影踪。我着急了，勉强仍去上工。

晚饭后，我又回屋去找，仍找不着。我想："难道岛上还有偷窃的事？若是丢掉，我如何向岛王交代呀！"

我绕室徘徊，惶惑焦躁。巴得楚回来，见我这种情形，进屋便问："出了什么事吗？"

我把失掉了香皂的惶骇，低声告诉了他。可他一点儿都不急，只淡淡地说了一句："回想一下你放置在何处的。慢慢找嘛！"便回到他自己屋里去了。

我无心问他找到对象与否，只自闷坐思索如何把它弄掉了的。

很晚了，匈咪才回来，砰的一声门响，她傲慢地走进屋，带入一股香气。我忙问："香皂你拿去了吗？"

"嗯。"她惯例地应了声，才从怀里摸出香皂，藐视着我道："你问的是这个吗？"随手抛掷向我。

我接受不及，掉到地下了。

我顿时怒火生起，但仍极力忍住，低声对她说："这是岛王命我保存着的公物。限制了用途的。你怎可私自拿出去了啊！"

万想不到，这个泼妇反而大怒起来。她大声武气地吼道："这不也是保存着吗？我没有使用过它，你责问不着我！"

我仍是低声问她："拿给别人看过没有？"

她厉声答道："许多人都看过了。不让人使用，看都不让人看吗！"

把我气得手足都打战。收拾好香皂进匣，各自睡了。她还怨我不再把香皂放到她枕下，叽叽咕咕闹个不已。

次晨，我向巴得楚说了，请教他："这事当怎么办？"

阿楚埋怨我道："你太不审慎。仅才第一夜，时间还早嘛，你便轻易找了这样一个人。你把王命保管之物拿给她去玩，这将大大影响你的身份。闺房吵闹，那倒还是小事。你打算怎么办？"

我说："正因为不知怎么办，故才来向你请教嘛。"

阿楚沉吟了许久，才说："今天是选偶的第二天。你是劳模，有权申请离更选。你如认为有离的必要，正好推罪于她，申请另选。但你要审慎考虑，那将会惹起匈部人的不满。而且，你今天已难再选到如意的人了。如果认为这个人还可以转变，能够容忍下来，还有一个月时间，可慢慢地教导她。把她改变了，也是你的成绩。"

我筹思很久，也觉得我初次立功选偶，隔一夜就闹离，也是会惹起舆论谴责的。便决定了：慢慢想法改变她。巴得楚叹了一口气便走了。

这天上午休息时，我又把这事悄悄告诉阿固和阿温。希望他们有机会帮助我劝导匌咪。

阿固跳了起来，嘲笑我道："你为何初夜号角才响，便去咬着这个辣子啊。那里岛上有各种'阿轰'。你全不访一访，就吃下肚去了，该你受罪。"原来岛上把辣椒叫'轰'。雷电也叫'轰'。因匌咪的泼辣，人们给匌咪取了绰号叫"阿轰"。

阿温道："现在说也无用。只有以后注意伺候她，少出些事就好了"。

我这才后悔未听阿楚的教导。悄商他二人，想立即向岛王申请。他二人也劝我不要如此。这天夜晚，好在也未发生什么严重事情。

从婚选三天过完开始，便是匌咪更为放肆的时候了。她把我这新房改造成为我的地狱。使我每到吃晚饭后，照例走回屋来时，内心便如去赴汤蹈火一般。然而，能够逃避到何处去呢？她已经赖在我身上了啊！

这个女子，不只性情乖张，而且酷暴非常。她经常呼我叫"泻夺"。阿温有时晚上来我屋子，说长比短，劝我们和睦。她总是不待别人说完，就说："阿温，你又来替泻夺做说客了啊！关你屁事！"阿温于是也不再来了。

每每遇到这样的情况，我总是在她呼唤"泻夺"时，厚颜含笑地对阿温说："你看，她把我这外来人便是如此欺负。"表示这是夫妻间在开玩笑。

一个夜晚，我当她有点和悦的时候，才谴责她道："我虽是外来人，已经成为岛上的劳模了。你何得常把我叫'泻夺'嘞！"

她立即发怒道："劳模怎么样？你凭一块光荣牌，强占了我，还能够凭它吃掉我吗？我只知道岛外来的就是'泻'。你就该叫作'泻夺'！"

我仍耐性想说服她："人人都叫我阿夺嘛。你也叫我作'阿夺'就不行吗?！"

她不但不肯叫声"阿夺"，却连着叫了几声"泻夺"。

我发怒道："再叫泻夺，我要惩戒你了。"

"泻夺！泻夺！泻夺！泻夺"！她更是狂叫起来。

我打了她一巴掌。她更凶恶地扑到我身上乱打起来了。

还是巴得楚和邻室的人闻声起来，分别拉开。她在已经拉开时，还乘人不备，突然冲过来咬了我一口。

我向群众申诉，要求大众帮忙，进行离异。群众等纷纷议论，都说："三天早过去了。就没有离异的规矩。"

匋咪乘势更哭啼吼闹，还几次要冲来殴打。幸赖阿楚与几个男劳模出来责备她，态度严肃地指出她偷香皂和侮辱劳模的罪过，表示要请岛王召开大会处理。方才得把她的疯狂气焰压下去了。

人众散后，我急怒无言，挺身躺下。直到天明，几次被她的哭闹惊醒。

次晨，我求阿楚设法申请离异，宁愿单身独处。

阿楚说："离异的时间早已过去，就不要作此想了。同床人闹架，群众一般是偏袒女性的。现在只有耐心地同住，满一月后，就可卸下这一枷锁。"

我问："她呼我泻夺，又殴打我，已是侮辱劳模罪了嘛！"

楚说："我们昨天虽然用此压服了她。但看在会上，帮她说话的人还很多。实际上也难定罪。呼你泻夺，若无人做证，她还会说是你欺骗。况且你也就承认过那是闺房内的玩笑嘛！殴打是相互的，她不可以说是你先出手吗？岛上规矩，先出手的罪更重。既是闺房内的事，谁肯来帮你做证呢？又况且，纵然判她的罪；仍不能离，反而增加她的仇恨。她亦是有朋友的。匋部青年多浮躁，歧视你这外来人的不少，必然会惹出你今后更多的麻烦。固固的前事，你便都忘了吗？我劝你，还是力图和好为上策。"

我被他这席话说泄了气，低头呆立，许久发不出声来。

阿楚说："听我的劝吧！我是为你好。"

我只好连连点头，拭泪而别。

从这天起，我更怕进这间屋。每一进屋，便引被蒙头睡了。偏是这个女人回屋，总是哼哼唱唱，得意扬扬的，就像疯子一样乱跳乱吼。有时把我的工具匣搬起，抛向地下，砰然作响。我亦不敢伸出头来看一看。因为怕又要打架。有时她脱下衣裤，故意抛向我被头来。我亦伪装不觉，只作鼾声应付。有时她还揭开我的被子，赤裸裸硬要钻进来。我不理她。她还厚颜无耻地说："这是我的权利。谁叫你选中我呀！我才不愿同你睡一铺呢！"真叫我哭笑不得。

我每回想起上月遭遇，那是何等温柔。今天竟被她缠着了，这是何等痛苦。自问我是如何咬着这个辣子的呢？为了是同名的人选了她。谁知同名的人竟是如此性格。顿觉所有的阿咪都是泼妇了。心里原先对宗咪的爱慕也即淡漠了。

偏是一天，该为儿童们剃头。领着小儿们来的人，正是宗咪。我一见，便又联想起了阿嬷。再看宗咪，任何方面都是温柔善美的。爱慕之心又复高涨起来了。小儿们都乐于要我剃，宗咪也即站在我身旁，温柔地和我说话。先谈了些小儿的性格和善恶。又谈到洗发的方法。我心情十分愉快，聚精会神地注意她的问答。好在手艺纯熟，经常回头面向阿咪，也不影响剃头。有一次她问："给你新偶洗过了发没有？"

我怕她知道我们闺房的不和，抬头看她的脸色。未提防用了刀的中部缺口剃下，刮伤了小儿的头。只听小儿一声哭叫，我忙回看，头上两线血痕露出来了。阿咪和一群小儿吃惊，拥上来俯视。

我赶忙解释说："刀有缺口，误划了两线皮，不会出血的。"

小孩们闹着说："血都出来了，还哄我们说不出血！"于是带伤的小儿跳下凳来，拉我去告状。我被小儿们推拉着走。

邦董闻声，出来看了。不过只有点血珠，不是流血。命我们与他剃光。宗咪也很难为情，哄着小儿说："剃完了再惩罚他。你叫他们小朋友看，只剃半边头好难看啊！"小儿才依了。

我再细心地给他们剃完，阿咪默然领他们走了。邦董这才责备我道："你做了劳模以来，轻举妄动，屡犯罪行。把王命最爱的公物交给女人去玩，群众议论纷纷。我们调查，你是无意的，故未曾给你处罚。又知道你们闺房不和，厮闹打架，很失劳模身份。孰是孰非，我们正在调查。今天你又失手把小孩的头皮划破。按照你的技术讲，是不应该出此事故的。这不是一件小事。你回屋去自己想想，为什么几天之内连出事故。好好思过，静候王命处分。"

我想分辩，也无从说起。只好低头不语，表示认罪。

这天夜间，我仍是很早蒙头睡了。匋咪还是深夜才回来。砰然一声打开门，把我惊醒。她得意扬扬走进屋来说道："好一个手艺高强的劳模，把娃娃舒服得哭起来了。我要看这块光荣牌还能压我多久！"

我佯装睡熟，凭他嘲笑，不敢作声。心里暗想："这婆娘消息灵通，当天就知道了。自然是整个匋部都传遍的了。我今后将更难于做人了！"

次日下午，王命组有人来，叫我回屋，索取光荣牌。他说："开会讨论了你的作风问题。说好说歹的人都有。议决：收回了你的光荣牌，也不公布你的处分。派你明天到绷盖去给矿冶工们剃头洗发。固固同行。"

我取出光荣牌给他。他更不说话而去。这天，是我入岛以来，极为羞惭难过的一天，当夜回屋里，只想早早睡熟，免得看见匋咪进来。偏是她，今天回来得特早，照例砰声踢开门。进屋后的话，可与往常不同了："棒！你今天疲倦吗？这早就睡了。我们再把'夺耙'拿来放在枕下嘛。那是你给我的幸福。"说着，便去开我的工具匣。还故意奚落我说："哟！你的光荣牌呢？"又走拢来，突然把我的被子揭开，道:"你戴着睡了吧!"

她狞笑着,想看我的难过。

这时,我羞愤暴腾,翻身起来,披上衣,准备痛打她一顿。但在这披衣的时间,又冷静下来,气一泄,也不敢发作了。

她仍继续嘲笑我道:"这下,我叫你作'泻夺'不会打我吧!泻夺,你说嘛!我现在是不是有侮辱劳模罪了?"

我羞愤至极,反而沉默下来了。走近工具匣,摸着剃刀,恶气推动我,想杀掉她,毕竟不敢。又想自杀。毕竟也不敢。当这恶魔缠着我,催促我行动之时,我突然变成另一个人。

我想:脸,已被她摧毁无余了。等于生命已也糟蹋到垂危了。只剩得明天离开她的一条路。我就不可以学个坏蛋,昧了良心来戏弄她一场吗?想定以后,我反而柔顺得像小羊羔一般。

我斜着眼,涎着脸,侧首微笑去对着她脸。放下刀,摸出香皂来,又拿去放到她枕下。

她前来取出,掷向地下道:"我不再替你保管泻粑!"

我笑嘻嘻地拾起,放进匣去。又取出小剪来对着松光,自剪指甲。问她:"你剪指甲不?"她骄傲地伸出手来,道:"你以为我就害怕吗。"我连忙让她坐到凳上,把她手掌引近松光,恭谨地为她剪,随剪随向她说道:"我从前仗恃劳模身份,做出多次对不起你的行动。现在才明白我错了。我一个外来人,得到了你这样一个漂亮的女英雄做伴侣,还不规规矩矩向你学,反与你顶撞打架,闹出笑话来。受到岛王的处分,是千该万该的。现在我的头脑清醒了,从前完全是我对不住你。你是对我很好的。我决定死心塌地听你话,听从你的指挥,以求补过。望你宽恕我的以往。"

一个喜欢恭维的泼妇,却也易驯。她欣然轻轻用指头点在我的额头一推,说道:"你这个人哪,其实也不很坏。可能是有人把你教坏了。一定要受到教训才会转变得过来。既然已经转变过来了,便是好人。我喜欢好人。以后,我不会让别人欺负你了。"

我听了她这番话,不禁暗自发笑。很失悔,这套功夫使用得太晚了。

七、别有天地

我仗着有光荣牌去找甜味，却误吃到"辣椒"，几乎自己把生命都毁掉了。幸还有机会在苦海中发现别有天地，重走上了新生的快乐世界。

王命人来收回了我的光荣牌。派我随固往绷盖牧场剃头。这个决定表面看像是处罚，但实际上是拯救我的一个措施，是巴得楚向王出的主意，他见我与匈咪实在相处不下去了，而群众议论纷纷，舆论方面对我甚为不利。想暂时让我离开中台，到绷盖去回避一段时间，以缓和缓和这一紧张气氛。

这天早晨，阿固一早就来屋内唤我，说："岛王命我们二人早饭后就到绷盖去，给矿冶工们剃头、洗发，来回限时三天。你把铺盖和工具全带上。叫阿咪把自己的铺搬来住几天。"

其时，匈咪已经穿衣起床了，我还睡着。她向我说："我也想把铺搬过来，待你回来，垫盖厚些，才不怕冷。这已经是冬天了呀！"

"嗯！"我也对她应付了一声。

她走后，我才起床，收拾行李，一物不遗地卷束起来。吃饭后，阿固捎着行李包来与我同路。向上台草坪，转右前进。

这个草坪很长，大约走了三十里才走完。我二人一路闲谈。

阿固说："我们今天就像充军一样，充到绷盖那个边远地方。你心里有点不快吧！"

我说："我欢喜的是游历到新的地方。愈远愈好。"

阿固："有点远咯！走拢怕已午饭过了。"

我："总是走得到的地方嘛。"

固："你到那里，要会见一个金章劳模。他可能是欢喜你的。"

我吃了一惊，忙问："你说的是阿嬷？"

固："阿嬷怎会去到那里。我说的是阿蚩。他是一个男子，是匈部的金章劳模，人还年轻呢，不到四十岁。"

我一听到匈部的人，就有了不快感。未曾应声，听凭他说下去。

"他在那里很有成绩。十多年来，新成绩不断出现，所以成了金章劳模。这也由于那个地方小，人数少，他的权位专一，所以易于出现成绩啊！"固固继续评论那个人。

我问："他的职权是什么？"

固："他是矿冶邦的邦副。矿冶邦的邦董在更远的得拉后山开矿冶金。分给他三四十个人，在绷盖，做烧窑取石等工作，兼管绷盖牧场。那部分人的工作，全由他铺排。"

我："请把他有何优缺点告知我。"

固："他气力大，身架也高大，多远外都可以望见他。他经常捎上大木头、大石头，随同群众搬运，一个人顶得两个人的负荷。打起仗来，号称无敌将军。但他心很细，手也很巧。对于任何事情，都比别人能够想出更好的办法，也比别人做得好些。与你有些相似。"

我问："他对待人的态度好不？"

固："他的性情好。对人的态度也好。他从来未与人吵过架。从未出手打人。要是他打人，没有人能打得过他。"

我："因是这样，所以就没有人敢惹他。你便觉得他从不出手打人了。"

固："也可能是这样的。但是岛上人，从未有人说他性情不好的。我与他少接触，常听人如此说。"

我："可能他真是匈邦性情最好的人了。在全岛说来，算不算呢！"

固："若不算全岛性情好的，他如何能是十年不脱选的全章劳模呢！"

闲谈之间，草原愈走愈窄。望见勃拉澎那条深邃的峡谷已到尽头了。尽头处，两岸地平线已经一致。一条小的瀑布，直泻而下，迸溅出的水花，在阳光照射下，五彩缤纷。吸引着我眼光。

我问："我们要去的地方，就在勃拉澎的那一方吗？"

固说："不。勃拉澎除藤桥外，是无路过去的。那个悬瀑上面是个海子。海口是条溜滑的石堤坎，人过不去。海子尽头，又是峡谷了。绷盖就在海子的这一边。那一边是我们的藩部，另有固王管理。除每年进贡和派人来凑够我们婚选所缺的男女人数外，是不许两侧的人过来、过去的。"

我问："为什么叫勃拉邦？"

固指着右臂说："这就叫勃拉嘛。就是那里地处右边的意思。传说绷王初到时，把本岛叫作'绷邦',因为就地形说也是个'邦'(山爪台地)嘛!后来才改称'博尔多林'的。收服了左右二藩部后,就用左右二臂命名。"又指左臂说道:"那边得拉邦,也就是这个意思。"

这草原到了最窄之处,便是海口。我们过了一段圮墙,到了海子旁边,望视海口瀑布,是从一道白石英石的长堤口坠落下来的。风景极为动人。我们停脚欣赏了许久。阿固指着说:"这条白石,叫作'绷夺'。那头延长露在绷浦之上。此石异常坚硬。拦住海水,成此长堤。但因水流冲洗,磨得十分光滑了,使得两岸人不能往来了。因为要想往来的人,都会被水石滑倒,跌入瀑布或海子去。只有绷王一人走得过来,成了我们岛的王。绷王还用此种石料,做出许多犀利的工具,所以称为'绷夺'。勃拉澎的藤桥,是绷王修造的。桥成以后,本岛与勃拉邦才有了安全的通道。"

我问:"这段圮墙有何用处?"

固说:"勃拉藤桥建成以前,绷王在此引条长藤过海口,使人扶着长藤,往来于溜滑的堤上。仍有滑下海子和瀑布的,但可以拉着藤索呼求救援的。所以建了此墙,常驻勇士于此,挽救滑堕的人,并防守海口,以免坏人潜入本岛。后来藤桥建成,此堤便无人走了。藤索久废,墙亦圮了。"

我们沿着海边山麓一条狭路前进。初还是十扒①宽的草坪,渐狭到了一肘宽。还有时要越绕山岩前进。山岩越尽,海子消失不见了,出现高平而宽长的一段河原。这一边是森林郁闭的山地,那一边是沙石凝固的绝壁,前接海子西岸,后则不知其所至。绝壁崖顶,是些硕大的乱石,没有植物。中间河原宽平的远处,已有人和房屋。阿固指着说:"那就是绷盖。"

我们前进到河原的较高部分,见很多人在忙着掘土,做陶器与烧窑。远处有人放牧牛羊。也有人在砍柴运柴。多有认得阿固的,在与他打招呼。

阿固引我去见邦副阿蚩。果然是个大汉,他(蚩)表露出很喜悦的样子,说:"你们来了。已经快要吃饭了。吃了饭再工作吧!当前还需要准备些什么。阿固你熟悉,先去准备吧。"

这邦副似曾认得我。阿固刚才转身出门,他便向我说:"你感到人地生疏吧?少时,你会碰见你的一个熟人。"

我莫名其妙,只答说:"岛上都是自己人嘛!"

---

① 一扒,即平展双臂,从左手中指端到右手中指端的距离。

蚕说："对！你说得对！"他随即引我进食堂去。他同我挨着，占了两个席位。随着便有些人来了，陆续排在我下方。阿蚕又站到我下方来说："给阿固留个席位，我们好商量工作。"于是陆续来的人又各退一位站着了。

外面有人传呼"吃饭"，又陆续进来许多人，依序把席位占完。

炊事员提汤饭出来。一个拿瓢子的女人，望来有些面熟，仓促想不起名字。迨她走到面前时，她说："阿夺！你也来了。这里可没有辣子吃呀！"随说随分汤饭舀进我的碗里，哧哧作笑。

我猛然想起，她就是阿楚连选的美美。原来这月在此当炊事员了。我忙抬头，叫了一声"阿美"。又忙复埋头吃饭。暗想："她还是那样风趣。她竟也知道我吃的苦了啊！"

饭后，我问固："水和盆方便吗？"固："阿美已把一切准备好了。"我悄问："阿美何时调到这里来的？"

固："我亦不知道。阿蚕选中了她，她就会调到此地来的嘛。"

我："可能她就是上月来的。但为何她也知道我吃辣子呢？"

固："阿咪这个人，岛上谁不知道。只有你才肯去挑选她。你刚挑选到她，岛上人已哄传你'吃辣子'了。"我不禁又自悔恨羞愧起来。

阿蚕叫我到他层里去，先给他剃头。叫阿固去给其余的人在食堂里剃。

我给阿蚕剃完后。他又留我在屋里，给他爱人洗发。我说："还须调制灰水。"他说："固同阿美已经准备好了。"

他刚说完，阿美捧盆水进来，说道："请吧！夺澎的发明人。"

我："请勿嘲笑我。尊敬的阿美！"给阿美洗发完了。我要出门去帮阿固剃头。

阿蚕说："好。你去给他们剃。换阿固来给另一些妇女洗发。"

我刚走到门前，阿蚕又说："请待下。阿美在与你们预备房间。待她布置好后，你到屋内去给她们洗发。门外天气冷。"

阿美找好屋子，来引我去。阿蚕也同行。这屋子与岛上屋子一样，是土墙竹席。多了两个木凳。

阿蚕坐下说道："阿固还未剃完一个人。有点时间。我先把这里情况告知你。这里除我和阿美外，只有七个是胥，也都有屋有偶偶。其他三十多个都是泻和犯罪的人。胥偶之中，亦有犯罪的人。只要他们是守规矩的，我也平等看待。妇女共有十来人，都许她们洗发。就叫阿固在屋外给妇女们洗，你在屋内给男子们剃。先剃七个胥。"

他说罢，就出去了。我跟他出去与固固调换工具。便有一个人跟我进屋剃发。这显然是阿蛋先已布置好了的，依次入剃。

我剃完七个胥，天还未黑。我到门口问："谁人又剃？"无人应声。

阿美进来说："你今天不剃了。阿蛋说过：你如有剩余时间，可到厨下来多制夺澎，储备着。让此间妇女能多洗几次发和垢衣。她们勤劳，出汗多。"

我便收拾好工具匣，随阿美到厨下去制灰水。这里陶器多，阿美装了一大盆，还想多要。我说："灶灰完了。请你学会自己制造。这是很容易造的。"

我嫌他们这里的陶器做得不好，想趁天还未黑去看一看。阿蛋正在做陶坯子。我走近去。他望见我说道："做完了这盘，我陪你去参观。请你研究有无改良之法。"

我看他，调有一盆泥，用手掬一把出来，搓成泥条，做个圈放在木盘上。用脚一蹬，那木盘骨碌碌转动不停。他才用双手控着泥圈条，使它匀薄、拉高起来。又另把一泥条黏结上。如法再蹬转盘。依次接成高泥圈。又才用块木片贴进圈内，转动圆盘，不断用指控压，并糊上泥水。不久，便成为一个覆碗形状了。这才另做一个碗底，用泥水黏结起。翻转碗来，用另一个齐头弯腰的木片放进去，转盘控制。瞬息便成一个碗坯了。他面前、左右，放置许多已成碗坯，形状相同，真称得是手巧。

另外，还有几人同样在做碗。

阿蛋先起来，洗了手，引我去看陶泥。原来这段河原上的土，都是灰白色的黏土，是上等的陶泥。

阿蛋向我说："从前岛上的人，只用竹筒吃饭和饮水。绷王来了，发现这种泥，才教人烧陶之法。现已能制碗、盆、坛、瓶、壶等品种。现在我们的碗，运销邻部，每年要换回许多东西。但我们自己还只一个人一只碗。我想争取今年做到每人有两个碗。一个饭碗，一个汤碗。还准备做到每人一个盆。但是做的人太少了，生产很慢。必须添得几个手巧的人才行。你如愿意，我请求把你调来帮我。"

我说："我从未做过陶器，只怕学不会。"口虽是这样说，心里却盼的是能调来，以好离开那个泼妇。

阿蛋说："明天只叫固固剃洗。你同我试做一天看看。"

说着，我们又去看烧窑。他们只把干陶坯，放在平铺的柴薪上，再盖上很厚的柴薪，点火一烧，便成陶器了。所以，虽用的上等陶土，烧出的陶器都是黑色。

我说："听说外地陶器多是灰白色，是在土洞内烧成的。一窑可烧很多的陶器。可惜我未学过。但方法总是人想出来的。别人做得到，我们也能做得到。你若能求岛王把我调来，跟你苦心研究、试验，一定是可以做到的。"

阿蚩欣慰地说："相信你如来了，陶场一定会有起色。我一定请求岛王调你来。"

天黑了。我们回公堂吃了饭。阿蚩又同阿固进屋来商谈，决定明天我不理发，跟他去学制陶。当天睡得早，也睡得很熟。

次日早晨，我跟阿蚩去学做碗，先学做了两个坯，都未成功。

蚩说："莫灰心。坯做坏了，泥还在。再来几次，便会成功的。"

我再做了一个。他望一望说："你看，这个已做得差不多了，以后会做得更好！"受他如此鼓励，果然，我连做成三个碗坯，才去吃早饭。

早饭后，再回去做坯。我逐渐能比阿蚩快了。他很吃惊，问我能比他更快的道理。

我说："你们的方法，是加一圈的泥条，只搓成恰够一圈的长度。加一圈后又搓一条。我是一次搓成很长的泥条，可以够几圈用。盘旋着增高，所以就要快些。"阿蚩乐了，反转来向我学，并叫其他做坯的都向我学。

我又向阿蚩建议：用木块做个碗模，覆在轮上，涂些水泥浆，才用长条泥盘在模上做坯，连底做成。最后只加一条小泥圈支底。说："如此，更可快速，而且碗形一致。"阿蚩大喜，立即跑回屋去吩咐木工做碗模。

他转来时说："我俩且待碗模有了再做吧。那边此刻出窑，我们去看看，有啥改进办法没有。"

我们走拢时，看那个老工人，正在聚精会神地观察火候。阿蚩叫他过来和我讨论改良之法。那老工人名叫阿燻，有六七十岁了。性格有些古板。当我谈到白坯被烧成黑陶，是由于炭烟燻灼时，他赞同。但当我设想用挖土洞装坯，只从下边烧火之法时，他又反对了。他说："绷王传下的老规矩，就只如此。谁的智慧还能胜过绷王吗？"

阿蚩说："留下这问题慢慢再商量吧。快要午饭了。我们先来协助出窑。于是我们共拨开了火烬，让烧成的陶瓷冷却。我按阿燻的经验，留心察看各碗的位置和颜色。"

当同阿蚩回食堂时，我说："看来，从坯下烧火的效果好些。若还能造土窑，多装陶坯，从下烧火，上面出烟，四周保持高温而不烧柴。是可以烧出大量白陶碗的。邦副能够不顾成败，挖土窑来试试吗？"

蚩："一定要试。阿燻年老固执。待我们做出新成绩来，他自然要折服的。现在和他商量无益。就让他去保持旧法，我们各自去创造新法好了。"

午后，阿蛋又邀我同去考察牧场。他说："我们现在还不能不保持旧法生产。也不能不想出改良的新方法来。我相信你就是一个可以胜过前人的人。一定要留你在此地合作。我有权力，你有智慧。我们合力干下去，力量是无敌的。"

我感激他这样相信我，又比阿楚进一步了解他，于是决心留在此地，再度从头做起了。

阿蛋并不是个沉默寡言的人。他对群众发号施令的话，只有一两句，决不多说。今天与我同游，却是滔滔不绝地介绍这一地区的一切情况。

我们走进这个陶土堆积的干河谷，遇着个坚硬岩石的坎子。爬上岩坎，便是绷浦后山（绷冈）的山尾，与勃拉后山相对，构成一个石峡（峡口）。有条小河穿过峡口流入海子。它便是"勃拉澎"的上源。水从峡口到海子，都是擦着绷盖平原外侧的长崖绝壁流行的。

走进峡口，河谷忽然折转向左，成为九十度的转角。地形也全变了。右侧是大雪山，左侧是微微倾斜向上的大草原。勃拉澎源，便是沿着雪山脚下和斜草原的内侧流行的。草原外侧便是绷浦后山。森林从绷冈斜下，直到上台坪草原。

我们依勃拉澎上流走去，发现雪山一侧的岩石，风化崩解后的全是斜方而平均的方块。颜色灰白，硬度不似绷夺（石英岩）高，却亦胜过他种石材。我觉这是最好的建筑石材。回想起，昨天看见海口圮墙，正是此种石材散堆。阿蛋说："绷王时，已经搬运此种石头到海口砌墙。后来桑浦大桥头的外垣，也是用此石砌成的。我们矿冶邦的采石工，原就只采运这种石材和绷夺。后来全调到得拉后山去采矿石去了。"

我们沿崖脚小河走到草原的尽头，则是许多巨形乱石阻断了。我们爬上最高大的一巨石向外去望，看到对面雪山冰崖之间，是绝大一个梭沙槽（崩溜槽）。听到一种奇怪的声音，很是惊人。阿蛋说："这里与从雪山下来的冰雪、流水、沙石、岩块，经常向下崩泻。直落到得拉澎深谷里，发出天崩地塌的巨响，百里内的人都能听见。每年总有几十、百来次。我们把它称为'山鸣'。山鸣时飞沙走石，山崩崖裂。这草原放牧的牲畜会奔窜乱跑，每有坠岩坠涧而死的。岛人听惯了，却不惊诧。这个草原顶部，由于土石逐年崩溃流失，渐渐退缩。现在溜槽愈宽，乱石存留的已不多了。"

我看这草原长约三十里，宽有数里，草还不坏。只放牧有多头青灰色的大角羊。草是吃不完的。四周全是绝路，羊跑不出，虎狼亦进不来。算得一个优良牧场。牧工全是妇女，除了保育羊羔、孕羊之外，几乎无事可做。我认为这是个大有可为之地，暗自筹划得一片绷盖的远景规划来。

我邀阿蛋爬上绷盖对岸绝壁去探看。

他说："不能去了。这一长崖无法上下。往时可由海口绕去。海口危险，须有藤索救护。现则藤索久废，只能从中台藤桥过勃拉邦了。今天还走不过藤桥。何况勃拉是藩部，你还不能去。我从前曾去看过这个崖顶，说与你听吧。

"这个长崖顶部，全是像'崩溜槽'边的石头，延衰十里，寸草不生。只有些蜥蜴爬行于沙石之间，觅食小虫。常有大群崖鹰飞来啄食蜥蜴，并在石间沙上产卵育幼。勃拉的人，每年春季，成群结队去捡崖鹰孵蛋。鹰护蛋，也常群起扑向来人。故去捡蛋的，都穿戴竹衣竹甲，持刀矛，与鹰战斗。每次总要砍死几十头鹰。人也有受伤者。鹰翎，也是勃拉的商品。"

我们又到海口去察看。阿蛋再为我讲了一个有趣的故事：

"相传绷王初来时，绷盖草原还只是一个长满沙石的长海。绷王向龙王要鱼吃。龙王不肯给。绷王大怒，从天上请下大力神来，命令他'把这海子排干，沙石赶走，要把这海底变为草原来养羊子吃'。大力神伸出巨掌向海底一刮。所有的沙石都赶到勃拉一边去了。由于'绷夺'这一岩层太硬，抵挡了他的手掌，所以把海底刮成了外高内低的斜草原。又由于他起手用力轻，收手用力重，所以又是右高左低的草原。海水都随斜面被刮走了，只因收掌时，中指回勾了一下，造成一个深坑还停留有水。便是现在的海子。

"龙王被刮到绷盖时，要求随沙石爬过勃拉邦去下蛋。绷王不许。说道：'是龙就该到大河去，不准在山坡上害人。'大力神便伸出一根指头，把龙王从峡口向大河一勾。于是造成勃拉澎这条沟，和对面那道长崖。大力神是用一掌刮过去，又用一指勾过来的，所以造成了峡口这个河谷的大转折。

"龙王那时正要下蛋。蛋已坠到产门了，被大力神这一勾，推下了大河。他从绷夺岩边梭过，蛋被长堤挤落在海子里。绷王为了不让他以后偷进海子来孵蛋，命大力神在海口外造瀑布。大力神再伸一指从海口外挥下去，向大河一刮，遂把海口以下的勃拉澎造成为深不可窥的峡谷，而海口就成了瀑布。

"龙王还想再从得拉澎潜上海子孵蛋。绷王再命大力神断绝他上来的路。大力神又从原来海子的另一端挥根指头下去，向大河一刮，便把得拉澎也变成峡谷了。由于他下指时挥下太深，五根指都触动了冰雪，所以造成了崩溜槽每年的雪崩山鸣。龙王想孵蛋，多次不能上得海内，至今还有个未孵化的龙蛋。"

阿蛋讲完了这个故事。我问他："你相信真有其事吗？"

他说:"你看这地形。若还不相信这些传说,又怎能去理解这样奇怪的地貌呢?"

这天晚间,阿蛋提出调我。

我提出了下面一系列的主张:

(一)重开海口的白石堤路,加强与勃拉的联系,逐步走合并之路。蛋说:"堤大溜滑,危险。"我说:"牵上藤索,用铁锤敲破滑面,就行了。"

(二)恢复海口旧墙,守护海口堤路,造成三台以外的居民点,蛋说:"这不容易。"我说:"没有牧场的方石,便不容易。但此地有这个宝贝,就甚容易了。我包你在下月,便能砌成一条永久不圮的墙,作为样板,为今后方石的利用打开新路。"

(三)造拱窑烧制陶器,提高生产效率。蛋说现无技师。我说:无妨自力摸索,积累经验,逐步改进。

(四)发展绷盖牧场养羊和上台牧场养驴,分别健全设施,提高肉食供应和运输用畜的数量。

(五)合并勃拉藩部。虽目前尚难实现,但可着手准备。

阿蛋赞赏我的建议。明天他同固固回岛去向岛王请求,留我在绷盖制陶。

次日,我送他二人到海口,还为他说了些砌成此墙和恢复海口通路的技术问题。阿蛋表示决心尽力争取实现这些计划。

八、改进烧陶

阿蛩赴王宫去后，第三天晚间才回来。我远望见，便走到他屋子去问消息。

阿蛩说："我们的理想还难实现。岛上人的意见还多着呢！但是，岛王已批准调你到这里了。我们慢慢商量着做去吧。"

他又含笑着说："我碰着阿咪。她问你，为什么不同固固一路回去。你准备也把她调到此处来不？"

我连忙摇手说："千万不要。让我摆脱她吧。我这一生也怕见她的面了。"

蛩："你为什么这样痛恶她呢？我看她说到你来，并无憎恨之意。"

我摇着手道："不说这个了。只有这一个月的事。让它忘掉吧！"

阿美插话道："匈咪这个人，被人叫着'阿轰'，性格是粗暴些。其实是个好人。她工作起来也很有劲头。曾也有人提议她做劳模哩。你既挑上了她，一个月同居是规矩。还是调她来吧！"

我说道："你们若还要把她弄到这里来，我就只有下海子去取龙蛋了。"我说后摇头苦笑。

阿蛩大笑道："你们的事情，阿楚与固固都已向我说过了。其实，调你到这儿来，便是巴得楚向岛王出的主意。在巴得楚看来，你二人已经无法同居。但我这次所见的匈咪，她对你并无恶意。既然你一定不愿再见她，就不再考虑调她来了吧。"

我感激地向阿蛩鞠了一躬，道："尊敬的邦副！你这才叫我有信心跟从你在绷盖了。"他们都又笑了起来。

阿美仍责备我道："你也不能把阿咪看得太坏了。也该自己扪心自问，可能也有不对的地方吧。"

我忙应声道："是是是。本来是我先错了。"

美："你错在哪里？何妨说来听听。"

我："首先是我全不打听，匆忙地就选得了她。更还有……这……我不适应她的性格。"

阿美面向阿蛋说道："你看他。其实不肯认错。"又面向我说道："人都知道，你是打听已久的。只是把人和名字弄搅混了。"我脸一红，也跟着他们笑了。我"吃辣椒"的故事，也便是如此结束了。

晚间，我又问阿蛋："工作怎样安排？"

蛋说："岛王召集会议，讨论我们的建议。有人说：'本是岛外来人。根本不应安排到绷盖去。那是个容易跑逃出岛的地方。若还再把海口堤路打开，他就更易逃跑了。'于是有多人责备我不该轻易听你的话。主张勒令你仍回岛上剃头洗发。我不与他们分辩，只站起来，拍着胸脯说：'我敢保证夺夺不跑。若还他跑了，我愿与他同罪。'这才把群众怀疑你的议论压下去了。"

我连忙表态道："我有幸得到你这样一位相信我的领导，就死在这里也值得了。"

我又问："现在如何安排我的工作？"

蛋说："会议上也有人说过，只改良烧窑一条还可以试一试。这是我职权以内的事。你就在做陶坯的岗位上筹划改良烧陶这事吧！"

我说："我只知内地的汉人用的烧制陶器都是挖窑烧的。但未知窑是怎么个造法。打算依这方向试着去自找办法。虽然你和绷盖的人支持，但若连试失败，岛王和高干们也会来制止吧。请你再考虑考虑。"

蛋："我相信你。你考虑能成功，我们就决定干。你估计做不成功，便暂时不干，再做计较。只要是利于岛民的事，我总是要支持到底的。你不要怕失败。即使岛王问责，撤销了我的职位，我也要支持你到底的。我们是共命运。"

听他这样表态，我也下定决心了。次日，我跟阿蛋到陶场去做碗坯。随做随商量：要先多多赶制出碗坯来。必须教会做坯工人都用我们加碗模的方法。我们费了好几天工夫，才把他们都教会，碗坯的产量也就大幅上升了。

阿蛋说："我们这下可以开始摸索挖窑洞烧陶的方法了。纵然失败几窑，损失大，也可用此突增的产量来弥补。"

于是，我二人亲去试挖窑洞。其余坯工，仍继续赶制碗坯。阿燻，我也主张把他调来挖窑，说："这样可借他的老经验来帮助我们，也可以用我们的成功之处去说服他。"阿蛋很赞成。

我们选在山爪下的高原土层处，先试挖个小窑，只装得百来个碗坯。先在窑底用柴薪架成通风的孔隙。我给它取个名称叫"风路"，再于柴薪上加纵横两层大木，我取名叫"坯楼"，也是留出风路的。在其上安放碗坯，也是留出风路。窑顶洞开，仍放薪柴盖上。这盖薪铺得很宽，望它能把窑周土地都烧热，以协助提高窑内近壁的火候。这些柴薪的厚度，是采取阿燻的经验配置的。

这次烧出的一窑，失败了。坯楼木中心部分先烧断，碗坯向中心部分陷落，互相挤压，塞断中心风路。开窑看碗，下部的，软卷不成形。中部的，作暗红色，全已破碎。上部与靠边的，完好者也不多，仍是黑色。

阿燻说："不是绷王遗法，怎能成功啊！"

阿蚩说："无妨。这是第一窑嘛。已经有点经验了。关键在于改进坯楼。"

正在这时，又是岛上婚选之期，我一心只想的是烧窑成功，不愿参加。但阿美促成了炊事员阿然挑选到我。我虽在新婚仍是全神贯注于改进坯楼的事。

我想：杠炭比木材经烧。若还用杠炭架在碗坯下烧，可能发热量大而下陷率小，破损不大。风路分散在边隅者扩大，火力分布平均，就会烧出完整的白陶碗吧。但我来岛后，尚未见到杠炭。故我建议先烧杠炭。阿蚩初不知杠炭是啥东西，我反复比画说明，他才理会到了。蚩说："你说的杠炭，我们叫作'燔'。得拉后山的矿冶邦，便是用它来烧炉炼铁的。其法，是阿甲教会的。我们这里的阿飞，从前原在矿冶邦工作，他就烧得来'燔'。就派他去先烧来备用。我们仍去挖窑洞。"

于是他命我同阿燻，就在前窑侧边，挖第二洞窑。可大一点儿，以能容三百个碗坯为度。

阿燻忧心忡忡地说："我也看过阿甲炼钢铁，用燔，铁都烧成水了。用它来烧陶，能不把坯烧融成一饼吗？我料这次仍是失败的哟！"

我说："阿蚩要试一试。还望你估量火力，斟酌炭量。只要火不太大，或许也行。"

窑洞挖出来，炭也烧来了。我细心铺架杠炭。觉得风路与承力都是足够的，才砌碗坯。把窑的顶口做小些，把窑的大门做大些，并还外加了两个送气孔，达到左右侧的炭楼之下，用人扇风灌气，以助火力。要使全窑的炭同燃同灭。以免碗坯挤压损坏。

但是，结果又如阿燻所料，失败了。下半窑的碗，全都软卷结团；上半窑的碗，仍是黝黑易碎；只有中部得到少量好碗，却是洁白可爱的。阿蚩说："只要有这几个好碗，就可以说明我们的改良方向找对了。阿夺！继续努力下去。"

我要求再挖一座窑，把上口再缩小，亦用炭盖上。窑脚除大口之外，左右各凿两个通气孔，加强打气灌风。火候到时，分别从窑脚的气孔与上下火口一齐灌下水去，以免炭烧过大。

这次又失败了。当灌水时，窑内响声如雷，热气上冲如喷，高出数丈。窑冷后，开取成品，都是白色，也无卷结，只全部破碎了。

阿燻抱怨说："若不是绷王发怒，如何会成这样的奇象？这不是绷王的遗法嘛！"

阿茧仍不理他。对着我说："这次可能是泼水多了。但烧成的碗大多成白色，应也算是成功了一半。"

我说："白碗烧成，是阿燻察看火候正确。碗会破碎，是我泼灌水的主张有错。"

阿燻说："火候到了，炭火还全体在燃。不熄火，岂不烧卷了。更还若没有黑炭支持，碗坯堕落，也会打碎。不能说泼水错了。"

我道："阿燻说得对。我企图以未烧完杠炭支撑着碗坯的想法，证明也错了。应该再想法做成固定的，火烧不动的坯楼。把火放在楼下烧。火候到时，用铁钩把炭钩出窑外就是。不能灌水。"

阿茧道："有什么办法，能做成烧不垮的坯楼呢？"

我想了一会儿，说道："若用铁条架楼，糊上很厚的陶土，待其干后，先用炭火把它烧成坯楼。这样做成的坯楼，可以承托几百个碗坯的重量了吧！"

阿茧说："可以试一试嘛。只是铁条不容易得。我派阿飞到矿冶场去，请邦董支持我们铁条。"

但阿飞从矿冶场回来，未曾要到铁条。传达邦董的话道："依阿甲的方法，把绷夺锤打成细粉，调和绷土，糊成熔炉，便是烧不坏的了。"

阿茧立命大家到山上去撬剥绷夺来锤粉。然后调和绷土，杂以石块，糊成坯楼。待干后试烧，果然不坼不垮。这一窑，我们终于烧成功了。唯尚有些卷的和黑的。

此后，我也跟着阿燻学看火候。第五窑以下，一窑胜过一窑。我又创制些缸子、坛子、盆盂与碗同窑合烧。都陆续成功了。除了添加了岛民的生活用品，还为岛上增添了一批对外交换的商品。

阿茧很高兴，拍着我肩说："不枉我交了你这个朋友！绷盖在长生岛的地位上升起来，只是由于有了你。"

我说："我在技术上毫无贡献。白陶的成功，是阿燻、阿飞他们的贡献大。连阿甲也是先进的指导者，还有邦董的指示，才有最后的成绩。至于我，只不过在你领导下，跟着你干出了点微力而已。我很清楚，没有你的支持和信任，没有阿燻他们的同心协力，我什么也做不成的。"

九、新法砌墙

当第五窑烧成时，已经又是上弦月膨胀，岛上又要选模的时候了。阿蛊提出我和阿燻的名来，征取群众同意，准备上报。阿美带头响应，群众也无人反对。偏是阿燻站出来说道："这次烧窑，虽说成功了。连坏四窑的损失亦已不小。大家知道：这个违背绷王遗法的行动，屡次失败。只在使用绷土和绷夺的时候才得有这成功的呀！这不仍是绷王遗法的成绩吗？我不能因此就得到劳模，也不赞成提阿夺的名。"

我急忙也站出来说："我也反对这样提名。阿燻说得对。不是阿飞传告邦董指示的方法，我们只会继续失败下去。我要承担前四窑失败的责任，并无半点功劳。倒是阿燻善于观察火候的功劳，是不可埋没的。我请求只提名阿燻一人。"

阿燻又说："我也断不接受。我在这件新事上，是始终反对的。我为何反可因此提名呢？！"

众人无言，尽都面向阿蛊。阿蛊面向着我，沉默许久。才宣布只提阿燻一人。

这天晚饭后，阿蛊同阿美又到我屋子来安慰我。阿美说："群众纷纷议论，新窑成功，是领导坚决信任阿夺的创造发明。不是阿燻有功。要提劳模，不该舍了阿夺。"

我说："的确，要在这一成就上选模，就只该是领导之功。我与阿燻都是不该提名的。"

阿蛊说："当我把新碗擎给王看时，王已提我为被选劳模之后，叫我提出群众中出力的人来。自然只你一人才是当提的。为了避我们友好之嫌，我提出阿燻做伴。偏是你的谦辞坚决，群众当时又不表态。我便只好违心做了决定。但我还可以请求岛王为你提名。你意如何？"

我："千万不要如此！我上月受处分时，王与大众已经是意见分歧的了。大多数人都是主张把我回降作泻的。岛王同意少数人的意见，只没收了我的光荣牌，也不宣布处分，已经是偏袒我了。你若再于本月又去求岛王。王纵允了，群众也难通过，反而损伤了王的威信。"

蚕点头再三，说道："岛王是知道你这勋劳的。群众歧视你，也是事实。我盼望你能再做出一件岛上人人都看见的具有说服力的新成绩来。群众终不会辜负你。我估计，这是你能够的。"

我说："我一定要在这个月内，争取获得下届劳模，来报答你的期望。"

归寝后，我在感激的情感下，久久不能入眠，几乎通夜都在筹划如何做出个能够吹糠见米，又能用事实说服群众的成绩来，不负他的鼓励。

我想：我实际是个并不特别聪明的人。只不过是把使用灰水的经验介绍给岛人，便得到了劳模，而且岛上把灰水都命名为"夺澎"了。实在是过誉了。但像烧陶这样的技术性很强的事，我并不在行，单凭想象和意愿在干。所以许多想法都是失败的。最后还是在岛民的帮助启发下，才侥幸成功。看起来这种无把握的，需要长时间摸索试验的事，对我这个急于逃离岛的人来说，并不相宜。最后想起，康巴人用乱石砌墙这套功夫，是其他民族所不及的。自己在边军修营房时，曾向一位康巴人学习过乱石砌的方法，基本掌握了它的技巧，并有过一点儿实践经验。这里后山牧场侧麓的方石，恰是最好的砌墙材料。我如从这方面来改进岛上的建筑，便可能收吹糠见米之效，令岛人悦服，取得王与头人的信任。阿蚕是个有大志的人，他想发展绷盖的事业，也想合并勃拉邦。我就从恢复海口堤路与守卫碉垣去说动他吧。想到这里，心里转而安静下来，不觉进入梦乡。

次晨，我去对阿蚕说道："我看岛上建筑，都是土墙，只几处守桥的堡垒是石砌。绷盖后山的方石材，那样多，未能充分利用，很是可惜。那样的石材，配合绷土，用我的方法来改造岛上的建筑，可以把王宫和仓库都改建成永久不塌的坚固建筑物。"

阿蚕道："永久不塌呀？不可能吧！海口的墙，便是用此石材加绷土砌成的。现在它塌了。"

我："只要你向岛王建议，把恢复它的任务交给你。你领导我们去做。我保证能在一个月内，砌成大木都撞不垮的坚墙。用人抬大木横撞都撞不垮，就可证明是坚固不垮的了。"

蚕："前次我提议过修复此墙，但无人赞成。"

我："这次请你说明，这只是作为改建王宫、仓库和未来其他建筑能否坚固永久的一个试验。这既是绷王遗迹，恢复起来也是应该的。一个月观成效，所耗劳力也不多。此墙筑成了便可恢复海口堤路。让本岛多一路到勃拉。绷盖事业的发展前途，可能得它的帮助。"

阿蚩见我说得头头是道，蛮有把握，便趁劳模提名之便，去向岛王汇报了。岛王也正因为王宫建筑歪斜裂缝，而准备改建，便批准了，并说："这是恢复绷王遗迹，又是试验性的事，就无须再交大会讨论了。"

　　岛王又剔去了阿燻的劳模提名。认为他在烧陶的改进上是无功的。只阿蚩该享受此功。

　　阿蚩回来，向群众报告了这一消息，并说："我们这里有丰富的方石和绷土。阿夺向我提出木撞不垮的墙壁砌造法，岛王批准先行恢复海口石墙来做试验。下一步还要改建王宫和仓库。岛王要我在绷盖培养一批建筑工人出来，不但要承担好这些工程，还要承担全岛将来的建设。我决定：把我们绷盖的四十八人重新分配工作。阿美等三个炊事员不变。牧场管羊的三人不变。窑场留阿燻和三个做坯的人继续烧陶。其余三十七人和阿夺与我，都集中到砌墙工作上来。今天晚饭后，便在食堂开会，由阿夺讲解这一计划和砌石的方法。明天分成撬运石材与砌石做墙的两组进行。"

　　于是，各人都准备去了。我取了大小不同若干块方石，堆放在食堂。晚饭后，三十七人皆未散。我向他们阐述了这一计划的意义后，先给他们鼓劲说："只要是依照我这方法砌的，就是十个人抬大木撞它，都撞不垮的！"然后，表演了砌石的方法，随做随说砌法的要点。我说："砌石不垮的诀窍，在于每一块石，无论如何都要与邻近的石块互相切压。只要功压一个点，或两个点就行了。但不能相依相靠到三点以上，这是基本原则。我反复说了多次。上下相接为压。左右相接为切。基层一列石头，安在地面的，则只求相切。但也须大体整齐，高矮相当，才利于次一列砌石的工作。石块向外一面，务须是平整面。其他五面（上、下、左、右、后）不必是平整的。墙的两面都这样。砌成一轮后，在中空处填入大石和碎石，叫作'填心'。填心先用大石，填到墙面石略同高度。不用嵌镶，但求与邻石有一二点相切而已。中间任留空隙，再以碎石填充。使空隙不大，而石块直接或间接互相接切。一轮砌定，再砌次轮。次轮面石，必须跨压两个基石。用绳子测量石面，务使石面平整。石尾不必与基石相接压，以就平面。外壁平整时，乃用大或小石块支其尾部，与石块间接相压。也要与邻砌之石直接或间接相切。如此砌成第二轮的两面。再如法填心。填心之后，撒入少量土粉。必须是少量，使各石相接的各点有土粒辅助支撑。不能填入满土，土满则吸水膨胀，冬天结冰膨胀，会要从内部挤垮砌石。如此层层上砌，逐层略有收分，无论砌到多高，只要是墙基稳固，各石的上下左右后方都有一点儿与邻石相依接，即能互相拉扯，成一整体，横撞不垮，雨淋不败，永不倒塌。而且墙面亦很平整好看。"

全场中，只阿蛮与少数几个人在用心听；也有些瞪目不懂的；更还有睡着了的。我见这样，便说："现在只是让你们了解一下，光看自然是学不会的，必须亲身去做，在实践中学习，取得经验以后，便会掌握技巧，砌得好了。"于是，就迅速收场了。

次晨，阿蛮命我同十二个人到牧场去取石块，他自己同二十四个人到海口去除圮墙，做新的墙基。

我与十二人，拿了窑场挖土的工具，加上十几条桦木杆子，走过峡口，沿着山岩，去找已开始分解的岩石。用锄挖开缝间的枯土后，才用木杆插进石缝去撬。撬坠了一大块岩石。坠下牧场，便自然跌碎成大小不等的若干石块了。这些石块，大都是上下两方平整的，左右前后四方也相对平整，只不是正面而是斜方。虽然撬下之石破缺不完整者多，但都有三方以上是平整的，给砌墙工作以很大的方便。

一个上午，已得有上好方石几百块了。这里无偷盗。我们把工具丢放在工地上便回去吃午饭。饭后，我嘱他们继续如法地撬。自己到海口去代替阿蛮，让他到王宫去报告开工，并请配发竹箕、背板①和斧锯去。

海口工作的人，上午依邦副指挥，把圮墙的石块与沙土分别搬开堆叠。我参加这工作，做到收工。阿蛮亦把工具领来了。

当晚，阿蛮让群众早睡。他仍与我研讨了工作才睡。他决定明天与我调换工作，他去撬石头，我去砌墙基。尽此一天，要把场地平出来。他说，婚选期快到了。我们要赶紧做出成绩来给人看，才有利于绷盖人员的找偶。

早饭前，阿蛮宣布了各人的任务。饭后各人便拿起工具出发。由于他有领导能力和威信，群众都很听从他的命令。使我的工作进展很顺利。

这天，阿蛮叫撬石工两次出工时都各带背板，在回场吃饭时便各背些石头回场。他自己，选了最大一个背板先走。回来时，他背了百多斤的石头，带动了人人争着多背。晚饭时，食堂外石料堆了几大堆。我们平场地的，下午也比上午更起劲。因为午饭时看到撬石组的劲头，也被带动起来了。但是，我当天仍未把墙基搞好。

次日，阿蛮又换回海口去带头。摒出了十扒长，扒多宽的墙基。我去撬石，也两次背回了百多斤石块。

---

① "背板"，是块长方木板，下方横装有一短板，固定成直角。安装有两条背带。运石时，人负板于背，拾石块叠压板上而运之。

当天夜晚，阿蛋要我再把砌墙方法讲解一次。我们便在食堂外，利用上弦月将满的月光，练习砌法。我把每一个石块必须与上、下、左、右、前、后，六方面的各个石块相靠一个点的要诀，反复讲说表演给他，教他练习，手把手地指拨。他反复练习多次，直到完全学会了才作罢。阿美和四五个男子也来，在旁边看我传授。

次日，阿蛋命所有的人都背石头到海口墙基堆积。到海口后，指定昨夜陪学的五个男子同他一起砌石。另五人递送石块相助，顺便学砌。其余的人都回食堂去运石块来。命我在他们之间往来指导，教方法，说道理，纠正错误。要做到人人学好，点点落实，不让有半点含糊。

我与阿蛋引绳弄尺，划出墙基位置。墙厚一扠半，留门宽一扠，画线下桩。命余人先出力挖开基线内的土。到达石盘为止。地下石盘挖现后，才下石砌。教他们道："基石稳固，墙才稳固。"

砌石到与地面土齐时，我命用尺量绷土调水成浆浇灌下去。

阿蛋问："你不是说不能填满土和灌水吗？"

我说："这是地平线下的基石，须要实在。地平线以上砌的，才是墙身，那便不能如此了。"

他问："不怕冰胀吗？"

我："现在快冬至了，海子还未结冰。可知这里地下，虽严冬也是不结冰的。纵是结冰，也不可能深达墙基之内。所以不怕冰胀。"

这一天，我们十二人，完成了墙基工作。

又次日，仍是我们十二人砌。我斫来四条小树，植在墙基两端，与门的附近。用石砌稳，以防摇动。利用它们横出的枝，系绳垂石，定出墙面和门面的垂直线条来。因为门面要砌四个方角。我们决心慎选石材，把它砌得方正垂直。

于是依各垂直线引绳开砌。阿蛋嫌我耽搁了时间。他极想选模前就完成。我劝他勿着急。

我说："现距选模只几天了，再赶快也是来不及的。我们为本岛百年大计，培养建筑工，必须要求他们把手艺学到手，做出稳健不败的成绩来。要能使岛人都看见而且信服。这个婚选节，让它过去。下一个婚选节的胜利就会更大一些的。"

蛋："虽如此说，毕竟还是愈快愈好。"

我："现在大家的手都还不熟练，催快了容易发生疏虞。一点不到位，都会影响到全面的成绩。待得大家手熟练了，随手做来都无差错的时候，才可以加快进行。我们现在的不求快速，正是为了未来的快速嘛！"

阿蛋听从了我的话。督促诸人百般谨慎地做去。

不几天，我们已把墙门砌好。四棱方削，一色灰白石，平得像刀削一般。墙的外面也是如此。

当墙体砌到与门额同高时，阿蛋派人斫来几根树材，斧劈方正，拼排到门顶上。留下两条树干大木，便拿来试验撞墙。

他命十个人抬起树干，向墙面横撞去。墙稳固不动。他下令："再着力撞！"十个小伙子再抬起大树干，后退十来步，才喝声号子，合力奔驰着向墙撞去。墙仍未动。反是树干弹回，推使他们跌坐下地。幸还抬着未放，没有伤到人。只把手都弹红痛了。

大家欢欢喜喜地说道："真牢固！不枉我们苦学苦干了这多天。"

阿蛋道："若无阿夺教导，我们苦干又能有什么用呀！"

我道："我教这个方法，算得什么。方法没有人用，一百年还是空话嘛。我来岛四个多月了，不遇着你这位领导和你们这批小伙子，会能砌成这座墙吗！"

于是，大家都乐了。

阿蛋说："我们创造了这样棒的新成绩，为本岛改进建筑打下了基础。我要去请岛王和三老九邦都来验看。跟着开展岛上的新建筑。要把岛人瞧不起咱们绷盖这个地方的旧观念打破。还要把那些鄙视阿夺这外来人的观念也打破。"说时，他面向我。

我说："我只能暗呼'邦副咻'。因为不敢用此恭维来亵渎你这好领导。"

群众也同声说："阿蛋是我们的好领导！阿夺是领导的好助手。"

这一天，也正是开始评模的时候。晚间回绷盖吃饭时，阿蛋又提出我做劳模。征求群众意见。全堂一致欢呼同意。只我一人仍坚决反对。

散会后，我再次去请求阿蛋勿提。

阿蛋说："你的功劳是应当享得劳模荣誉的。你来本岛后的社会地位，也非连得劳模不能提高。你为何苦苦要求勿提名呢？"

我说："你知道我，绷盖群众也知道我，可能岛王与部分干部都知道我了。但全岛绝大多数的人，则是绷盖都未来过的，他们怎能知道我，又怎肯投豆选我呢？与其只做个提名劳模，徒使别人怀疑你偏袒于我。不但于你有损，也将加深岛上憎我的人的憎恶。他们会说我是依靠你来骗取劳模呀！忙什么呢？且待此墙砌成，请岛王和干部们来验看之后，甚至于待至王宫和仓库都改建以后，全岛人都知道我有此贡献了，你才提我的名，岂不就如'瓜熟蒂落''水到渠成'了吗？"

阿蛋再一次同意了我的坚辞，叹息道："我已做了金章劳模，才来到绷盖。原指望把这里的事业振作起来，破除岛人鄙视绷盖的思想。可惜这地方偏僻，成绩不能使岛人看见，连月的劳模提名俱不成功。便如阿业，她来场数月，勤劳无缘，并且是个衷心敬佩你的人，也是该提劳模的，我都未敢提出，着实委屈了她。"

　　我道："还有阿美，她连月襄赞你的事业，功劳也是大的，你亦未曾提名她。"

　　阿蛋道："她本也是应该提名的。但前月提名阿燻都失败了。如何还能提到她来呢？你知道她。岛人却没有知道她们的哟！"

　　说着，阿美进屋来了，劈面就说道："阿夺，这次的劳模可提稳了。恭喜你。"

　　阿蛋道："你猜错了。他可是坚决要辞去，而主张提你和阿业呢！"

　　阿美道："阿业正该。我可不做那个妄想。"

　　蛋："你与业，都是应该提名的。但是阿夺刚才说得对，我决定把你们三人同委屈下来。"

　　美："你说的那三个人，是阿燻、业和我吗？"

　　蛋："说的阿夺、业和你三个。"

　　美惊叫道："有阿夺吗？那你就太不公正了。你不会这样吧！"

　　蛋："我决定这样。"他把我说的理由重说了一遍。

　　美亦点头道："虽如此说。仍是不公正的啊！"

　　我回屋后，把这情形告诉了阿业。

　　阿业道："我在少年时候，便是一心为岛上工作的人，也很少犯错。但从未有人设想把我提名选模。现已四十多岁了，在绷盖工作如常，并无突出的贡献，却被阿蛋看得起，居然考虑到将我提名。这个领导人哪，就是与别人不同。所以，人人都服他，愿为他努力呀！"

　　我："的确，我一到绷盖来，便感觉这里的天地与他处不同，是因有位卓越的领导人。"

十、四次婚选

我入岛的第一次选偶节，因身份未明，不得参加。第二个月，得参加了，被高级劳模嬷嬷挑取。在她的帮助下，做出成绩，成了岛上劳模。第三月，戴上光荣牌选偶，误碰着了阿轰，备尝痛苦。幸而避到绷盖来，获得更生。又承阿美的多方牵合，得与炊事员阿业为偶，平安地度过一月。现在该是我第四次选偶了。

婚选前，大家评模评美欢欣沸腾。唯独我是冷淡的。劳模既已不愿提名，婚偶仍是毫无兴趣。每天只是埋着头，拼命搞自己的工作。群众都说，我在争取劳模，却又坚决拒绝提名，是奇怪的。连同床阿业，也不知我是为了什么。

阿业，是个资貌平常的半老妇人。埋头工作在厨房里。我对她无感情。只缘阿美多次劝我选她，也多次劝她选我。我们是胥选胥，要第三天才能够进行。第一二两天，就只能听劳模和骨干们挑选。阿美既已说合，我们便托言工作忙和有病，前两天便不入场，第三天回去，才到上台便选定了。我借此，也避免让人看见是摘掉光荣牌的人，更还怕的是匈咪碰面，受她凌辱。

与阿业同居一月，我觉她性格虽也粗犷，心地却是善良的。虽未帮助我的工作，却亦未妨害过。逐渐相爱起来了。我既劳模都不要了，还更在乎去选谁呢？既然是决心忍耐待时，得着这样的人也就好了。

婚选前几夜，我暗自与业商量连续一月。

阿业说："不行。岛上没这个规矩。"

我问："阿虱不是与阿美已经连婚两月了嘛。"

业："那是金章劳模特享的权利。阿虱为了工作需要，先行请准连婚一月的。你和我哪能行！"

我问："那么，阿美下月能仍留在绷盖不呢？"

业："也不行。岛上的规矩，纵然岛王特许，也只能连续一月。"

我："阿虱若还失却阿美的帮助，麻烦会要多些啊！我很替他焦虑。"

业："你焦虑什么？规矩是定了的，谁还能改变它。"

我不答话，心里却暗忖道："正是要想着改变它。"因又探问道："若还是个所有劳模与干部都不选的人，有愿连婚的，也不许吗？"

业："哪能有这回事呀！"

我暗想："既无前例，就有缝隙可钻了。"设想：阿美前两天都到上台去和绷盖的女泻男泻们在森林间"捉迷藏"。一般劳模与干部都是不到上坪选偶的。阿蚩第二天下午才到上坪去挑她，就可以得到。看在他的连续勋绩，用这样合法选得的事实去求岛王批准再连续一月，便会行了吧？

次日，我把这样设想去密告阿蚩。阿蚩说："你不可这样设想。婚选舞弊是大罪。"

我讨了没趣，才出来工作。

这天晚上，阿美到我屋来，问我："明天该开始婚选了。你打算怎么办呢？"

我道："我为了加速搞好工作，不打算参加选偶。行不？"

美："这是你外来人的奇怪想法，是岛上规矩所不许的。"

阿业道："岛上婚选，男女人数是规定了的。缺席一个男的，便要孤剩一个女的。不经请准，自由放弃选权，也是犯罪。"

我道："下坪，没我的份儿。中坪的人，我没脸见面。只好到上台去看一看吧了。"

业："上坪，泻和犯罪的人太多。谨防又挑错了。我知道：本场有几个女胥，都是钦佩你的。你去挑她们吧！"

我："你能说具体点就好了。究竟是哪个人呢？"

业："这怎么能说名字呢？你就不会自去观察吗？"

我："为了工作，我从来无暇观察哪个女性。"

阿美笑道："你反常了。你观察过宗咪呀！"

我："尊敬的阿美，你还在如此嘲笑我。"

美："咪对我说过，明天她只在中台。"

我："那么，我这三天就不到中台了。"

业："下台你总还得要去吧！"

我："不！"

业："你这人也太别扭了。"说罢她便出门解手去了。

阿美悄声问我说："你真的只愿到上坪吗？"

我："真的。"

美:"果真如此,我说个人给你。你留心,额上抹黑的,仍有不少的好人。我说这个人,保证你满意。她叫阿叉,三十岁了。她原是我的朋友。是个好心的爽快人。只缘说话放肆,要受处分。所以,至今还在抹黑参加。但她不是辣子。你若选得了她,同到这里来住,会是幸福的。她的样儿也长得不错。你要早去,迟了,她是会被别人选去的。"

我:"相信你的朋友就是好人。但我不认得她。她亦不了解我,怎么行呢?"

美:"记着:三十岁的人,黑皮肤,嘴大一点儿,眼神很俊,身材长大。她叫阿叉,涂黑疤的女性。似此者不多。你会发现她的。"

次日,是选偶的第一天。收工和吃晚饭都特别早。绷盖共有男女十多人,随同阿蛊赴选婚场。我和阿美在内。我问阿美:"我们是胥,今天只能受挑,不能挑人吧?"

阿美答道:"嗯。但是,胥挑泻,则是可以的。你是旧劳模,便更可以了。"

我们一行到了上坪。阿美四下观望,忽然呼唤"阿叉"。有个女人应声。她们走拢,说了几句话,便又走开。我明白阿美的用意了,仍随众人走向下台坪,混了一混,迅速经过中台,回到上台坪。这才慢慢做个闲游之态,走近阿叉。

我故意问她:"我似乎给你洗过发?"

她答:"未曾。只阿温给我洗过。"

我:"你不认得我吗?"

她:"认得。你是夺澎的发明人。"

我:"听说森林内有个'绷浦'。你能引我去看看不?"

她:"现在还有事嘛。"

我:"只引到林边路口就行了。"

她勉强引我走向绷浦的路上,扭转头反问我道:"你不到下台桥边去,却来绷浦做什么?"

我:"阿美告诉我,说这里有个阿叉,很能干。叫我问她愿调到绷盖去工作不。"

她:"阿叉就是我。"

我:"你愿意调去吗?"

她:"阿美在那里,我还有不愿去的吗!"

我:"那么,我们待二次号角响了就同路回绷盖去。"

她熟视我许久,才突然问我道:"瞧见我额上的黑疤没有?"

我:"阿美早说过了,你是好人。"

她："你莫只隔几天又闹后悔。"

我："你嘲笑我吃辣子，也是口过。"

她笑着跟我同行了。一路谈笑。她的确口快心直，毫无顾忌。她批评选模不公。为阿美抱屈。还说，阿嬢该选作邦董。还说，匈咪并非坏人，责我不应抛弃她。但她也说："你来岛上立了功，岛王宗老都喜欢，偏是有些人横竖要恨你，都是不公正的。"

我怕她的话被人听见，受牵累，忙劝止她。她说："怕什么？公正话没人说，事情还办得好吗？充其量不当劳模，不准选婚罢了。绷王他会知道我。"

我懂得如何才可以抑制她的牢骚，乘势答道："知道你的人多着呢！我原是完全不知道你的人。为什么我在这选偶的第一夜开始，便跑来盯着你，唯恐失掉你嘞？还不就是因为听到说你好的人多吗！"

她这才收拾起牢骚，含着笑听我的说话了。我说："既然你同意了。我们就去找阿茧，给你调工作吧。今夜一下把手续办好，省得明天再下来。"

于是，我们向中台走去。刚下得上坎，正遇阿茧同阿美一路在找寻我们。既相见，欢快地互谈情况。

阿茧说："岛王又批准了我延婚一月。都是你烧陶成功之力。"我们两对朋友互庆成功。

于是，阿茧同我们去到王宫，请得批准，调阿叉到绷盖工作。阿叉又回屋去取了衣被。我们一同走向绷盖。两对朋友，喊喊喳喳地交谈。

阿美问阿叉："这地方是谁都不愿来的呀！你乐意跟他来吗？"

叉答："你都愿来，我还有不愿来的。"

美："我是被金章劳模押着了嘛。"

叉："我没有被谁押着。只是听这岛外人说，你盼望调我到绷盖来的。"

美："我没有说过这话。"

我抢先去说道："你未说这话是实。我今天是遵奉你的命令办事也是实吧！"于是大家都笑了。

阿茧问我："打算给阿叉安置什么工作？"

我答："我哪里知道。这是你的责任嘛。"

阿叉口快，抢着说道："你还问谁。阿美做什么，我就跟她学嘛。"

美："绷盖一共才只三十几个人，厨工已占三个，恐不能再添了。"她面向阿茧。

茧："你看可以调换一个不。"

美:"我已经是生手了。又换阿叉来做,只怕做不好。何况明天该做蒸饭,就只阿业做得成。泻富与阿业很扣手,两人都乱调不得。"

蚕:"我看阿叉体格好,人也伶俐,就跟你学砌墙好不?"他面向我说。

我:"只要阿叉愿意学,我总耐心地教她。"

叉:"我学做碗,或许容易些。"

蚕:"那也随你的意愿。横顺都需要人。"

我:"我们回去再商量吧!"

蚕又问美:"今晚有些什么吃的?"

美:"有酒,有羊肉,有炊豆。泻富伙同阿业,已经从王宫领回去了。是我亲见的。"

叉:"我们今年样样都丰收,又未打仗,生意做得好,仓库满满的,就是应该丰富地过年。"

蚕:"是的。岛王也说该添建仓库了。正打算就我们绷盖成立修建组。"

我:"这次婚选,似与往常不同。"

叉:"你看有什么不同?"

我:"食品要多些。你们的喜色也特别浓厚。"

美:"这个外来人,整天把心用到工作上去了,连这样大的喜事都不知道。"

我:"知道。是庆贺你与阿蚕特邀岛王批准连续同居三个月这一大喜事吧!……"

美连连摇手打断了我的话,大声喝道:"说的是过年。"

我吃惊道:"今天是过年吗?"

美:"外来人,明天是过年。"

我诧异地问:"你们是明天过年吗?"

叉:"我们过年,你就不过了吗?怎说'你们'。"

美:"他不愿别人叫他作'外来人'。自己却处处在表示他是'外来人'。"

我:"你说话真尖锐呀!锐不可当!"

蚕:"外来人就是外来人嘛,怕什么。不懂就是不懂。我们应该教他,不该笑他。"

美:"我教你。明天是过年,要休工,玩乐一天。从今夜起,要吃一天美味。一年只有这么一天。道理就是这样简单。"

蚕:"道理也不是这样简单。我补充几句。绷王制定:每年以昼时最短一日(即冬至）为年终日。此日以后的第一个婚选的正日（月最圆之日）为过年。为是这样可以增加婚选的快乐。今年的上个婚选是年终前六天。这个婚选日才过新年，上距年终日已二十四天了。"

我问："若还年终日恰在婚选的三天期内呢？"

茧："那就恰好是它的次日过年了。"

我："若还恰在婚选期完了的一天呢？"

茧："那就要在下月的月圆日过年了。婚选的日期是铁定的。过年的日期，只能配合它。这是绷王的遗法。"

美："烧陶也是绷王遗法。看你们就把它改变了。这过年的规定，你们也想改变它不？"

茧："生产工作，前人不能好过后人，后人必然好过前人。所以，烧陶法要改进。过年与婚选，是对于岛人生活习惯的规定。人能感到方便，就不当改；感到不方便，就可以改。你们看这个规定方便不？"

美："我看这样就好。"

我："我看这样也很好。这样就可以催促岛人在过年的前夜就把配偶选好。次日才好快乐地同游一天。"

茧："这又不尽然。我们绷盖住的人，因为距岛太远，宜于第一夜就选好，省得次两夜再来跋跎。住在岛内的人，则都喜欢留到明天选定。因为，明天过年，整天都像选婚的三夜一样，男女杂沓着玩乐，才有充分时间各自选择最如意的配偶。"

美："就不像你那样性急的人。迫不及待，连辣子都吃。"他们都笑起来了。

我忙道："请勿再揭我心内的疮疤吧！我尊敬的阿美。我这次也迫不及待，可是你教的呀！"

他们又大笑了。

说说笑笑，已到了海口，过新砌墙门。

阿茧道："说点正经话。"笑声停止。

阿茧又说："明晨，我一早要去给岛工贺岁。不能和你们一道玩。这也是绷王规定的制度。三老九邦与当届劳模，都要到王宫行礼，聚餐，随即商谈一年该做的大事。你们看绷盖本年还该做些什么，让我心中有底。"

我默想着。

阿美也严肃了。还是阿叉爽快，抢着说道："他二人都该提名劳模才公平。"

茧："这到选模时再说吧！"

我说:"砌墙手艺,我们许多人都已学到手,便可以扩大成为一个建筑组。先在这新墙内建造一排住宅,让建筑组人员居住,一便守卫海口,又作为转运方石和绷土到中台使用的中间站。把绷盖的核心逐移靠近上中下三台。这是首要的。其次是在后山牧场建造畜养孕羊和乳羊的房子,免牲畜受风寒影响,造成疾病与死亡。也让那照护畜生的三人有住宅。他们现在都只搭个风雨飘摇的树枝篷在住啊!"

阿美插话道:"这个外来人的好处,就是他处处都在替别人设想。"

我:"这也只是向你学来的嘛。"又继续说道,"这样把我们一组人的手艺练得纯熟,便申请修新仓库和改建王宫。这些都是你和岛王都已考虑到该做的。"

阿茧兴奋地说道:"好!我保证实现你这计划。过了年我们就全力以赴,完成墙工和住宅。请王和三老九邦来看验后,就决定新的发展。"

回到绷盖。阿茧高兴地把我和阿叉引进他的屋子去喝酒。

十一、快乐新年

阿蛊说:"我屋里有桌台、双凳,便于喝酒、商谈工作。今天还早,待参加婚选的人都回来后,你俩再回自己屋去吧。"

于是,我和阿叉,先进他的屋。他拉两条凳拢来,叫我与他靠桌对坐。阿美帮阿叉卸下被卷,便到厨下搬酒菜去了,并叫阿叉也回去把我们的两份酒菜一起搬来。

蛊说:"一般人,今夜都是通宵不眠。我明天要早起。现在可以多谈些我们实现计划的具体问题。谈完我们就睡去。"

我还未开口,阿美已经捧一碗酒来了。阿叉捧碗菜跟着,先后放到桌上。美说:"这一份是邦副的。"便又与阿叉回厨去了。

阿叉说:"往年过年,每人也只一个碗,在食堂会餐。今年才开始用两个碗。可以分盛酒和菜,搬进自己屋去吃。只这一点改善,也是你来才有的。"

阿美同叉,又捧着两份酒菜来。说道:"这是夺和叉的。"我看,菜碗都是一样。酒便比阿蛊的少得多了。

阿蛊道:"你俩把酒留着,回屋去吃。此刻只喝我的酒。"说着,便把我俩碗里的酒倾着一碗,推向桌上一方。才把他的酒倾一半到我的空碗里。我忙去阻挡。他的力大,一只手就把我双手拨开了,并说:"你们领得少。我还多着哪。"

我道:"你又能有许多呢?阿美也要喝嘛。"

阿美:"我还有我的一份嘞!烦阿叉替我去取来,给你看。"阿叉应声而去。

我嘲笑阿美:"是你特别照顾邦副的吧?"

她啐了一口道:"你这个外来人呀!不学不问,总常乱猜瞎说。我再一次教你:岛上的年酒,一人一瓢。九邦干部各加一瓢。三老各再加一瓢。岛王更又加一瓢。劳模也各加一瓢。革章劳模是加两瓢。金章劳模加三瓢。阿蛊是金章劳模,已经比你和我们多三瓢了。又加邦干一瓢。舀出来的这一满碗,还不到他领得的一半呢。他又不甚喝酒。你们痛快地帮忙喝吧!"说罢,她又去找坐凳去了。

阿叉捧出美的一份酒菜来,果然与我一样。阿美提两条凳来了,与阿叉一同坐下，吃自己的一份酒菜。

我也开始拈菜吃。原来是几大片羊肉，盖着半碗炒豆。他们的也是一样。

阿虸又问："你看石材足够吗？"

我道："石材是用不完的。牧场边十几里山崖都是如此方石。陶土又是这样多。只沙嫌少。若修王宫与仓库，当在中台地面。那里终年不结冰，则绷土需用量更大。往常从悬崖的河边去取沙，费力多而得沙少，只供这段新墙涂墙面都难跟上使用。若修仓库与王宫，如何赶得上。"

阿虸沉吟很久，忽然张目说道："有一处沙多，你看用得不？那就是对门沙石绝壁的顶上，乱石窑间，填有大量的沙。我说过的岩鹰下蛋，就是下在石间沙里，孵小鹰的。那里的沙也与对门绝壁间的沙是一样。只是松散的，不似这绝壁的沙石黏合到那样的坚牢一块。"

我："对门绝壁下方泥石与黏陶土结成一块。中上部的沙石就凝结得松些。可能顶上的沙石是分散的。我明天无事，想去看一看。"

虸："那是勃拉地界，你还不能去。待明天过了，我同你一道去看。看来就在对面，走去可很远嘞。"他说着，打了个呵欠。

我道："我们都不甚喝酒。该回屋去了。"于是与阿叉辞了出来。阿美捧着一碗酒，送我们回屋。阿叉也把她吃剩的菜碗拿了回来。岛民习惯如此，不客气地享受自己一份。

我问阿美："你明天要同阿虸一早就走吧？也该早些睡了。"

阿美道："我又不参加贺岁，跑到那么远干什么。我明天跟阿叉一路玩。这是我特别找来过年的朋友呀！"

我明白她的意思是夸她所起的撮合作用，也俏皮地回答道："她只能是你一个月的朋友。阿虸却是你连续三个月的朋友。你虽不参加贺岁，也该潜到广场去等候他。"（知他们婚选是如此先约定的。）

美："你说话半点不饶人！"她抿着嘴，转身就跑了。

阿叉果然是个善良的女人。她温存亲爱地对待我，还说决心向我学砌墙，期望能做我的得力助手。我也劝她谨慎说话，争取上进。

次日，是过年的正日，大家都起得迟。早饭也迟些。吃的是蒸土蛋（马铃薯）和羊肉汤。土蛋有定量，羊肉汤人各一瓢。仍是阿美掌瓢。另外有米粥一盆，任人自取，不加限制。土蛋吃不饱的人都可去舀来吃。

阿美高声说："阿虸到王宫贺岁去了。我们今天怎么玩，大家商量了吗？"

吃饭的三十多人,无人应声。

阿美又说:"阿夺,你打算怎么行动?"

"我个人,打算到后山采石的地方去,看羊仓怎样修才好。也欣赏雪山的风景。还可猎得一些野物。不知有人愿同路不?——"我如此回答。

有人应声说:"对!我们带上武器,上后山去打猎。山岩上雪兔多着哪。"

阿美:"我赞成。我和阿叉都愿去。这里武器不多。只有几把斧和矛子。雪兔这响冬眠着,凭手都能捉得,多带竹筐和锄就行了。"

大家轰然应声:"我们捉雪兔去。"

饭后,我拿一支矛,阿叉背个筐。阿美提个篮子,带头前行。约有二十个人分持斧矛各物跟来。阿美掉头向那些留下的人说:"午间吃蒸饭、肉汤。阿业怪忙的。你们不去玩的人,可以洗了手去帮助她做嘛。愿帮忙的,可要听她的指挥安排,不许乱搞哟!"

只听那些人哄应"是啊",纷纷拥向厨下去了。阿美低声对我说:"应声的全是女泻与男泻。他们平时感到生活无聊,虽在过年,也提不起多大的兴趣。唯对厨房还感兴趣。阿业有时也得他们的力。"

我们走进峡口,望见山崖白方石块露头,已经撬掉不少。但它延展得广远,有取用不竭的样子。由于这草原是向内斜的,一条雪水小溪扫着山脚流行。所以,冲现出这些白石岩,因而使山脚复得很徒了。我们找出一线鸟道,牵牵挽挽,爬上一个平缓的土坡。据说这就是雪兔集体越冬的地带。

我们分散开去寻雪兔的洞穴。惊起了一对岩鹰,扑棱一声,从我附近草丛中飞起。有个持矛的人叫阿飞,急掷矛向鹰投去。还差了十八丈远。两个鹰毫无反应。矛落到草原去了。

阿飞叹息道:"可惜未带箭来。"

两个鹰在天空盘旋一会儿,仍落到不远的一个巨石上,雄赳赳耸立着,怒视我们。有个叫阿明的小伙子,又掷矛投去。着地处相去还很远。两鹰仍然不动,表示它的骄傲。

阿叉等争拾石块掷它,吼它。亦是毫无反应。

我捡起个小石块说道:"瞧我的。"用力掷去,仍未打中。只见两鹰仓促起飞,冲天而去。那石子碰在大石包上,脆响有声,崩解散开,亦是两鹰站立之处。众人齐声喝彩。

阿美说:"你的运气好,打准了。"

我："这是运气好吗？"

美："不是运气，难道还是你的本领？"

"再打一个给你看。仍打那里。"我再找了一个称手的石子打去。仍在那里开了花。众人又一齐喝彩。

美："相信你。再来一个打那里。"

我再一次打中那里。二十多人欢声如雷地围了拢来。把个阿美欢喜得手足无措。只推阿叉向我靠拢道："看你屋里这人，多了得！"阿叉也就乘势倒向我来。我扶着她，她说："你再打几个给他们看，让他们多过快乐年嘛。"

"再打几个！""再打几个！"响起一片呼声。

恰好草原内有一群羊子，向下坡在蠕动吃草。我说："看我要它们转向上坡走。"

阿叉说："我信了你是神仙？"

我拾了两个石子，先一个打到带头羊身上。再一个打到带头羊前面草地上。那羊回头就走。全群亦即随之回头向上坡走了。全队拍掌大笑。

阿美摇着阿叉的肩说："你看这个神仙。从前我们只知道他会剃头、洗发、洗衣、砌石墙，想不到他竟有这么大的本领。"

"我从小就练习打石子。但我还不能算是打得顶好的呢。"我不觉地如此说了。

阿美盯视着我说："你就是打得好嘛！"

我自知失言，忙岔开话头说："我们是来寻雪兔的。该动手了。"

于是大家又各拔草撬石，寻找雪兔洞口。

有人大呼："找得了！"大家奔去看，果有一个小穴。争着用锄深挖，果然找得一窝，六只雪兔挤着，肥得几乎跑不动了。阿飞把它们一个一个捉进竹筐。阿美用竹篮盖上。阿叉叫喊："我背不动了。"

"待我来。"阿明接过去背上。一群人欢天喜地牵挽着下岩坡来。阿叉与阿美紧跟我前后，唯恐跌着了我。岩坡下小溪，已结冰了，冰下仍有流水。前行者踏冰而过。我们到时，冰被踏破了，好在撬弃的乱石还多，我们跳行于乱石上，进入了草原。

阿飞倡议："我们来甩石头竞赛。看谁甩得远。请阿夺指导我们。"全群应声"对"。大家都俯身去找称手的石子。

我教了他们甩出石子的指法和身法。竖立一块大方石在草原上，画出相距十扒、十五扒、二十扒、三十扒的线来，叫他们各自选个距离去打。

有的人站得远，打不拢；有的人站得近，打得拢，打不中。有的一次一次再移近些,仍打不中。或投过,或旁逸。渐都没兴趣学了,只要求我打。我站到十扒线以外也便不甚打得准了。

我们又跑向草原尽头崩溜槽上的乱石包去看雪山景色,看到了得拉邦的全景和桑浦大河。雪山高耸在我们的对面。白光射目,不能久视。有个大冰雪坑与这方隔绝。已位于山阴,一片灰白色暗光,分辨不出是冰是雪储在里面。雪洼外临溜槽,便是悬崖绝壁。遥望对崖是暗褐色岩石,并无冰雪相杂。只顶崖一排冰帽,就像屋檐一样突出在崖顶上。

阿飞问:"我们来比赛,看谁能甩石打过对崖。"大家应声附和。开始各捡石子。

我说:"看来似近,其实很远。但也不妨试一试。"随便取了一块小石头甩去。只似落到草原这方的崖上,微闻嚓嚓之声下坠。我又跃过石头,跑到了崖口之处。取块小石抛去,也未打中。

众人都跟上来了,争着寻找称手的石子打去。都未打到对崖。我选了个最称手的石子,爬上靠崖口处,用尽气力打将过去。似打中了。众人望见,对面崖间微有灰沙迸发,映日发光。说那是碎了的冰粉飞起。拍手欢呼:"中了!中了!"

这一中,非同小可。便在这呼声愈闹愈大的时候,对崖的冰雪飞扬面也愈来愈宽。窣窣崩坠之声入耳,愈久愈大。崖顶冰雪也愈坠愈宽。大家正看得有趣。忽见崖顶冰檐成大块崩塌,雪块夹着石块,像堤防塌了的大水纷涌下来。响声隆隆,犹如雷震。瞬息间响震山谷,有似天崩地塌一般。

我同众人回身便跑。但觉后崖崩塌之声,有如凶神恶鬼,千军万马追奔前来。我已骇得心胆俱裂,只顾奔入草原。草原羊群也皆震骇乱跑。

还是牧场两女泻镇静,她们从树枝篷里跑出来挡着我们。大呼:"这是山鸣,不要怕。莫把羊群惊乱了。"

我们有些人仍还在奔跑。我与几个人先站住了。回头望去,那边冰雪与山岩仍在崩塌。烟尘滚滚,响声隆隆,很久都无止息之样。一行人驻足望了很久,都感没趣,背上竹筐,拿起锄矛回场去吃午饭。转过峡口,山鸣才断绝了。

众人一路纷纷议论,有人指着我说:"他今天触怒山神了。只怕我们今年都会不利。"我也自觉得惹出一场灾害,俯首惊惶。众皆默然无语。只有阿叉为我辩护了几句:"什么山神,连一个小石子都乘不起。它发怒又怎样?赶了我们这么远,并未敢把阿夺抓去。"

那两个女泻也说:"这叫'山鸣'。每年总要发几次或十几次的。我们听惯了。莫甚可怕。"

阿美也说："不管怎么说，我们今天总算快乐够了。其实骇了这一场，也是快乐。我们到底也亲眼看到山鸣是怎样的了。"

午饭吃得丰盛。大家仍是议论不息。有人说："雪兔是山神养的。我们新年大吉日，去撬它的窝，这才是触怒山神的原因。阿夺其实未能打拢对崖。不过适逢其会而已。"他似在试图安慰我，替我摆脱舆论的指责。下午，赞同此说的人渐多了。我的心境才重新回到轻松。

阿美说："我们今天骇了一场，却骇得舒服。不管他山神海神，雪兔总是我们的猎获品了。我们如何处理它，大家商议。"

于是，又发生了争论。有人说："匈部的人打猎，所获野兽都是交公的。"又有人说："匈部的人，是为公家组织去打猎。我们是年节假日猎获的就不该交公。"结果是留待阿蛊回场决定。

午后，我与阿美等几人商量，送应该参加婚选的人到海口去。玩赏海口风景。也可到上台去看一看岛上过年的快乐情形。

阿美招呼阿业道："晚膳吃的蒸馍，可早点蒸熟，让参加婚选的人先领吃。以便他们赴会。"

我道："阿业今天就不去会场吗？"

阿美："她今天白天不去。晚上是要去的。正是为她晚间要去，我才如此吩咐嘛。她太辛苦，过年都不能息手。待她婚选定后，阿蛊要给她补假。"

我："万一被别邦的人挑去了呢？"

美："也要请岛王给她补假。但阿业说过，她是不愿离开绷盖的。不是她选绷盖的人，就是接受绷盖的人选她。"

阿叉说道："像这样的好人，我希望阿夺下月又挑她。"

美："下月的阿夺，不可能选绷盖的人了。"

我道："我的下月吗。若还不回降为洿，我决不离开绷盖的。将与阿业一样。"

美："到了下月再看嘛。"

我们一同走向海口，准备婚选的人，都走得飞快，瞬即过海口了。只我与阿美、阿叉三人走得慢，落在后边。走到海口，阿美又要我表演甩石。已过海口的人，大都驻足观看。

我选了较重的石子，分别向海口、海尾和海心多处摔去。听得它各自不同的声音，看跃起不同的浪花。知道了海口最浅，愈近海心愈深。知道白亮的绷夺岩层，是从海口向海心下斜的。又连甩几石到白晶晶的石堤上，全部溜向海里或堤下去了。

我又取石向海尾的绝壁甩去。它虽是沙石黏结成的，却屹然不动。我暗想："若还易于打崩，则从海尾开路过勃拉更便，不必从溜滑的石堤了。"但经掷中若干大块，它仍不动。

正当我们三人爬上新墙顶上眺望时，望见阿蛊回来了。我们打了招呼，即下墙来，迎了上去。阿蛊笑盈盈道："你们今天玩得快乐吧！"

阿美抢着说道："快乐极了。有这个外来人一路，还有不快乐的吗。你叫他给你表演，会叫你也快乐非常。"

阿蛊还在莫名其妙之时，阿叉也抢言道："新年大吉日，就叫他作'外来人'，你看阿美该吗？"

阿蛊道："对。今天不能这样开玩笑。"他面向阿美。阿美敛言垂首了。

我忙说道："本来我是外来人嘛！我不懂岛上规矩，全得力你们这些好朋友教导我。只要是热情教导我的，呼我'泻夺'，我也是快乐的。"

阿美："你们看，他是何等大量呀！"

阿蛊："说正经话了。今天开会，大部分时间都是讨论建筑问题。其实都是围绕着'阿夺'两字在谈话。岛王和三老，都主张依计划改造王宫和仓库。自然，仍有许多人不相信你。岛王最后决定：'让他们把新墙和守卫室建成后，择一天，同三老九邦来看验了，再做决定。'由于会议时发生了山鸣，把大会惊散了。"因问："你们也听到山鸣没有？"

美："哎哟！骇坏人了。你们岛上怎么样？"

蛊："正开始讨论商业问题，忽听山鸣谷应，地覆天翻样闹了起来。全场一时大乱。有许多大胆的人奔向得拉澎桥。我也与一些青年人抢去。守卫的人不许过桥。经交涉多次，才放了我们几个开会的干部过去。我但见泥沙滚滚沿得拉澎下流。便沿岸走向上游去。有些得拉邦人，也争着跑在前面。望见烟尘大起处，正是我们后山的崩溜槽。烟尘云翳，看不见任何东西。直待到烟尘渐散才望见崩溜槽的崖壁。沙、石、雪块仍在慢慢地坠落，才回岛进餐。桥下泥流也仍在奔走未停。"

我问："岛人对此，有何看法？"

蛊："聚会时有人谈论：'山鸣虽不足怪，发生在新年节日，便可怪了。况又恰在讨论大兴土木，发展工商业的时候。'他们你一言我一语，竟说成是由于有外来人在此兴风作浪，惹恼了绷王，才如此示警。"

这话把我真骇呆了。看看阿美，也是脸色大变。还是阿叉抢言道："这与阿夺有甚相干，他只甩了个小小石子。"

我正怕群众说我惹怒山神,盼望同游人替我掩盖。偏是她就暴露出来了。这时,我只好先行认错了,说:"群众处罚我也应该。"

阿蛮道:"这何能怪得到你。他们那些胡说,岛王并未听信。"

阿美忙问:"岛王怎说?"

蛮:"王在宴席上说:'雪崩山鸣,是每年常有的事。不能说今年山鸣,便是天地示警。外来人只要是对我岛办好事的,绷王亦定喜悦。绷王他自己就是外来人嘛。'这席话,便把那些对阿夺不利的言论压下去了。"

我听到这里,心里一块石才落下来。阿美的脸色也恢复原态。

阿蛮仍自继续说道:"王话完毕,更还有人应声说:'王说得是。绷王就是征服了天神、地神、山神、水神的。所以从来的雪崩山鸣,只向着得拉邦的一方,没有过一点灰尘飞到我岛上来。与其说是灾变,它也只该兆应在得拉一方,不会应在我们岛上'。"

我忙问:"谁人说的这话?只怕就是你吧!"

蛮:"不是我。但也是你的朋友。你试猜。"

我:"那么是巴得阿楚。"

蛮:"也不是。你再猜。"

我:"难道还是阿固?"

蛮:"固?他还没有出席的身份哩。"

我:"难道还是嬷吗?她是个从不肯急躁发言的人。不会当着岛王就说这番话吧?"

蛮:"看来阿嬷了解你。你不了解阿嬷。唯她从不急躁发言,所以她这次发言力量大。立即便有人说话在称道你了。有几个劳模对我说:'这个外来人,的确有几分像绷王。他能在我岛创造些新方法来。绷王若在世,定欢喜他。'"

我:"他们是赞美你这金章劳模吧。"

蛮:"我不是外来人呀。"

美:"还须再问吗?我都懂得,他们说的我岛出了小绷。他的名字该叫'绷夺'了噢。"

我:"请勿再嘲弄我了。尊敬的阿美!"

美:"要我不再叫你'绷夺',除非再打几个石头给阿蛮看。"

我:"我打!我打。打哪里呢?"

美:"打那棵大树。"她指的远在百步外的树。

我:"太远了。也试一试。"我拾起石子。

美呼对阿蚩道:"看!看!你看这百发百中的神手。他今天送给我们无限的快乐。"

阿蚩惊异地赞叹道:"未想到你竟还有这套本领。"

阿美欢快地把上午牧场上甩石情形说了一遍,却未说到打冰崖。阿叉又口快地做了补充。

我:"我实在未曾打拢冰崖。适逢其会遇着雪崩。小小石子,安能引起崖塌雪崩呢?"

阿蚩道:"原来山鸣恰是你引起的啊!也许是你那一石子引起的。雪山崩坠,便只风吹人吼,也是引得起的。况是石子触动了它。"

蚩又道:"纵使是你打石子触发的,也不能就说成是你惹出来的灾难。我岛并未因它受到灾害嘛。"

美:"怎么没有?它把我们个魂都骇掉了!"

我们一路谈话回到绷盖。阿业已经走了。女泻说:"晚饭是做好了的。蒸在锅里。"阿美揭开锅看了一看,忙去熬汤。阿叉帮助她,做了临时的炊事员。因为汤已冷了。

吃饭时间到了,只几个人。据说:多半人已提前领去馍与肉汤,赴婚选场去了。其中有厨工阿业、猎手阿飞、小伙子阿明及阿明的原偶阿宗。他们都是胥。还有记不清的人名。他们都说:邦副领导得好,绷盖有兴旺气象,决心要留在这里。只选愿来这里的人为偶。

晚饭后,我和阿蚩都感到疲倦。相劝早睡,不曾等待他们选婚的人回场。

十二、紫气东来①

过年的次日,晨起,我到阿蛋处,正逢他在询问昨天婚选情况。阿美说:"由于人皆不愿到绷盖来。他们都未选成功。只阿呆被人挑到供部去了。"

阿蛋道:"阿呆懒惰,被人选走,无足轻重。"

我请阿蛋派阿叉为砌石工。他允了。

阿美问:"六条雪兔子怎么处理?"

阿蛋道:"虽属我们休假日中猎获的。我建议仍与岛王送去。请王处理。"早饭时,他对群众宣布此意。群众无言。

阿蛋又鼓励大家努力工作,迎接岛王与三老们来这里视察。饭罢,他便带头背起石块先走。阿美把雪兔用竹筐装起交与我背。众人各拿工具出发。阿叉也背起石头同赴海口。

阿蛋到海口工地,卸下石头,换上雪兔筐,背向王宫献礼。我们各按分定任务,一齐动手工作。

不久,阿蛋背了一只雪兔转来,说:"王命取五头交到厨下屠剥,分飨各邦组。一头发还绷盖给我们添菜。"便命运石人带回绷盖去。自己又来参加工作。墙工们都在欢呼:"努力哟!今天有添菜。"

阿叉向我学砌,先给我递送石块,留心看学。我耐心地一步一步讲给她听。后来她竟成了砌石能手。

这是婚选的最后一天。收工早,晚饭早。晚饭后绷盖人走了大半。阿蛋又拿出酒来,邀我与叉同饮,说是奖励阿叉勤学。他说:"我发觉她初次背石就不拣轻怕重。学砌又很用心。"

阿美打趣道:"还是这劳模有眼力,选得准。"

---

① "紫气东来",本是表示时运到来的典语。唐代天子居日紫宸。谓国君所在有紫气。此处借用为岛王来临之意。

我道:"还该说是你有眼力吧!"

阿美咪咪地笑,道:"嗯!总不是辣子嘛。"

我道:"你现在笑。今夜阿业被别组人选走,明天你做不出饭来,还要哭哪。"

美:"我会叫阿叉帮我。"

阿叉道:"我也是外行呀!"

阿蛋道:"的确。阿业是好手。阿美由于依赖她,就不努力学,也不好。"

美:"你们放心。阿业说过的:她一定要回绷盖来。"

我:"要是她像阿宗,也被人挑走呢?"

蛋:"岛王也会给我们另派一个能手来。只怕我们没成绩,不怕岛王不照顾。"

说话未久,阿业与阿飞都回来了。阿蛋先问:"你们选的人呢?"

阿飞道:"她就选的是我。我就选的是她。"于是大家都笑起来了。

阿蛋道:"好得很。这碗酒祝贺你们两对。你们是绷盖最得力的两对。"

阿叉道:"只是一对。"

蛋:"抵得两对。将来也会发展成绷盖的两对。"

我起身让阿飞坐。阿叉也起身让阿业坐。阿美把酒碗送向他二人。

蛋问:"阿明呢?"

阿飞道:"阿明跑向下台去了,久未上来。不知被谁缠着了。"

阿叉道:"你就没被人缠着?"

飞:"我与阿业都决心不离开绷盖,志同道合,就没有多大麻烦了。"

美:"就不能各自多拉个人来。"

阿业道:"知道我们是绷盖的,便是想拉走,哪还能拉得人来!"

飞:"我接触过的人,一说邀到绷盖来,便离开了。结果还是我俩靠拢。"

笑谈之际,阿明同一个女子回来了。他闯进屋,先问:"你们还未睡呀!"

美:"为了等你。要看你的新偶。"

阿明道:"我正引她来向邦副报到。"

蛋:"请进来一同喝酒。"

阿明出去把那女子邀进来了。说道:"这是我们的邦副、金章劳模。这是我们砌墙工程教导阿夺,夺澎的发明人。这是我们掌瓢子的阿美。这是岛王派来的超级炊事员阿业。这是打猎兼砌墙能手阿飞。这也是来学砌墙的阿叉,阿夺的新偶。"

那女子便走近阿叉站着。阿飞道:"她名叫阿恭,是立志要来学砌墙的。"

阿恭还很年轻,微笑不言。

阿蛋举酒送献阿明道："祝愿你新偶跨过你的速度成功。绷盖有了你们这几对人，不怕它不兴旺起来。既已夜深，喝完这碗酒便都睡吧！"

阿明送酒给阿恭，阿恭坚拒不喝。阿明喝了一口。大家就成对散去了。

次日早饭，全堂人都注意阿恭。窃窃私语，了解她的来历。她还是个少女，色貌平常，身体却很结实。据说她参加婚选还只才几个月，原在供部。因为洗发敬佩阿夺，便被阿明用学砌墙做勾引，拉过绷盖来了。阿蛋分派她给阿明递石头，却又叫阿明挨着我砌。我明白他的意思，是嫌阿明艺还未到手，要我带动阿明，也间接教导了阿恭。又叫阿飞挨着他（蛋）砌。也是为的阿飞艺已学成，还待培养他（飞）的领导能力，以便将来能够代替我来承担教导任务。从这些行动细节，就可看出他的领导才能。不愧做金章劳模。

我们又花了两天工夫，把新墙的顶部砌成了。选上一批宽平整齐的方石来铺平墙顶。再在外侧加砌两肘高的女墙。皆造垛眼，以便弩矢御敌和依凭眺望。

完成墙工后，又来砌修三间平屋。在墙门内的山崖一侧，全用石墙。各屋的前方只砌半墙，留门，装窗一排。要屋内光线充足，便于瞭望外方。屋顶用长条树干颠倒排列作楼状。再平铺柴薪再后盖土，筑紧打平，成为平台状的屋顶。更还用石块砌成石梯，由屋外上达平台，又由平台上达墙顶。

大致花了十天，全部完工。远近来看的人很多。我常被邀去同看。大都是先从平地上屋顶，到墙顶眺览。指点海口的绷夺长堤，和海子外的勃拉邦景色。还能望见勃拉藤桥、桑浦大桥。右看海尾梯级平原与悠长的绝壁。遥望雪山，近看森林。来看的人，莫一个不是心旷神怡，赞赏这一工程。

一天的夜间，阿蛋从王宫回来，对我们说："明天岛王和三老九邦要来察看我们的新建筑。我们早些吃饭。停工一上午，齐到海口迎接。每人携个凳走，到屋顶上去布置座位。"又说："我们这里还有许多人未见过岛王。岛王也未到过此地。明天一齐开去，让岛王看看。也是王命。王说：这可以把我们有多少人，做多少事，成绩大小，比对给各邦干看。"

群众听得此话，无不欢喜跳闹起来。

次日，大家换上干净衣服，把所有木凳，连做陶土坯的都一并搬去了。安排在屋顶平台上。趁王未到，又合力把砌剩的石头搬砌到墙内草坪的外侧，配合整齐，作为长条石凳，准备作为随从人员休息的座位。

临近中午，遥望见岛王与一大群人来了。阿蛋叫绷盖的人排成一列，站到墙外边去。独引我迎上去接王。

随王来的，有三十多人，男女皆有，行进缓慢。除四个卫士持刀矛外，并无仪仗。同来诸人亦无队形。男女老少参前错后，也无礼让，只未有人走越王与卫士之前而已。

相互走近之际，阿蛋领我向王站立，注目为礼，呼了一声："阿冈咿！"便是最敬全礼了。

王持有挂囊的杖。他把杖授予阿蛋，嘱前行引导。一挥手，阿蛋便接杖导行了。低声对我道："到队尾去。"我明白是他指示我的礼节。即行让过一侧，待他们行过，随在队尾跟行转来。

阿蛋导王上屋顶、墙顶。他把王杖竖在女墙边，搬了个凳给王坐在杖侧。余人挨坐在屋顶木凳上休息。我自知身份不合上屋顶，便直出墙门，回到自己队伍中去。阿美让我站首列。

阿蛋陪王在墙顶休息，问答很久。王才立身起来，拿着杖，走到女墙边，向下看。我们全队三十多人，一齐正立向王注目——行礼。王用手招我，便离开女墙归座。阿蛋传呼道："王命阿夺上墙顶来。"阿美推我离队。

我走到墙门，有个武士来接着，引我上去。我向王立正注目。王很和善而随便地问我："你是宿宿（外来人）吗？"

我答："是。王取的名叫夺。"

王道："你辛苦了！同阿蛋引我一道察看去。"

他说罢起身。我与阿蛋随行备问。其余的人都也跟下来了。只四个卫士留着，守护王杖。

王先到三间屋子细看。望望屋顶。扣扣屋壁，探着窗外。一直感到欣慰。又才出到新墙来，扣抚墙门四角的方棱，端详许久，说了声："好！"出墙门后，反复察看平滑的洞壁。问阿蛋道："撞不垮吗？"

蛋道："试过了，大木横冲不动。"

王道："今天再试！"

于是全部人都到墙外来了。有匄部的几个大汉，共把那天用过的大木抬起，向墙横撞。墙无动静。又招来很多人，分两排抬着，后退较远，喊声号子，奔撞前去。墙仍未动，只撞坠了一块绷土。

王命："多撞几处。"

那些人又移撞了数处。都是一样。

王进墙门，又命："这边也试试。"

那些人又捧木进内方墙壁撞进了数处。仍是一样毫无动静。王及诸干，无不喜悦。我与砌墙工们都不觉骄傲起来了。只阿蛋还是平静如常。

有干部问阿蛋："屋子的墙壁也能撞不？"

阿蛋道："这可未曾试过。"目视着我。

我道："屋壁砌得薄些，但仍可以试一试。"

于是又有几个人去抬木来撞。幸仍是未垮。只屋顶已有点震动，便又有些人要来大力再撞。王止住了。

王说："屋壁是用不着像城墙那样坚固的。能有如此坚牢已足够了。"

王再上屋顶看了看。又上墙顶再眺望了一遍。阿蛋为王指点了勃拉和海口的白石堤。仍建议打开此路。王答应再与大众商讨。

王叫随从诸人都上墙顶来，听阿蛋讲说一个计划。诸人齐上，排站在女墙边，墙边还有余地。阿蛋再说打开此路的好处。大家都表示可行。没有一个阻议。王仍说："今天人来得不齐，仍待开大会决定。墙工好，应当嘉奖，是肯定的。"

大家都齐称赞墙工。

阿蛋说："这全是阿夺教导我们做成的。"

大家又都说："这个人创造发明多。"

有一人说："他还会甩石子哩。"

阿蛋道："是的。他能百发百中。王和诸老看他这技巧不？"

王命还未下，众人便一齐叫说："要看！要看。"

王命就在墙头上表演。于是绷盖的人纷纷替我捡石子，交阿蛋给我送来。

我问："请示要打到哪里？"

王："能打中白石堤否？"

"能"！我便捡大的石块连续掷去三枚，打到它左、中、右三部分上。石碎纷滑，坠落不见。观者大乐。

王："能打中勃拉岸边那块大石吗？"

"能"！我又连续打中了。把个黑色的大石包，打现了个白色的伤痕。墙上墙下的人一齐喝彩。连岛王也喝出声来了。

阿蛋更是欢喜失态。对王道："那天我们试他，他居然能连中很远那棵大树哦！"大众也即高呼："再打那棵大树。"

我遵王命打树。墙顶已只十来颗石子了。我一气打完，只得三四颗中。我说："今天站在墙顶，距离更远，高矮也变了。打不中的太多。"

王命再下平地去打。

我下到平地来,到原打那树的地方,阿美他们给我拾了大堆石子供我选用。我驾轻就熟,显出本领,连续不断地飞石出去,打得那树遍体鳞伤,窣窣之声可闻。大群人欢声震天,我才罢了。

阿虫先下来,招呼我站到石阶口送行。王与诸干行过时,都向我微笑点头。我不禁俯首下去。他们去后,阿虫并未追送,而是引我率众回绷盖。

一路人欢天喜地,比过年还快乐。

阿虫拉我手同行,随走随说:"贺喜你:岛王又把你提名为候选劳模了。又决定我二人计划修建仓库与王宫。并还说:将定期叫你到岛上去表演抛石给群众看。大概是定在选模或选偶之日的。若还先演后选,对你更为有利。"

我道:"我很失悔今天暴露了我这技巧。万一他们知道我过年那天惹出山鸣,怎得了。"

虫:"你不要再担心这个了。这笔账早已彻底勾销了。"

我:"那是怎的呢?"

虫:"你今天留意一个来人没有?"

我:"只注意在对待王和打石子。未曾注意任何一个同来的人。"

虫:"她可随时都留心到你哪。"

我:"你说的谁?"

虫:"阿嬷。"

我惊:"她今天也来了的吗!我竟未曾想到。若还知道,我宁愿离开岛王,陪她玩半天。"

虫:"你到底未忘记她。"

我:"她是个伟大的女人。不是邦干,如何今天也来了。"

虫:"她去年就已当选为邦干了。她原是全岛众望所归的劳模。只不过三年改选期未到,所以这次年底改选,才做了邦干。邦干就得来嘛。"

我:"过年日,她就帮我说了话。所以我格外地敬仰她。"

虫:"今天当你表演甩石时,我和她谈了话。正说的你怕牵连到甩石引起山鸣的事。你猜她怎样说?"

我:"你已告知我,她在王宫所说的话了。"

虫:"不是说那次的话。她告知我:'神巫说,本年山鸣,不是本岛的灾兆。因此,就与岛外人无关。'从此你就不用再担心了。"

我:"神巫是谁?"

虫:"你还不知道。我岛自绷王开辟以来,就有人王和法王两个首领。人王是男子,叫作'冈';法王是女的,即是'神巫'。神巫常居绷浦,不与人见面,只管神鬼的事。最早一个神巫,选了三个女弟子,教三年后,只留下一个,遣还两个。其后神巫便每代只传一人。现在的神巫,我们与许多青年人都未看见过。"

我:"阿嬷,她见到过了吗?"

蚩:"阿嬷说:那天山鸣地震,岛王与三老前去问卦。她与王命邦阿新同行。黑黑一个洞子,她也未得看清神巫的面貌。只听得她说:'得拉邦今年要出事。我岛今年平安,丰收,快乐无灾。'所以当午餐时,有人议论招致灾害的,岛王首先就谴斥了。她也跟即起来为你辩护。今天她来告知我这个谜底,也是因为有人传出你怕攀扯到山鸣的事。让你放心。以免顾虑多了妨害工作。"

我听到这里,对阿嬷益增感佩。

回场午饭后,阿蚩分派砌石工全往牧场后山撬石,准备大兴土木。他自己前去督导。留我在屋里计划工作。烧陶组工作照常。

他们走后,我取了些陶土来,捏塑修建王宫仓库的模型。就在阿蚩的屋里做。因为它有桌子。

阿美进来,又要舀酒给我。她说:"邦副经常叫我把酒分给你喝。你是绷盖的功臣。"我坚决不喝。只求她给我找把小刀和木片、树枝、篾片来,做模型。

我用陶土捏成墙壁,嵌上碎石渣,表示砌石。用木片、竹扦做门窗、楼板、仓孔,排成三间仓房于背板之上。仓口在楼板开孔;出口在后门上,装横木板开关。仓屋之上,重砌石墙,做屋三间,为王宫。仓口便开在王宫三间的走廊上。装仓时可以不进王宫。王宫三间,则开门互通。其上为屋顶,亦用木条平排,填薪筑土,使成平顶,有梯上下,以便眺览。最上仍造小屋一间,以住卫士。新王宫模型如此。准备建于旧王宫的靠背,即倾斜所向的一方。借以支持旧宫,使其不再加深倾斜。从而使旧王宫也稳固下来。三老亦可在旧宫办事。从属人员亦能就此居住。新旧两宫楼上相通,岛王仍可从楼上走出广场上的露台来,与群众见面,开会与检阅俱便。

这样设计,受到阿蚩赞赏。待干后同我送进王宫。以便说明。

岛王亦很欣赏这一计划,召开了个会议,命我出席解说一遍。经议决:按照计划,由绷盖编成建筑组,立即兴工。

我在这里会见了阿嬷。散会后,我走到她面前立正注视。她微笑着说道:"你的成就不小。我高兴看到你的成绩。希望你和阿蚩们再为岛上多建功勋。"

她说话时,态度很轻缓,很自然。我却很局促、很伤感。只好连声"唯唯"。随同阿蚩离开了她。

十三、发现盐崖

这天散会，我正与阿嬷谈话之时，王命邦一个人走来说："王命奖赏阿夺食盐一罐。"说罢，交了一瓦罐给阿蛋。我们离开阿嬷后，阿蛋把盐罐递给我。一路同回绷盖。

他对我说："你嫌岛上食味太淡。阿美向我说过多次，要我替你申请奖盐。我因盐是岛上珍贵的奖品，非有大功者不能享得。估计替你申请是无益的，故未提出。前日看了新墙，又看了你甩石子，岛王连称'当奖'。我才向王提出你不惯淡食的话。今天王又满意于模型设计，所以才有这样的赏赐。"

我正苦饮食乏盐，得此甚为感动。察看所受盐罐，正是前次我们烧成的小罐，大约装有五两食盐。

我回场去，把盐罐交与阿美，道："这是你们合力替我请得的奖品。也是因绷盖大众同我做出成绩而得的奖品。我不能独享。请你作为本场公共食盐保存，供大家用来增加咸味。"

阿美坚决不受。正如我拒绝喝她的酒一样。我只好收下来自用。每嫌汤味淡时，加一点儿盐，便觉适口。因与阿蛋联座，强放些盐进他碗里，他尚未深拒。再放到别人碗去，便都是坚拒不受，与阿美一样；连阿叉也是如此。

我问叉道："为什么大众不吃我分的盐呢？"

叉道："岛上风俗，各人享受自己的一份。不能侵用别人的。"

我："那么，我们为何又喝了阿蛋的酒？"

叉："他说的祝贺我们的新婚。并且那是过年。若非过年，也是不会如此的。"

我："那么，阿蛋为何又肯接受我的分赠？"

叉："这还须问吗？你们是好朋友嘛！你不是阿蛋，如何能得此奖盐？你们的功劳不是一样吗？只怕岛王未必就是专奖给你的哦！哪能他就没有奖盐呢?！"

这话提醒了我。次晨，我再把盐罐给阿美送去，定要与阿蛋共同享受。阿美仍是坚拒不受。我把阿叉说的道理，改用自己的口气说出。惊动阿蛋走来说道：

"明明听得王命传达是奖给你的,如何说是我当有份。"

阿美:"所以他是'宿宿'呀!如此不懂规矩。"

我谢罪似的问:"阿美,你生气了吗?"

阿蛋:"她平时就是这样嘴尖舌快地说话。其实也没什么规矩。这只是岛上的风俗习惯。还是你拿去保存着。横竖我俩食堂连座,我需要就取便是。"

我这才没趣地拿回屋来。暗想:"岛人风俗,竟是如此廉洁!这是绷王遗教养成的呢,抑是原始人类固有的美德如此?"

我对这问题,曾经自己试做了一个答案,那便是:"当物资贫乏,人人都感到不足时,便会产生廉价的公共道德。因为这时若还有贪鄙思想,抢占行为,便会为人群所恶,丧失生命。"

我与阿蛋商讨兴工计划,仍只虑到沙不够用。我要求同到勃拉邦去探察沙源。阿蛋次日到王宫去请王批准我(夺)同他出岛一日。回场后,吩咐阿美准备两份午膳的干粮,供我二人明日过勃拉邦找沙之用。怕的上午回场不及。

阿美给我们预备的一袋炒面。

次日早饭后,我随阿蛋,佩上干粮袋,分拿刀矛,赴王宫办得"腰牌"带上,前赴勃拉。过藤时,有个武士阿冲也带上弓矢、佩刀同行。

过桥后,阿蛋率我沿着勃拉河谷右侧向海口方向走;命阿冲去通知勃拉王派人来引路。

我们走近海口,望见新墙新屋就在面前,只隔了这溜滑的长堤,不能通过。再向上走,到了海尾沙崖附近,便是一片乱石。阿蛋叫我注意:"把武器拿在手里。谨防遇着老鹰窝,老鹰扑来啄人。"

我们谨慎前进。果然见乱石窖间,偶有大鹰飞出。因非孵蛋时期,它不扑人。我怕仍有逼近难避、迫于扑斗之事。乃随走随抛石子,先得把鹰惊走。一路惊起老鹰不少。它们大都飞向对河山崖去了。

远望阿冲引一人来。那人到时,对阿蛋表示恭敬说:"岛王老病不能出门,派我来引路,并请尊驾到王宫午膳。"问他名字,答称"阿路"。

我们命他引向多沙的地方。他引我们向下走。走完乱石窖,到一草坡。他指地面道:"这里只表面薄薄一层土,稀疏长一点儿草,不长树木。下面全是沙。不能种庄稼。人称'荒沙坡'。"

我们未带锄。阿蛋叫冲和路去取锄。我先用矛戳开土穴,果见其下是沙。阿蛋对我道:"这里如果沙多,海口这条路更非打通不可了。用这里的沙,到新墙处调绷盖的陶土，运到中台建筑，最为方便。若从藤桥运沙，要多花一倍的时间。"

阿冲与路拿锄来了。揭开一片表土，向下挖去，确有肘多厚的沙，才见底土。沙质粗锐，正是与陶土调和的好材料。阿蛍大喜道："我们的建筑组，有了你这个工程师，牧场的方石、绷盖的陶土和这里的沙相配合，就算得万宝俱全了。"

我说："这个荒沙坡，其实是个宝坡。"

阿冲道："我们从前用绳索垂人下大河边取沙，十个人一天才取得上来几篓。又很危险。原来这里就埋藏有这样多。"

阿蛍问路路："别处还有这样的沙否？"

路："那边崖坎下有一点儿。"

蛍："我们也去看一看。"

路："请到王宫吃饭后再去。"

冲："我见他们已在弄饭了。现在若还回岛，也赶不上午饭。便在此午饭后去看了再回吧！"

路："去那里，也正要经过王宫。"

我："仅此一天，多看几个地方也好。"

蛍："那好。现在还不到午膳时候。我们先到崖口去看绷盖的人此刻在做什么？"

于是，我们从乱石窑向绷盖方面走去。这片乱石，或大于屋，或小于碗，高高矮矮，或密或疏，找不出平稳的道路。我们全是跟着阿蛍从乱石上跳跃前进。有时他跳得过，我们跳不过，则从石包缝隙间去找路，远远跟不上他。阿路则刚跟几步，便停止下来，并喊叫："那里没有路。"

我们到了崖边，俯瞰烧陶做坯的人，清清楚楚在足下动作。厨房炊烟滚滚，正在做饭。阿美身影从一门窗闪过。我呼了一声"阿美"。

阿美应声跑出门来，惊异道："原来你们还在那里。我以为你们已经回场吃饭来了哩。"

许多做工的人也都抬起头来探望我们，道："哎哟！你们何时跑到那边去了。那里是卜不来的哟！"

蛍："你们吃午饭未曾？"

众人应："还早呢！"

美："要等待你们吗？"

蛍："不！我们在这里吃饭，晚上才回来。"

美："找着沙没有？"

我："找着了。多得很！好得很！近得很！"

美："那么，为什么又不回来？你这说谎话的。"

蛊："是真的。我们还要看几个地方，找寻更多更好的呀！告知阿飞他们，放心吧。"

美："是啊。早些回来。"

我们别了他们，仍钻乱石窖回来，践着乱石间很多的沙，发现鹰窝不少。鹰是早惊跑了。只留下一些凹窝和一些毛片。

这里的乱石包上，可望见勃拉全貌。荒沙坡右侧是一丛森林，上达山腰积雪界。森林下是一片耕土、许多处房屋，是为"下勃拉"。下勃拉地势左高右低，成个斜面。斜到接近大江之处，凸起一列绝壁，横过森林，望不见崖尾。那列绝壁，比绷盖对面的沙石绝壁宏伟十倍。阿蛊说："绝壁以上为'上勃拉'，归下勃的王管。上下勃各数百人，是我岛最驯顺的藩部。上勃设有副王管理。与下勃只有大江边的坎道相通。下勃有牧场，在森林与长崖之间，隔我们牧场不远，但无通路。"

说着，已经到了王宫。其实也只是个居民住宅，不过有几个长期办事的人而已。老王病倒在床，只由阿路招待。吃了一顿肉汤炒面。

饭后，阿路引我们向下走。斜行到大江边的坎道。那里有条小溪顺崖脚流来，落坎入大江去。其次只高丈余。阿路说："这是下勃最低处。每年夏季，大江的水有时涨得上来。这里有沙。"

我们细看，小溪侧果有沙泥混杂，也有石砾。沙量不大，又不纯，不堪采用。只溪侧这条长崖生得有趣。它高在百扒以上，从大江岸一直向雪山伸去，大约十余里。崖下全是草原，即所谓勃拉牧场。草好而牧场羊甚少，可耕而荒废未耕，说明这个藩部的生产是太落后的。

长崖的基层，是丈多两丈高的灰白色硬石（石英石）。其上有与它平行的一列白石，约厚一扒。再上则是黑石一层与黄褐等杂色岩石，直达岩顶。有似截割一册书头一般。

我看那列白石，颇似海口的"绷夺"，但色较晦暗，无光泽。上下崖层，虽绝壁，亦每有苔藓、野草生长。唯独此层，毫无一点儿绿色出现。它又不是直达大江边的坡路，而是距江岸里余远便断绝了，代之以长满植物的土层。那段土层，上下岩石俱与白石岩的上下岩层一致。本身厚度也与白石层一致。我感到很是奇怪。

我想：这层白石，可能就是绷盖后山那样的方石，靠江一段长满植物的土层，可能是昔人取出去做建筑材料以后，另外填充的土。但又未见何处有用方石砌的墙壁。我邀阿蛋再到上勃去看。希望找出新的建筑材料来。

我们从小溪口涉水过去。上了个灰岩的石坎，路甚险窄。爬上灰岩层顶，便是一段平土。这段平土以上，又是岩路曲折、升到上勃。下望大江，高险亦与本岛下坎相当。我总觉得这样地形有个道理。无心在崖顶久眺，又复回到岩坎路的那段平土来。细看它的土质。泥沙、石砾相间，石块也有颇大的，不似人力搬运填塞的。我问阿路："有人在此打过洞没有？"

阿路摇头道："从未见过。也从未听说过。"

我在回下灰崖险道时，再细看这段土层的转角之处，仍是壁立的，只是长有些大树和荆棘野藤。我沉思着行走。

阿蛋问："你似留心在看这个地方，这有何用呢？"

我道："我觉得，那一排白岩石有用。它可能是建筑石材。也可能是最好的陶土。所以才会有接替它的这一段土岩。我们何妨去取它一块来看个究竟？"

阿蛋同意。走到了崖坎的白石层下。我和阿冲搭成肩梯，乘他向上，用矛去冲凿。凿掉一块下来。我放下肩，去拾起来看。并非绷盖那样的方石，也非白色的陶土。断面是晶莹发光的，但又不似绷夺那样坚和锐。我们传递观看。他俩都说"没有用"。阿冲看过，便抛掷了。恰是抛到溪水流处。我还欲再看，走去拾起时，已被水融化去一部分了。我用舌尖去舐，咸味盎然。猛想起我去年在"绛塘"打野，所见岩盐石块，正是如此。忙叫阿蛋尝。

阿蛋道："这石味咸，似可当得盐用。"

我欢呼道："你猜中了。"

又低声附耳道："这是岩盐，舂碎便是食盐。我们今天发现了长生岛亿万年享用不完的财富了。快用力多取几块，拿回向岛王报喜。"

他急忙与阿冲搭成肩梯，送我上去凿取。我嫌不够高，他又叫我下来，他自己做肩梯，只叫阿冲在他背后，扶我上他肩去。他很高大有力，又再踮起足踵，就更高了。我既已知是岩盐，细致地凿取两大块，才下来，盛入炒面袋，说了一声"回去吧"。回头就跑。阿蛋和冲也都跟着跑来。阿路跟追不上，问："跑什么？"

阿蛋回头对他说道："阿路，今天麻烦你了。请回去致意勃王，我们道谢他了。"便又跑。

我们一口气跑到藤桥。阿冲虽亦跟着在跑，不明所以。他屡屡回顾着，以为有人追来，并屡问："跑什么？""并没有谁追来。"我们不暇答应他。已近藤桥，阿蛋才向他道："阿冲。今天累了你。你留下。我和阿夺报告岛王去。明天就有好消息告诉你们。"

我二人再一气跑进中台广场，我已累得气喘不迭。他却大呼着："我们今天得宝了啊！"惊动王宫许多人出来看，问他："得了什么宝？"他亦不答，拉着我进王宫去，到王前敬礼。

王问："为什么这样慌张？"

他欢喜加喘气说道："王，我们得宝了。长生岛有一万年吃不完、卖不完的食盐了。不只得到了丰富的沙。"说着献上碎块岩盐。

王："这是什么？你慢慢说。"

"盐。"他应声后，又说，"就是我们吃的盐。请尝舐就知道了。它就在勃拉长崖内，有十万年取用不尽之多。是阿夺发现的。"

王用舌舐了许久，点头说："很像盐。又似石块。究竟还不是盐。"说罢交还阿蛊，说："叫他们尝。"

阿蛊向我道："阿夺，说给王听。"那时围拢的人很多了。阿蛊把两块分递给他们传观舐尝。

我喘息略定了，才说道："我们找寻沙子。又发现勃拉长崖内，夹有一层岩盐。厚过一扒，长约百里，宽深不知多少。试用矛凿取，细粉便全是盐。这是整块，尝味与盐无异。这叫岩盐，舂碎便成商品食盐。还若我们搭梯上去，开凿掘取，捣为粉盐，不但岛人永远吃它不完，也永远卖它不尽。的确是我岛的万世之宝。"

尝味的人也都说："真是盐。"

岛王又叫捣碎一块看。阿蛊便到厨下取来砧锤，并另取一碗食盐来，当着王捣碎岩盐，与食盐比对给王与众人看、尝。于是欢声大作，都说："我们立即前去占领那个长岩。"

岛王："勃拉是我的藩部，岩盐是我们岛人发现的。如其有用，自然该我们占领挖取。我们明天同去看验之后，再做处理吧。"

当天。岛王留阿蛊和我在宫晚饭，命赐茶酒。对我说道："你此功不小。应得与阿蛊一同享此厚赐。可即留宿王宫，准备明天一同前往。"我二人怕绷盖人见我们未回，误生纷乱，求王放回，明日早来同行。

王也允许。当即与我们商定：当夜扎成木梯两架。从得拉调来采矿工，三个锤凿能手，明晨赶到，同往取盐。匈部派一百武士，全武装护王同行。三老九邦，愿同往者听便。命厨膳组准备干粮酒食。

阿蛊与我晚膳后，愉快回到绷盖。到达时，阿美与许多人都在门前伫立望着，齐声呼"回来了"。

阿美迎上问:"如何这时才回来?他们都吃过晚饭了哦!"

茧:"我们也吃过了。"

美:"你们只带得一顿午饭呀!"

茧:"今天大喜事,岛王招待我们。"

我:"还喝了酒。"

美:"有啥喜事,你说给我们听。"

我:"我们从此,人人都可得奖盐一百斤了。"

美:"看你,又在胡说。"

茧:"真的。从明天起,全岛的人要想吃多少盐就吃多少盐。"

阿叉:"谁做这好事。你吗?"

茧:"是阿夺。"他把今天的事说了一遍。全绷盖也欢腾起来了。

次日,全岛人照常上工。只王命组和一百武士随王前往。九邦各派有一人同行。

岛王坐的是藤辇——四条竹竿做方架,中缚一藤椅。王坐上去,四个人手提竹竿行走。九邦人众背负竹筐竹梯随行。

王命传话勃王:"勃王老病,免除迎送。百姓各自工作,不准前来打搅。"一行直赴崖下溪边。

王命我指示搭梯之处,引导矿工上梯,进行凿取。我选了个溪水绕流,崖下陆地较宽处,上梯开凿。百个武士围绕着,禁勃拉人参观。

矿工们不久便凿下一大块崖盐。跌地碎为若干小块。大家争着拾来看、尝。齐说"是盐"。

于是,王命"开凿下去"。用竹筐一筐一筐盛了下来。各筐既满。王命"今天不再取了"。命一部分人搬运盐筐回去,放在广场,任凭各个食堂取用。命一部分人在此搭盖篷场。留武士二十名驻此看守,等候开会商讨如何开采。

众人随王回宫,当即召开会议,特许我亦参加商讨。讨论结果:工巧组赶制竹筐竹梯和搬运器具。矿冶组添调人员上崖凿盐。供部现属农闲,抽调大批人力前往搬运。阿茧率领修墙队,在广场修建盐仓,明日开工。武卫组轮派人员保卫场地和运道,不拘人数。

岛王说:"阿夺发现这样大的财富,功劳卓越,应当越级奖赏。建议照金章劳模颁发给他以各种奖品。"全场一致欢应,无人反对。

阿茧请王加派三十人搬运石材到广场来。王立即批准,并对供老道:"可以立即选派，今夜赶到绷盖住宿。听候阿蛮分派工作。"

王高兴地在露台上不停走动，仿佛恨盐库未能立即修好似的。他见运到广场的盐筐，仍是无人取盐，便大声说道："王命邦传话：把这些盐分给各组，随他们要多少就给多少。不够的明天又补。趁现在还没有装库。"

又向阿蛮说："你们绷盖也取一筐回去。帮着腾出竹筐来用。"

这一天，全岛的人都像疯狂了一样地跳动。比过年还更为热闹。

阿嬷有意走到我面前来，微笑着说道："阿夺。你这个有用的人，今天才真正得用了。"我像感到电光射眼一般，忙向她立正注目，叫了一声："我敬爱的阿嬷。"

巴得楚也来拍了我的肩，说道："不枉把你接来。这下我们再不往远地购盐，而只有向远地卖盐了。"我握着他的手说道："一切都是你带给我的。"

楚："你们还不快赶回去布置。明天要开工呀！"

阿蛮道："是的。我俩快走吧。"拉着我就走。阿楚呼道："王命你背上盐筐走。"他又转身取了一筐盐背起就走。

回场后，阿蛮立即做了人事安排：命我率砌石人员到广场开工。他率一部分人同调来人员上牧场后山撬石运石。

十四、大显身手

自发现岩盐以后,我与阿蚩的计划和工作得到王与干群的信任支持,进行十分顺利。我二人乘势大显身手,把这岛邦面貌重新做了改造。

我同阿蚩、阿明、阿飞、阿叉、阿恭等人,都万分兴奋卖力,加以群众鼓舞,抢修十天,把广场的盐仓修建完成了。四方石墙皆用绷土调沙黏合。门上装板,顶上盖木,都是木工组协助装成。盐从王宫露台过仓,从仓顶开口倾入。口外装有小屋遮护。这项设计,是与新王宫修建计划配合的。将来即作为新宫的下层仓库,在宫内开门出盐。

这十天中,勃拉盐崖的盐块陆续运回堆置。已把旧盐库装满。恰好赶上续装新库。

新库装满后,王命停止凿盐。留武士守护长崖,不许他人挖取。命我等于盐仓完成后,立即转移到勃拉去修建守卫盐场的碉堡。

我去观察地势,订出计划,在长崖数十里间,建造三座碉堡。盐场之下,距小溪稍远的低平草原上建造巨碉。方正石墙,四面造屋,中留天井。顶上平台,如同寨堡。有屋三十余间,单人房、配偶房、厨房、食堂、仓库、会议间俱全。加修楼房一列,亦是平顶。登之,外可望见盐洞,内可照护碉顶,远能望见崖坎险路,仰射可达崖顶。准备能住守卫武士和盐场工人五十人以上。亦即作为盐崖地区的核心部分。长崖下中段和尾段,各建一碉。足容二十人居住守卫。又为将来发展牧业的准备。称为下碉、中碉、上碉。三碉之间,更建几个守望台,联成一气,护守盐崖。

我把计划交阿蚩向工宫交去,经开会讨论批准,先以下碉修起。

由于这里没有绷盖后山那样的方石。远道纡徐搬运,工程稽滞、难于早竣。就附近寻找石材,所得有限。石材不同,砌法也不同,工程进行很慢,这个月内,我们仅才把下碉的基础砌成。我很着急。去找阿蚩,改变计划。欲暂停盐场下碉工程,先行打通海口堤路。取捷道搬运后山方石与陶土、荒沙来下碉后,再行复工。并拟在绷盖峡口凿山开路,使后山方石能就近运达上、中碉和各守望岗卡;也使绷盖牧场与勃拉牧场联成一气；又复为将来勃拉牧场发展后修造牧民住宅，与孕羊、羔羊保护做准备。阿茧同意。

岛王批准了修海口堤路计划。下碉仍不停工。把开凿峡口计划留待大会讨论。

于是，我把修建下碉的工人，调一部分到海口来，分作两组，从海口堤石的两端，用铁锤钢钎，敲击光滑的白石面，使变成为具有微细凹凸的粗糙面。这种亮光白石，坚硬而性脆，故不受钻凿割裂，而易受锥锤轻打的剥蚀。两组人并排敲击前进，每日不过前进一扒。但此一扒，便可稳稳站人了。一天以后，手法轻熟，未及七日，已将全堤改变成可以安全走过的粗糙面，不再滑跌了。

岛民皆是赤足，行走如此粗面白石堤上，感到刺痛难受。为了克服这一缺点，我们也做过几次尝试：

先是铺草，效果甚好，但不耐久。两三天又须更换。敲剥前进时，使用此法。到了水口之部，铺草也不行了。我们又在琢粗面上加大石，上架木为桥。桥成功后，有人主张全堤改成木面。但我想到，夏水大发时，海口肆流：木面会冲走。唯仍引藤缘堤面生长，俾其茎面与堤面自然能凹凸相契，又能横过水口之上，如此逐渐发展成为藤桥，这最为稳妥。但现当冬季，施工紧急，虽铺木板，亦嫌旷日难就。我仍建议，试用土沙铺上粗白石面，暂时通行。

还未半天，全堤已铺好了。行来足不再滑，亦无刺痛，安平稳便，与陆地无异。其后遂长久使用此法。虽在夏季水涨，泥沙冲去，亦只随时补给，未有变改。那是后话了。

为了绝对安全，又在两岸下桩，用长藤纤索，牵引两岸，做成扶栏。一索初成，行人便胆壮了些。两索成而行同康庄大道，扶栏成运石之人，更感安全。岛人远来观试者，无不嗟叹称善。

为了防止勃拉等地外人混入岛来，岛王派有武士常驻新墙防守。搬运工人皆发"腰牌"悬挂胸前。以资识别。由于堤道大通，后山方石运至下碉提速。盐崖下碉的建筑工程进行也快速起来了。

这一个月，堤路既通，恰是评模评美开始。全岛流行了下面几句话：

"今年劳模气运转到绷盖去了。阿茧是金章劳模。阿夺又是岛王特许的金章劳模。又由于大兴土木，涌现了一批砌墙能手，很快也必然成为劳模。三十几个人中，只怕要出十多个劳模嘞！"这些话，大大鼓舞了砌墙工人。

但是，阿茧并未给立功的砌墙工人提名竞选。他对大家说："岛人风谣虽然如此，我们的成绩还很小，仍不是全岛人都能信服的。与其勉强提出，不如等待果实更成熟的时候。试看阿夺，上个月并未提名选模，现在却是岛王特许的金章劳模待遇。这叫作'花好自然香；果熟自然落'嘛！我愿大家不但要学阿夺的手艺，还要学他对于选模的态度。"于是大家响应道："请邦副看我们的。这月我们不要劳模。下月可叫你不得不提！"他们上工后，全都干得格外起劲。

阿蛋果然一名未提。反是岛王问道："本月建筑工成绩最好，应该多有劳模。你怎么还未提名来呢？"阿蛋回答："全绷盖的人都在谦辞。都说他的成绩还小、还少，要求暂不提名。"

王问："是不是为了上月圈去烧窑工，他们有情绪？"

蛋答："他们没情绪。而且现在工作还更努力。"

王："好。这是你领导有方。便只由我提你和阿夺的名吧！"

阿蛋回场告诉我，并说："我能算得上什么'领导有方'嘛！一切还不是全仗着你。"

我说："依我看来，你的领导，全是向岛王学来的。所以是'领导有方'。"

蛋："岛王才真是个领导有方啊！我们都该向他学习。"

这月选模结果，我（夺）成了全岛得豆最多的劳模。但仍只是得到木章，并未发来金章。只不过岛王许了金章劳模待遇。

关于评美，是青年们最热衷参与的活动。他们各有各的看法，议论纷纷。我对这方面是从不插言的。阿蛋虽为领导，亦常常插言。

一天收工，阿蛋邀我问谈。他问："你对评美似不感兴趣？"

我道："把女性朋友拿来开玩笑，评头论足，颇有侮辱人的意味。我很不以为然。不敢反对，也不敢赞成。"

阿蛋正色道："你这看法，不符合我们岛上的风俗习惯。我们岛上，不许当面谈论别人美丑。背后议论人的美丑，则是正当的。这是绷王立的法。这样，对于婚选很有好处。众人都说好的女子，一定是除模样好之外，更还有性格好，态度好，心肠好，工作好，一切都是好的，不全在于面貌。让各人听到，可以促成她们自觉改造。男女彼此公开评论，也并不专是男子评女子。女子也是评男子的。彼此评论，了解面宽，相互敦促，选偶就会彼此满意。更能增进社会的和谐。若还没有如此方法来健全舆论，大家都各用自己的看法去对人对事，还能够相处同心吗？"

阿美恰在屋里，快嘴接下道："就会吃辣子。"

阿蛋继续说道："你是绝顶聪明的人。论你的才能，是够振兴我们长生岛。事实上，你已经把本岛进行改造，别开生面了。但你如果不谙习岛上的一切风俗习惯，成为一个真正的长生岛人，你的才能也只能是如雪山顶上的岩石一样，长期被冰冻埋没了。"

阿美又接下道："你这脑袋瓜，也须来个别开生面。"

阿蛋再继续说道："总的说来，长生岛要待你来改变。但也必须你先改变为长生岛人。"

我自发现盐崖后，受到岛人尊敬，得意忘形，志骄气满。今天才受到阿蛋的一篇教育，正如醍醐灌顶，警觉过来。忙说道：

"真的，我错了。我从前只知道改造环境。今天，才知道还得先改造自己才行。阿美说得对，我今后决心别开生面，改造自己。"

阿美："你下了这样的决心，全岛都会欢迎你。但要经得起考验呀！"

我："经得起。请随时考查我。"

阿美："首先就是要问问你心里是怎样评美的。你认为岛上女人谁个最好，谁是次好？"

我："我还弄不清三等九级哩。"

美："总有你最心仪的人嘛！"

我："我还认不得几个人哪！"

阿蛋道："认得几个说几个。"

我实在怪难为情，勉强说道："阿嬷是岛上最好的一个女性。"

美："难道你今天还想和阿嬷同居吗？看你这心和口不相应的人。"

我："你问我的评美，不是问的选偶。"

蛋："评美就是为了选偶嘛。"

我："若还阿嬷肯再选我，我仍愿意。"

蛋："阿嬷是十全十美的女性。但她已是邦干了，是不能生育的老妇了，不是选偶的对象。"

我被逼不过，红着脸腼腆言道："一个年轻姑娘，就很像阿嬷。她叫阿咪。"

阿美又打趣向阿蛋说道："他现在似已分别得宗咪和匈咪了。"

我："请勿再取笑我了。让我大胆说嘛！"

蛋："宗咪自然是最好的。其次呢？"

我："我觉得阿美与宗咪不相上下。"

美："你这个阿宿，又乱说了。我如何可比宗咪？这是你报复我嘲你吃辣子。"

我："尊敬的阿美。我真的是如此看法。"

蛰："你未参加评美活动，作如此看，也可能是真的。但是不符合岛上人一般的看法。岛上一致的公论，与宗咪同级的女人有阿嬉。她比宗咪更年轻、美丽、活泼，只温柔不如。阿美虽也是著名的，位次比她们还差得远呢。"

我："我实在是知道得太少。近来我觉得阿业、阿叉、阿恭都是超等女性。我看见的是她们的工作好。"

蛰："你这是在评模，不是我们要求你说的话。你现在不是一般的劳模了，是得票最多的劳模，排队在绷盖劳模之前。我们关心你的婚选。不要又搞错了。"

美："你不是很久就想选得宗咪吗？现在时机到了。我们都在替你着急。你却装模作样地不献心。"

我："啊！我万分感谢你俩的深情厚谊。但我自忖，这次是无望的。任是岛王给我多少奖，全岛投我多少豆，我仍只是一个'新劳模'，排队在金章劳模之后。我有什么办法想吃天鹅肉！所以，我不敢涉想到宗咪。又何况阿嬉。"

蛰："你也未免太自卑了。我认为你现在是有条件如愿的。你试想想，你得的票比我更多哪。难道其中就没有宗咪与阿嬉的一颗豆子吗！"

我："感谢你们的关怀。我要做准备了。明天我就去参加评美，争取达到目的。"

美："到了这时，你才说出老实话。"

蛰："那么，今天就睡了吧！明天收工再谈。"

次日，我真的留心到评美了。到处都把评美作为口上的工作。我既知道的人太少，实亦参加不上。只留心听他们分辨的三等九级。

他们在分级上争论很多。人名我记不清。只听到大家对于阿嬉和宗咪，一致说是上等上级。

对于阿美呢。有说成上等中级的，说成上等下级的更多。更还有把她列入中等的。我有些不服，插了言，说：

"阿美肯到绷盖来，帮助阿蛰搞好这个偏僻地方的工作，使绷盖的声名逐日上升。我以她该列入上上级。"

我说时，那些砌墙工都在相视而笑。包括阿叉和阿恭在内。

我问："你们不以为然吗？咋笑我？"

阿叉口快，说道："他们笑的是，阿美也是这样在说你。你俩这月准是一对的哦！"众人哄笑起来。

我严肃地说："我从来只把阿美当作兄弟姐妹看待。你们不能胡说。"虽如此表态了，众人并无反应，仍自笑着。

阿叉问："你说的是什么，我们听不懂。"

我着急道："说的是我视她如一母所生嘛！你们如何会有这些看法？"

"越发听不懂了哦！"阿叉道，"你是说的外国话。"

我这才忽然警觉过来，岛上是无有血缘关系的，忙补上改口道："就是'好朋友'的意思。"

阿蛊打断了话头道："注意工作。评美就评美嘛。不要扯得太远了。"

我明白，他是为我解围。其实他也是不懂什么叫作"兄弟姐妹"和"一母所生"两句话的。

我既然一意想逃回故乡，对如何立功来提高自己的社会地位，是最专心的。对于选偶，则与岛人兴趣不同，我只当是逢场作戏，姑从其俗而已。第一月未能与选，无所谓；第二月被老妪选着，无所谓；第三月误碰阿轰，迫于难弃，也无所谓；第四月阿业，第五月阿叉，俱只中品以下，仍无所谓。并非对于美人就不爱慕。只是不暇留心而已。岛上人的心理与我相反。他们认为我的立功已大，社会地位已高，应该获得最称心的配偶了。阿蛊、阿美等与我最亲近的人，都知道我倾慕宗咪，便主动来劝我，争取了此心愿。他们昨夜的谈话，使我十分感激。使我希望得到宗咪的思潮又抬头了。

毕竟我还没有与宗咪接近的办法。这天晚饭后，我又去找阿蛊，希望获得他一些指示。

阿蛊见面就问："怎么样。做好准备没有？"

我答道："我还找不得方向嘞！"

阿美道："宗咪不是你半年来倾心的方向吗？"

我："我还没有条件。"

蛊："你的条件够。宗咪阿嬉们也是倾慕你的。"

美："你若碰着宗咪，你们会像花和蜂般相吸引的。"

蛊："阿美已经给你做过多次工作了。"

我："我总觉得我还不够格。也无法打扰。"

蛊："只要你有心，总会是有法的嘛。"

我："我以为你才应该挑选宗咪。"

蛊："我不选宗咪。是因为她太温柔了，不适于做我这样人的助手。也因为她是你怀想已久的人，所以愿意帮助你去选她。"

我："那么，你有什么方法呢？"

蛩："你现在是岛上的特等功臣，岛王十分重视你。若还你指定要求宗咪，我可以替你陈情。或许能邀批准。"

我："千万不可如此。选偶不得宗咪乃是小事。为此要求岛王破例，是破坏绷王成法，不但不能批准，反会激起全岛愤怒，对于你的威信，我的前途，都很不利。"

蛩："若非如此，你如何能得宗咪呢？"

我："再等几月看嘛！本月我仍然就在绷盖选。"

蛩："那么，你就选阿美吧！"

我局促言道："我断无此心。"

蛩："怎么？'朋友之妻'这个意识还丢不掉呀？"阿美在旁，虽无言，亦无羞怯。

我："我以为你应该连选你的好助手。"

蛩："这次不行了。你若选得她，她也还是我的助手嘛！"

我："那！我……"

美："这个月，我们一定要促成你与宗咪结合。不要再说别的话了。请你明天再来商量吧。"

这夜归寝，我问阿叉："你看蛩、美两人能再连偶下去吗？"

叉："不行了。岛上规矩，偶不连月。王命连月也只能一次。阿蛩上次是两个月自选，夹一个王命，所以能许。这月便是王命也不行了，自选更不行了。"

我："那么，我俩呢？"

叉："阿美已经把屋子给你预备好了。后天，我们就分住。"她说得很自然，很爽快。

我："你看，也可以连偶一月不？"

叉："不行。没有这规矩。你还不是邦干。"

我："那么，你的打算呢？"

叉："碰运气嘛！横竖总是有落点的。犯罪时抹黑都还有人要。现在还害怕找不到人要吗？"

我："你可以选择人吗？"

叉："怎的不可！我看不中的人，我会拒绝他；我看得中的，也可以主动争取他。这才叫互选嘛。"

我："若还被劳模挑了呢？"

叉："才脱刑的人，哪会有劳模挑。这次该我主动去选人了。"

我："听说……但也未听准。"

叉："听说什么？"

我："听说，阿蚩就考虑到你。"

叉："那是造谣胡说，用来取笑我的。你想他怎会考虑到我来？你却也来调笑我？！"

我："是真的。我问过阿蚩。他说：你与阿恭能够专心学习技艺，是能在绷盖立功的人。他喜欢这样的人。并还说：你现在已是快要得到光荣牌的人了，应该让你去自找对象。我相信他不是说诳的人。"

叉："我也相信他会有这话。他和你都是好心人。同好心人一起工作就是幸福。所以我不愿离开绷盖。我这次，好歹也要再拉一个人到绷盖来。"

我："但是阿美会要离开吧！她是你的好朋友。"

叉："你今天听见的，人人都以为你的新偶该是阿美。"

我："我也说过了，我不能选好朋友的配偶。况且阿美也不会落到我身。"

叉："你说反了。你与阿蚩是好朋友，你就应该接选他的原偶。你不选她，就是对不起他俩。他两个是如何地喜欢你啊！"

我："如此说来，我是应该争取得阿美了吗？"

叉："就是应该。"

我："但他俩却又敦促我去追求宗咪呢？"

叉："那还不明白，他们是为了使你旧的希望得到满足嘛。这就是真正喜欢你嘛！"

我到此时，才明白这个岛上的男女，是毫无妒念的人。他们把每月离婚，视为神圣的当然。他们并不知道有夫妻和家庭的名称。不知道什么是父母、子女、兄弟和姐妹。我抱着自己的意识去看待他们。所以在婚选中的谈论屡被嘲笑。

我敬爱阿美已久，却一直把她看成是嫂嫂，或姐妹，从未有半点他念。虽已知道岛上制度风俗，又经蚩与叉开导之后，我对于求阿美为偶的勇气，仍是提不起来，仿佛总是不应该。旧意识的束缚人，竟是如此厉害！

我回家后，曾把这些事和我的想法向几个朋友摆谈过。并询问：像我这样的意识与长生岛人的意识比起来，孰为进步些呢？没人给我满意的答复。有时我觉得岛人的一些观念和行为，也有值得其他社会借鉴的地方。

十五、又到婚选

到了婚选的前一日。晚饭后，我又去找阿茧。他见面又问："方向定了吗？就该明天开始了。"

我道："我先问你将选谁？"

茧："我现在还没有定。主要是选有事业心愿意帮助我发展事业的人。实在不如意，就选阿叉，或者阿恭，或者阿业。"

我："阿美呢？"

阿美说道："我还不知被谁看中呢！"

茧："她是不愁不得好对象的。只你的问题是她最关心的事。"

我："我。我想留她仍在绷盖。"

茧："但是她和我已经商妥，接阿咪到绷盖来的办法了。"

我："那就是你挑宗咪，阿美选我吗？"

美："看你这装痴卖呆的。我们替你安排的宗咪，已经妥帖，只等你开口了。"

我："你就忍心离开绷盖吗？"

美："累够了，隔一月再来吧！"她似已决心。

我："你们怎样安排我呢？"

茧："阿美出的主意：她上场去就把宗咪缠着一块儿玩，藏到偏僻地方，等待你来挑。"

我："选婚场谁不注意她，如何藏得着。"

美："阿茧出的主意：他一出场就把宗咪盯着，一路玩，却不订下，专待你来，他才离开。他是金章劳模，与女人同游谈话，别的人就不能拢身了。"

我："这不成了选偶舞弊吗？"

茧："也说得上。但是合法的，不犯舞弊罪的。"

美："就是为你才舞弊的。"

我："我意不必如此。"

蛊："其实宗咪未必即能使你满意。只阿美一定要成就你的心愿，已经替你安排好了。"

我："侠骨柔肠的阿美啊！你对我真太好了。"

美："我不懂你这些外国话。"

蛊："好了，我们就按计划进行吧！"

我回屋。阿叉问："你把阿美留得住不？"

我道："阿美她不肯留，说是为我另有安排。"

叉："如何安排的？"

我："我亦不明白。明天你会知道的。"

这是大地最冷月的月圆开始的一夜。森林头顶已在积雪了，海子尚未结冰。岛民仍是赤足单衣，只多了一幅毛披衫便是过冬了。绷盖提前吃了晚饭，阿蛊率男子一队在前，阿美率女子一队在后，走向长生岛，分散到上、中、下坪。

我重新戴上光荣牌，随阿蛊走进中台的王宫广场。岛人因来看新盐仓，拥向广场的特多。议论纷纷，充满欢乐。许多人都在指我、看我。大概都是为了发现盐崖一事。

岛王出得露台，命令我道："盛会开始前，你甩几个石子给众人看，助兴同乐。"

我道："月光中怕看不清楚。若还用白色的石子较好。"

王道："派人到海口取绷夺来。"

我："道远，花时间，也很费事。莫如就用崖盐硬块。万一误中了人，也问题不大。"

王："好。那么多，浪费几筐也无妨。开仓，你自己去选吧！"

于是王命邦一人来领我进仓，敲选了合手的硬盐块一瓦盆出来。阿蛊已和王与群众商定，召全岛人都向得拉澎河谷岸上看阿夺表演甩石。

一大群人跟到河岸坎上，选了个三台皆可望见之处，阿蛊大声说："试打对岸黑石包，看能中不。这是试演。"

我应声一块打去。中了。黑石包现出了白点。我有把握了，便速速向那一点打去。一直打完全盆盐块。大众欢呼道："就像一条白虹。"有的说："像一条白龙飞投黑石内了一样。"欢腾如潮，声震山谷，直到盐块投完，声还不止。看那石包上的白痕已大如盘盂了。

当有许多人拥到面前，要想看我时，听到一声号角鸣，人又散了。

重回王宫广场后，有王命邦的人出来为劳模排队。第一队是宗部劳模，只十余人。我见有阿楚在内。第二队是匈部劳模,有二十多人。王命邦宣布:"今年矿冶邦功多,绷盖阿蛋领先。"于是阿蛋占了第一位。我被排在第十九位。其余十七人中,有三个是女模。俱属中年人。最前一个,仪表漂亮,戴的是金章。许多人都注视着她。我听侧边有人窃窃私语,说:"她是工巧邦连年当选的巧手,今年只三十几岁。"名字似叫"阿新"。

队排定,便出发了。照例先到下台大沟,慢慢行进。到了另一端人尽处,又转回来。我已经望见阿美同宗咪在大沟尾部的坎上,阿叉也在一起。彼此点头会意。既已照例折回大沟一端,散开各自竞选之时,我已望见阿蛋快步走向前端。心想,这下我一定得到宗咪了。让前面十八人次第出列,我才出列来,慢慢向那端走去。还未走到大藤桥近,那个工巧邦编织组的金章女劳模突然出现在我眼前,叫了一声"阿夺"。我不能不伫立下来,应一声"唯",面向着她。

她说:"我叫阿新,在编织组工作。今天看见你甩打石子的巧妙,很是钦佩。"

"见笑了。那只是一种游戏。"我答。

她:"你能教授我吗?"

我:"有时间,我愿献丑。"

她:"能此刻再打个给我看不?"随即从地面拾块小石给我。竟是非打不可了。

我道:"这里怕误打中了人。"

她:"我们到河边去打嘛。"

我应了声"嗯"。她便向得拉澎一侧走。我着急了,问她说:"这边打过了。我请转向勃拉澎岸去打,行不?"

她说:"好。"便又折转来走。我跟着在后,心想赶快走到尽头,好走转来去找宗咪。偏是她问长问短,慢腾腾地走着。我不耐烦,先是跟后答话,渐渐并肩答话,后竟走到了她前面,口说着:"那边人少,我们快去,免得回看的人拥来。"我走得很快。希望走到宗咪面前。

她亦快步跟上来,说道:"你真壮健,走路风快。我跟不上。还是慢点走吧。"

我不得已,仍复徐行待她。迨走到沟尾时,望见阿蛋、阿美与阿叉还在。宗咪已不见了。

我叫道:"阿蛋!你们来看我给阿新甩石头。"我示意他们,"我已被人缠着了。"

阿蛋应声道:"对!我们都去看他甩石头。"一同跟到河坎边来。

我问阿新:"打哪里?"

她说:"你自己选适当的目标嘛。"

我："试打对面那丛草堆。或许打不中。"一石去，惊起一对野鸽，腾空飞去。

阿新乐极了，笑向我说道："谢谢你给我这大愉快。我送这东西给你玩。"说着取下她的金章给我。

我伪装不懂，接来看了一下，说道："这是王给你的光荣牌，我怎敢玩呢？"乘势送还给她。阿蚩在旁喝道："阿夺，你才来不久，不懂礼。这要恭敬接受。"

我仍瞪眼伪装不懂，应了一声"呃"。做出个半手想要回的姿态。

阿新也不心惊怪，从容说道："阿夺。你这个朋友，很值得人尊敬！"

阿蚩："他是岛外人，来还不久，不懂礼节。"

阿新："这个我体会。"

蚩："请仍赐给他吧！"

新："岛上规矩，他不知道，我是知道的。如何可以又赠给他呢？留得将来再说罢。"

蚩："那么。阿美，你们同阿夺、阿叉们去玩罢。我陪阿新走一段路。"

我自知理亏，对阿新行了个立正注目，叫了一声"敬礼"。阿新微笑挥手。我掉头走了。

阿美拉我向中台走去。阿叉便离开了。走到中坎下无人之处，阿美才着急地埋怨我道：

"我同阿叉，已把宗咪缠到这里来等候你了。阿蚩也很快就来盯着她。过了几次戴光荣牌的，都不敢拢来。候你很久都不来。阿蚩望见你同阿新来了，是你走在前面，他以为你们定了，你走在前为失礼。赶来指正。望见你们未换光荣牌。并且你已退到她肩下去走了。他怕宗咪被人挑去，急忙奔回。但是在他离开才十多步，已经有个中年的劳模突然闪过来，把光荣牌挂到阿咪颈上，便被衔走了。你看你，急不急人哪！"

我笑道："这是天缘巧合吗！还急什么。"

美："明是七错八错的，你还说天缘。"

我："你们虽已费尽心力在帮我拉合宗咪，却未知我心事。我以为绷盖离不开你。阿蚩、阿叉与砌石工们也都是要我挑你的。"

美："你失掉了宗咪，才用这些话来欺负我。你就不怕是'好朋友的妻'了吗？"

我："我这桩心事，阿蚩和阿叉都知道。"

美："看你跟着阿蚩走来的急迫样子。不是为了宗咪在这里吗？"

我："我感激你们替我做的安排。但我自己却准备走拢就挑你，逼得阿蚩去挑宗咪。"

美:"你这个人好坏呀！出卖朋友。"

我:"这个罪我该承认。"

美:"但你还未能成功。"

我:"已经成功一半了。"我伸臂去挽她的手。她拂开了我的臂说道:"你不怕你的好朋友多心吗?!"

我:"那些岛外来的旧意识，经阿蛊的教育，我已丢掉了。偏是你反转来学会了岛外人的语言。"她也笑了。

当我再去引她的手时，她再一次拂开道:"你到底还是不懂规矩，还未把光荣牌给人就动手动脚的。"

我大笑自责道:"哦！失礼了！"连忙取下牌子给她戴上。

她还是微微拂我道:"你刚听到过，失了礼是不可以补得起的嘛。"

我道:"那是劳模与劳模间才有此礼。你今天就没有拒绝我的权了。"

美:"你仗着光荣牌强占了我。"说着咪咪作笑。

我:"你又学会那辣子的话了。"

我们慢慢说笑，走上中台。正遇阿蛊同阿新从王宫出来，彼此含笑。

阿蛊问:"现在我们可以同游了吗?"

我道:"我这外来人，一切规矩不懂，还望给我指导。"

蛊:"阿美的意见呢?"

美:"你们三个都是金章劳模，还来问我?"

阿新说道:"阿夺选中的人真行呀！有名的俏皮阿美。"四人都笑起来了。

阿蛊道:"阿夺方才失礼。阿新大度包容了，仍还是这样关心你们。阿夺应知感谢哟！"

我道:"我只有向阿新做一百个敬礼。"说着便做了个立正注目，叫了一声"敬礼"。

阿新:"看你两人，就是这样扣手。无怪绷盖该兴旺啊！"大家又复笑了起来。

全场渐散了。我问:"我们向哪里走呢?"

阿蛊道:"刚才岛王说了：我到编织组不便。阿新到绷盖也不便。好在海口新墙的屋子修成三间，叫我俩都住宿到那里。另调一两对绷盖的人来同住，便于双方都好照料工作。还说，可以再加造住房，作为修建组的住宅区。"

"那就一切方便了。"我欣慰地应声。

阿美道："那么。我们今夜还有搬迁忙呢！"

蛋："不。今天没时间了。今夜我到阿新屋去睡。你同阿夺回绷盖，就在我的屋里住一夜。明天才搬。搬迁一切都该阿美与你办，包括膳食在内。够你忙一天啊！叫两个泻帮助你。"

美："明天他们的工作安排呢？"

蛋："就请阿夺安排吧！"

我："时间还来得及，请你回绷盖安排后再回来。你不回，谁肯听我的吩咐！"

蛋："领导群众，分派工作，主要靠威望，不是靠的职位名称。现在的阿夺，岛上的人都佩服了，绷盖哪会有敢不听从你的。"

我："我便借你的威望去试一次。明天仍是继续撬石、运石、修碉、烧陶。是不？"

蛋："这还待问我吗！"

第三次号角起，人众分散。阿蛋跟阿新到编织宿舍去了。阿美同我，异常愉快地走向绷盖。

陆续有些绷盖的人跟后走来，见是阿美与我同路，都大呼道："阿美还是回绷盖了啊！她成了我们连掌四个月饭瓢的人了。"

阿美应声道："绷盖的饭瓢，我再也掌不成了。我明天就到海口去了。"

众问："那是怎么的？"

我把要准备成立修建组，到海口居住的消息告知他们。并与他们商讨明天的工作。

阿美说道："刚才阿蛋叫他分派明天的工作。你们有甚意见，先说与他。他还是个生手。又怕你们不服。"

"生手吗？这个月来，哪件工作不是出自他的安排。阿蛋都是听他的，我们还有不服吗？！"我听声音顶熟，循声看去，原来就是阿明。

我问："阿明，你来了。阿恭也来没有？"

阿明道："阿恭今天被别人挑去了。不回来。"

美："你们说的要分开找砌石的对象嘛。怎么她今天就跟别人去了？"

明："你不忙怪她。她被劳模咬着了嘛。她向我保证了的，一定要回绷盖来。我相信她明天不回来，后天也必然回来。"

明："方法多着哩。她会说服劳模一同转到绷盖来。要是不行，她也像阿轰一样，闹得他非离不可。明天也就回来了。"大家都笑了起来。只有我感到尴尬。勉强应道:"阿轰的方法,原来是岛上女人的老法宝。"

美:"女人被光荣牌压倒的,就是该使用这个法宝。"大家又哄笑了。

我问:"挑阿恭那个劳模是谁。你认得吗?"

明:"他是供部的,三十多岁了。似叫阿本。我不清楚他是立的什么功。只见他戴有光荣牌。"

美:"你有了新对象吗?"

明:"我还早呢。许多女子都不愿到绷盖来。我今天宣传绷盖的新气象多次了。一个也未生效。"

我:"阿恭上月又是你如何说动的?"

明:"阿恭呀,说来话长。"

我:"我们步月闲谈一会儿嘛。"

明:"她选上原是工巧邦。因为那时工巧邦兴旺,挑选得太多,被强拨到供部去。她对耕种不感兴趣,人又沉静,不喜打闹,一直与供部青年不合。她于婚选亦无幸运,两次都被光荣牌压住了。又因怠工犯罪,停选一次。上月,她是抹黑进入选场的。我向她谈说绷盖兴旺气象,和砌石这一新工艺。她便来了。她一来,便醉心于这项工作。向我发誓,永不离开绷盖。"

我:"这个女孩子,她学习专心,工作很好。阿蛋曾多次夸奖过她。只尚未提名到她,若还再在绷盖做工一个月,准定会成为劳模。那时她便自主了。"

说着已回到了绷盖。还有多人未睡,迎接出来,都欢呼阿美又回来了。

有个人问:"怎不见阿蛋呢?"

美:"我被他的光荣牌压着了。"指着我。

众又欢呼:"这是我们的希望呀!"

美又道:"邦副今天不回来了,叫阿夺代替他排工一天。"

也有更俏皮的青年人道:"是代替一月吧!"

美:"只代替一天。"

那人又问道:"还代替什么不?"

阿美装着未听见,更问:"阿叉、阿业回来没有?"

阿叉应声跑来,欢喜地说道:"盼到你俩回来了。屋子已经腾出来。我在同阿业睡。我和她今天都还是单身。"

美:"不。那间屋仍然是你的。我们就在阿蛋屋里睡。"

叉:"阿蛋呢?"

美："他们今天对金章去了。不回来。"

叉："什么叫对金章啊?"

美："你看见的。要阿夺去打石头的那个劳模。"

叉："她是编织组的阿新吧?"

美："阿夺退还她的金章，阿蛋便接上去了。他们金章对金章。"

我忙补上一句："我不懂规矩，错误还了她的金章。阿蛋替我弥补，便接过去了。"

阿明道："阿蛋交出来，你又接过去了。是不?"

我："是阿蛋把金章自己戴上，未再交出来了。"

明："他交出阿美来了吧?"

我："是。"众人大笑。

叉："我全看见。不是这样的。是阿夺不要阿新，只要宗咪。阿美在替阿夺撮合，未能成功，才自己填上去了。"

美："我不是自己填上的。他的光荣牌现在我这里。这你就未看见。"

众人齐说道："阿夺就是该挑阿美嘛!"

我亦说道："我的心，你们都明白。只有阿美才不明白。"

叉道："真的。阿夺给我说过，决定挑阿美的。阿美不知道，还在极力替阿夺去拉宗咪。当她已把宗咪邀来，阿夺迟久未来的时候，她好着急啊!"

美："连阿蛋都很着急嘞!"

众人呼说："现在都不着急了吧?"

美："我还着急。我为你们找不着愿到绷盖来的对象着急。"

我接着说道："还为怕你们像恭一样，被别人挑去而着急。"

众人道："请放心。我们都是不离开绷盖的人了啊!"

十六、海口新居

次日，便是岛上月正圆时的婚选第二日。阿美把我们的衣物什器，搬到海口新房。我与阿蛮各占一间，都有桌凳。还剩当中一间，留作临时调工的单身宿舍。暂时让它空着。我们的伙食，暂时仍在绷盖吃。我同阿美安排好后，仍去砌墙。

午膳时，阿蛮来了。他宣布："砌墙工即将扩大为修建组，全部移居海口。只待这次选婚定后，就要添调人来。海口房屋还得大大增修。来不及比照现有三间那样修得好。只须顺着三间延修十间土墙竹壁的旧式宿舍。并盖造厨房与食堂，作为修建组集中居住的地点。今天下午，立即要调一批人搬运竹木工具来。勃拉盐崖下碉工程，仍然继续，我和阿夺督导。海口的建筑委由阿美督同调来工人办理。"

饭后，我同阿蛮同到下碉，阿美留在海口。她从此更忙了。

晚膳，我们俱仍回绷盖吃。饭后，蛮、美、我三人同回海口新房。见调派的人已搬来大量竹木和版筑工具。阿美说："明天就开始打墙盖屋。你们趁明月把地基画好。厨房食堂须先盖造。让调来做工的人在此吃饭，起码要在此吃午饭，才能把工效提高。"

我们商定：十间土墙屋，傍山麓，接连旧的三间延修。大小相同。都是双人床小屋。只当头一间大屋，做单人宿舍。厨房与食堂，修在相对的草原外坎上，距新墙三丈，与这排长房中部相对。食堂能容百个席位，准备把修建组发展到百人。因为取水要到海子，所以不能距新墙太远。厨房背后便是外坎斜坡，倾弃污水也方便。规划既定，立即画线下桩。

下桩已毕，望见阿新来了。我们三人迎上去。我叫了一声"敬礼"。向她立正注目。

阿新问道："你在干什么？"

我道："在赔礼。"

阿美道："这个外来人，经常说他对你抱歉。"

阿新："你看他该抱歉吗？"

美:"我认为该处罚。"

我:"我说过,要对阿新完足一百个敬礼。就是自定的处罚。"

新:"我虽被阿夺拒绝了,却又得到阿蛰看重。又成就了你俩一对,还不好吗?你阿美才该向我敬礼呢!"

美:"我不给你敬礼。我叫他甩几个石子给你看,好不?"

新:"好。就是要看他这一套。"

我说了一声"遵命",便甩了几个石子。远望已有人来,便停止了。注视来人,是阿叉与另一男子。阿美首先欢呼道:"阿叉!你回来了。我们在此迎接你俩。"

阿叉走拢介绍道:"这是供部的阿奔,旧劳模。他愿改行来学砌石头。已经获得批准了。"

蛰:"好极了。你们回绷盖去,就住你和阿夺的原屋。那间屋子最发人。阿夺成了超等劳模,又在这屋教好了阿叉,也快是劳模了。必然阿叉又会帮助你还为新劳模。"

叉:"他是本分人。请不要调笑他。"

我们齐说:"一定的。"

阿美道:"这里现成还剩一间屋子,就留他俩在此住,热闹些。"

蛰:"且待三天过后再说吧。早迟总是要搬来的。万一岛王新调有人来呢。宜预留这点余地。"

于是他俩走了。

遥闻号角声响。我们都到中间屋去,看婚选场回来的人。其中有阿飞、阿明及炊事员阿业。我们都邀他进来休息。他们都说:"晚了。明天还有够累的一天呢!"

我四人送他们出了新墙。到海口眺眺月色水光,待人过完后,才各归寝。

次晨,是婚选第三天。阿新回编织组吃饭。我三人回绷盖早饭,继续昨天的工作。照例提前晚膳。

膳后,我三人送选婚人上场,过绷盖不留,直送他们到上墙。正逢阿新同两对男女走来了。

阿美呼道:"阿新!我们来迎接你。"又命令我说:"阿夺敬礼!"我真又立正注目。

阿新道:"别再开玩笑了。有正事。"

我忙问:"什么事?"

新:"他两对人,是专诚来拜访你的。"

我:"哦。请教,有何指示。"我们一路向海口方向走。

他四人吞吞吐吐地说:"趁着月色,跟阿新来拜见你这个奇人。"

我:"外来人,不懂礼节。请多加原谅。"

他们又说道:"还想借阿新的面子,请求你打些石子看。那天月夜我们站远了,未看清楚。"

我:"这该效劳。"便拾个石子,随便抛向森林间去,打下枝上的积雪一团。

新:"我们同到新墙顶上去望海子,又请他打。"四人应声"更好"。

于是我们回到新居,转上新墙。各人带上石子,供我打耍。我从墙顶,向海心的月亮打去,连续几个都打中了,激成层层涟漪,闪出千变万化的银光。他们七人连同我都快乐起来了。

阿新欢快地对他四人道:"你们看,我该乐意到此来不?有这个快乐宝,会给我们多少欢乐呀!"

我们又到海口长堤去,投了几块石头到海里听那石头远近不同的声音,也看到晶浪的闪耀。我知道绷夺石盘是斜倾入海的,想利用它的深度不同,从侧去投石,利用其不同的声音做音阶,造为简单的曲调。邀他们转到岸侧,拣些同大的石子,依次成排投去,果然发出了"砰、嗵、噗、嘣!"的不同声音。于是我便连续做了个曲调。

"砰砰,嗵嗵,砰砰嗵。砰嗵,嘣嗵噗噗砰。"把他们欢喜得手舞足蹈的,连呼"你这快乐宝!你这快乐宝!"。

阿新高兴极了,指着远地一个草丛道:"你试又甩石去打那座草丛。看还有鸟飞出不。"

我也甩去一石,却并无鸟兽出来。她感到没趣,对那四人道:"那夜他在勃拉澎表演,恰恰打出一对鸟飞起来,那才妙哩。"

美插嘴道:"你们知道那是什么鸟。"

新:"你看见的,认得是什么鸟。"

美:"那叫金章鸳鸯。"

新:"这个俏皮阿美,该割舌头。"

那四人道:"你们这里真快活呀!"

阿蚩道:"请看,我们这里正在大修住宅,招兵买马。欢迎你们两对来向阿夺学甩石子。"

他俩对人都说:"准备申请。"但是,结果都未曾来。他们的名字,我全忘了。只知有两个是劳模。

那两对人去后。我们回屋闲谈。遥闻号角声，婚选最后结束了。我们都很关心阿业他们，伫望门外，盼其胜利归来。

先回来的是阿明。他年轻会说。今天又挑来了个供部女子叫阿丝。

其次是阿业，她选来的是个从勃拉征调来凑足人数的男子，名叫米。她给我们介绍说："这是宿米。他虽不懂砌石头。但是我劝他学。他愿意学了。"

我说："现在我们经常住在勃拉，已经要算一家人了。我欢迎你这个新来的学徒。我祝愿你成为长生岛的胥。"

说话间，阿飞进来了。与他同来的女子，使我大吃一惊。万想不到，就是我从前痛心疾首的辣子匄咪。她一进门，把我一天的高兴全部驱逐开了。我低下头，不愿看见她。

阿美还照例向那个泼妇说道："阿咪也肯来，我们欢迎你。"

我作色道："夜已深了，我们睡去了吧。"说罢就先回寝室。阿飞用身子阻了我一下，似欲有言。但因我冲得快，他未得说话，只说了句："我们明天再谈吧。"便也与那泼妇同走了。

阿蛊他们跟着进屋来。蛊说道："你今天似太疲倦了吧！绷盖兴旺起来，全是你的功绩。从前没人肯来。现在连匄咪都肯来了。以后，你的担子更重了啊。"

我对他不敢发气，只颓丧着说道："匄咪来了。我又往哪里去呢？我不愿与她见面。请你今后安排工作，注意一下。"

阿美与阿新亦跟进来。阿美道："你们看，这个'快乐宝'。刚才望见匄咪，立即变成一条'可怜虫'了。"

我愤怒道："我怕见这个泼妇。见了就恶心。"

美向阿新道："他自从咬了辣子，便连海椒叶的气味都怕闻了。"

阿新也劝慰了几句道："你们的事，已经相隔很久了。'女大十八变'，或许她现在已经转变过来了。你还须静静地看看她再说。"

我应了声"是"。不再说了。

阿蛊道："本来阿夺也疲乏了。我们都睡了吧！"于是阿新与他出去了。

这夜晚，还回绷盖来了许多对人。我都未更理睬。虽然睡得早，却翻来覆去总是睡不着。我问阿美：

"你猜，阿飞为何把匄咪都引来了？"

阿美道："选偶嘛。全岛男女各几百人，一年要换选十二次，任何两个人都有相碰的机会。阿飞为什么不该把匄咪带来？"

我:"到底我在这里嘛。"

美:"你不要匈咪。便该阿飞也不要匈咪吗?"

我:"阿飞年龄大了,选偶困难,我该原谅他。我只怪匈咪明明知道阿飞是我的学徒……"

美:"也该说成是你的助手了吧。"

我:"是。明知阿飞是我的助手,为什么也肯跟他来?"

美:"她也有她的志愿嘛。她看中了砌墙工是有前途的,要跟阿飞来学。这还不好吗?"

我:"她岂不知砌墙工与我是一体,却偏要找到这里来?"

美:"你怕她来找你滋事吗?"

我:"阿茧在此领导,我不怕谁滋事。"

美:"那你怕她怎的?"

我:"她像恶鬼一样,几乎夺去了我的生命。"

美:"她模样不错,态度也好。"

我:"我见了她就恶心。她见我当然是不顺眼的。左右是增加我的麻烦。"

美:"我看她刚才,对你并无恶意。或许她如阿新所说,性格已变了,回心转意要求亲近你呢?"

我:"那是断不可能的事。她不恨我,我也恨她。"

美:"你想把她调开吗?"

我:"我没有权。"

美:"你对邦副说嘛。"

我:"我不能因他信任我,就调开阿飞。"

美:"你轻松地睡吧。我明天去替你说。把匈咪调开砌石组。阿飞仍留在砌石组。好吗?"

我:"嗯。请把匈咪调到牧场去吧。愈远愈好。"

美:"行。你明天安心工作去吧。我晚间回你的话。"

婚选结束后的次日。我因一夜失眠,起得很迟。阿美与阿新都早已走了。阿茧等待我起床才同路回到绷盖早膳。一路全是商讨工程计划。

早膳时,阿茧宣布道:"现在绷盖兴旺起来了。从前是想走的人多,愿来的人少。今年不同了。人人都愿留在绷盖,并且各自挑选愿来的人为偶。这次新添了十多个新来的人。只阿恭一人被劳模挑去是例外……"

阿明插言道:"昨天阿恭对我说了。她已劝好她的新偶阿本转业到绷盖来。不待我们的新屋完工就要转来。"

阿蛋继续说道:"那更好了。熟手一个不少,新增学修建的有一倍。不待外调人来,已够成立修建组了。因此,赶修海口宿舍和食堂,是必要的。今天阿夺仍领导一部分人修砌盐崖下碉。阿飞领导一半人到海口砌食堂和宿舍的屋基。先要赶快修成海口食堂,准备修建组人能早日搬到那里开饭。宿舍连旧建的共十三间。除我与阿夺和阿美已搬去外,还有哪些人愿意搬去,可以先向阿美报名,以便安排。"

这一天,我在下碉,阿飞率匈咪等在海口,各自工作,未曾见面。我叫下碉午膳也自绷盖送去,无须回绷盖吃。只晚膳不能不回绷盖。

晚膳后,我立即与阿蛋及阿美回到海口了。阿蛋问:"今天报名愿到海口宿舍住的有哪些人?"

阿美道:"阿飞和阿咪,阿明和阿丝,阿叉和阿奔,阿芝和阿布,阿哈和阿赤,阿沙和阿比,阿英和阿云,这七对都是申请编入修建组的。炊事员阿业也请求到海口来做饭,她挑选的宿米也求学砌墙,就是八对了。还有一些单身汉登记。"

阿蛋道:"合计你我正是十对。十三间屋便只剩三间了。拿两间住单身工,可容三十多人。足够成立修建组了。我们的食堂很大。阿业是必须调来的。便可在食堂划出她的住室。再腾一间宿舍出来,备阿恭来后居住。未来的海口,会热闹起来哪。"

他两人兴高采烈,说得起劲。唯独我心里苦闷,半言不答。阿蛋感觉诧异,问我道:"阿夺你今天有病吗?"

我:"没有"。

他又问:"疲倦吗?"

我:"不累"。

他:"你怎的沉默无言呢?"

美:"他呀!只怕还是辣椒闷着了吧!"

蛋:"有问题,要说嘛。我们不是无话不谈吗?"

我:"问题很简单。你们把匈咪编到海口来。我便想调往下碉去。我怕看见这个女人。"

美:"你就把匈咪调到牧场去吧!待他们疙瘩解开后再调来。行不?阿夺昨夜通宵睡不着呀。"

蛋:"好,我考虑一下再说吧。横顺现在宿舍都还未修嘛。"

这下我才舒得一口气来。

十七、人的转变

回到海口宿舍，我问阿蛋："匈咪这个泼妇，竟追我到绷盖来了。你看她有何意图？"

阿蛋道："她与阿飞，原都是匈部的熟人，现在互选配合，立志学艺。随阿飞来，正与阿恭随阿明来是一样。你看她有何企图？！"

我道："我怕见这个人，要求你把她调远些。愈远愈好。阿美说调她到牧场，我认为最适当。羊子和泻们，是不会与她发生冲突的。"

蛋："阿飞可是我们的得力助手了。她是阿飞的配偶，又是立志来学砌墙的，如何好把她分配到牧场养羊？"

我："那么，请把我安到盐崖下碉住宿、工作和吃饭。这个月我断不再回绷盖。"

美："阿夺见匈咪来，竟夜未曾睡着。他们从前是怎样闹的，竟成了如此深仇大恨。你就暂时调开他们吧。"

蛋："我们还须进行调查了解。看那女人此来有无恶意。若还你们实在不能相处，自然依阿夺意见调开。便是连阿飞一同调走，也行。"

我："谢谢你。"

蛋："但我们亦不可委屈了好人。假如她是怀着善意而来呢？"

我："不不不。断不会有何好意的。我深深知道这个女人。"

蛋："我觉得人都不是绝对坏而竟无一点儿好处的。也不会绝对好，而无一点儿坏处的。人与人的相恶，也不会是一方绝对好，一方绝对坏的。还有怕见面的人，往往是胸有惭怀，做过对不起人的事之人。匈咪敢于来走近你，而你却如此怕见她的面，是否你也有对不起他之处，胸有惭怀啊？我们来调查她，也先来了解你。好朋友，应该无话不谈。"

我："我们同居不到十天，我万分地迁就她，她半点也瞧不起我。开口'泻夺'，闭口'泻夺'。把我当个驴马不如。"

蛋："这是你恨她的原因，不是怕她的原因。既然怕她，也还有点对不起她吧。"

我红着脸道:"只我痛愤极时,转而伪装降服,作弄了她半夜,才把她抛弃了。"

美:"你还有脸说人家坏。你才是最坏哩!"

我:"的确,我到了无可如何时,便做了这件坏事。"

蛋:"所以你才怕见她面。是不?"

我:"也可能是。但这个人实在可恨极了。你们都知道,我是错挑了她嘛。"

蛋:"但这是她来学工巧,不是她来婚配你。"

美:"她是阿飞的配偶。不是来要你补那二十多天假的嘛。"

我:"感谢你们的开导。我服了。但是,请可怜我。不要让她与我一起工作。"

蛋:"好。阿美明天找时间探问一下,再说吧!好在现在不是在一起工作嘛。"

次晨,我们同回绷盖吃饭。饭后就上工。我赴勃拉,要过海口。怕阿飞同她赶来一路,我先放步前行,很快就过了海口长堤。便在勃拉吃饭,做到晚才直回海口宿舍。本也困倦,伪称头晕,入屋便睡了。

阿美与阿蛋、阿新,在他们屋内闲谈很久,才同到我屋来。阿美问道:

"还是睡不着吧?你睡。听我把今天调查结果告诉你们。"

我应了一声"嗯",仍自睡着。

阿美道:"我先问过了阿飞。又托阿叉去问过阿咪。说来都是一样。上个月中,阿咪吃尽苦头,受到了教育嘞!"

我道:"哦。我得起来下细听一下。"我从床上爬起来,穿上衣服。

阿蛋道:"你整夜失眠,今又整天劳累,还是睡着听吧!"

我道:"横竖是睡不着嘛。起来听方便。"已经穿好衣服了,坐在床上道:"请继续谈。"

美:"我继续说:上月中,你的声誉天天上升。匈咪的地位就天天下降。由于你们那次情感恶化,闹得全岛该知。你与她相离之初,匈部的人议论纷纷,有绝大部分人骂你是罪人。宗部也都有人指责你。由于你能立功,立功,又立功,绷盖的人全说你好,岛上舆论也渐翻转过来了。绝大部分人都说你们同房的是非,必然曲在匈咪。你的声名大噪,带动阿轰的声名也大坏起来。匈部原来帮她说话的人,也渐变成怀疑她、鄙弃她、斥责她,没有妇女同她玩了。"

我打断她的话道:"像她那样的女人,是必然会遭到人们如此对待的。与我的声名上升无关。"

美继续说道:"还有更糟糕的哩!她并未受到教训,仍是心高气傲地自己拥护自己。上月婚选,她被供部一个男子选中了。那人的绰号也叫'阿轰'。人都叫他'供轰'（生产部门的辣子），他们两个都是人不敢挨近的，都是到了第三夜还是单身的青年人。同病相怜，气味投合，自然就结合起来了。未过三天，便吵起嘴来。再过两天，又打起架来。彼此都带了伤。她的头发被拔掉了几绺，身上被打乌几处，脚趾被砸破几根。供轰也被她把脸抓破，眼打瞎一只。手腕咬掉了一块肉。现在都还不能出工。供部的人多，闹嚷不依。宗老亲自去处理。处理不了，回报岛王。岛王分别判了他二人的罪。分开居住。阿飞听得此事，初也替她不平。到了婚选前夜，全场都出来看你甩石子，阿飞碰见匈咪了。看罢甩石，匈咪便要回去，不肯抹黑参加婚选。阿飞劝了她许久。虽也抹黑出来了，两天无人接近。只有阿飞每天接近她……"

我又插言道："阿飞年龄大了，饥不择食，口涎滴到辣椒上，竟未知我与阿轰的过去。"

蛮："你听她说完嘛。"

美又继续说道："阿飞为我详说了他与匈咪对话的过程如下：前两夜也不过劝她打起精神，再站起来，争取挣个劳模，把那些鄙视她的人的眼睛洗一洗。"

我："这样的人能做劳模呀！那才是天上掉下烤羊肘来。"

美："我还未把他的对话说完哪！"

我："请又说嘛。"

美："你猜，匈咪是怎样回答的？她说：'若还有战争，我到前线，多杀几个敌人，做个战斗劳模，如同探囊取物。否则被敌人杀死也便了结。现在没有战斗，只有打架。经常遭到群众訾议，岛王处罚。朋友都疏远了，还从哪里去挣劳模呀！'这就是她回答阿飞的话。"

我："是的，我的生命差点就丧在她手里。那时她未能杀死她的敌人，现在又赶到她的新战场来了。是不？"

阿新道："你还是听她说完呀！"我才默然。

阿美又继续说道："我看到你害怕她的情态，确也替你担心。待我听了阿飞的话，心里才轻松了。阿飞劝她投身到砌石工来，说：'这项事业正兴旺，有前途。阿蚕、阿夺做工作和技术的领导，都是非常杰出的人。在岛修建和与敌人作战，都是战斗，都是容易立功的。既立了功，便不愁不做劳模。'这下，她便自愿跟阿飞来向你（夺）学了。因而他俩结成对偶。"

我："她是愿来向我学砌墙的吗？"

美："阿飞是如此说的嘛。我们再调查一下，就可知实在不实在了。"

我："阿飞砌墙技术已经学到家。她要向阿飞学，我没有理由反对。说要向我学，就奇怪了。我看都怕看她，还能说教她吗？"

阿蛩道："好在阿飞与你是两处在工作。她若是真心来学砌石的，就叫她只跟阿飞去学。让我们再考察她一段时间再做决定。但是，你还是应该帮助我做些考察，看她到底有无转变。经你考察，必能更正确些。你若誓不与她见面，又如何能进行考察呢？！"

我："我早考察过了。她是'至死不变'的人。"

蛩："她和我们都是人嘛。我们就不可把她看得太坏了。既还未加考察，怎可以就判定她是不能转变的呢？！"

阿美指着我的鼻子道："你呀！要不是个外来人，我都不能原谅你。你看邦副这话说得对不？你和她都是人嘛！你看她就是来谋杀你的。你全未猜到她是怎样看待你的。竟如此固执地不去了解她。"

我："难道她还是想来给我赔罪的吗？！"我把"赔罪"二字说得特别大声。我希望她对我表示赔罪。

阿美发笑道："你总是把你看得太对，把她看得太错。而她呢？……"

我道："她。她也会是把她看得最对，把我看得最错的嘛。"

美："你这猜对了。阿咪她对阿飞和阿叉都说过。他说'阿夺'……"

我："她是说的'泻夺'吧！"

美："你听到她向阿飞或阿叉说话时是呼你作泻夺吗？！"

我："好！我接受你的批评。说完嘛。"

美："飞和叉都说，阿咪是这样称呼你的。我也只能这样转达嘛。咪说，'阿夺这个人，虽然有很多对不起我。但他已经是向我赔罪过的了。我不再怨恨他。而且他做了岛上的功臣，我很尊敬他。他有很多高明的技巧，我就乐于向他学习。'你去问阿飞，是否这样说的？"

我："他俩的话，还能不一致吗？他们能像我一样心直口快吗？"

美："外来人，你看我们长生岛上哪个人不是心直口快的！"

我："我还未留心。但也不能相信那个恶女人。"

美问阿蛩道："请你评定，他二人谁是对的？"

蛩："也许是匋咪有恶的言行映入了阿夺的眼睛。也许是阿夺用固有的观念看待阿咪。明天我们大家留心考察后再说吧。今天夜已深了，各自睡吧。"说了便出门。阿新亦无言而去。

他们去了，我才埋怨阿美道："阿美呀！你过于听信了他们骗你的话了！"

阿美也说："阿夺呀！怎么连我都不相信了？你明天试去检查一下阿飞的工作，看看阿咪的态度。同时检查一下你自己的态度。你会要惭愧的啊！"

我："好嘛。我明天就要勇敢地看看她。"

次日，阿蛋仍分配我到勃拉修碉。我说："让我先到海口去看看墙基工程。"他点头说："对"。

我先到牧场后山去看撬取石材的工作。岩间可撬的石头还很多。群众也搞得起劲。他们见我来，都在欢呼。但是，他们叫吼的是：

"阿夺给我们甩石子来了啊！"

我听来不快，憎恶别人把我看成是杂技演员了，但仍勉强说道："努力工作。休工时我甩石头慰劳你们。"

有个新调来的青年人，高呼道："现在就甩一个嘛！"他停着工待看我。其余的人也停工待我。

我说："对。现在就甩一个。"我拾了一块石子向那人打去，恰恰落到他的面前。把他骇了一跳，退身不迭。群众大笑。我才说道：

"努力吧！到了慰劳你们的时候，我好好地表演给你们看。"说罢，便转身走了。

回到海口新墙内，群众又是那样欢呼。我不耐烦，做出我是检查工作的姿态。大家也就不敢要我甩石了。

阿飞走近我说道："灶旁与食堂的地基，今天就完工。请你先来看看要得不。"

我跟他走去。砌石和运石的人一同站了起来，望着我和阿飞。我留心看，匈咪也在内。她以稳重的姿态，与众人一样地望着我。当我目光和她对射着时，我不自觉地低下了头，猛然想起：我今天又输给她了。我抬头昂视着向前走去，作如未曾见她一样，心里颇为尴尬。

阿飞引我走到崖坎边工地说道："这条边线是依你和阿蛋画的。已下石开砌后，有人发现这边是虚岩，上松，基石该落到石底盘去，才可保得将来墙不倾圮。我们又重掏开，挖深再砌，所以耽搁了时间。"

我问："谁人发现来的？"

飞："是阿咪。我觉当遵。"

我心里不快，挑剔问道："多花了几个工？"随说随去察看。

阿飞道："连拆带砌，多花了一个整天。"

我再看匈咪，她正望着我默然无言，态度是自然的，和悦的。我暗想："她用高姿态对付我哩！我自然要用高姿态对付它。"于是，我说："你做得对。不管什么人的意见，都该虚心对待。正确的就该采纳。是吧？"

飞："是。"

飞又说："这里还剩了一间屋空着。阿虿说为了工作方便，打算暂时拨给我住。叫我向你请示。"

我："阿虿说了就是命令。你当然搬来。还来问我作甚？"

飞又说："这里想学砌墙的人多。我讲不清楚道理来。盼望你来指导。"

我："有哪些人？"

匈咪她发言了："我们这几个新来的，都盼望你教。"另也还有两人也跟着说。

我道："阿飞你工作去吧！我今天在此教。"说着，向那两个新手走去。我看匈咪已去给阿飞递石头去了，总觉摆脱开她要快畅些。

我叫那两个小伙子："看我砌。你们递石头来。"我砌一块，说一块，把左切右靠，下压上支的道理，随做随指给他二人看。并随用手推摇，以验稳固与否。快速地砌了一大段，便把支靠撑扯稳固之法，全都表演来看了。

我只看着石块，用心在砌。大石块来了也用，小石块来了也用，随手成缘，各得其所。他二人啧啧赞叹。不觉之间叹羡之声渐多，周围人手也渐多了。砌成长段后，伸腰息气，才知全工地人几乎都拥近来了。匈咪也在靠近，笑着注视我。

我再看阿飞周围，便只有阿叉等数人在工作。我对看砌的人说："这下看你们砌了。"

于是各人分散开，砌的砌，递的递。纷纷在研讨我的方法。暗窥匈咪，见她正在阿飞工段砌石，专心一意，时时与阿飞作研讨状。觉得这个泼妇，真正有些变了。

我徐徐绕行，指点新手。不觉转到匈咪附近。留心看她，支垫都很得法。阿飞递了个大石给她，她左右安放，都不合适。埋头安了很久，口里说道："阿飞，另换个合适的来吧。"她猛一抬头，正见我在旁边，便立即正立说道：

"啊！阿夺来了。正要请教你，像这样的石头，该怎样安放呀？"

她是那样毫无芥蒂地向我学技。既不是从前那样放肆，也无有我想象的卑躬，而是非常自然地像岛民间相互谈话那样，亲切无间的样子。这种真正的高姿态，才真的把我压服了。我俯身下去，为她安好那块大填心石，起身欲走。

只见她亦俯身下去，把那块石头重新摆拨，摇了摇微还有些动摇。她又仰面问我道："还须支垫小石吧？"我这时心里有些恍惚，似乎答应的是："再抓把小石填下去就稳定了！"说着便离开她，更向前去。

阿飞问我:"今上午不再到勃拉去了吧?"

我说:"仍要去一去。"便向海口堤走了。刚走得十多步,还听得咪说:"他真忙啊。如其不忙,能在此做一上午,就太好了。休工时好请他甩石子。"

"他当然忙不过来哟。"是阿飞的应声。

我随走随在想:"难道我真错看她了吗?像那样一个泼妇,怎会能前后变成两个人呢?!是有人教她先自克制,伪装起高姿态来压服我的吧!其人恐怕就是阿飞。我今天可能是误入他们布成的迷魂阵了!"

这天,我回到绷盖吃的晚饭。由于素常在勃拉,今天回来吃饭,众人微有诧异。阿美连忙添上两个碗来,放在阿蛊下首。

饭后,我与阿蛊、阿飞同行回海口。阿美与匈咪偕行跟上。我们讨论工作,她二人也津津有味在听。回海口宿舍后,阿蛊说:"阿新还未来。一同到我屋去坐吧!"

我虽应了声,但心里微感紧张。这个匈咪,倒是毫无所谓地便进来了,还说:"凳子不够,我去搬阿美屋里的来。"

阿蛊道:"那不如把我屋这两条凳子搬到他屋子去,省得来回多走一趟。"

匈咪道:"对,我来搬。"她两手提了两根就走。阿美也去把他屋里的一条搬来。

一同就座后,阿蛊说道:"都是很熟的人了。"匈咪应声"嗯"。毕竟有点羞涩,把头埋下。

我说:"阿咪。我从前对不住你。"

咪:"过去的事,还要说吗!"

我:"我抱歉是到绷盖后就未回屋了。"

咪:"那是常有的事嘛!为了工作需要,巴得(商人)们不是经常在外吗!"

我:"这几个月来,你很好吗?"明知故问,有意讥笑于她。

咪:"还说哩。我与供轰打得头破血流,成了额上抹黑的人,才跟阿飞来的。"我留心看她,说到此,虽亦有点羞愧,却也可算敢于暴露自己疮疤的人。

我:"你肯来学砌石头。这是一件很麻烦的工作呀!"

咪:"阿飞说得对,这是战天斗地,与对敌作战是有同样意义的工作,就不怕麻烦了。"

阿飞道:"她是立定志气来学的。"

咪:"许多人都想向阿夺学本领,还不止我一个。"

我忍不住了,微笑道:"他们都想看'泻夺'打石头不是?"

咪:"谁还敢叫你泻夺。岛王也只叫的阿夺。还有人把你叫'绷夺'的哩!"她说话似乎忘记了两个月前只叫我作'泻夺'。

我："本来就是泻夺嘛。叫绷夺又有何意义呢？"

咪："我们从前把外来人都叫作泻。我不该叫了你泻夺。现在我知我不该。请你原谅我。现在人人尊敬你。若有叫你是泻夺的，我还不依呢！哪敢再那样叫你。不过我觉得叫你绷夺应该，也不应该。"

我："有何应该？"

咪："你立功多，是绷王的好后代嘛。"

我："又不应该呢？"

咪："绷冈是王嘛！只应该选为王的人才配称。"

阿蛊道："不用再考试了。这徒弟你可以收下了。我来担保，她肯定是你未来的好徒弟。"

阿飞："我也能担保。"

阿美："我也担保。"

窗外有人应声道："我也担保。"我跑出去看，原来阿新到了。请她进来，阿咪让座与她。

阿新道："阿夺收个徒弟，考试好严格呀！我在窗外听得很久了。这样的徒弟，你还不放心吗。我都愿担保。"

我说道："我也愿担保。保证把我的所有一切教会阿咪。只要她真的愿学。"

新："甩石子呢？"

我："也一定教会她。"

美："阿咪。你也要学到手，免得他一个人逞能。"

咪："我定要学好。那也是能够杀敌立功的本领。"

阿新道："看。匄咪就已经想到打仗杀敌使用它了。说不定将来会赶上你的呢！"

阿蛊："好了。今天说定，只看明天的行动了。现在去睡吧。"说罢，他和阿新先走。阿飞同阿咪共携了三条凳出去。

我目视他们走后，慨叹地对阿美说道："我今天，出乎意料地看到一个人的转变！"

阿美道："我看见的，是两个人的转变。"

我问："还有一个是谁？"

她说："那个人，你看不见。除非有个镜子。"说时，望着我笑。

我警觉过来，说道："实在的。我对阿咪的看法是转变了。"

美："你今天可以睡得熟了吧？"

"你说话，总是这样俏皮。"我拍了她一掌。

十八、合并勃拉

由于阿蛋领导有方，绷盖的确兴旺起来了。原来砌石工作，合撬石运石的人，共只三十个。原先绷盖赋有选婚权的十多个人，全都从岛上找来了对象，便有五十多人了。被供部劳模挑走的，只有阿恭一个。才隔几天，阿恭和她的新偶劳模阿本也申请转业，一同回到砌石组来。岛王还为快速修成海口宿舍，从供部调来临时工二十多人。

十天以后，海口新宿舍和食堂已建成了。阿业便从绷盖把食堂搬过来。暂时从这里做好饭，着人送回绷盖去供做坯烧陶的几个人及牧场的三个和撬石工们吃。因为绝大部分的人，都在海口居住，在它的附近工作。

临时组成的砌墙工，现在正式编成修建组，共是三十八人。加上阿蛋和新，阿美和我，与同两个厨工，共四十四人都住在海口宿舍。阿蛋分派阿飞领导学砌的一部分人。阿明领导撬石、运石的一部分人。阿燻领导烧陶的部分人。阿美领导牧畜和厨膳的一部分人。他（蛋）自己和我往来勃拉及其他工地指导工作和参加工作。由于陶牧撬石工仍宜在绷盖开饭，阿蛋请得岛王批准，增派一名炊事员来，常驻绷盖办理膳食。

新宿舍工程完结时，春草已发，农事已起，从供部调来的临时工全已回去。阿飞挑选了手巧心专的人砌墙，一大部分的人去撬石、运石与调泥。这个月内，下碉完工。岛王调来十对武士常川驻守。砌墙工又转到建造中碉去了。

由绷盖后山取石，绕曲海口运到下碉中碉的道路，只算走过一个大三角的顶点，还不算远。若还运到上碉，便成了一个大U字形的路，等于一个圆周的六分之五。我与阿蛋屡到牧场后山，爬到山尾顶部去看。估计若从峡口开一新路，直通勃拉牧场，则运石劳动可以省力五倍。比之运达下碉，亦省路程五分之三。看这段路线，只须凿断造成绝壁的昂头崖，成个扒多宽的缺口，以外便无困难了。当中碉修造开始之际，阿蛋便与我决定：开凿峡口新路和合并勃拉，把勃拉与本岛合为一体，以便保护盐崖。

由于凿崖通路，工程艰巨，又非调回矿冶场的开矿工人和工具来做不可。我们去请示岛王。王照例开会商讨，特许我列席参加讨论。

临到开会前夜，我问阿蛊："你看是单讨论开凿峡口，还是一并讨论合并勃拉？"

阿蛊道："虽然合并勃拉机会已经成熟，毕竟这是重大的变革，必须经过会前酝酿，取得多数人的赞同，乃可提出。若还今天并提，必难通过。"

开会那天，我随阿蛊赴会。刚到广场，便遇见了巴得楚。他欣喜地迎着我道："你入岛来立下许多功勋。今天王命特许你参加三老九邦会议，我都有光彩。"

我道："若非你的引荐，我不能来此地；若非你的护导，我亦不能生存；若非阿蛊的领导，我不能有任何成绩。"

阿蛊道："我能够认识你，你能够到绷盖来，又都还是巴得阿楚之力。"

我："若还说我有功，也只能说是你二人的功。"

楚："你太谦虚了。"

蛊："这一向商业怎么样？"

楚："了不得。盐的销行和它兑回的货，占了我们全岛商贸的大半。其实这些都是你俩带给我们商贸部的新任务。现在我们正增加人员，推广商贸范围到更远的地区。用我们的盐巴，去兑回我们最珍贵的皮革、布匹、药材和铜铁器物。你去看，各珍货库都装满了。"

我随着几个与阿蛊相熟的邦干，一路走进王宫。刚到露台，望见了阿嬷。忙走拢去招呼。她说："阿夺！你怎不早一点来。许多人听说你要来，都很欢喜。希望能再看一次你甩石子。"

我道："待开会完后，我甩几个给阿嬷取笑。"

与会的全是三老、九邦的干部，大约有三十个人。岛王先命阿蛊说明计划，再命讨论。发言的都很踊跃。秩序并不很严格。争论抢说的人，经常用很大的声音打断别人的话。有待王的筑杖或三老的发声来制止。又时或全场缄默无言。争论半天，终于把各种意见都说出了。

这次，提出反对意见的人较多，他们的理由是："自绷王以来，勃拉澎上，只许一桥相通。现已打开了海口新路。都还可说是旧路重开，又是便于扼守之地。我们未曾反对。但这次不可再因运石的近便，又来劳民伤财，凿山通道。"这是一部分人的意见。

"现在盐崖下碉已经修成，已有十对武士驻守，足以保护盐崖和江边岩路了。中碉已无须有。为了与下碉掎角相助，建座小碉尚无不可。至于上碉，既去盐场已远，更无兴建的必要。更不能因建它而特别开山通道以运石材。"这又是一部分人的意见。

"勃拉本是我们最恭顺的藩部。为了保护盐场，建碉守卫在他们地面上，已足引起勃拉人的猜防。若还在盐场以外连建三碉，更会造成不良影响。又不只劳民伤财而已。中碉工程俱宜停止，何况新开峡路去建上碉。"这又是一部分人的意见。

"下勃拉王老病，久不理事。岛上生产落后，人民穷困。我们宜派人前去帮助他整理政务，以固盐田。得其邦民协助，盐田自必安全。不宜在他地面上多建碉，多驻兵，自己劳苦。莫如停止修碉，调工回来，多修盐仓，储盐在库合算。"这也是部分人的意见。

总之，绝大多数人都是反对开凿峡口新路的。阿虿辩说一番，和声的人极少。

岛王道："阿夺是盐崖的发现人，你也发表意见来听听。"

我应声起立言道："我知道太少。只能就我跟邦副连日考察盐崖附近地理形势，提供一点儿参考意见：这样广阔的盐崖，保存在崖上地内，听凭我们掘取，比搬运回岛建仓收贮好。起码可以省得建仓的工费。何况我岛人口发旺，而地不加广，建仓太多，占地也宽，足以妨害粮食生产，影响未来的国运。何况，即使中台全部建仓，也把勃拉盐装不完。采运未完，仍须派人守护。若还守护人力不够，被别部人来占领，或偷采去相竞贸易，使我丧失如此大利，便太可惜了。为要保存利源在勃拉地面，就必须防备外人前来占领或偷采。为了足够防卫盐崖，就不能不多建碉卡，才能够把这么长的盐崖看守得住。仅修三座碉房，不是浪费，而是节省。现在才可如此。将来若还发觉有人觊觎盐崖，更还要增修碉卡防卫。因此，开凿峡口崖路，虽若劳民伤财，却有四大无可比拟的利益。这四大利是：

"运石路短，使三碉早日建成，盐崖亦得早日杜绝外部强邻的觊觎。为一。

"峡路缩短绷盖牧场与勃拉牧场的距离，使两地联合为一，发展牧畜，丰富岛民肉食之外，又能借守卫人士兼管牧畜，畜牧人士协助守卫，两相其便。为二。

"若还竟有强邻恶徒，用兵来争，我岛可以以藤桥、海口、峡口三路出兵，三路运粮。使十里盐崖俨如在本岛藤桥以内，仓库之中。为三。

"有此三路通连，以控制勃拉，然后可以做到施恩施威，合为一气，共同保卫盐田。若还兵力不厚，防卫不密，诚恐勃拉奸民贪利忘义，自先叛乱，占去盐田，则我岛后悔无及。为四。

"总之，岩盐之利巨大，垂涎者必多。守卫严密，愈早愈好。开凿峡口新路，是一劳永逸，万世大利之计，值得兴工。"

这下全场突然转变，一齐都说："好意见。"表示赞同了。岛王说："那我们就决定依照阿蛋的计划立即开工吧。"全场拥护。

我是挨近阿蛋坐的，乘势问蛋道："可以乘时提出合并勃拉问题了吧？"

阿蛋起立发言道："与此连带的一个问题，也是阿夺屡屡向我谈的，可以今天一并讨论不？"

岛王道："时间还早，你提出来嘛！"

阿蛋道："若还我们能把勃拉合并成为本岛的一部分，则盐崖无论在名义上、实力上，都在我岛自己地域之内，而不是在藩部之内。更可杜绝强邻觊觎和奸人窃取。"

岛王道："兹事体大，还当慎重考虑。但是，我们今天也可做个初步商讨。"

于是全场发生了又一场争执。初是反对意见仍占上风。反对的理由有三条：

（一）"我岛与藩部，从来就是划然分开的。我们的藩部多，勃拉最为恭顺。若还忠顺的便首先遭到合并。别的藩王岂不发生恐惧，激成叛离。所得者少，所失者多。"这是一种意见。

（二）"勃拉人民穷困。合并后，便当与本岛人民同等享受，增加负担太大。而且不是绷王后代，终必离心离德，易滋事端。下勃比较驯顺，上勃情势就有不同。勉强合并，危险更大。"这又是一种意见。

（三）"绷王创制，只设三老九邦。管理本岛人事，都感繁重。若又合并勃拉，再设三老九邦，则仍是两国；若不另设立，则无法管理。宜仍遵绷王旧制。"这又是一种意见。

赞成合并勃拉的人也有，其主要理由是：

（一）本岛农、工、牧业所得，抵不得盐崖一个富源。为了永久安全保有，宜于合并勃拉。慢慢化导其人，使与本岛合为一体。因他们合并增加的负担，比起盐崖的稳固保有，是大为合算的。

（二）可以不废其王，只派人协助他管理地面，逐步变更他的政俗。人情都愿生活提高，我们能于合并之后，提高他的生活，不惟他们愿意合并，其余藩部的人也是乐意合并的。只要他的人民向往我岛，藩王也是造不起反的。况知我们不废其王。

岛王又问我道："阿夺！你的意见呢？还听你说说看。"

我道："有个折中办法。就是先做一下勃几百人的打算。上下勃拉，既以长崖为界，合并下勃，盐崖也就是本岛的了。上勃地面只到崖顶，本是勃王辖地。便可把勃王移居上勃，厚加赏赐，以慰其心。王既老病，不能理事，即可派人助理政务，厚抚其民，以收其心。不废旧制，亦未兼并其邦。下勃暂时仍是勃王百姓。移居勃王，名为守护盐崖，则对勃人无所惊扰，藩邦无所恐惧。下勃数百人民，历来均参加婚选。实际久已与绷王子孙混血，他们无不羡慕本岛生活。即可利用婚选，多调其人来岛，说以合并之利。则数月之后，不合自合。下勃人心既合，政权又在我手。便可大大改进其农牧事业。用其有余以助本岛不足。最终也不会为本岛增加负担。然后，用下勃人富乐的增加，以诱上勃之民。上勃不久亦会自然乐于合并。这是稳健有效，不败之道。"

岛王点头。最后决定，这问题严守秘密。由九邦骨干再深入酝酿后，开会决议。

临散会，岛王向阿蚩说："你与阿夺试做一些具体办法的研究。我认为先合并下勃是可以的。下次会议，是研究具体办法的时候了。"

为了凿山通道需要很多工具，我同阿蚩去找匋老商量，把矿冶组的开山工具和人员，一齐调来合力工作。

矿冶部驻地很远，往来要两三天。当他们尚未到来时，各干部们已经酝酿成熟，决定依照阿蚩提出步骤，着手合并下勃。但仍是保密的。这个任务，也是交给阿蚩负责办。因此他更忙了。

阿蚩提出的步骤是这样的：

第一步：下月婚选期，向下勃征调优秀男女二十名来，供修建组的选偶。便以阿业的配偶勃米为宣传员，随同王命邦人前往征调。说是学艺成功，长留本岛为民，可以参加选模选婚，同本岛人一样待遇。又调下勃男女武士三至五对前去协助守卫盐崖。使其与守工武士相处相习，乐于同化。估计下勃青年优秀之人，超过三十人数也不会多。有这三十人乐于合并，是能影响到下勃全体的。

第二步：趁春荒月，拨出大量粮食救济勃民。同时赏赐勃王丰富食品、药物、食盐、香料，派员慰问他，劝他安心养病。仍厚赐其办事人员，重奖其曾为本岛奔走，执役立功者。要使他们相信不疑，保持忠顺。俾能协力守护盐崖，不致勾引外敌。

第三步：待其上下乐于亲近，无所犹疑之后，遣人游说勃王，到岛内绷浦养病；或自行申请避烦，移居上勃。料定勃王与臣下，必不愿其离开自己土地。必然自求移居上勃。于是为之新建王宫，以炫耀远近。仍派员协助理政务而厚抚其民。以图逐步合并上勃。

第四步：上勃原有勃王所派头人分治各处，被其人民称为副王。未受岛王任命。后移勃王时，示意许他们实授副王之衔，但不给以实权，俾勃王近臣与之争权，内讧，乃相机废除副王，而以勃王为长生岛副王，合并上下勃拉。

会议决定，用阿虿为合并勃拉之负责人。仍用邦副名义，领导防卫盐场和建筑工程。可以征用人员协助。亦俱不用改变职衔。且待进入第三步后，再议管理勃拉的机构组织。

合并下勃既已成为阿虿的主要任务。我们也便把开凿峡口新路作为第一步的紧要工作。待矿场的凿山工人、工具到后，我们也把修建中上碉的工作停了，等待新路开通，运石捷便时再修。所有砌石工匠，调回中台修建王宫和仓库。

开凿峡口崖石，完全付与矿冶工人办理。那是矿冶邦董在亲自领导开凿。

修建王宫仓库，是按照原计划，制有模型，依式进行的。现在砌墙能手已多。我的负担便轻松多了。主要是进行督导。有时，踱到峡口去看凿崖开路，与邦董阿钟商讨改进意见。

邦董阿钟，是个六十多岁的老人。沉默寡言，精神矍铄，目光有神。他长期住在矿场，偶到王宫而已。从前我未与他会过面。邦副阿虿与他相好，每每对我说到他的性格，给予甚高的评价。我到工地，首先是观察。我见群众对他，令行禁止。知道他是威信很高的。他并不亲自动手，大约是已经年老的原因。

我初次去参观时，问得他是邦董，向他走去，他坐在一个独凳上，无半点理睬。我向他立正敬礼，呼了一声邦董。他瞟了我一眼，问道："找我，有事吗？"

我道："准备学点开山取宝的知识。"

钟："你叫啥名字？"

我："我名叫夺。"

钟："现在哪邦哪处？"

我："现在砌石，住在海口。"

钟："阿虿许你来吗？"

我："他许可我常到此地来。"

他把我端详一遍，问道："你就是发现盐崖的阿夺吗？"

我："是。会甩石子的宿宿。"

他大喜地说："哦！我这才认得你了。好孩子。你在我们岛上，半年来立功不少了。"连忙站起来，拉我向凳坐。我坚拒不坐。但他的劲大，把我强按上去了。"只这个凳。我已坐倦了。你太辛苦，坐下休息休息。我们想谈的话多着呢！我一向住在得拉雪山，未见着你。却听得你不少哪！阿飞来借铁杆说过。阿虿和岛王、匈老、宗老，也都说过。你这个'宿宿'，是绷王派来振兴我们长生岛的人吧！你是我们岛内的'阿夺',不再是宿宿了。"他就像打开悬河水,叫我无法插言。

直到他说到暂时息嘴的时候,我才得插上一句道:"我仰慕邦董许久,也是无由拜见……"还未说完,他又打开话匣子说道:"别人都好看你甩石头。我就只知道你发现盐崖的功勋。据说你剃头也是巧的,却从未到我们矿场来过。还听说你会制造'夺澎'洗衣、洗发。这不能算你的发明。我们矿场阿甲,早就是用这方法做水洗发、洗衣了。只可惜我们未注意它。未能推广到岛上去。假如阿甲肯进岛内来,他一定也像你会能创造出许多新方法的啊。"

我抢了一句道:"我虽未见过阿甲,私心也很倾服他。用绷土调石砌烧陶的坯楼,就是阿飞传达邦董你的指示,用阿甲教的方法。"

他只这句话才让我说完,便又说起来了:"对。阿飞来时,我给他说过。但亦只有你才能够体会他的方法,架成一座稳固的窑呀!当初他教我们烧炭,那样简单的窑,我们专心学了半年还做不成呢!"

我:"邦董和他相处久了,学的技巧必然很多。我要长期向邦董请教。"

他:"我呀!不行啊。阿甲初来时,我还是小孩。后来我是铸刀工人。他呢,因为不肯入岛,已到得拉后山去了。我嫌岛上买回的钢太少太贵,想把阿甲炼出的铁,加炼成钢。岛王派我去向他商量。他说能。于是我才跟他学到现在。已快四十年了。我们的经历曲折啊!最先许多炉都失败了。幸得岛王专任不疑,始终都坚决支持我们。才得有今天矿冶场的兴旺。小伙子,难得这样的岛王呀!我知道:你若不是得到岛王的坚决支持,又怎能做出这多的成绩来啊。"

我:"我与邦董是同样的感觉,又还更得力于邦副阿蚩的信任。今后还望邦董多指教。"

他:"有阿蚩支持你,岛王就一定支持你。这个人哪,了不得。你看我是邦董,他是邦副吗?其实我仅是个革章劳模,他已经戴上金章了。他的才能,可能要承继王位。你看他把绷盖这样一个偏僻小地,搞得好兴旺呀!"

我:"我很想到矿场来向邦董和阿甲学点技巧。一直未得到机会。"

他:"那你要早点来。他现在益发衰老了。他是从云南来的,原来在铜矿炼铜,后犯了死罪,逃到这里的。知道入岛后不许出岛。故抵死不过藤桥。那是少王在位时,特许他寄住在得拉邦,在岛外找矿。结果便开辟了这个矿场。"

我道:"这次委屈邦董自领全场工人来开这条新路。还未听到过邦董的意见。今天望能一并赐教。"

他爽快说道:"该开。我虽未参加会议,只奉王命而来。昨天我察看了形势,为了保护盐崖，就该合并勃拉。为了合并勃拉，保护盐崖，就该打开这条路。我一定为你这一计划做好工作。"

与他握别后，我暗自惊异道："谁说他是沉默寡言。此人不在岛上执政，太可惜了。"

十九、如愿以偿

新王宫建在广场后方,与旧王宫相连。左邻工巧邦的工场和宿舍。右邻保育邦的医疗院、产妇院、孕妇院、儿童院、婴儿院。外方是三老九邦的办公处、武士宿舍和检阅场。工地上,经常有人来参观访问。我与阿蛋格外要忙些。我所认识的人也逐渐增多了。阿新、阿嬺、阿楚、阿固这些熟人,也在工地上接谈几次。阿新介绍来的人更多,大都是想来请我甩石的,每当收工,回海口时,总常有人跟她同来打我的麻烦。我深以为苦。我既无法拒绝,便率性教徒弟。不是向我学习此技的人,便不为他表演。来找我打麻烦的人,虽口说是学技的,骗得我表演开心后,便说"学不会"走了。唯独匈咪这个女子,是专心学的,半个月后,她真学到家了。她可与我比赛,有时还能胜我一筹。于是,我利用她来做挡箭牌。每对求我甩石的人说:"我不行了。阿咪远胜于我。"便叫阿咪给那些人表演。

有一天,阿嬺来问我道:"保育邦的人,自制夺澎洗发、洗衣,使用不灵,有人把头发洗黄了,有人把衣服洗破了。有人给小儿洗头,小儿号哭不愿。这是什么原因?"

我道:"想是调水分量不合适。灰分多了,会烧黄头发,刺痛皮肤,洗坏衣服。"

她道:"应该如何调制,还请你去教会她们才好。"

我应了一声"是",便跟她到保育组的儿童院去。见有男女数人,分别率领儿童在玩种地、洗衣和筑土墙的游戏。阿嬺叫他们"暂停,来学夺澎调制的方法"。于是大大小小都围上来了。竟有宗咪在内。她令我这天教授调灰水时,精神特别健旺。

我叫他们把所制灰水拿来看。有几个大人捧了几盆出来。我逐一蘸指,用舌尖尝味,各盆浓淡不一,大都是偏浓了。乃命更取一桶溪水来,分别掺入,搅拌,使其成为最浓、次浓、微浓、微淡、最淡与适当六级。叫他们依次蘸指用舌尝了。这才摒开最浓一盆说:"这样的浓水,尝时舌会痛的,就会洗破衣服,洗黄头发的。一定要尝着不刺痛才行。"又叫保育员取浓灰水一勺,放入淡水盆里,用手搅了几搅,用指蘸了一点儿尝了,觉得舌不痛,便点点头拉个小儿来洗。洗时小儿乃哭了。我告诉她道:"看你倾用灰汁量不大,小儿仍然要哭的原因,应是水、灰未和匀。你只尝到面上的灰水,下面仍太浓了,所以小儿洗起仍感刺痛。须多搅和一下再尝才知浓度合适不。"于是我又教他演练搅和之法,先用一盆清水,掺入一勺浓汁,指给他们看,说:"看盆内水有两种颜色。"用手进行搅拌后,又说:"看似已混合了。其实仍未完全融合,仍是一部分浓,一部分淡的。"然后教他们用手入盆,左搅几十转,右搅几十转,把盆心水搅成深涡。说道:"这样,才真正匀和了。"再挽那小孩来洗,便不呼痛了。

我这样费了很大工夫,细致入微地教导他们。叫他们反复试验。结果,已有几个人掌握了要领,算是学成了。但仍有好几人兑的灰水不合格。唯独宗咪,学得专心,做得仔细,调制出几盆梯级的灰水来,全部合格。我给了她"最好"的评价。后来她竟成了传授调制灰水的教师,各邦组的妇女,都到儿童院去向她学。

一天晚饭后,阿新到海口来。她恭贺我道:"你从前太累了,学徒太多。现在有人分劳了。"

阿美问:"谁分他什么劳?"

阿新说.:"匈咪替他甩石子。宗咪替他调夺澎。"

美问道:"呀!两个阿咪都成你的替手了。你现在怎样看待她二人呢?"

我说:"阿蛋说得对,'她和我们都是人嘛',都会改变的。你也重复过这话。"

阿美笑对阿新道:"他从前误把两个阿咪认为一个。现在才真正地把两个阿咪看作一个阿咪了。"

阿新道:"依我看,他教宗咪与教匈咪的情感不同。"

阿美道:"是嘛!思想和行动容易转变。情感是难于转变的啊。"

我道:"你们总是死抓着我的历史取笑。"大家又复大笑而散。

光阴易过。不久又要评模、评美了。工地上休息时和晚饭以后,人们吵嚷喧争,都在议论其事。我在中台工作,听得更多。大多数人都称道砌墙组,认为人人都是劳模。评美的人,大都是把宗咪、阿嬉和新出选的阿格、阿细两个女孩子评为上等上级。

收工后,回到海口宿舍的十二对人与一屋单身汉也在这两方面絮絮谈论。

有一夜,我与阿蛋商计工作后回屋。阿叉正同阿美在密谈。见我回屋,阿叉便走了。我问阿美:"你们谈的什么?"

阿美道:"还能为了什么,仍只为了你和阿咪的事嘛。"

我道:"我与阿咪已经和好了呀!"

美："你装傻卖瓜。不懂我们说的宗咪吗？"

我："哦！宗咪。她现在也是我的徒弟。的确可爱。"

美："就是为你想得痴，我们正在商量如何才可以使你如愿以偿。"

我："感谢你们！上次太辜负你们的好意了。这次若还仍是如此，任何别人来纠缠我，我干脆谢绝她就走。"

美："我的法宝也只能用一次，再用就不灵了。这次要另想办法。"

我："你们看有什么办法？"

美："我商量阿蛋，叫他一出场便选了宗咪。第二天才闹不合，申请离异另选。那时一批金章劳模都已选定对象了。你挨在中台等着。待她刚办好离异出来，就接着。阿蛋同意这样做。"

我："我不赞成。这样做会贬损阿蛋和宗咪的声誉。况人人皆知我和阿蛋相好，这样做便成了选偶舞弊。你和我们都会受到处分的。"

美："我们就愿为你承担这样舞弊。这样舞弊，是不违反选偶制度的。岛王也不会因这点事就处分到你这特级功臣。"

我："毕竟我们不该让阿蛋名誉受损。"

美："阿叉也是你这看法。我又想，还有另一条路可走。"

我："你说的什么路子？"

美："你的功劳大了。就请岛王指配阿咪一月。这是阿蛋也愿做的。"

我："我更不赞成。若像这样恃功破例，纵然做通了，也是后患难于设想的。"

美："这能有什么后患？"

我："纵得岛王批准，也会惹起群众愤怒。若被王拒绝，群众知道，更易发为愤怒。受到群众愤怒的人，哪有无后患的。"

美："阿叉还想的有第三条路。"

我："她是什么路子？"

美："她说：把宗咪选成劳模，她就有自己择偶、拒人挑选的权利了。戴起光荣牌等你去选。稳妥非常。只是道路迂回了些，能否成功难料。"

我："我赞成这条路子。因为，宗咪是应该做劳模的。选她做了劳模，她纵不选我，我也甘心。只可惜她是宗部的人，我们没有为她提名的机会。"

美："阿叉说：岛上选模，男女不平等。男劳模太多，女劳模太少。出色的女子，大家都想和她碰机会，唯恐她有了自己抉择之权。就相与不选她做劳模。好似故意要留她们来供人选择的一样。不平的事，她就要说，不怕再给自己额上抹黑。

她近来已经向多少女胥女泻宣传这种看法。据她说，赞同的人很多。阿业、阿丝和匈咪都响应得很激烈。中台的妇女，如阿嬷、阿新等也都赞同。她还决定要把这个意见闹下去。她想借你和阿蚩的声望，提倡一下。这样促使王与三老九邦干部同意，放宽女劳的比例。这样宗咪就易于当选了。我们也就能保证你如愿以偿了。"

我："阿蚩可以联合一些干部提宗咪的名。因为他没有嫌疑。他从来就未曾挑选宗咪。我就不同了。人人都说我想获得宗咪。再为她去活动劳模，嫌疑就大了。"

美："你怕什么？阿蚩替你舞弊他都不怕。你自己倒是怕犯嫌疑了。这比硬向岛王申请指配，嫌疑哪个大些？你连这点勇气都没得，活该得不到宗咪。"

我道："我自知是难于得到宗咪的。我只是敬爱她，正如从前敬爱你一样。"

美："算了吧！你还是那套鬼话。要想坐地等花开，徒使帮助你的人着急。这是你最大的缺点。"

我："是。我有这些缺点。我自己内怯。但我不是欺骗你们。我早就向人称道：宗咪是最善于使用灰水和教用灰水的人，并已向她的领导阿嬷提出过。只是不敢直说该提劳模。"

美："那就好。请你把这话扩散宣传。你是使用夺澎的祖师，有这样鉴定的权力。再邀阿嬷、阿新、阿楚们替你扩散就行。"

我："我一定努力去做。不敢辜负你们的情谊了。"

次日，阿美进王宫领粮食，便向阿嬷说了。她说，"阿夺鉴定的，宗咪该选为教用夺澎的劳模，要求你提名。"

阿嬷说："阿夺已向我表示过。凭他这句话，我一定亲自向王提名。"

阿美又说："我们绷盖、海口的人，都是一致要投宗咪选豆的。他们都为女劳模太少而不平。"

阿嬷说："阿叉亦已曾向我发泄过。我看她的话也有偏见。投豆是各人自己选择的。并没有人劝哪个选谁，也没有阻人选谁。"

美："阿夺的愿望，就是盼你能劝人选她呢。"

嬷："提名，便等于劝人选她了嘛！"

美："那么，我们岛上的规矩，你们当干部的，就有劝人选模的权了嘛。何妨在提名之外，再多劝几个人参与呢？"

嬷："你真会帮人拉票呀！我被你说服了。好呀！我就多劝几个人选她。"

阿美回来，把与阿嬷谈话内容告知我后，喜悦言道："内有阿嬷，外有阿叉。再加你，我们四出活动，宗咪这月准定是当选做模了。下半段的事，我们会给你办好。

我看你自己出不出马？"

我深深感到阿美他们的任侠情义，也就不避嫌疑，放出宗咪应该选为劳模的话来。便是峡口的阿钟与凿崖工人处，我也说到了。

到选模时，宗咪果然当选。据说绷盖、海口和峡口的人，全都投宗咪的豆。宗部和匄部编织组的人，绝大部分人也投的宗咪。

这次选模提名，阿蛊向我商讨过修建组的名单。他说："一般而论，修建组的人都该是劳模。但我们仍不能不慎重考虑，精选成绩优良，又都是从选婚中邀来学技之人。阿恭青年立志，技术虽还未至上好，能拉劳模阿本转业来此。阿业炊事工作做得好，对绷盖事业发展帮助很大，又能挽劝勃拉青年来此学技，在此准备合并勃拉期间，有大作用。除你我外，飞、明、叉、恭、业五人我决定提名劳模。还有匄咪学习努力，阿夺本原是劳模，可否一并提名为选上的模范。阿燻早曾提名，烧陶亦有成绩，本亦可以提名。合你我，便达十名之多。我怕对总人数的比例太大，供匄两部人员恐难心服。你看何如？"

我答道："我以为还该添上阿美，成十一名。并且因为她与阿业都是帮助你发展事业的得力助手，而她的功劳又大于业，我主张此二人列名在阿飞之前。"

阿蛊踌躇很久，说："你所说，我是深知的。只因她们未曾参加砌石工作，全岛的人绝大多数未能看见她们的成绩，只有本地区的人才知道，只怕难于批准，也难选得出来。"

我说："批不批准，选不选出，是王与群众的事；该不该提名，则是你的责任。"

阿蛊道："我准备下月又选阿美。让她在本区连续工作五个月，再请阿新发动阿嬷等联合提名。这样可以避开我偏重私交之嫌。"

我叹息道："你虽善处人事，毕竟委屈了阿美。"

当夜我对美说了。阿美道："我算被你们霸占定了。他怎会提我的名。我若当选劳模，岂不也有自主权了嘛！"

阿美本是一句俏皮取笑的话。不料被阿叉听到了，立即火炮性大发，邀集几个妇女大嚷大哗，去向阿蛊争论。阿叉说："我的名字该删，阿美的名非提不可。"她还去找阿新，说道："阿美的功劳，别人看不见，你是知道的呀！"又去找阿嬷说道："妇女劳模这样少。全绷盖人都说阿美功大，偏是阿蛊把她压着。你该出来说话。"

经过阿叉这样一闹，果然阿新与阿嬷逼着阿蛊三人联合给阿美提名了。

岛王批准了阿美、阿飞、阿明、阿业、阿燻，抹去其余。阿蛊对阿叉成绩做过表扬，请王再审。王道："阿叉曾经犯罪，刑满未久，又仍然在工地兴风作浪。本月删去提名，以资警戒，正是为帮助她，使成完美劳模之道。"

选模结果，人人都为阿叉惋惜。阿美和匈咪更是同情她。我也多方给她安慰。阿叉本人却毫无芥蒂。她说："我岂不知闹事是要受处分的吗！但是，心里有话，按不住。这次处分还是轻微的，还未要我再把额上抹黑去参加婚选嘛！我今后还会犯罪。因为见有不平的事，我就爱说。终有一天岛王要谅解我。"

选模公布结果的这天夜晚，阿美把阿叉邀到我屋子来，把我多分的酒，拿来请她喝。表示我们对她落选的遗憾。阿新、阿业、匈咪、阿恭也都来了。屋内全是女客。我暗自避了出来，隔窗听她们谈笑。我听到：

阿叉说："我是多么痛快呀！我喝你这酒，表示我的痛快。"

阿新道："你发表的选模男女不平等的大道理，使阿美和宗咪都选出来了。你该痛快。"

阿美道："她要求删去她自己，提上我的名来。今天是她如愿以偿。"

阿叉道："我还要看到两个如愿以偿。不多几天，便是阿夺的如愿以偿。也是阿蛊的如愿以偿。"

阿美道："阿夺得到宗咪，是我们绷盖全体的心愿，岂止是阿蛊的如愿以偿呢？"

阿叉："阿蛊要连续留你五个月，现在你也有自主权，不怕别人先抢去了。这才是他的如愿以偿。"

美："你这该烂舌头的阿叉。你看我，就要让别人抢去吗？"

叉："你今天第一次说了诳话。"

新："其实这次是阿蛊、阿夺、阿美、阿叉你们四个人都如愿以偿。"全体大笑起来。

客散后，我才进屋去。笑对阿美道："不多几天，你又是阿蛊的佳偶了。不可忘了替我更多地做些工作哦！"

阿美正色道："我也有自主权了。你知道我这次选谁，便如此向我说话。"

我道："他是金章劳模，能压倒你。你自己选不成。"

美道："我不会伪装不懂，退还他的金章吗？"说罢，她也笑起来了。

我道："我五次参加婚选，都是第一个上半夜选定的。人家笑我急色儿。这次沾你的光，可以不着急了吧？"

美："也难说。宗咪就没有她自己的意中人吗？我看你还是早下手的好。不要又成了功败垂成，叫帮忙的人伤心。"

我向她立正注目道："是。感谢你这一宝贵指示。"

美:"你老是这一套。几天后用得着!"

我:"到了那天,我可用不着这一套了。"

选偶期到了。阿美向我说:"明天阿新回她自己屋去住了。我们应该早起送她一程。她这次帮你的忙太大哪。"

我:"哦!你考虑得很周到。"

次晨,我和美一早起来,恰赶上阿新收拾衣物。由于还是冬天,她携有卧具来。现在收拾成了个大包。我去抢来背。她不肯,一定要自己拿。阿蚕也在争。被阿美一把抢来交与我了。于是我们三人一同送她。

走得一段路后,阿新又来抢包袱。她道:"谢谢你,阿夺。你们转去吧!彼此工作都忙哩。"

我仍坚决拿着,道:"多听你的教导,便是幸福。我要求再走一程。工作时间还早呢!"

新:"我能有什么帮助你的呢?"

我:"你帮助我太多了。今天还请更多赐教。"

新:"若要临别赠言的话,我就说今天不可再辜负宗咪的希望。"

我敏感地意识到她在谴责我,一时局促,不知所措,口嗫嚅道:"我……我……"许久说不出我怎么办。

阿新也觉过意不去。但她态度很大方,接着我的声音道:"你……你打算再甩几个石子给我看吗?"

我觉得她自己给我解了围,爽快应了一声"是"!把行李包交付阿美,自己甩了几个石子,才把这场尴尬消灭了。

阿蚕又拿过行李包,想再送一程。阿新夺去自己拿,苦苦把我们挡回。

这天晚上,我与宗咪,阿蚕与阿美,都是上半夜便交换了光荣牌。听号角响,便两对人一同回向海口宿舍。不再看婚选场的热闹。在路上,我们三人都是好友,毫不腼腆地交谈着。只有阿咪还有点羞涩,经常傍着阿美走。

阿蚕道:"我们四人,真可以说是心心相印的两对好朋友。"

阿美道:"只可惜阿咪不在海口工作。"

阿咪道:"我还是想转业到海口来。"

阿美道:"你若来,海口便有两个阿咪了。"

阿蚕道:"那亦无妨,仍分别叫作宗咪和匋咪就是。"

阿美道:"早是这样,也不误了阿夺嘛。"

我道:"你今天都还在揭我的伤疤呀!"

宗咪性格与阿美不同,她沉静寡言,温柔优美,每遭阿美调侃,微笑而已。姿貌虽似阿嬷,智能不相及。闺房之乐,逊于阿美。海口人说:"宗咪是朵花。匈咪是把叉。阿美是糍粑。各有她的好处。"

宗咪不适于此间工作。每晨仍回儿童院去办事。

这次婚选,砌石工们又有新的口号,是:"为了培养熟手,提倡各就专业内选,不再向外拉生手。"这是阿飞倡议,阿虫点头的。阿虫又还加了一条意见是:"多选勃拉调派来的人。"

第三夜,选偶的结果是:阿飞与阿叉,阿明与阿恭,阿本与匈咪,阿奔与阿丝。其余的人,大都是与勃拉征调来的结合。故仍添了十多个新手。阿业又拉来了一个峡口修路的矿冶组工人叫阿受。

由于修建组人员又骤增了,遂再于新墙内添建二十间双人住室。亦仍是旧式土墙房。修建组成立还未一月,岛王又提议改编为建筑邦。任命阿虫为邦董,不设邦副。全邦一百余人,分为砌石、运石、陶牧三组。由阿飞、阿燻和我领导。他们实际把我看待成邦副。

二十、平定叛乱

我们快将新王宫建成的时候，上勃叛乱发生了。

相传：绷王征服勃拉时，勃王原住下勃。上勃只派一头人管理。由于上下勃拉，有数十里长崖隔断，只沿大江的坡坎上，有一条鸟道相通。形格势禁，上勃逐渐形成了独立王国。所派头人，专断政务，其人自称为"副王"。但长生岛不曾给他这名义，所有政教，皆只命令勃王传告。我们发现盐崖以后，为了进一步控制勃拉，保卫盐场，便以王命正式封上勃头人为副王，以博其欢心。同时厚偿勃王，命其教导副王效忠本岛。

这个副王名叫阿判，只有四十多岁。他原是勃拉的商人，曾经跑过一些地方，具有较多的知识和狡猾的伎俩。他受封为副王时，亲自督运两背珍货入贡谢恩，态度十分恭顺。岛王一时高兴，命赏他十背盐巴，准其就在盐场工地领取。他回上勃后，自率十个精壮的人，来到盐穴工地领盐。他们窥看了盐田内外情形，领取十大筐盐背回。又进王宫谢赏。请求派人前来协助守卫。岛王未准。

下碉修成后，王派来驻守的有二十对武士。由于上下勃拉都是藩邦，人民恭顺，他们放心大胆，早睡晚起，不甚注意防务。有一夜，发觉崖外多有坠土之声。次日查看，见江边窄路的外侧，有不少新土。正对新土的内侧，有一堆蒿草。掀开看，发现有个新挖的土洞，深达丈余。他们报与守卫邦董阿雄。阿雄报与岛王。岛王命我随阿雄去查看。

我二人率领几名武士，进这新洞去看，见洞前方正对崖间盐层。再挖数丈，便可抵达盐层了。我对阿雄说："这必然是上勃的人，乘夜偷挖洞穴，意在偷盐。我们平时只守盐崖外面，未注意它的侧面。又少有人经过此道往来上勃，给他们留下机会。幸而洞还未通，就被发觉了。应一面责副王清查挖洞之人，加以处罚。一面把守卫线扩展到岩顶来。使偷盐者无机可乘。"

阿雄引我同去找那副王。那副王故作惊异说道："岛王颁赐上勃的盐已不少了。我都已配发给上勃人民。竟还有刁民贪心不足，妄想挖洞偷盐。我一定要把这些奸民清查出来,从重治罪。请王臣们放心。今后断不会有人再敢如此了。"

阿雄道:"我们相信你是恭顺恂谨的。愚民狂妄,就委你去清查。好在偷盐未成,可以从轻处罚。我们亦将在崖顶和路口筑碉,守卫盐崖。"

副王:"那好极了。我一定派民兵协助守卫。崖项上正是上勃的地面,我是责无旁贷的。"

我们回岛,汇报岛王后。王命立即抽调建筑邦人力,前往盐崖顶上筑碉。那时峡口路已凿通了。我们运石到上碉,近便非常。半月内,便已建成盐崖顶端的哨卡。日夜轮派武士去看守。准备在王宫仓库建成后,更开崖间梯路一道,直与上勃相通,加强盐田的保卫。但未及实施,上勃已叛变了。

那是在一个昼夜平均的月黑之夜。天将明时,突然杀声大起。不知有多少的人,包围了崖顶哨所,杀了守卫的武士。并在江边窄路的较平一段,打木桩,从坡顶推下横木,堆断路口,成为木城。待下碉惊醒的武士赶去救援时,路口已被塞断。只好飞报王宫。

岛王闻报大怒。当即召开岛民大会,准备讨伐。全岛青年男女,皆愿参加战斗。当即决议:全岛除病、残、老、弱与留守三桥、海口、峡口武士外,青年男女集中到勃拉的盐崖下碉,听候调度。王与匋老,亲到下碉指挥战斗。青年武士,由阿雄率领,担任前锋。其余人员,皆分配后勤工作,搬运粮食和武器至下碉。各部门炊事员,亦各抽调大部分人去下碉办理伙食。期于三天之内平定上勃。

大军齐集下碉时,上勃叛党,亦已把路口木城修造很牢固。并从原建的崖顶哨所左右筑成两翼土垣,垣内外堆积滚木礌石,阻拒岛军仰攻。又在我们挖盐的洞口上方,堆积礌石,阻止岛人入洞挖盐。

开战的第一日,阿雄亲率健勇去攻木城。欲从盐崖下的小溪口,爬上灰岩险道。但被上勃崖顶推下滚木礌石,造成伤亡。木城上敌人,也用弓弩直射。阿雄亦被射伤,退了回来。清点武士,被礌石打坠入大江者三人,被箭和木、石伤者十余人。这天夜间,为了防止上勃叛军前来袭击。我们在小溪上架成木栅,彻夜防守。

岛王命匋老回岛理事。他自己留在下碉,与阿雄等召集武士们开会,阿虬、阿楚皆在。青年如阿固、阿明、阿叉、阿恭、匋咪等亦皆在。

会议时,阿雄说道:"江边岩路奇险。其上虽有路面,稍平可立足处,已被木城隔断,进攻无益。莫如连夜扎起木梯、木垒,从崖坎进攻。"

王问:"崖坎数十里,全是绝壁,如何能上?"

雄:"用木垒遥对崖坎,伏下强弓劲弩,压着崖顶敌军,才用木梯、竹梯送上武士，强占崖顶一处两处。掩蔽继上之人。我军勇敢，定能成功。"全员赞同。

于是阿虫与我奉命去制木垒竹梯。全体皆来协助。不久时间，碉外竹、木、藤索山积，松光通明。我们已在盐崖洞顶较低处的下方，栽植大木一排，用藤索缚扎纵横木条，成为木垒。顶铺木条木板。仍留排木，掩护射手。扎垒未成时，崖上叛军，对着松光放箭。我军颇有伤亡。木垒扎成时，天已大明。我军升楼顶，凭着护栏与崖顶对射。由于我军器械较精，射程较远。果把崖顶敌人压退了。

早饭以后，选锋武士开始架梯爬崖。梯用长竹绷，长可十丈。先行横卧于木垒与陡崖之间，又才用一端着地，一端用绳索从木垒顶上挽之使升，多人扶之。既立直，乃向崖方放去。已能出崖顶之上。由于木垒炮矢压力，敌人并未前来拒梯。先锋们欢呼雀跃，争先攀登。既上崖顶，乃知敌人已在数丈之外，做成壕垒掩体，集中矢射石击。爬上去的人，或死，或坠。结果是无法站得一点儿阵地，徒牺牲了许多人。

岛王未把我编为战士，只命随他升到碉房顶上观战。看见伤亡太大，下令停攻。阿雄吹响号角，收兵回碉。

岛王再召开会议，言道："遥望崖顶叛军，约近千人。超过上勃人口数量。看来上勃已经联合外邦支援共图占有盐崖。两日来，我军伤亡已多，叛军并无折损。这将如何行军。大家更商捷连平乱之计。"

阿虫道："原订三天限期，势不可能。"

王："这个限期，固应宽延。但若为时太久，须防敌人愈联愈宽，局势更坏。更须防下勃动摇，发生内奸。我们必须尽量设法稳定下勃，快连攻克上勃才好。"

有人主张，征调其他藩部兵力，分数十道抢爬崖顶，一鼓荡平。岛王亦不赞成。他说："我们世世代代，都只依靠自己力量办事，所以强盛至今。现若依靠外力以平上勃，便是以毒攻毒。旧患虽除，会要发生新患。成了前门拒虎，后门进狼……"

正说到此，人报："上勃副王，在对面崖顶请王对话。"

王命休会，率众同到碉顶。望见那副工阿判，立在哨卡左翼的土墙一方，只露出头胸来。虚伪的笑容，恭逊的言辞中，含有许大的骄傲。他向王说道：

"上勃是我王的藩部，已经百多年了。我们年年进贡，岁岁领赏。感恩效顺，未有亏欠。如有罪过，岛王你派人叫我，我不敢不到。何必如此兴动大兵，造成伤亡？现在上勃仍然是你的藩部，我也仍然是你的百姓。应该如何结束这场战争，仍然听候我王的指示。"

岛王道："你背叛我岛，勾结外邦歹徒，盗窃我的盐矿，杀害我的哨兵，还敢用这些言辞骗我。我的指示便是：你的人民无罪，只要你把杀害我哨兵的凶犯，亲自押来受审，便可收兵。"

那副王阿判道："你的哨兵，在我地面横行霸道，与上勃人民发生冲突，被打死了。要我清查打死他们的人，我是应该的。但还应该先请清查那些兵为了何事到我们上勃来的。"

阿雄道："你们挖洞偷盐。我王派他们来守哨。不对吗?!"

副王阿判道："盐崖生在勃拉。不在长生岛。纵然岛王要取，只派我的人民自己看守就行了，何用你们派兵来守？"

雄："勃拉是我王的藩邦，土地是王的土地，人民是王的人民。连你这副王，也只是我王派你来的。何况派兵来。"

副："对。讲道理嘛！我们的王已经封作副王。我就有权管理这地方了。你们来此挖盐，并未让我们知道，才真是偷盐呢！你今天还反咬一口，说是我的人民偷盐。我的人民请我恳求我们共同的王，评一评理。王，你是最公正的嘛！你就给我们评断谁是偷盐贼吧！"

岛王愤怒道："好。我来评理。勃拉从来没有副王。直到盐崖发现时，也还没有副王。你只是勃王请求我派你个副王名义，替我守护盐崖的。今天勃王不曾反对我岛管理这个盐崖。你却敢勾结外敌，杀害卫士，拒阻取盐。是你叛了勃王和我。就该讨伐。"

副："我的王呀！你说得对。他们来挖勃拉的盐，是勃王许可的。难道勃王就不许我们勃拉的人民自己挖自己地面的盐吗？如其勃王真的如此，他的人民岂能心服？我是代表勃拉人民，请求我王评理的。请再评评吧！"

王："我就再评理。长崖里的盐，是天生的，在地下埋藏几万万年了，你们未曾知道。勃王也是不知道。正如得拉的铁矿一样。地下宝藏，谁发现它，就是谁的。勃王不曾拒人取盐，也与得拉人不拒我去取铁一样。你凭何理由，敢来抗阻？"

副："我的王，你说得好：谁人发现，就是谁的。我们勃拉人，从生下来起，就都已看见它了的呀！只是我们未去挖取。你们一发现了，便来挖取。我们勃拉人未阻挡你们。你们挖了，未再挖时，我们自己才来挖取。怎的你们还想来阻挡我们呢?!"

王："我既发现，我已开挖，全部盐崖便是我的。我暂不挖取。保存在我仓库可也，保存在我这地下也可以。别人无权挖取。"

副："王，你说得更好。我们勃拉人早已发现了的盐崖，保存在地下可也，保存到仓库也可以嘛！为什么你们后来发现的人，一发现了，便要全部占去，不许我们勃拉人自己挖取呢?!"

阿雄气得暴跳起来道："你一个藩部副职，哪配与我岛岛王辩论。叛乱就是叛乱，迟早要讨平你上勃，拿你定罪。"

那副王仍自涎着笑脸说道："是的，我们是你的藩部，应该贡献出土产的东西。我请我们共同的王，你指示，我们勃拉，每年应该向你岛贡献多少盐。几十筐、几百筐、几千筐，我们都一定照办。请把你的兵收回，把盐崖赏赐我们。"

王："地面上的，是赏赐给你们的，只收你们的贡品；这是地下的，是我岛未赏赐的，你们无份。还说什么贡品。"

副："我的王，你是讲道理的。你说地面已经赏我们，地面所产之物就该进贡。那么岩盐生长在我邦的地下，贡都不收，如何还可以让他们来夺取呢？难道藩部除了进贡以外，还可以把土地都让人取去吗？岩盐也是我们的土地呀！"

王："我的藩部，土地人民都是我的。藩民恭顺，才赏土地给他们耕种、放牧。从来也只是赏地面不赏地下。我加封你做副王，保卫我的地下宝藏，又已赏盐十筐给你和人民了。若还不守藩礼。大军平叛，杀绝你这批叛徒。"

副："我们都已感谢王的大德了。怎敢反叛。王！你既如此说，我就代表勃拉的人民，请王加恩，多赏赐点吧！"

王："这还像话。已赏十筐了。他们还要多少？"

副："慈悲的王，他们怎敢说呢？多少是你的恩赐呀！"

王："既然盐崖出在你们地下，我就允许每人每年一筐。按上勃人口计算，由你领去转发。"

副："还求慈悲的王多赏。"

王："好。每人每年两筐。吃用不完了嘛！"

副："王！你的百姓嘛！还求多赏。"

王："就是每人每年三筐好了。"

副："再多赏些吧！奖励他们替你保卫这地下宝藏几万万年嘛！"

王："就加成每人每年五筐。"

如此逐步，添赏为每人每年八筐。以至增为十筐。

副王仍不满足道："王！有这样多的盐。就请再多赏些吧！"

王："你想要多少才够？"

副："恩赏出在我王的口。"

王："二十筐。够了吧！"

副："再多也是出于王的恩赐。"

王："那么，你仍是想要分据盐崖吗？！"

副："不敢。我只能替人民乞恩嘛！上勃人民，求王划一部分盐崖给他们自己开挖。这样，可以省王派人去挖来奖赏的麻烦。"

王："这亦可以嘛！你们想得多少宽的盐崖？"

副："人民要求，把崖内的盐全赏给他们。他们情愿每年贡献长生岛每人一百筐，或一千筐。"

王气急败坏了。但因军事失败，仍强忍着，耐心与他讲价。从崖段的十分之一，说到十分之四。他仍涎着脸，请求再多赏些。王忍耐不住，大怒骂道：

"叛贼！我岛人民岂能饶你！长生岛数百年来，战无不胜，攻无不克。谅你小小的上勃，早晚不愁扫平。那时你才知道后悔。"

那副王笑道："我的王！这是你的百姓要我如此要求。不是我要呀！你是慈爱上勃人民的。我就叫他们自己来向王求吧！"

他嬉皮笑脸说完此话之后，掉头向内高喊道："上勃人民的代表，你们自己出来向岛王乞恩吧！"说完，便隐身下去了。

于是有三个醉汉出头来，开口就骂。居中一个主骂，左右两个和声。他们骂道：

"我上勃的人，年年向人进贡，血都被人吸干了。你们长生岛的人，吃得肥肥胖胖，竟又吃到我们地下来了。可惜你们，从此再也吃不成我们的尿水了。是好的，就爬上来嘛。野兽！驴王！你们这批野驴养的兔崽子，早点缩回你那乌龟壳去吧！现在是我们剿你驴窝的时候了！"

岛王气得面色如土，怒目呆视，说不出话来。阿蚩与阿雄耳语后，叫我暗自下碉，选取最称手的石子，走上最近一屋顶去打他。我上碉时，也有岛人与他们对骂。那三个醉汉更骂得起劲。

"等我们联合起来的一天，踏平你那短命岛，拿着你这野驴王，骑在你驴颈上，打你一百个屁股，两百个屁股，一千个屁股……"

我审准距离，乘其不备，嗖地一石打去。只见他双手向脸上一按，指缝冒出红血来。骂声顿时停止了。再抛打几石过去，其人全都隐下土墙去了。瞬息换成一排张弓扣矢的人出来，向碉顶乱射。

岛王退入碉内，下令劲弩上去对射。这里距崖上比木垒远，双方皆未射伤一人而罢。

岛王再召集开会，一定要踏平上勃。阿雄提议："在木垒之上，再加木垒，使其高过崖顶。爬梯者皆持藤制盾牌护身，用短刀接战。仍定于三日之内，攻克上勃。"

岛王下令："分募爬崖与垒射两组义勇。由阿雄裹创率领爬崖组先登。"仍命阿蚩与我连夜扎梯加垒，明夜进行仰攻。我向阿蚩摆手。阿蚩起立说道："阿夺有意见陈诉。"

岛王道："阿夺！你有什么意见？"

我起立说道："上勃如此猖狂，自非立予镇压不可。爬崖仰攻，人人当先。我夺亦愿报名入组，跟阿雄以死报答岛王的厚恩。但又想到，取胜之道，不必竟用木垒。踏平上勃，也不必定要明天。要在设法避免伤亡，而取全胜。似宜稍缓时日，策取万全。"

王："那么。你打算如何取胜？"

我："上勃丁壮本只有五六百人。但今见敌众竟达千人左右，显然是已经勾结外部强敌来进行夺盐。我们若能固守盐崖，与之长久相持。上勃粮食有限，供应外人，不能持久。外部歹徒，既久不得盐，亦不能运粮相助。我岛如能持久坚守，即可促其解体。外匪离去，上勃即易剿灭。若还我方急攻，乃是敌方之利。"

王："急攻速灭。你怎说成对他有利？"

我："我们抢攻两日，伤亡已多。敌方毫无折损。我方虽有丁壮千人，伤亡全是精锐。精锐日减，则锐气日减，而敌情益固。若还更有其他匪徒，贪分盐崖之利，参加敌伙，则兵连祸结，取胜更难。是故，今日之事，敌人利在我之仰攻速战，甚畏我之持久。敌副对话时，多端激怒我王，更出醉汉骂阵，皆是敌人切求速战之证。故知其所畏在于我之持久。"

岛王点头道："有道理。那么，又将如何作战呢？"

我道："我没有战斗的经验，只怕想出的办法未必适用。"

王："姑且说来讨论嘛！"

我道："这里的盐层，距崖底不过三扒。上距崖顶则有十七八扒。我们攀登崖口甚难，抢登采盐旧坑则极易。我们只用竹材扎梯四扒，装于竹屋之内。竹屋四柱亦高四扒，上用纵横双重骈列竹竿架顶，做八字形，以御滚木礌石。从崖顶射程以外扎成，用人力进推到盐窝下方，倚崖而立。人沿梯上入盐坑。即依崖边凿崖的土为'匚形'通道，绕经崖角，直达江边崖路敌人所架木城之外。攻破塞路的木城，便容易了。我们又是在崖内开路，不受敌人矢石伤害。沿崖造路，所挖泥土随手倾弃崖下，工力甚省。使我军安全抵达木城，避开灰崖险道。力可胜敌，则攀登木城；力不胜敌，则从崖内运柴，以火烧毁之。木城既破，即易抢登上勃，踏平叛乱。纵不然，亦可据有盐崖全部，上勃歹徒与外邦歹徒虽众，无法取盐，自必解散。此乃不损一人，安全平叛之道。成功之日，亦不甚远，少则十日，至多不过一月，可收全功。"

王与阿雄等皆大喜，称"好"。

我继续说道："我料叛军，既已守住木城，必已从木城后面挖洞深入，进行偷盐。若还敌已得盐，借盐招诱邻邦强敌，增兵来攻下勃。他们有居高临下之便。若以十倍于我之兵力，从盐崖分数十百道绳梯下来，压迫我军。我军更多危险。是故今日之计，修通崖亾路以攻木城最要。又仍须立即制止叛军凿洞偷盐。"

王问："现在能有何法制止凿洞偷盐呢？"

我道："我们立即从盐窝亾路，循着崖内土沙与盐层接触的一线，横凿深洞进去，截断上勃人所做偷盐的洞穴。无论他从何处开穴，总必是从岩间夹土的一面侧进的，终必与我方直洞相遇。若还他现在尚未抵达盐层，则无法越遇我们的直洞，他便永远偷不到盐了。若还他现在已经凿抵盐层，迨我直洞到达他的横洞时，亦即将其截断，得盐也不会多。洞中作战，力强者胜。以我军之精勇，制敌于洞穴之中，可使盐崖有金城汤池之固。不但可以固守崖盐，又且可以从此直洞，更做横洞突击敌人木城之后方，两面夹攻。则破毁木城，易如反掌。"

岛王听到此处，从座位上跳了起来，大呼道："我觉得这是平乱迅速、有效万全之计。你们看是如何？"众人高呼："好得很呀！"

于是岛王下令：我与阿蛮去领导一部分人扎竹梯竹屋。阿雄编制战士为开凿缘崖亾路与崖内直洞两组。研讨迅速掘进与洞内战斗的方法，各自准备器械。当天夜晚已将竹屋扎成。岛王与群众不耐久待，连夜推到崖盐旧穴下。崖顶矢石、柴火、滚木，皆自尖顶斜飘远坠，未能伤屋下梯上一人。掘洞的两组勇士，安全进入盐穴，连夜开挖。

我与阿蛮，再督率余人编织竹竿为尖顶帐幕状之甬道。从崖顶射程外的下碉门外，一直衔接到崖下竹屋。以便凿洞战士上下食宿。往来如在碉内。又在甬道两侧，多贮水盆、水桶、喷筒等物，以防崖顶投下火炬，烧坏竹顶。一切做到十分安全。果然未到十天，未损一人，已把亾路和直洞都凿通了。

当亾路凿近木城时，敌人加强了木城守卫人数，强弓毒矢，向凿路人射来。阿雄命退回下碉，人各取柴薪一束，或木盾一具护身，抵挡矢石，掩护挖掘的人。木城上人无可如何。

崖内直洞，凿进十余扒后，亦闻外侧有掘凿之声。知道叛军所凿偷盐横洞，已相接近，立即准备接战。报与岛王。王命阿茧前去接应。阿茧左挟长矛，右持短刀，进入洞去，估计还待片刻，敌人才能凿通到此。便命我方凿工在正对来声之处，挖宽洞穴，以便用矛、挥刀。并编三盾为一护掩体，命二人持着，协助战斗。布置已妥，微光从侧射入，知敌人已近穴道了。立即正对来光站着，忍咳静立，以得敌人探首。

横洞敌人，似亦因发现空穴，有些惊疑。停工甚久，乃用长矛入探。阿茧等人毫无动息。于是横洞又开凿了。光亮渐多，两洞相交。早将敌人身影清楚识别。阿茧大吼一声，"杀"。一矛刺去，杀敌一人。横洞亦有一矛刺来，着于盾上。阿茧一刀挥断，追杀出去。只见横洞人影回身奔跑。阿茧追去，又用长矛刺死数人。直追敌人近横洞穴口。光线大明。洞外刀矛林立，喊杀连天。亦有悍敌挺矛冲入。阿茧后退几步。后面接应武士已到，双方在洞内相持。阿雄闻报来看，怕的敌人还在前方挖有横洞，命人嘱阿茧退守直洞，压着敌人窜入。挖掘组仍再向前挖进。一时敌人塞入横洞殆满，要来夺盐。为阿茧等武士所阻，不能向前。

正相持间，阿雄返亡路木城下，吩咐纵起火来。木城着火，岩路上敌军乱纷纷奔回上勃崖顶。横洞诸贼亦退走了。阿茧率众追出洞口，阿雄亦命人从洞内送出柴草，双方一齐纵火。木城上坚守的顽敌亦逃脱了。

上勃崖头仍不断推下木石，禁阻我军前进。但只炊许时间，似木石已完，上勃哀号之声大起。木城亦已毁去。我军饱餐午膳后，分由磵道、亡道、岩道三路并进，拥向上勃。岩头已经无人扼守。

原来叛王所抬外部匪徒，原定按出力多少，划分盐崖。故作战都很奋勇。今见大势已去，颗盐未得，失意至极，便大抢上勃王宫与其人民财物以泄愤。有些勃人回去护家，与外匪厮打起来，激成一片烧杀，大乱。哀号之声，由此而起。待我军大量拥入时，外敌已经逃走过半。这勃拉外出之路，被深溪隔断，原只溜索通于波札邦。由于外匪劫财溃走，人多物重，顷刻将溜索磨断。余匪只好向深溪上游一个极其险窄的路叫"剪刀口"处拥挤奔走。又因所挟赘货壅塞，扰攘，不能连退，被阻者犹多。叛王与其亲近数人、初亦混同外人向剪刀口逃跑。路被拥塞，我军又已追近，只好投崖自杀。

我军进入上勃时，已经无人抵抗。追到波札河岸，正见剪刀口两边路上挟赘拥挤的匪徒在图弃赘逃命。落尾之人，进退无路，被迫反斗了几下，不是被杀，也是被擒了。道路为赘货断阻，我军亦无法追击，只用强弓射死射伤一些匪徒。

我军将剪刀口路上匪徒遗弃之物搬运到残存的副王住宅来,经俘虏供认,全是抢劫上勃人民的财物。

上勃除副王阿判等数人投崖自尽,尸体已在波札河谷寻获外。其余的人,强壮者或被外匪打死打伤,或畏罪自杀,或逃向雪山老林,或自投归罪。老弱不知所为,哀号乞怜。遍地都是鲜血和死尸。有人发现一具尸体,面部有伤,正是那日骂阵的醉汉。经上勃俘虏认出是波札人。据说:这些外匪,绝大多数是波札人。他们经叛王邀来,冒充上勃的人助战。

最后胜利这天,岛王欣喜非常。命人从王宫仓库运来酒肉,大犒战士。把带伤的人抬回本岛医疗。由宗老无条件供应他们一切需要。命阿雄暂代上勃副王,驻守上勃王宫,办理善后。命阿蚩代其管理岛上武士,守卫王宫和三桥两口的政务。命我(夺)为守卫下碉和盐崖的负责人,代理邦副。

岛王分派已定,自己率领民兵押解俘虏回宫。出发前,全体人员皆先出碉房,在门外大道两旁排班送行。阿蚩拉我同走。岛王忽呼我道:"阿夺留下。"

我闻呼,折回,向王立直行礼。

王对我说道:"你入岛来,连续立功。这次功太大了,应受特奖。你有什么意愿,可以先说。"说罢,注视着我。

我道:"这次平乱,乃是我王调度,战士奋勇所得的成就。我未参加战斗,实无半点劳绩。"

王:"谦虚太过了。你的勋劳,我是全明白的。只说你的意愿吧!"

我猛然想起:他今突然来此问我,是要我自己说出想回家乡吧!我断不可自己暴露,入其彀中,便迅速回言道:"我只愿终生在我王领导下,做个长生岛自由安乐的百姓,并无其他的愿望。"

王不再问了,默然颇久。我不知他是何意,立正言道:"王若没甚问的,请许我先行出碉,参加送行行列。"

王道:"你不必去排班,同我一路出去吧!"说罢起身。四个卫士跟上。我跟在武士后面走出。王回顾道:"阿夺!上前来。"我跟上前去,走在他的右后侧。王右顾微笑道:"勃拉一语,本是右臂。这次我几把右臂失掉。幸得你在,又续上了。你今走在此侧,正似我新生的右臂一样。"

我不敢在此与他做对话的形式,只好低头微应道:"感谢王的奖勉。"刚出门,我便绕从送行行列之后,跑到阿蚩身侧,参入行列敬礼了。

岛王命令道:"暂勿敬礼。我们商量一事。"两长列人停止立正注目,稍息静听。

王道:"盐崖发现,是阿夺的奇功;这次平叛,又是阿夺策划,克以未损一人,迅速严惩叛匪,保全盐场。功太大了,应该破例给奖。但我刚才问他有何愿望,他谦虚不言。我欲破例推他为金章劳模,特许其在九邦之前优先选偶。你们有无意见?"

两列送行人大呼响应道:"应该哦!"

岛王遂开始出路前进。两列敬礼人当王走过后,即自解散。便有许多人拥向我来贺喜。使我一时应接不暇。众人去后,阿雄与阿蚩还同到下碉来,座谈很久乃散。

阿蚩私谓我道:"今天岛王这样表示,是本岛从来未曾有过的光荣吧!你的功勋,是完全相当的。我作为你的朋友,也都有光荣。希你注意保泰持盈,未来的副王不属于你,下届选王位承继人,定属于你了。"

我急止住他道:"我一切成绩,都是你培成的。自己何能有功。请好朋友原谅。我断不敢存何妄想。但得在你培成下长做岛民足矣!"

我送客后,回屋来,独自暗想:对他们这样给我的光荣,并不感兴趣。现在值得高兴的是我当初拟的逃归计划,经半年多来的实施,已逐步进入成熟阶段了。

二十一、时机到来

上勃拉的叛乱,是春分后一个月黑之夜开始的。到了月圆之夜,还在紧张战斗。岛王下令,选模、选婚都停止一月。所以平叛之后,宗咪随我迁到勃拉下碉来住。阿美仍随阿蚩住在海口宿舍。叛乱虽平,外敌叵测,军事尚难结束。一切行政,皆以军事第一。丁壮仍皆武装,受阿雄指挥。阿雄暂住上勃,与阿蚩和我商办上勃善后事宜。上下勃拉,继海口而起,成了长生岛的新兴居民点。岛上男女丁壮,除分守王宫、三桥者外,大都分居在下碉、上勃、海口和峡口四处。下碉在讨逆期间,是总指挥部。现在仍常驻武士四十余人。食堂工作,拨给宗咪管理。她柔弱不习炊事,管理人事的才能又远不如阿美,这给我增加了很大的负担。阿蚩知道这点,特为我把阿业调来,又请岛王从宗部调得力炊事员一人到海口办厨。

修建组的丁壮,此时停止王宫修筑,都调来修战碉。阿飞和阿叉,匈咪与阿本,阿奔与阿业等皆到上勃承担修造碉、墙、哨卡任务。唯阿明与阿恭配在下碉。我经常到上勃去,帮助阿雄布置防务。阿雄与阿蚩,亦经常到下碉来和我商讨问题。我们三人开会,总是约在下碉。下碉,实际成了勃部的核心。

这时的下勃人民,心目中已经没有勃王,只知有我和阿雄与阿蚩三个人了。原替勃王办事的阿路,也把我们三人当着勃王的上司尊敬,事事都来下碉请示。事实上已经算得合并勃拉了。只勃民的待遇还与岛民不同。习惯上要把勃拉人看得低些,只相当于泻级。

上勃的人,经阿雄审问后,处死了一百多人,其余的除少部仍监禁在王宫,听候调查治罪者外,都放回从事生产,一律称为"庑",比下勃人又低了一级。由于上勃人口骤减,故从下勃调派百多男女到上勃居住,作为管理庑级的人。这些下勃的人,大都是曾被调派入岛参加婚选过的,对岛王和邦干都是忠诚服从的。阿业的配偶勃米,成了这些人的实际领导人。他随阿业住下碉,又跟阿飞在上碉工作,因而又成了我们几人之间来往联系的人。

我与阿雄商量,把本岛武装防守的保卫线,扩展到"波札澎"河岸的剪刀口去。

那条河谷，深邃与"勃拉澎"相同。没有藤桥，只有上游雪山脚下形似的剪刀一条狭路。冬季河水结冰，可徒步过河，这条路是从上勃凿崖斜下到此河岸石盘，再从石盘凿岩斜上到波札的一条路，两段路如剪刀形，剪端两岸，人可伫立对谈。若欲相会，则须走上半日的时间。两段路的连接处，故被称作"剪刀口"。由于是上下俱属绝壁的狭路，二人不能并行。夏季雪水融流，剪口被淹，复常有崩石漂木，随水冲下，单人亦不能过，则恃交叉溜索往来。溜索须冬季雪水浅时派人涉水打桩系置。勃拉一条，由上勃崖顶引向波札崖腰土阶之处，再从其处斜凿崖壁上达波札。波札一条，亦从波札崖顶，斜牵过上勃崖腰系桩，凿崖面斜路以达上勃。奇险难渡，非有急迫之事务，无人往来。

由于地形如此，我们商定，在剪口路的崖边，筑起关卡，砌成石墙，派人守卫。命阿飞与阿叉，率石工数人，督率上勃之民运石来修造。旧勃副王宫，亦建一碉，盐崖上方，亦建一碉。各派武士防守，与崖下碉乘势连接。诸碉合成一气，以防外敌。

在下勃，除扩建下碉为勃拉中心外，仍续建中碉、上碉，由阿明、阿恭率下勃人民运石修碉。中碉常驻武士，与下碉及盐崖上碉相应。上碉则集中绷盖与下勃牧民居住，兼护盐崖。

据俘虏口供，助叛的外邦歹徒，大半皆波札人。现在上勃善后事宜安排既妥，便开始向波札问罪了。岛王先派一人前往波札，谴责波王派人越境助逆之罪。那时雪水未发，剪刀崖路尚能通行。波札王怕受征讨，缚了三个囚犯送来，配上大批贡品，派个善于言辞的使臣向岛王请罪。他狡赖道："波王闻说上勃反叛，即派遣民兵到剪口，扼守道路，防御勃人。叫他们听候岛王的派遣。不料他们误听上勃叛王诱骗，妄想前去偷盐。这三个最先受骗，煽动波人越界抢盐。波王实并不知情。有一部分民兵参加，但并未过界与王军交战。只有被骗过界运盐的这部分奸民，参加了叛逆。后因分盐无望，他们不甘上勃欺骗，焚抢其碉，搬回一些财物，也全是上勃人犯的赀财。由于剪刀口崖路拥挤难行，又被勃人截阻，只逃得这三人。其余或被勃军打死，或被王军诛戮。波王将这三个拿获，反复审问，皆无异词，因他们刑伤已重，暂予收禁待详查。适奉王命诘责，谨派小臣将三犯与其劫掠之物，连同本年贡品，押送前来。请岛王恩赐察查。所掠如是王军之物，他们罪该万死。如其只是上勃叛民之物，则他们所供'替王军惩戒叛民，意图赎罪'之说，亦当有蒙恩赐宥之望。生死唯遵我岛王一言。"

阿雄初步盘问之后，把他押送王宫。过下碉时，邀我同行。先由阿雄入宫报告后，王出露台召见来使，当面审问三犯。三犯睁目不言，似已哑声。一切都是来使对答。王命厨人赏饭，午后再审。退回宫来，召开会议。

王道："明明是将药哑死囚前来蒙骗。大家商议怎样处理才好。"

阿雄主张出兵讨伐。

我道："雪水将发，对波札用兵未便。莫如佯受其骗，收下贡品。对来使说：相信所陈属实，杀此三人，不更追究。并奖波王盐十筐，勉以恪守藩礼，严饬臣民不再滋事端。如此暂时相安，徐图讨伐。"

阿雄道："那天骂阵的就是波札人，如此凶悖岂不可讨？"

我道："当前时令不利出征，只是暂装不知。待冬令进讨，何患无辞。"

岛王采用了我的建议。杀了三犯，遣回来使。并赏波王盐十筐。许搬到剪刀口，饬波札人自来搬取。

果然，波札上下不疑，欢欢喜喜运盐回去。一切恭顺，毫无作战准备。

诸事妥当以后，岛王要调阿雄回岛。又召集会议商讨，是否仍设上勃副王问题。阿雄过下碉时，邀我同行。私问我道："你看上下勃拉应如何管理？"

我道："我以为副王不必再设。勃王老病，不能理事，便可率性合并勃拉为本岛的一部分。在宗、匈、供三部之外增设勃部，下分耕、牧、盐三邦。勃老常驻下碉。耕邦驻下勃。牧邦驻上碉，兼管绷盖牧场。盐邦驻上勃，保卫盐场。这是一种形式；或于本岛宗部下增设盐务邦，匈部增设建筑邦，供部增设勃拉邦。把三老的工作都插到勃拉来。把三部九邦，增为三部十二邦。这又是一种形式；再或只把勃王迁居上勃，改封为长生岛的副王。下勃人民无罪者，许与本岛人民同等待遇，混合编组。上勃人民无罪者，免除虏籍，照下勃旧制待遇。不改变三部九邦体制。由于勃王老病，可派一人前往上勃替王理事。并把本岛及下勃犯罪之人流徙上勃，充实地面。保持其为与得拉左右对称之藩邦名义。这也是一种形式。"

雄："我赞成你第三种形式的办法。代理勃王理政，乃是平叛后一个重要职务。你看谁人适宜？"

我："重要在于安辑人民，防备波札，还要筹划征讨波札的准备，是不？我认为：最适当的人，无过于你。其次莫如阿蛩。"

雄："王不许我离开本岛。恐亦不许阿蛩离开本岛。"

我："若还因阿蛩不宜离开海口的建筑事，我愿前去替他。你看如何？"

雄："我以为你到上勃，阿蛩兼管海口与下勃，最适宜。但是，岛王未必愿意你离开他。这还待开会前先行酝酿。"

我心中暗喜。若还能得此职，我便容易从波札脱逃返乡了。

不料阿雄向王建议，王不许。会议结果采用了每部四邦办法，把我升为盐务邦董，仍驻下碉。阿虿为建筑邦董，仍驻海口。另派了供部阿征为勃拉邦董，宣布合并下勃于本岛。勃王移往上勃，仍领藩部。暂派王命邦董阿征前往协助办理上勃政务。

这个新规划只是长生岛的规划。我个人的新规划则是如何利用当前地位，找机会通过上勃和波札，返回我的墨脱家里去。我向阿雄建议的第三策，等于直接向王讨要上勃的控制权。以我的功勋和王的信任，应该是不成问题的。偏是竟未获得准许。这其中的障碍究竟在哪里呢？

我想：难道岛王已知道我想从此道逃走了吗？但他又把我仍安顿在下碉，权势足以压倒上勃，是岛王倚我为智囊，不愿我远离吗？又或是岛上制度不许外来人出境办事，因而留我在下碉帮助阿征处理上勃政务吗？又是否因为我梦中呓语泄露了逃跑思想，被人听着告了密，故岛王把我安置在可能跑脱，又难于跑脱的下碉，暗中监视我。阿征何如人？我未接触过。是不是王的亲信，派来监察、防治我的？我这样思考推详着。总觉得这个岛王精明得很，既要使用我，又在防治我。

平叛善后事宜告一段落之后，便又是选模了，全岛人人对我赞不绝口。岛王提出破格给我金章，但仍要经过全岛的投豆表决。结果我得到选民的全豆。因为这是破格创制，所以岛王举行了授章典礼。广场上聚有选民一千余人。岛王把我叫上露台，亲把金章挂在我的项上。转向广场说道：

"崖盐是夺夺发现的。又是夺夺划策，才得从叛乱分子中夺回的。现在又是他在经营保护，安排部署得井井有条，可以保证不会再被奸人偷抢了。我命令全岛臣民都改称他为'察夺'①，表示不忘他的功勋。"于是，全场同呼了一声"察夺咿！"便完成了这一典礼。

群众散去。岛王即命摆酒开宴，给这次战斗的功臣祝贺。特许这一天尽情欢乐，无限制饮酒。许多人喝得大醉，吐泻狼藉，玷污王宫，王亦不加罪，只命人扶其各自归寝罢了。

宴罢，重回露台，广场上已有儿童、少女、少妇和青壮老弱们组成的歌舞队，次第演唱。我为了满足全岛人的欢乐，亦请王命宣布，表演甩石技巧。临到歌舞结束，岛王高兴地带同我与其他功臣，走下露台，出了广场，去到勃拉藤桥附近，看

---

① 岛人呼盐为"察"，与藏语同。因为岛人食盐，过去就是从藏地购入的。

我演技。到时,已有两堆相当称手的石子,备我使用。据阿蛩说:是海口民众奉命先行准备起的。这是晴天白昼,我向四方八面,指定目标,各打几石,甩出近中、远中,抛高中,连续中等种种技巧,直把两堆石子打完,博得围观诸人快乐欢呼。

这次选模结果,匈部四十余人,供部二十余人。宗部只十余人,这是宗部参加战斗的人少的缘故。那十多个人,亦大半出自商贸组,这是盐崖发现后,大量扩销邻部,放宽比价,换回珍货骤多的原因。而各路商贸中,阿楚经营的珞巴一路,换回的虎、豹、熊皮、猞猁、麝香、麂皮、虫草、茜草、香料、药材最多,故亦有人提议他做金章劳模。但未得通过。

参战英雄中,阿雄也是金章劳模。其余四十多人,大多是负伤的。中间最值得提出的是匈咪这个女子。她战斗勇敢非常,毫无畏怯,又学会飞石伤人,每上阵时都有一袋锋锐的石子带着,说它比射箭方便。在上勃追杀敌人的一次战斗中,阿雄领先,追到剪刀路头附近,敌人因前路阻塞,被迫回斗。有几个波札悍徒,把阿雄包围起来了。酣斗之际,匈咪还在远处,赶救不及,忙掏石子打去。接连打中数人。那些波札人,知道石子厉害,负伤奔窜。阿雄才得解围,已经负伤数处了。阿雄将她战绩表扬,故亦评为劳模。

阿叉也很勇敢,得到劳模提名,但未被选出。战斗劳模提名的七十余人,当选的只四十余人。因为,有些人品行不良,为群众憎恶,不愿投他的豆。阿叉便是由于嘴巴伤人,所以落选。匈咪虽有恶狠之名声,但因功绩显著,仍能中选。这一切都可说明长生岛选模十分公平、公道。这对于岛民品质的提高和实力的强大,都有绝大的关系。

选模后不久,又是月圆选偶之期。这次,宗咪和阿美都各已怀孕三月了,规定要进孕妇院,不得参加婚选。阿嬉是全岛艳称的第一美女。还有两个,是初婚的少女。人们的议论,都以为这三个必为我和阿雄、阿蛩所选定。但婚选的结果,却是阿雄选了阿叉,我挑了阿恭。只阿蛩挑了阿嬉。这使群众都为之惊奇,来向我们问难的不少。

阿雄说:"阿叉忠勇,只因人缘不好,未得劳模。我不选她,是我都把她忘了。按她的性情讲,容易受到挫折。所以我应选她。"人们又问阿雄:"阿咪解救了你的围困,为何你不选她?"雄道:"匈咪,她自己有选择权了。她年轻貌美,我年龄已大,不应该去打搅她。"阿雄的话是真心的。他真是一位具有伟大的心胸的英雄。至于阿蛩,也不是好色之徒。他曾向我说过挑选阿嬉的道理。他说:"本打算找阿叉或匈咪的。但若我们金章劳模,还都无一个人选上上级的美女,将会贬损评美的意义。

你既不挑阿嬉，我只好挑她了。也还因为这女子的性格，有与阿美有相似之处。"这也是他的老实话。

我选阿恭，潜在的原因，是以为她性行朴讷，少言少语，不管别人闲事，一心只搞技术。有利于我想逃的秘计不被发现或泄露。这个原因当然不可告人。当别人问我选阿恭的原因时，我说："我一个外来人，入岛仅半年多，就蒙岛王赏给金章。人情未必是服的。上两月已经连选了阿咪。若还仅恃优先，又挑了上上级的美女，会要增加岛上青年人的忌恶。所以，我这次只从中等各级选偶。把上等三级的人物，留供立功的战士挑选。更因为阿恭专心学艺、朴实无华的美德使我喜爱，所以挑她。"

我与阿恭同住下碉。另外还住有二十对人。那十个女子都与阿恭不甚亲热，往来很疏。这对我来说，是深为得计的。若还也像阿美那样精明，阿叉那样口哆，或宗咪那样朋友太多，那会是妨碍我逃离计划的。我认为，这一个月应该是我脱逃时机真正成熟的时候了。

二十二、床头监视

我为了安排逃归准备，要能摆脱同居人的监视，选了个质朴寡言的少女阿恭。心里暗自得意。但是，我失败了。

阿恭，是个品貌中庸的少女。她从农耕部门调到砌石组来，学艺专心，并且劝挽劳模阿本转业砌石，协助发展了绷盖事业。阿虫经常称道她青年立志，上届已当选为劳模。本届评模，阿飞也曾推她。但因岛人眼光完全都集中在战功方面，她落选了。她并不坠上进之心，仍是努力工作。

我挑选她时，第一句话便是安慰她失却劳模，表示惋惜。她照例只说了声"谢谢你"，再无别的话了。

她跟我回屋以来，一直对我十分恭顺、敬爱，未曾有过丝毫失礼。我满以为如此一个少女，除了她一心学艺之外，还会留心什么别的事情呢？想不到这个女子，外表木讷，内慧却颇高明。同居才十多天，她便已看出我的意图来了。

事情是这样的：由于她不适于做炊事工作，故虽然住在下碉，却每日仍回海口去参加建筑邦工作。阿虫与我商量，就派她领导一个修砌小组，去修砌上勃的石垣、石碉和盐崖内甬道的石壁和支柱。

先前开凿盐崖内直洞时，抛出大量泥土沙石，堆积在崖下，把装梯的竹楼下部全淹没了。竹楼拆除后，剩下一个土斜坡。经上下崖洞的人往来踩紧，成了一个崖爪。环崖的小溪，被其挤开绕行。阿虫建议，索性在此修成长堤，跨过溪水，上达崖窝，下连碉道，使从下碉开门直达盐窝，即便取盐，又便护盐。经岛王批准，付与我和阿恭主持修造。因此，她又成了我朝夕不离的人。

我们开始修建桥堤时，已是夏初，山花怒放，雪水融流，小溪暴涨的时候。崖下积土渐被水扫卷冲逸。我命用坚硬木条削尖，排桩打入地下，抵挡溪水，护固积土，又在斜坡上，水漫未到之处，对准积土，打下排桩做堤基。留阙为门，上架长木做桥，葛藤编缚。乃向堤基木桩间内填土，筑成桥堤，接入碉内。崖下溪水流过一段，加砌石脚护固。使碉内有宽平堤道，直达崖间盐窝。阿恭了解这一工程的意义，领导工作甚为得力，使我一切放心，多有闲暇。

我趁闲暇，借口探测地形，经常佩刀持矛，携带干粮，前往雪山脚下丛岩森林间探视地形，寻求道路。

有一天，我回碉来，天已昏黑。阿恭收工已久。她为我从炊事房讨来晚饭，让我在屋内吃着。她坐在旁边颇久，才问我道："探得新路没有？"

她这一问，使我敏感地吃了一惊，暗想："我出门时明明说的'探矿打猎'，她怎么问的'探路'呢？"但我立即镇定下来，徐徐嚼饭，从容答道："我想查看盐崖的上口在哪里。连日未曾查得。那些山岩乱石之间，哪里有路。若还寻得出口，为了防止外人从那里掘穴偷盐，有待筑碉守卫时，还须重新开路哩！"

她简单地说了一句："我还以为你是去寻找征讨波札的路呢。"

我忙说："那条路也得察看。但现在还不是征讨波札的时候。我只顺便也做了一些探察。依我估计，剪刀口以外恐无可开之路。将来有暇，也可去探一探。那是当从上勃去探的，从这里去探，无益。"

我觉得今天对付她很适当。若还她果有什么怀疑，亦必自行洗掉。她果亦未再说，收拾饭具入寝了。

我到上勃去协助勃王和阿征工作，了解那里的民情。发现一个名"聂"的俘虏，是了解波札情形的人。我们把他叫来审问。据他自供：

"现年四十余岁。少壮时曾跟叛乱自杀的副王阿判出门经商，住波札较久，懂得波札土语。阿判做了副王之后，任用我做个头人。他叛乱时，我曾劝阻过。但是劝阻不了，只好跟从犯罪。我并未向王军发过一石一矢。波札来匪有几百人。他们见木城火起，偷盐人负伤逃出，知道分盐无望了，便大抢副王宫和上勃人民家，烧杀奸掠，残酷无比。我为了保卫王宫，挺身抵抗，负伤倒地之后，昏死无知。经王军把我救醒，并医治痊愈。邦董阿雄审问我，验看伤创全在前胸和手背，知道我是曾与波匪打斗过的人，赦免我从叛之罪，做个虏籍的头人。"

这个人，面相确有几分忠厚。所供虽不必尽实，既经阿雄甄别，任为头人，应是可以信任的人了。我经常借了解波札情形为由，与他谈话，详问波札的道路。他虽是个虏级的头人，身份还比岛上的泻级人低。上勃虏级人叫他"聂聂"。阿雄、阿征及岛人在上勃者，呼他为"虏聂"。我初时亦呼他"虏聂"。其后屡与谈话，逐渐熟悉了，便只呼他为"聂"。背着人，却呼之曰"阿聂"。

据虏聂说：波札是个较大的地面，虽只一王，内部并不一致。有几个强大头人，意见不合，但都是效忠于其王的。它是雪山绝壁与大江悬崖之间的一个狭长地带，内与上勃隔着这条深谷,外与白马邦隔着一列昂首的长崖。在长崖上开凿一条曲折迂回的窄路与白马邦相通。白马邦与隔大江的白马岗是两部,原由一个王统治着,后来分为两王各管一部。跨江架有藤桥以通往来。白马之外,便是波密。波密之外是康巴和工布。在冬九地方有康巴、拉萨与波密、白马、珞巴人交换贸易的市场。往时波札、白马、珞巴和我们的食盐,都是从冬九向康巴购来的,贵得像金子一样。所以叛副用偷盐去勾引他们,他们也就乐于来了。

我听到"从冬九向康巴购盐"一语,暗自想道:"从来路逃回墨脱,是断无可能的了。无论大藤桥检查严密,无法通过,纵然混过了桥,仍是岛王藩部地面。岛王派人来追,亦如网内捉兔,无得脱之理。唯有此路,从上勃逃入白马邦,不过两天。距墨脱就很近了。那里已非岛王的藩部。若还岛上隔夜才发觉我已逃跑,派人来追,便不可能追得了。"

我这样利用我的地位和准备进征波札的借口,盘问"虏聂",所有最亲密的朋友如阿蛊、阿雄和阿征、阿咪等人,以及岛王、三老都不曾有人怀疑我。偏是床头人阿恭,她却发觉了我的意图。

有一天,上勃人采了一筐山笋,趁鲜献与岛王,阿征派聂送到王宫。他在王宫领了一包赏盐回来,路过下碉时小息。听说我在碉内,便来请求借路,欲从崖内洞道回上勃,以避灰石岩的险径。我因为岛王规定"不许岛外人进入盐崖洞穴",拒绝了他。但是,留他吃了晚饭。

我说:"现在已近收工时间,你回去时,饭已吃过了,可在此吃饭,我还要问你一些勃拉联合波札叛乱的详情。"并命阿恭把饭搬到屋内来吃,以免耽搁问话时间。

阿恭把饭搬来,命聂在地面坐着吃。她自己与我在桌上吃。各人都是一汤一饭。从吃饭前问到新月东上才罢。

我们那天的问答,主要是这样一些:

我问:"叛副怎样勾结外匪的?你要老实地告诉我!"

聂答:"邦董驾前,我发誓做千真万确的答话!他自进贡回来,每常在夜晚召集开会,商量偷盐到波札、白马去卖。"

问:"如何去勾结波札的?"

答:"偷挖洞道失败,哨卡又修起来了,他就决计公开叛乱,勾结外匪来抢。"

问:"把勾结过程说详细些。"

答:"他在开会中说:'盐长在我们地盘上,偷都不许我们偷一点儿。不如索性勾结波札和白马的人来占据盐崖。凭借长崖天险,阻拒岛人来挖。挟势与岛王讲和,平分盐田。'"

问:"他派谁去进行勾结的。就是你吧?"

答:"不!不!是他自己去的。我劝他不要造反。他不听。哪会派遣我去。"

问:"你会说波札和白马话嘛。"

答:"他自己就会说波札、白马、波密和许多珞巴的土话,比我说得好。"

问:"除波札外,珞巴、白马和波密都有人来吗?"

答:"来的外匪都只说的是波札话,没有说白马、波密话的。叛副也曾说过:'暂时只拉波札相助。若还战斗不过,再去拉别部。'利怕多分嘛。"

问:"那么,若还我们征讨波札,波札会去联络别部来助它不呢?"

答:"长生岛的声威大。波札为了贪利而来,大败回去,损失极大。现在哪还有人敢来帮波札抵抗长生岛呀!"

问:"你曾到过哪些地方?"

答:"经商时,到过波札、珞巴、白马和波密地界。最远只到过冬九。因为那里才买得到盐。"

问:"那里盐便宜吗?"

答:"贵、贵、贵。一张豹皮换两升,一张猞猁皮换一升。背一担皮货去,才能换得一筐盐。"

问:"我们现在把盐运去卖行不?"

答:"道路险远,人力背去,也可能要卖那样高价才合算。这全要看你需要换回的东西来决定。若还只换兽皮,就不如在近地贸易;若还要换氆子、氆氇和拉萨、工布来的洋货,就宜运盐去换。那里市易的主要商品,都是康巴人在经营。"

问:"这一路来去的道路,你再详细说一遍来听。将来我岛也可能运盐去贸易。那时可能还须得着你阿聂……哦!虏聂的使用。"

答:"那我是乐愿效力的。"

于是,他把一路情况细致地说给我听了。虽然阿恭在侧,也留心在听我们问答。但我估计,她不会因我探询销盐途径而怀疑到我。打听行销食盐的道路,是我的职责嘛。

唯当我听到高兴之时,失口呼了声"阿聂"。当时阿恭呆望着我,脸色不同了。我立刻警觉,跟即补充了"虏聂"之称。追聂已去后,我又向她说道:"我习惯了岛上人的称呼。今天竟把'虏聂'也误呼为'阿聂'了。这样的人,怎能呼作'阿聂'呢?"

阿恭并无回答，也无表情。我以为她是未曾觉得。

其后一天，我又到上勃去公干，遇着聂，又谈了话。回下碉时，正是大家评模评美的高潮。我也参加，搭讪了几句。

夜间，我与阿恭闲谈。我道："你看，这次选模，我和你不会脱选吧？"

"不。"一语答，是她经常用的格式。

我又道："他们评美，与我的标准不同。我觉得你比阿咪、阿美和阿嬉都好些。对事业有帮助，闺房很安静，睡觉都格外清宁些。你年轻，又美貌，又有健康的体格。与你同偶才是真的幸福。若还你不拒绝，我愿与你连续同偶。"

她应道："嗯。不行吧。"

我道："规矩虽不许连选。但有功的人，岛王会批准的。阿蛊与阿美，已经开例。若还王不批准，我隔月仍要挑你。你同意吗？我们争取做到连续同偶。"

谁知这时她说了一句问话："你能把我带回珞巴吗？"这使我的神经受到巨大震动，急忙镇定地说道："你说的什么珞巴？"

她："聂……哦'阿聂'。他告诉过你了。"

我暗自着急，但仍镇静道："房聂说过的是盐路康巴。你愿同我去卖盐吗？"

她："是要回你的本乡。"

这句话，把我额上的汗水都骇出来了，不觉掏巾揩汗，急促应道："不。我不是珞巴人。"

"不是？！"她高声问我。态度严肃。

我急转口道："我是康巴。比珞巴更远呢！"

她："说实话，谁不知你是珞巴呀！"

我："是实话。我从来不说诳话，还能对我最亲爱的人说假话吗！我是康巴的差民，社会地位与这里的'房聂'相当。我不能忍受，逃跑到波密地方。随着商人到珞巴。遇着了巴得阿楚，邀我来给岛王剃头。我便入岛来了。巴得楚只知我给珞巴人服役，便说我是珞巴。正如现在上勃和波札上说我是长生岛人一样。"其实我参加边军后在康巴地区生活了六年，能说满口康巴话。我在珞巴地方才一年多，但妻子和家在墨脱。所以说我是"康巴"可以，是珞巴也可以。

"你不想回珞巴？"她又如此逼我一句。

"不想了。"我继续说道，"你替我想想：我由一个房级的康巴，逃入珞巴，做了泻级的商人。进入本岛后，便是胥级的剃头工。第二个月就参加婚选。第三、四月成了阿蛊的好友及建筑功臣。第五、六个月就受到金章劳模的待遇，破格受任邦董要职。半年之久，从地狱里升到天堂。我还想跑回珞巴或康巴去作甚？难道跑回珞巴，由泻而会升到岛王吗？"

"那么，你对珞巴商路怎么那样留心呢？"恭问。

"无非为了行销盐巴嘛！"我答。

"那么，为何还保存着珞巴的衣服？"

她这一问，等于给我当头一棒。我的脸登时像烈火烤着一样，无可奈何地答道："为了垫枕头嘛！"我拿起枕头说道："你看，这样把枕头垫高些，不是睡来更舒服吗？"我偷窥枕内，旧衣仍在，忙取出来撕破，并说道："这是我入岛以来便不愿穿的了。哪有本岛衣服穿来舒服。先前脱来垫枕。谁有衣服破了，也可拿去补绽。到底是布，不可以烧毁。"

我这样做，似把阿恭瞒骗着了。她未再说什么，安静地睡去。我却睡不着，但又不敢不假装睡熟，身都不敢翻一次。

我暗失悔：估计不足，错把一个监视我行动的人，引进床头来。我想：若还她不是岛王派来监视我的，为什么一个供部女子，愿跟着阿明来到绷盖这个人所不愿去的地方？为什么已被劳模挑回供部了，又仍能把那劳模一并拉到绷盖来？跟我来下碉后，虽仍是装呆卖傻，却对我的一行一动莫不深刻注意，连误呼聂为阿聂一次，都是她所注意的。我说的是去打猎，她偏问的是找路。我明明是当着她询问商路，她偏偏说是为了回家乡。她就像钻进了我的腹中，掌握了我的心事一样。她是初婚不久的女孩子，又何以知道我是珞巴。为何一听聂说到白马邦，便已联想到我的家？枕内旧衣，经过了阿嬷、匈咪、阿业、阿叉、阿美、宗咪六个人共用，都无人注意到，何以她一来就注意到了？她必然是故意装傻的女探子，受王命暗派来监视我的。偏是我自去找上了她。这才是"引鬼入宅"呀！

我胡思乱想了大半夜，怎么办呢？看来只能仍伪装下去，照常与她说话，仍努力工作，博取岛人上下的信任，让她不再找到破绽。

我已经是邦干丁，有提劳模名单的权，使去与阿蛊商量，共同提出阿恭的名来。说她督修碉与盐窝堤道的功大。果然，她当选了。我这样做，既是公正的，又是自私的。公正，在于她应该成为修建工的劳模；自私，是因为我怕与她连婚的誓言被岛王利用了，真的就派她来再监视我一个月。因为功臣为了事业需要，可以特许连偶有例，却无连偶劳模之例。

当我与阿恭都已定选为劳模之后，我仍假意地邀她同去向岛王申请连偶。她拒绝了。她说："盐崖工程完结了，我该回海口建筑邦居住。不知又派到何处工作，与你同居不便。"我听到她这席话，如遇大赦一般。但仍疑她是岛王派来监视我的人。又去假意求岛王。岛王说："她已是劳模了，便应由她自己选择。这与阿蛊前例不同。"我仍不放心，又去试探阿雄和阿蛊的口气。我说："阿恭精细，我很需要她，要求连偶，望从旁促成。"他二人也俱说："青春年龄的阿恭，已成劳模，就该由她自选。"

我综合这些情况，心想：岛王、邦干和阿恭本人，都没有派她来监视我的迹象。我前夜的考虑，应是神经过敏了，心中慢慢又轻松下来了。以前几天，我观察阿恭，觉得她一言一动、一颦一笑，无一不像个监视我的人。自这天起，再看阿恭，一言一动、一颦一笑，又没有一点儿像监视我的样子。我暗自庆幸："原来是自己吓自己，只是虚惊一场。"

二十三、"乐不思蜀"

我入长生岛后第八次参加婚选，是在白昼最长的一个月举行。这时，已是我入岛的第十个月了。想家的思潮沸腾起来。只缘上月阿恭问我的几句话，使我感到被人监视的威胁，按捺下了逃跑计划。因而对于这次婚选，预先做了细致的考虑。

我首先考虑的是，从进攻中找出路。首先主动地要求阿恭连偶，以表示我毫不感觉有人监视。被否决后，我想阿嬷与阿新都是金章邦干，住居王宫附近，岛上大事，她们没有不参加谋议的。我去找她换金章，若是不允，便可知岛王无意监视我了；若她允许，亦可从她那里得到一些信息。

故在婚选节前，我先去找阿嬷。我说："自从获得你的教导，我才有这半年多来的逐步上进。我随时思慕，未敢忘你。现在叛乱已平，安宁无事，我盼望能再得到你的教训一个月。敬谨先行向你申请。"

她仍是那样温和地微笑说道："你就是长生岛的智囊。还有谁能教导你。"

我道："我愿多向你学点为人之道。"

她："得了吧！我的为人之道，早说过了，就是优良人种应该多传下去。"

我："再多学点更好嘛。"

她笑拍我的肩，说道："好孩子，我再也没有了。我这次只准备选役。六十岁的老太婆，不再侍候你们年轻人了。"

我于是并足敬礼，退了出来。暗想：她是真实不欺的人。看来无监视我的意图。

开始婚选之夜，我与阿雄、阿蚩、阿新都是匈部的金章劳模，排队在全岛之前。刚散队出选时，我便向阿新说道："我对从前的错误，渴想得到补过。现在叛乱已平，盐田已固，才得有暇向你请罪。你能允许我补过一月吗？"

她笑了，说道："好。我们商量嘛。"

我："敬请把金章给我。"

她："你能同住到编织组来不？"

我："只怕岛王不许。"

她:"你打算叫我跟你住到下碉去吗?"

我:"是。也不敢直如此想。但我们可以请王批准分住两处,我因入岛奏事,可以就宿你处。你因出游观赏之便,也可就宿我处嘛。"

她:"算了吧。我的足迹还未曾离开过本岛哩。待你调职回岛以后,再求得侍候你吧!"

我也就不能再说,含笑分散了。这样求婚被拒,使我心里增添了欢悦。因为可以证明,岛上骨干人物都没有对我进行监视的意图了。

我于是,放弃了"从进攻中找出路"的计划,改变为"从退守中找出路"的计划。

我挑选了一个善于歌舞的初婚少女,名叫阿红的为偶。引她居住到勃拉盐崖下碉。派她做炊事工。

这个女子,活泼好动。炊事房有阿业承担重务,她乐得偷闲,练习歌舞。或在厨房食堂,或在碉房楼顶,或在我的屋内,邀集女伴斗歌赛舞,笑声闹声不绝。碉内驻有二十对青年武士,太平无事,与她打成一片,成天歌舞。有时还在岛内引些女子来闹。把个下碉变成了文娱场所。惹得中碉、上碉、海口及上勃拉的人,夜晚常到此地来看热闹。

我对于她们这些歌舞,丝毫不感兴趣。但亦常去伪作欣赏,奖励阿红的才能,参与她们狂欢。这就更助长了她们的嬉闹。

我为何要这样做呢?前在边军中,常听"三国"评书。说书人说:"刘后主阿斗,并不是个真正的傻瓜。当他被俘到洛阳,魏帝封他为安乐公,派了些美女和乐队去侍候他。却暗中监视着。怕他们君臣逃回西蜀去重整江山。有一天,司马昭和他饮酒,大奏歌舞,暗自窥察他的面色,见其毫无亡国心酸之感,便进一步地探问他:'还思念西蜀否?'他爽然答道:'此间乐。不思蜀了。'司马昭这才对他放了心,不再监视他了。"

想起这个故事,我决定也装出"乐不思蜀"的样子给全岛的人看,使岛王他们把我看成是个热爱岛上生活,再也不想回家的人,消除对我逃跑的戒心。

我挑得的阿红这个天真烂漫的女子,每天只想的是如何寻乐,毫不关心我的言行。碉内群众,对于我能放下严肃的面孔,与他们混着玩乐,也感到了融洽和悦了些。但是,阿雄、阿蛊等人,却议论起来了,怕我"变成个贪玩误事的人",想规劝我。

阿蛊与阿叉,阿雄与匈咪,阿本与阿恭,是这个月新结合的三对,都是我的朋友，都很关心我的生活。住处既接近，事业又相连，接触时候很多。我经常受到他们的责备。阿叉嘴哆，煽动海口的石工们，一致讥嘲我爱玩，宣称：若我不打起精神做事，他们要申请岛王停止我的模选。阿蛋替我辩解也无效，只好多次传达他们的警告，劝我注意。

阿恭虽然木讷，她的配偶阿本却是个敢于说话的人。阿蛋仍派她俩住在下碉，督导盐窝修缮工作。与我朝夕相处，经常借商讨工作，提示我的责任，批评我的嬉戏。

我在这夏季的一个月中，几乎完全在朋友的责难中生活。我对于朋友这些忠告，是衷心接受的，表面则是抗辩的。我不是怕的他们责我贪玩堕落，而是怕他们怀疑我要逃跑。

有一天，阿雄与匈咪、阿蛋与阿叉，齐到下碉来吃晚饭，把阿本与阿恭也邀到我屋子来，说是商讨工作，要求提早吃饭好开会。我料定他们是来批评我的，我反故意向阿红说："阿红。你去准备一点儿歌舞给他们娱乐。难得他们今天一齐都来了。"

他们一齐挡住，说："开会完就要走，不看歌舞了。"于是跟着就开会。阿红仍照常溜到碉顶跳闹去了。

阿雄首先发言道："阿夺在平叛中立功太大了。现在全岛安宁，都该归功于他。恰好有少女阿红陪他，歌舞欢乐，使他生活愉快，乃是我们全岛人的心愿。不过，在我们许多共过患难的朋友们看来，欢娱的时间多了，工作的时间就会减少；心思用在欢娱方面多了，用在思考工作方面也会减少。为了维护阿夺的盛誉，我们希望阿夺能节省文娱时间，多用心为我们全岛的福利，创造更多的功勋。所以，我们今夜来，请阿夺提出些新的计划来，发展我们全岛的事业。"

阿蛋接着说道："我们海口的石工们，全是阿夺的好学生、好朋友，有许多都是倾慕阿夺的智慧和技巧，弃下了本行业，新来向阿夺学习的。有几个人，都因阿夺的教导而成了劳模。他们盼望阿夺的上进，比盼望他自己上进更心切。他们听说'这个月来，阿夺醉迷歌舞，旷废正业'，大家都很失望。纷纷要求我来转达他们的意见，希望阿夺振作起来，再立更多的新功。"

阿本说："我们下碉青年人多，喜欢玩乐，是不足奇的。但如因为玩乐废了正务，就不好了。阿夺是我们全岛的劳模，你一振作，全岛都会跟着振作；你若闲散，全岛也会没劲。下碉这四十多人，受阿红的影响，都渐把心放到娱乐上了。阿夺若还不带头工作，四十多人也会委顿下去。"

他三人说后，屋内暂时沉静下来，似皆在等待我的发言。于是我不能不发言了。

我说："我有什么智慧呢?！所有年来岛上的发展和成就，都是岛王和你们领导有方，集中了全岛人的力量和智慧做出来的。若还不遇你们这个好地方，以及岛王、邦干和岛民，我现在仍只会是个流浪乞食的剃头工，岂能得到现在的地位和荣誉。我对岛上任何一个人都该感激不尽。谁叫我做什么，我都该去做什么。何况是你们这几位，一直是爱护我的人。你们教导我，我哪还有不谨遵力行的呢？但是，我也有困难啊！"

雄道："有什么困难，可以说来，大家设法解决嘛。"

我说："毕竟我是个外来人呀！偶然几次建议，合于岛上的需要。岛王和你们奖励我已经过分了。一旦提不出合理的建议来，大家就怀疑我。未来会怎样地对待我，我心里担心呢！"

众人一齐道："谁个怀疑你什么来？"

我道："我从一个泻级的人，立点微功，便已奖升到了邦干，大大出乎意料。人生至此，幸福已极。但还有人怀疑我想逃跑。这显然是有人忌妒我。编造谣言，现在虽还没人相信，但能够长保没人相信吗？一经怀疑我想逃跑，刚出门三步，都会被怀疑是想跑。一旦岛王相信，我便活不成了。何况还有怀疑我不忠的人。怀疑人多了，就会有人相信。相信的人多了，纵是本岛的人也会蒙受不白之冤。何况我是外来人！"

阿本立即说道："你这话，诬蔑了岛上的人。有何根据？"

我："根据是没有的。但我不能不自己如此考虑嘛。比如说：发现盐崖是立功了。但因此而引出上勃联合波札叛乱，我岛伤亡了人。就无人怪我开辟盐场计划未周吗？万一战争挫败下去，盐崖被夺。我岛仍无盐利，还遭受很大损失，那我岂不转而成为众矢之的吗？功与罪，祸与福，全是相倚而立的。从前有个天神，因见雷神残暴，每年震死了许多人。因之，奏请天帝，把雷神诛灭了。人间闻知，个个欢快，焚香颂祝这个天神。未料雷神死后，人间无大雨了。长期旱灾，饿死人民更多。于是个个又都詈骂那个建议灭雷的天神。怒气上升，达于天听。天帝只好杀了那个建议灭雷的天神，以安抚人间的百姓。可见建议之难。今日本岛富乐，外无敌警，我能有什么新计划立功呢？我想：只要我安分守己，不再多事，住岛十年、二十年后，人人都把我看同本岛人了，那时才可以毫无顾忌。这原是我这渺小人物自私自利的考虑，但也是我这外来人的实际困难啊！"

雄："我们本岛上下的人都相信你。你却太不相信本岛的人了。你说是你自私的考虑，我看也真是你自私的考虑。我们岛上人，是不容许自私的。你要像这样考虑你自己，那就无怪本岛人不相信你了。"

阿叉吵起来了："大家已经看出你是自私汉了。想跑是犯罪。自私也是犯罪。我们岛上人，不曾辜负你的功劳，也不会容许你的自私。不合理的事，我就要说！若还金章劳模就该只图享乐，我们还要金章劳模做什么?！"

匈咪也大声指着我说："我从前瞧不起你外来人，是我错了。后来见你连续为岛上立功，就尊敬你。现在把你看穿了，你仍是个自私汉，露出外来人的本质来了。我今后仍是瞧不起！"

阿恭也发言了："这样人，就是不该相信！"但她并未提到从前盘问我的话。

阿蛊说道："阿夺到底还是个外来人，随时暴露你外来人的本质。如像今天的话，确实犯了严重的错误。我希望你随时想到阿美屡次提醒你的话，定要随时打退你冒出来的自私观念。长生岛人，本来是相信你的。阿恭说得对，你如此不相信岛人，就必然会造成岛人不相信你。"

至此，我赶忙起立认错道："是！的确是！我错想了。上月偶然发生的一些小事，阿恭本出于无心，我便以为她对我怀疑了。又因她拒绝我的连婚，更加深对她的怀疑。以致今天发出牢骚之言。我知道：岛王是相信我的，你们都是相信我的。而我却怕到将来有人会不相信我。这确是从我自私感里冒出来。我一定扫除私心，重新打起精神来，像从前一样，专心致力为本岛谋福利。"

众："那就好了。这才不辜负我们认识你这个朋友。"

我又说道："其实我都已经想到一些本岛当前应该赶做的事。只因为自私的意识阻挡着，不敢轻提出来。"

蛊："现在可先说给我们听了嘛！"

我："例如，盐崖硐子打成，就可以把外通之洞的土质部分砌成石墙壁，装上门，可以开关。以后上下勃拉交通，就可以从崖洞里通过。随时启闭。这样，保卫盐崖安全便更为方便有效了。

"又如，得拉澎上的藤桥，宜如桑浦大桥一样，在得拉一端修造起护桥城垣，驻人防守。若仍旧只守桥的这面一端，万一得拉发生叛乱，斩断藤桥，我们就不便进军征讨了。"

雄："说得对。若是把左方的商路和贡道也都切断，我们就无法与左方藩部联系了。"

我又说道："由于我们的食盐廉便，连月商贸部换来珍贵兽皮甚多。宜赶紧运到附近各大都市去脱卖，换回岛民需要的工具和衣食资料。丰富人民的生活。若还输销过晚，兽皮被虫蛀坏，就不值钱了。"

雄与蚩都说："前两项是立竿见影的要务，只须我们请示岛王，立可施工。后一项是商贸部门职掌，我们请示岛王召开会议商讨。也必然要施行的。"

阿本道："看你这个智囊，不说话是多么坏。一说话是多么好呀！"于是大家都乐了。

"乐不思蜀"的伪装结果是招来这样一场教训。我心想还是应重走我入岛初所选定的道路——积极努力，立功取信的道路。

二十四、功败垂成

我对阿雄、阿蚩等提出的建议,岛王召开会议商讨。岛王在会议上说道:"阿夺最近提出的三项建议,都是重要的。把勃拉盐窝的岩洞凿宽,用方石砌壁,装门启闭。从盐崖内部来守卫盐田。更有桥堤垣道直通下碉,使盐田如在碉内,稳固安全,万无一失。这该责成建筑邦立即开工,克期完成。"全场一致赞同。

王又说:"在得拉藤桥外端修建护垣,移守桥武士到其端驻守,也是百年大计。应俟新王宫工程完结时,陆续兴工。"

阿雄道:"上勃用兵,初期失利,曾发生得拉人斫断藤桥,图谋独立之危。且幸平定迅速,得拉邦才安下来了。万一桥被斫断,不但丧失我岛左臂与若干藩部,在得拉后山工作的矿冶邦亦被割断,关系重大,不亚于右臂防务。似宜把建筑邦分为三组,在王宫、盐崖与得拉桥三处同时动工。盐崖既已稳固,工程反可延缓,待新王宫工程结束时,再以全力赴之。"

岛王道:"那就索性从王宫工程分出一组去建得拉桥堡。桥堡完成后,再以全力修建盐窝门壁好了。"全场赞同。

王又说道:"兽皮放过夏季,易遭虫蠹。现已入夏,应如何赶运出售,换回那些货物,派哪几人分道经营,大家从长计议。"

巴得楚报告兽皮数量道:"由于我岛盐价便宜,我们在珞巴一路,连月换回豹皮七十多张,虎皮八张,熊皮近百张,猞猁百六十余张,狐皮四十余张,麂皮数百张,麝香千五百余枚,熊胆、熊掌各百多副。其他山货、香药、尚待清埋。右路因勃拉叛乱,商道未通。左路换货,虎皮多于珞巴,其他少于珞巴一路十之一二。"

财会邦董阿颗,是七十多岁的人了。他发言道:"这些兽皮山货,我们左路一向是运到米些和阿萨两地去换货。右路冬九、脚木,原先主要是去兑换康巴商人的盐、糖、毛呢、布匹和刀剑、铜铃等。现在我们的盐多了,合该倒销脚木、冬九多换些日用品。但毛呢不是本岛迫切需要的商品。棉布从冬九来的,幅窄又贵。加以波札地区不稳,夏季水大多阻,溜索难行。现时可以暂不考虑此路。左路往米些、阿萨,途程较远，但宜于兑换的货件甚多。我们兽皮山货的兑换比价又高。只是要经过五个语言不同的地区，须交买路、保哨费，路途的花销很大。且气候湿热，多瘟疫，人皆怕去。往时全是我去。近因年老多病，几年未去了。只派阿充去。阿充不懂那里语言，又怕瘟疫、溽暑，大都只到米些兑换一点儿便折回了。现在要把这样多的珍货运到阿萨去兑换，恰逢雨季，道路难行。又不知这几年来，阿萨的行情市况，怕的兑货吃亏。莫如先派阿充和善于学习外地语言的人，先拿少部分货品前往尝试，摸清当地行情后，再回岛来，把大批适于运往的货品，于秋冬旱季运往兑换。由于沿途劫匪很多，大批商货，必须邀人扎绑，武装护运。单靠保哨仍是不行的。至于兽皮夏季怕受虫蛀，可以搬入绷浦内去，再与麝香混合收贮。相传绷王遗法如此，历世奉行此法，皆有效验。原不必全在夏前销售的。"

他这番话，全是老成经验之言，座中无不信服。于是议定：先行运货一驮去阿萨探听行情。同时运盐十驮，只到米些兑售，派二十名武士护送。武士送到米些，俟盐兑完，与换得之货同回，以防劫匪。米些以外，直到阿萨，沿途土酋可承担保哨，也很负责。只货一驮，不会成股匪劫夺目标，有三人护送就行了。而且，米些以下，天气郁热，武士们也不愿去。所以如此决定。

三人中，阿充与曾经到过阿萨的武士，已经决定了。大家讨论还要一个善于学习外地语言的人，都以为巴得楚最适当。阿楚推给了我。他说："我从来就只走珞巴一路，学的是珞巴和白马语，对左路各部语言，毫无印象。学来也是吃力的。阿充也是善于学会外部语言的。但他代替阿颗经营左路商业多年，尚还不懂阿萨语；我去会能做什么？最善于学习外地语言的人，莫如阿夺。你们看：他入岛半月就能与岛民直接谈话，半年便已岛语流利。他又懂财会。去冬与我同住一屋，我算了三天的账还有错误。经他拿去一看，只一个夜晚便给我全部算好了。我推荐他与阿充同去，保能比我高强十倍。阿颗的事务，我看只须阿夺去阿萨一次就能完全接替过来。"

众人都赞成阿楚的提议。只岛王与三老有些迟疑。王说："岛上商业，原分两路：阿楚做的珞巴一路。现在珞巴一路销盐最多，获利最厚。阿楚不可离开。左路到阿萨，一向只阿颗能做，虽交换较少。但我们的货价更高些，也应拓展。现在阿颗年老多病，亦是实情。他若还能勉强一行，是最好的。若不能去，也须培养个继承人。阿充本是做右路贸易的，阿颗请调他承继左路，连年只到米些而还，成绩不如在右路时。看来另外培养一个做左路商业推进到阿萨的人，是必要的。阿夺自然是上选人物。但现在波札尚多隐忧，军事方面须他帮助。我意现在还不宜把他调到左路商贸去。大家再商量吧。"说罢目视阿颢。

阿颢立起来说道："需人之际，我愿抱病一行。只缘残年不多，仍盼能推一人同去练习，期能继续我的业务。"

我乘时挺身而起，自告奋勇愿前往阿萨。我道："阿颢年高有病，尚且奋不顾身，愿往阿萨，为本岛商业打开出路。令我十分敬佩。为了照顾他的健康，我也愿替他一行，保能学好阿萨和沿途各部语言，做好左路商业。"

匈老道："你现在还不可离开此岛，岛王已说过了。"

我道："现在盐崖保卫，已经非常坚固。夏季水涨，剪刀路断，波札不能从溜索入侵。纵使他敢于叛变，亦难攻入上勃。更何虑及盐场。右路防务，绝对无忧。推展左路商贸，乃是本岛当前急务。我建议：请准许我跟随阿颢、阿充前往练习。顺便学习一路语言。迨到米些，积有时日，阿颢教我的阿萨语应已大体学到手了。那时若还阿颢健康，则让他前去，我仍回岛。若还岛内无事，我亦可以随同阿充前进，让阿颢回岛养病。我到阿萨，学习沿途语言较易，帮助阿充多走几次亦可。让阿充回来经营右路商业亦可。这样可面面兼顾。"

众人都颇赞成我这建议。只岛王还在犹豫。他道："这样虽然很好。只阿夺有不可离开本岛的任务，也就是不能兼营左路商业。既然岛上暂还无事，让他随阿颢去走一趟，自然是最好的。但不能把他作为阿颢的接班人。可再派宜于学习左路商业的人同去。阿夺回来后，仍当留在本岛。"

于是议决了：收拾皮货、药材、麝香等阿萨所需商品为一驮，选四匹健骡驮货与我、阿颢、阿充三人。外配十驮盐巴，二十一名武士步行护送。盐巴销到米些为止。阿充负责换货，与武士一同运回。只选留一名武士，乘阿充之驴，与阿颢和我运货到阿萨，探察行情。早日回岛，以便秋冬期间，配运大量货品往兑。准备期间，我就连日跑去阿颢处询问阿萨情况，学其语言。据阿颢说：

"左路商道，自左藤桥出发，过上、下得拉，珞些渡口，上一崖道，为珞些地界。第　日宿珞些村落，使用珞些语言。那里是我岛藩部，赠房主人一点物品，便能取得他满意的供应。第二日过一条小溪，又爬上一个崖道，便是米些地界。使用米些语言。这些语言，与得拉和我岛语言相差不大，易于学习。米些地面辽阔，其王驻地很远。这是他的右部，派有一个酋长在此管理地面，等于一个副王。另外还有许多个副王分管的地方。这里的副王，经营商业，对往来商旅，供应食宿，索取报酬。也能介绍别地商人来此兑换。阿充所营左路商业，至此而止。

"从米些前进，一日行程，还是宿的米些民家。凡赴阿萨者，皆须依其运货所值比例，向米些副王交纳货品买路。由他派人指引前进，方能保得平安无事。出米些界，天气转热，地势转平。要穿过许多森林、沼地，阅时三天，才到阿萨。此三日中，要经过三个语言不同的部落，皆须向其酋长交纳一定的买路费。大概一背货，要花一张猞猁或狐皮。一驮货，须交一张虎皮或豹皮。他们很讲信用。凡交过保路费的，由他派人引路。到别一部落地点，再交买路费，换保前进。若还保路一段中被匪抢劫，损失无论多少，皆由承保人赔偿。他自己再去追查清偿。所以虽属孤身商贩，只要能按规纳费，亦能安全行走。纳费多少，也须讲价。只要他接受了，便算保定了。并不缮具保约，一切依口约为定。

"到了阿萨地界，即不须买路了，只给旅店主人以食宿报酬。主人必然帮你卖去货物少许，兑成银钱使用。

"阿萨以前是卡契人的地方，后来被洋人占了。那里有土王，管理土著人民。有洋王，管理客居的各地商民。都要征收各路商品的一部分价值，称为纳税。在阿萨经商，必须学会当地语言和使用银钱。不懂语言，要受介绍人的欺骗。不会计算银钱，兑换中要大大吃亏。又还要懂得当地的规矩。犯了规矩，要受罚。重罚的可以至于失掉全部货物，还要坐牢，受刑。我们的货比价很高，比在米些高三四倍。比如，一块麝香卖的银钱，可换肥皂十五块。若在米些，便只能换两块。但也有些货品在米些兑换合算的。例如麂皮，在米些值高些。熊掌、熊胆亦然。在米些盐很贵，在阿萨则盐不值钱。"

阿颡教了我几句阿萨的语言。他说："口教是难学会的。唯有到那地方与当地人对话，才好学会，说起来对方才听得懂。我们这次到那里，住长一点儿，自然就会学会那里通行的几种语言。"

我们上路后，我的骡是始终紧跟着他的。我不断纠缠他让他教我学阿萨语，对他一路照护也很尽心。我对阿充道："阿颡上路，需人照料。我照料他，以便多学一些语言。便请你分担照料货驮的责任。"阿充正不愿照料这个老病人上路，欢喜地接受了这样的分工。阿颡也很感谢我的照护，一路尽心地教授我。

我对米些和阿萨其实早有一些了解：我在边军程将军营当文书时，因下察隅百姓报告说有洋人带武器到瓦弄的亚必曲河边窥探，程将军怀疑是英国人觊觎这个地方，一面派队官张绍武带一个连赶到那里，把大清的黄龙旗插在河岸上，表示这是我国领土，不准洋人越界；一面命我写报告请示赵大帅。我听当地百姓说，这几个来亚必曲的洋人，是从"阿萨密"①过来的，其向导是个阿萨人，他向此地百姓宣传说阿萨密有高楼大厦和火车、轮船，粮食多得吃不完。引诱大家投阿萨去。我查了地图，知道阿萨密是印度东部一块大平原，雅鲁藏布江从墨脱南下就流入那里。英国人占了印度后，想利用此地与我国藏南地区接近，伺机从阿萨侵入藏南地区。因而我在报告中强调藏南地方部落众多，语言风俗各异，比较封闭，与外界交通困难，西藏地方政府对这一地区的管理历来很松弛，易受英人觊觎。建议应早为经营，以弥外患。赵大帅接禀报后，很重视。表扬了程将军，命他立好界碑，牢守边界，严防英人再来。并接受了我们的建议，派夏瑚知县到藏南的米什米、阿卡、丁珞、那马等部落去宣示朝廷德威，给百姓发放了一千份赵大帅签署的汉藏双文的身份执照，明确他们大清子民的身份，令他们随时防备洋人侵入。那个米什米，应该就是岛人所说的米些分布在下察隅一带的部落。所以，现在一听说有阿萨商路，我便想是到印度的阿萨密这一路，既然下察隅的米些人已被赵大臣招抚，那我现在就可借去探阿萨贸易的机会，从米些人那里找到去察隅的路，逃离长生岛，重回到程将军的部队中去，再把妻子接去团聚。

想到这些，我觉得这趟差事是天助我逃离长生岛了。但想即将离开长生岛，心里又忽然生起一种舍不得的情绪，快一年来的生活，使我对岛上的人产生了亲切的感情，岛上朋友们对我的真诚、信任和爱护、鼓励，使我内心很感激。我深知自己是个平凡之人，绝不是什么"智囊"人物，只不过是岛上的环境给我提供了催发自己身上潜能的机会，否则我绝不可能做出那些自己也想不到的成绩来，受到那么多称赞，得到一生从未有过的荣誉。所以，长生岛虽不让我离开，但一直没有亏待我，反倒是我应该满心地感谢长生岛，让我实现了自己的人生价值。

此刻我也想到，岛人对国际事情毫无所知，如果英人侵入藏南，长生岛和那些邻近部落必将面临极大的危险。但现在他们彼此还在互相争斗寻仇，不知外来危险。我应趁这一差事，多了解些情况，让阿颡回去后向岛王报告，提醒他警惕这个危险，早做防备。

我们一行出发到达米些后，先拜会了那个副王，献上礼品，说明来意，表示愿在米些把十驮盐兑完，换成山货，一道运往阿萨出售。请他传告居民说："往常兑

---

① Assam，旧译"亚山"或"阿萨密"，原是印度东部布拉马普特那河（即西藏雅鲁藏布江下游的别称）航运终点地区一个部落名称。市场本名萨地亚（Sadiya）。自英国人合并阿萨于印度后，开辟了萨地亚的车船交通线，遂成为阿萨部落中最大一个现代市场。它是喜马拉雅山东部地区土特产出口和洋货进口的集散巨埠。被土人把阿萨这部落名称代替了它的本名。

换,是一个饱满麝香兑一升盐(竹筒量,重一斤)。百个兑一驮盐。各种兽皮山货,按饱香折算。这次放价,每驮盐只兑六十个饱香,希望快速售毕。五天之后,将升价。十天之后还要再升价。"

副王当即吩咐头人传话出去。果然次日开售时,来兑者甚多。但是第三天便减少了。我很焦急,与阿颡、阿充商量,再放宽收货。麝香未饱、兽皮尺寸不够者,俱可兑换,但按原价十分之一收兑。当天果又增加了一些兑量。这天晚上,副王来说:"若能再放宽价格,我联合邻部给你一下兑完,限三日交齐货品。"我心大喜,脱口便许他五十枚麝香兑盐一驮。话方出口,才想起这是阿颡乃能做主的事,忙补上一句道:"这是我愿意帮你向邦董申请的意见。能否,还待阿颡决定。"

阿颡说:"我们商量一下再回答你。"

于是,我们退过一边,小语商议。阿充道:"我们不能一下就放得太宽。一经削价,便是难于回升的。"

我说道:"阿颡危病中远赴阿萨。我们以能早日完结任务为利。盐在我岛,等于泥土。放价速售,缩短逗留时间,是划算的。"

阿充还在坚持。阿颡道:"这是我们第一次放价,为的是行销面宽,以后可以源源而来。单只此地米些人民,是把这十驮兑不完的。副王囤积去慢慢销于远地,于我们有利。他今既已开口,我们便不能不再让一步。我们就如阿夺所说答应他吧!"

这才正式告知米些副王。他道:"我这里库存还不够兑换,须更向米王处去调库存。还要连夜奔跑,才能够赶上三天交货哩。这是为了你们赶期,特开新例。希望能够再让一成。"

阿充坚持不许。阿颡婉言道:"难得副王关照。我们就让半成,作为酬劳副王吧。"我赞成其说。如此便成交了。

那副王,果真派人连夜奔驰。三天之内,把换货交齐了。我们提取米些换货中利于销阿萨的。扎成一驮。并留下一些散包,备作沿途买路一用。收拾已毕,吩咐护送武士,推一愿赴阿萨的人,留下健驴两匹,分载人货与我和阿颡同行。所有不利行销阿萨的杂货,随空驴运回岛归库。明晨一早分别首途。

部署已定,方当入睡之际,远望一线松光,照着三骑武士,飞奔前来。我等惊异,迎了上去。他们下骑说道:"奉王命,昼夜兼程,追阿夺回岛。"

我如炸雷从头里爆了出来,骇得灵魂出窍,痴呆木立。暗想:"这是来抓我回去吗?难道岛主已知道我想逃跑吗?谁揭发我的呢?"惊恐迷惘中,呆望着他们。阿颡诧问来人道:"为什么又忽然要调他回去?"

来人道:"波札人又集合起来夺盐了。阿雄请王调回阿夺,商议征讨。"我听到此,才微微放下点心来,内心暗祝真的是波札反了,不是被人告发图逃。我忙问:"波札反叛情形如何?"

来人齐道:"我们奉命即行,不知其他。"

我又恐慌起来。但无可奈何,只得与颣及阿充告别,马上转向来路。

阿颣挽留道:"看来波札叛形还未显著。你按程回去,也来得及。他们三人连夜奔驰,也该休息了。今夜早睡,明天你们与空骡一路回去吧。"我又才睡了。

我想:"幸而是真的波札反叛,那就还没有被怀疑脱逃。若还他们是托词召我,我便再无希望返乡了。"

次晨,阿颣问我:需要兑些什么东西回来。我无精打采答道:"你们住岛年久,知道得多。需要什么,你最知道。若还问我个人所需,那就求你多买几把剃刀、剪子和香皂回来,充实我的工具。"忽又想起英人侵略之事。忙又补话道:"请你多打探一下阿萨现在的情况,了解一下洋人是否越界到米些南边的各部中来了。回岛报告岛王。"

我们分手时,阿颣有些不舍。我更是几于落下泪来。

二十五、"牛死不丢草"

我与阿颡道别的时候，米些副王正在杀牛。我们的武士整装待发，为了等候我，都闲着去围观。上路后，他们纷纷谈论着：

武士甲："他们这里风俗，杀牛前先要喂牛一束青草。才横矛刺到它的心脏。牛倒地后，先斫下牛头再剥牛皮。可笑那牛，头都已斫掉了，还把那束青草紧紧衔着。"

武士乙："那就叫'牛死不丢草'嘛。"

甲："已经要杀它了，还喂它青草做什么？"

乙："为什么？为的是表示他是善良的杀害。"

甲："牛已经死了，又还衔着草做什么？"

乙："为什么？为的是它想吃草呀！"

他们这样的闲谈，是无心的。在我这个有心人听来，内心就发生了无限的感慨。我想："武士乙的答话不对。应该说：人类的慈悲，就是假的。需要牛长大，就施恩喂草。然而施恩喂草，也就是为了要杀它吃它。临杀它前，还喂这把草。只能说明对死者的欺骗，且欺骗很彻底。开刀前还喂它的青草，正如岛王连续给我的恩宠是一样。无非为了需要我，把我老死在这个小岛上。但我毕竟是人，不是那无知的牛。我自己有自己的家，不能像牛那样恋着你的青草。"

当我来到米些，将往阿萨时，正是南风已至，雨季尚未来的河谷好天气。一路花香鸟语，水绿山青，风物宜人。我却无心观赏，只紧紧追随阿颡，寻求一些关于阿萨的知识。走过一些什么地方，我都毫未留意。今天从米些转回来，正好似走入新开山路一样，一草一木、一土一石，皆是陌生的。我不知回去将面临什么，故意做出探察沿途情况以备扩大商贸的样子，走得很慢。走了三天才回到本岛。

第一日，从米些官寨起，全是缓斜的上坡。广阔农田，全是种的玉米，已抽红须了。我说："据说米些的粮食吃不完，对价甚贱。若还下回兑盐，不只限于换兽皮香药，应换些粮食，转销到波札和珞巴地区去。"

当天宿在米些边界人家是要付给报酬的。次日上路，先下一个陡坎。过一条小溪，又是缓斜上行，已是珞些地界。农田也种的玉米，还有鸡爪谷。当地人说：珞些与珞巴本是一族。珞些是珞巴的一部分。隔一大江，有藤桥相通。因藤桥只是单藤，交通不方便，后来逐渐分为两个部落了。他们的地面斜长达几百里，内有数不清的分支部落，统称之为洛域（珞瑜）。珞些，处于洛域的东南部。在大江的一条支流处。在此能遥见大江。我望见隔江的山势，是重重叠叠向天际上升的。

据说绷王时代，珞些的王曾归服于长生岛。但是，后来分立了。我们从他王宫外过，其王也没派人出来接送，足见关系疏远了。我们只在他的村落里吃了一顿午饭就走了。

第三日，从珞些农村出发。据说先前征服此部时定的规矩：凡我岛商驮经此，供应食宿，不给报酬。至今仍遵守这一规矩。因我岛经此商驮近年甚少，不给报酬，实际上也并未给他们带来多大负担。

出珞些界，又是一个大崖坎。从岩坎凿路斜下，便是一个宽阔的河港。遥望上游，有大幅溪水，循崖流来。应即是造成此一长崖的原因。溪水原颇汹涌，迨将流近崖路之际，转为平缓。地势低落，已与桑浦大江接近。每当夏季水涨，大江之水倒流达于此处。故其水面宽深，有如湖沼。实际就是大江的一个汊港。过渡用一个大竹筏和一只独木船。有得拉邦人在此掌渡。

竹筏用三重竹排扎成。水浪有时漫过足掌，但是筏仍平稳，不虑翻沉。他们把此竹筏，叫作"箪"。另一只独木船，是载骡马货驮过渡的。每次只载两或三驮。他们分三次把我们的骡马渡完。

据说：这只独木船，还是绷王遗留下来的。用一整条大木挖空的。船底长方、平坦。尖头、长尾，皆未挖空。只于船舷外部有斧削痕迹。他们每年要拖上岸来，用煎沸了的油脂，内外浇淋、浸透一次。下水后，每月仍用野猪油涂抹一次。故船面光滑。驴骡上船，须先用沙土抛撒其上，以免滑跌。

过渡之后，便是得拉地面。分为上下两坪。卜坪是个半环形的平原，全是果树与竹木、藤蔓，没有居民。只有渡口一处有守卫人住屋。果树有桃、李、梅、杏和木豆。木豆树尤多。据说，"岛民选举投豆，及过年吃的炒豆，都是从此邦征用的。现在桃子正熟，累垂满树，没人敢摘食。偷桃便是死罪。看守兵丁可以射杀或追杀你。只有定期摘桃后，才准人民去寻食"。

回到岛上后，我径直去见岛王。王笑容满面地接见，说："波札又来偷盐，我调你回来，命雄、蛮、征三人同你商量如何用兵。"并赐桃一袋命我先自携回。

我谢王出来，回向下碉。一路想来，确是王要调我回岛平叛，并非有人说我企图逃跑，心下才又宽松了。

入碉回屋，阿红正与一些女伴在屋跳闹。见我回来才各自散了。阿红见我提的是一袋鲜桃，便要取食。我说："我还待吃晚饭哩。你先给我去取饭吧。"她才去了。

晚饭吃后，她又去弄桃袋。我们各取一枚剥食。原来此间桃子，皮上有很多毛，虽已成熟，茸毛不掉。刮皮后才可食。肉不甚多，亦颇香美。

我问阿红："我走了十天，你们就是这样成群在此屋内跳闹吗？"

阿红道："哪能哟！我还一日要做三次炊事活儿哩。今天更还多了你这一次。"

我也只好付之一笑了。

次日，阿雄与阿蛋一路来到下碉。邀我同到上勃去看形势，商议如何用兵。我们从新修的桥堤走进盐窝，又从横洞走出外坎，检视工程。阿本和阿恭等人正在修砌洞口石门，见我们来，齐呼："阿夺回来了！波札这次不能宽恕了吧！"

阿雄道："岛王命我们今天商量征讨办法了。下午再回你们的话吧。"

到上勃王新宫时，阿征迎上前来，引到剪刀口路端的碉卡墙内，指着波澎河谷道："那剪刀口上方，近日忽然冲下一批木材，与漂石流沙混杂，塞断了路口，慢慢与溪水向下移动。这显然是波札人爬上山去斫放下来的，意在利用树木横阻剪口，梗塞沙土漂石的流动。便可借沙土梗阻为路，出兵来偷袭盐崖。不然的话，那些树木是谁去斫伐的呢？由于我们防守严密，毕竟他们不敢从此路攻来。却又另从溜索之下偷渡过河来，潜挖地洞。这是他们以前从波澎方面凿洞偷盐的老办法，是企图分成洞内、洞外两路出兵，夺取上勃盐崖。"

我点头道："看他们斫树放下的目的，可能还不止于想在剪口塞积成路，更还在于想在溜索下，利用积木浮水渡人，来开凿盐窝。企图与我岛在两面各占一半盐层。"

阿征又引我们到溜索岩坎去看。他指溜索道："因为两岸不通往来已很久了。两岸的王命传达，只在崖口呼叫对话。我方人未到彼岸，即不可能看到他们在我方崖下凿穴弃土入溪的现象。恰逢勃王卧病，要向波王讨取一种草药，派阿路与波札喊话。波王许他溜过去取。阿路去后，波札人包围了他。刁唆他联合叛乱，占领上勃盐崖。说是他们的崖洞已凿入几扒，快达盐层了，且已经联合邻部，只待凿通见盐，就要一同出兵，分地面地下一齐进攻，要驱走岛人到下勃去。把上勃交还勃王。纵不能消灭长生岛，也能与它共享盐崖之利。阿路被迫，伪为应承。取药回来，过溜索时，又见此方崖下新穴新土与挖洞凿崖情形。溜索下端系桩处，已经挖崖为掩体，驻人持矛守卫。他们要杀阿路灭口。经路说明已与联合情形，波札崖头亦有人摇手，暗示放行，才得脱险回来。他跟即密报于我，表示忠心。

"我引路同赴王宫报告。岛王命阿雄派兵到崖下捉人。不料我兵刚到溜索崖口，波札崖岸方面伏兵齐出，强弓劲弩射将过来，使我军无法下崖。现在，我方过去的溜索已被他们斫断。敌方过来的溜索，则连日连夜在溜波匪和军械、食品过来。已经在我们这崖下洞内扎营，抢凿洞穴，不知又是多宽多深了。"

阿雄道："由此下到敌方溜索下桩的土台，虽有盘折崖路，只能供二三人稀疏前进，又在敌方射程之内。我曾取盾护身，走下崖道探看。我方溜索的下端，已被他方拔桩，不能过人。他方溜索下端，虽在我方，已经被他渡人守护。我方虽有千军万马，不能从险窄的崖路去夺取。他所守住的下桩台，凹在我方崖内，虽有强弓硬弩、滚木礌石，不能伤他毫毛。我们无法斫断他的溜索。他们就可以源源不断地溜过我方崖内挖洞取盐。他们有了盐，就可招诱邻部前来相助作乱。到了冬季水涸，溪水可涉，他们便可大出匪军分从崖洞与剪刀口夺我盐崖了。所以，我请岛王调你回来，商量提前征讨。"

我道："看来，当前要务在于斫断对方溜索。使他们不能溜下食物来。其已渡过挖洞之敌虽多，孤绝在我方崖内，食尽无济，自必出来投降。此后再议问罪波札。"

我们商讨了如何断他溜索的方法：我们先拟凭借沿崖护垣，布置强弓劲弩，压住对方崖头。这才由阿雄带头率勇士三人，循崖路下去斫索。但由于敌人已造有崖内护体，长矛扼守，雄等不能到达桩台，失败返回。

我们又选射手对索射去，想射断其索。但由于竹索圆滑，不受矢锋，百矢难中一矢。即或射中，亦即斜飘而落，于索无伤。次日再看，敌人已在溜索之旁又牵成第二条溜索了。

射索无益，反落得敌方嘲笑。阿雄几次主张硬从剪刀口冲过对崖斫索，一气征服波札。我认为剪口险恶难过，多次劝阻。另提出烧索之计。我建议："先用树脂蘸附箭头，点燃射去。力图粘着竹索，将其烧断。"但屡试未能成功。敌人更是嚣张嘲笑，使我军气夺。我愤极，再想出一计来：

命人搬取大量柴薪，堆积在护垣内正对敌方溜索之处。乃取燃烧中木柴投下崖去。以图坠落桩台系索之上。才募勇士持盾循崖路下去，站在安全路段，察看投中与否。每中一薪，下面呼"中"一次，上面的人即在崖头护垣内画一记号。这原只是测定投火位置之法。敌人不知，只看到投火多不能准。准者亦当时即被守台之敌用矛拔坠于崖下溪中，不能着索。他们拊掌大笑，率性停止射人，大声嘲笑道："中了！中了！你们看吧。白白地中了。可惜你们全是些不中用的东西。"

我叫武士们不许应声。乃编三十人为三组。烧起三堆号火。其旁各积枯树枝缠藳草的盈柴束，轮流到画记之处，投下崖去。一刻之内，投下千万束柴火，像火龙三条一样，向索桩台冲去。使敌人拨火不及。只见索桩台火焰冲天，那溜索登时烧断，带着火头划过溪水而灭。当溜索初着火时，敌人们停止嘲笑，大呼放箭。竟有人提着水桶溜将过来，企图灭火。溜到半索，索头已断，人亦随索坠入溪中。敌人虽然狂呼放箭，射得我护垣上集矢如毛，我军毫无损伤。

那些已过我方来挖洞的歹徒，困守洞内，水粮俱绝，敌方无法救援。这时有一波札头人站在对岸崖口，向洞口喊话。他们喊道："你们这些过河偷盐的人听好！你们瞒着波王，过河偷盐，惹出这场事来。你们怎么有脸回波札来见波王啊！你们是死有余辜的。死了吧！不要等到受尽酷刑才死。岛王已经准备好许多种酷刑等待你们唡！"

他们这种喊话，明明是劝那些人自杀了，以免投降后招供出酝酿叛乱的实情来。我怕他们真的全部自杀了，使我们无法回复王命。乃与阿雄、阿征商量，要勃王派遣阿路进洞去招降。我向阿路说道：

"我们知道，你是忠于勃王和岛王的。波札那些劝你同叛的人，你应该认得。其中必然有领头的在洞内，希图挟持其余的人一同自杀灭口。但是，人总是怕死的。你若能进洞去说服他们来降，便是为岛立功。我保你长做勃王的辅政大臣。你先已有与波匪勾结之嫌，若不去，便难以证明自己清白了。"

阿路大骇道："我一定不顾生死，为岛王效忠。但是，我如何能招得他们出降呢？求你指示。"

我道："你可以按他们心里贪恋的是什么和恐惧的是什么，进行劝降。我们只要你能招得活人出降，不问你是怎么说的。"

阿路怔着，不回话，我又教导他道："那洞内匪首必然都是前次来偷盐未遂之人，你就利用他们的心理，说：岛王意在发展盐巴兑货，待邻人极其宽大。只要你们说是被胁从的，主动出降，一定能获饶恕不死。他们必然就有人跟你来降的了。事成是你的大功。"

阿路这才心中有数，敢于前去了。他去之后，果然招得十二人出来投降。还有几人自知不免，投崖自杀了。这十二人，都自称是波札的贱民，被迫放过溜索，由已经投崖自杀的那几个人督率挖洞。恳求原宥。

二十六、计征波札

波札人见溜索已断，挖洞的人或死或降，知道再度夺盐的计划又彻底失败了。那个波王自己不敢出面，派他的议政大臣来到崖口，请求阿征对话。我们出去，站到崖边护垣内。见他们已把他的护垣推倒，一坪人不断叩头，只由他那个议政大臣说话。

他说："我邦食盐断绝，人心慌乱。岛王年老多病，不能理事。竟有乱民私相勾结，前来偷盐。波王实在不知。请将拿获的奸徒，押交过来，待波王严加审问，定要审出造谋生事之人，依法办理。保证以后不再有偷盐之事。"

我们叫他过来说话。

他道："现在溜索断了。剪刀口又被雪水、漂木、流沙、溜石截断，无法过来。"

我道："那么，我们又如何能把这批人押送过来呢？且待我们审问他们口供，问出造谋闹事之人，再行通知你们王拿办吧！"他低头无言。

我们回来，审问那十二个俘虏。他们一直推在坠崖自杀的几个匪首身上。武士们大怒，抽鞭欲打。我挡着他们道："这十二个人中，必然有真是被迫来的。主使的凶徒，必定不多。我们慢慢审问。定要分别好人、坏人、首犯、从犯。不可混淆处理。"命将这批俘囚关闭回屋去，赏给饭食。待饭后再审。

押下他们去后，我们商量，把十二个人，分开十二处审问。并关锁在十二处，以免他们相互串供。我与阿征、阿雄，分组观察，随时会商。决定恩威兼施，务在审出叛乱实情，才好处理。

我们选了十二个比较精细的武士，分为三组，十二个地点审问。教他们架势做得凶，却不可伤了他们的性命。每到必须施刑的时候，我们就去阻止，加以恩抚，直至其说出实情。

这样做了一个下午和夜晚，把他们串通一致的口供打破，有一二人开口讲真实的情况了。凡是有了异供的我们都去其镣铐，予以优待。最后众人皆坦白了。原来实情是这样的：

上次便是波王贪得盐利，与上勃副王勾结，出兵助战。失败之后，波王惶恐，本已不敢滋事了。偏是上次出兵那批人不死心，总想打回上勃，分占盐崖。波王的商务大臣名嗪，知长生岛用盐兑货，获得了财宝无数。遂鼓动波王与诸大臣，外连白马、波密，约定秋收后联合出兵。他们商定，叫波札先行上山，斫伐大木，放下溪谷，让它纵横阻塞在溪内，待秋冬雪山冰冻，溪水小时，或因阻塞溪内积木为梁，多方抢渡。或取木材扎成木梯、木楼，掩护进攻。恰值康巴盐路阻断，波密、白马、珞瑜、波札一带，发生盐荒。有一批青年人，主张凭借溜索，先行过河偷盐。那个大臣嗪，极力赞成。他劝波王说："先派一批人过河去抢盐，取得成功后有几大好处：第一，可以解决波札目前盐荒；第二，邻部见已得手，必乐于踊跃参加，壮大力量；第三，事成之后，分利之时，波札可优先多占；第四，若还失败，也可在邻部友军到之前，即时收手。推罪于少数人民所为，为王开脱。"因此，便由嗪主持，派人乘夜溜过溪崖挖洞来了。

那十二人中，只三人仍坚守原供，狡猾抵赖，显然是阿路所说企图再度夺盐的主犯了。我们把三人禁闭看守。余九人加以宽大对待。

次日，我们推阿征，到崖头去呼波王对话。仍是那个议政大臣到崖口。阿征向他说道："已经查明，一切皆是你邦巴得嗪所为，要叫你王把他捆送过来问罪。"那大臣应声退下。不一会儿，提出血淋淋一颗人头来，用竿撑着向我方。言道："波王立将巴得嗪拿下审问。他供认不讳。因为道路断绝，无法押送，故将他立即斩首献验。请验。"

我把俘虏们押来认，都道确是巴得嗪的首级。那三个悍俘中，竟还有一个落泪。阿征当场宣布道："挖洞的俘虏中，除刁顽抵赖者当重办外，有九人确系胁从，可以免罪，放回波札，交波王处理。姑念你邦遭逢盐荒，人心浮动，致有此乱。我们准备请求我王赏赐食盐十筐救济你们。待岛王批准，即行运来。现在我回岛去请示岛王。留下盐务邦董在此，与你们商议如何修复溜索，以便运盐过来。"

阿征说罢退下。我出面问："你们说两邦交通如何恢复？"

对岸那个大臣答道："我们想不出办法。两条溜索都断了。河水太大，新溜索抛不过河。人亦无法泅水引索。就只能待冬季水枯时再来安置了。"

我道："那你们现在又如何搬运赏盐呢？"

他答道："天恩虽厚，地势限绝了。我们想不出领盐之法来。"

我道："我想剪刀口河水面窄，短溜索抛得过。我们暂在那里两岸下桩，建一短小溜索，以通往来，也能运过赏盐。好吗？"

他答:"那好,那好。我们同到剪刀口去看,如何辟地下桩,谨遵你的指示。"

于是,我们都到剪刀口来。各在适当地点的岸岩间,挖成崖穴,打下木桩。抛过现成溜索的残段,分系桩上,造成交叉斜横的往来两条溜索,开出崖路。两岸之人又可以往来了。但是互不相信。除当天试索的人外,更没有波札的人敢于过来。也没有我方的人敢于过去。

阿征请得岛王批准后,把十筐赏盐运到路口碉堡前陈列着,传话给波王,命他派人过来搬取。仍是那个议政大臣出来说道:

"我王的臣民都已发誓,不敢再到勃拉地面拾取任何东西了。盐放在勃拉碉外的,我们没人敢过来领取。"

阿征道:"难道要我们给你送来?"

答:"那就感激万分了。"

征:"好。待再请示岛王决定吧!"

阿征退到碉房,与我们商量道:"这个叛逆的波札,恃在这条溪谷深险,抗阻我军,不听安抚。若不迅速讨平,旷延时日,必然勾结外匪扩大叛乱。如何能够迅速结束这一叛乱事件,是必要的。"

阿雄道:"岛王之意,是立即出兵讨伐。但道路险窄如此,出兵不利。阿夺,你看有何办法?"

我道:"现在用兵天时不利。既不可用兵,便只可安抚,使他心安无惧,便不会去勾结外匪了。我以为:十筐盐可给他送去,表示我们对他的信任不疑。假以时日,寻找机会,才是上计。若急图用兵,剑拔弩张,反为不妙。"

于是我与阿雄在会上,发生了争议。阿征决定再向岛王请示。我向阿征密语,献出计划。阿征入宫密报岛王,王大喜。立即传令,密派我为平叛总提调。饬阿征、阿雄皆遵照我的部署办事。并不许我们四人泄露秘计。凡属军情紧急之事,我可代王发令。名义上,则派我暂摄上勃副王。

我在阿征的办公室后,辟了一间密室。把熟悉波札道路的"房聂"招来,说道:"你是我最信任的上勃拉人,也是最忠于岛王的人。我现在作为上勃副王,管理人民方面,一切要依靠你。本可申请岛王先行削去你的房籍。可惜你还未立有功。最近,你有个立功机会了。你能去做吗?"

聂答:"副王,我一直承你看重。赴汤蹈火,我也要遵你指示做去。何况是为本邦立功。"

我道:"波札潜过溜索挖洞偷盐,虽未偷得,却在对岸与我对射了几天,形同叛逆。岛王是已决心征讨的。我的意见，波王已经杀了他的巴得啤请罪，就该抚以恩信，巩固藩邦，以捍卫盐田。波札既与我隔此深谷，防它再来甚易，用兵征讨甚难。不如赦其罪过，休兵息民的好。经我多方劝王，王才允了。并命我暂摄副王，相机剿抚。偏是波王反复，屡违王命，这叫我主抚的人，左右为难。你看，他们迄今还不肯交出与岛军隔岸对射的人。波王又屡次称病不肯出面对话，连赏赐他们的十筐盐都不肯过来搬取。显示他们于我岛有二心，令人不能不怀疑他坚持要反叛了。现在，我既做了副王，虽愿与邻部和睦相处。但在波札这种情况下，又不能不做战斗准备。备战是劳民伤财的，我很不愿。究竟波札现在内部情形如何，我很想知道。若还是在准备叛乱，就不说了。若还是波王真的悔过，倾心向附，我好劝我王继续恩抚下去。你是熟悉波札情况的人，能为我去探察一次不？阿聂！"

聂道："副王，这个任务必然是很危险的，但感恩图报。就死我也愿去。请示怎样去做？"

我道："波札现闹盐荒。波王放着十筐赏盐不取，其人民必有怨言。你可以假扮走私的人，今夜从剪刀口溜索过去，找波札旧识的人兑换。就说上勃人本月领得盐巴很多，食粮很少。你们集成一袋盐，偷渡来换粮食的。这只是试探他们是否真正闹盐荒。顺便看些情形，仍于半夜偷溜回来，便算你有功了。"

聂道："那行。我能做好这一工作。只怕守哨的兵当作奸细捉我。"

我道："这个我能给你方便。晚间我派上勃的房民守卡，他们是你管的。你回去准备吧。不可泄露是我的使命。"

次日天明前，聂回来了，向我密报道："波札人在暗中守卫。我刚上剪刀口路的崖端，便被拿着了。知道是偷渡来兑盐的，都很欢喜。约我今晚又去。"

我问："他们探问你些什么没有？"

聂："问得多了。问的都是军事部署。我不敢回答。只推不知道。他们还问了赏盐是真是假。"

我："你是怎样回答的？"

聂："我说：全是真的。全筐子装满的盐，人人皆见。长生岛的盐，算得什么，比泥巴都不如，便如我们上勃的房籍人，也是人人吃不完的。"

我道："对。你便一切实说给他们好了。波札毕竟是我们的藩部。我是真心在抚慰他们。你今晚再去，可以开导他们规规矩矩恪守藩规。我岛盐田，千百年取用不尽。只要藩部恭顺，每年赏他几百筐盐，又算什么。你若说得他们真心归顺，是你的功。若还他们悍然反叛，我军即当毅然讨伐。探得实情，也是你的功。"

聂："我今晚再去。把他们说得降服。若还说不降他们，也要把他的反叛计划探听些回来。"

次晨，聂又来密报道："昨夜，他们把我引去见一个大臣。他问我方布置。我全都老实说与他了。他又盘问岛王对我们勃拉人的待遇，和十二个俘虏的待遇。我如实地告诉了他。看他们，仍是将信将疑的样子。他赏给我酒食，要我常去告知他军情，许了给我珍贵的报酬。"

我道："只要你把一切情况秘密告知我，你就是对岛王和我立了功。他们给你任何东西，都该你接受。我们不但不究，并还要格外加赏。"

聂："他们给我任何东西，我也是要报告的。"

我："你今晚还去不呢？"

聂："今天若还仍是我去，只怕他们会看出我是被派去的。我想今晚再邀一个上勃人去走私。你能许不？这样，就可证明我不是被派的了。"

我问："你能瞒得过你同去的人吗？"

聂："瞒得过，请放心。"

我："那么，我也帮你瞒他。"于是，当天我宣布："守卫上勃的房民辛苦，每人赏盐半升。"料定聂好利用他们食盐有余，便好去串联走私了。

果然，聂次晨回来密报："那个同行人，一路都是战战兢兢的。波札人挡着我二人，分开他去问话以后，才许他与我同路回来。回来后，他说：'再也不敢去了。'看来，他们是相信我只是走私的贱民，未曾怀疑到是派去的。"

我道："你还可以再邀人去，或帮助另一个人单独去嘛。只要他们只是走私，不去通敌，你就是有功无罪。我方的部署，是不怕他们泄露的。只你的任务不能泄露而已。"

这一天上午，阿征到崖口喊话。说："我们岛王批准，派人送盐过来。派去的是我岛王命组的邦副，带十个背赏盐的壮士。你们派人到剪口路上接运。并问波王，清查对射之人，已清得否？"

仍是那个议政大臣出来应声，恭敬致谢回去，组织出一批迎接的人来，排列在剪口路的崖端。

王命邦来的这个邦副，名叫阿治。十个背盐的壮士，也都是王命邦的。阿征送他们到赴剪刀口的崖路上。对岸的波札人也排列开了。阿征当着双方的人，高声说道："我代表岛王宣布：长生岛对待藩部各邦，从来是抚恤从厚，惩罪从轻。若非冥顽不化，都只是赦罪责功，不咎既往。今派阿治到波札去，慰问波王疾病，颁赐灾民赏盐。越界偷盐之人，造谋挖洞者，既已问罪，胁从者即不再深究。波王既未知其事，又已诛杀造谋之人，只须再将对射王师之人查交即可。所有越界偷盐俘虏，待将对射之人交来审问后，俱可一并发还波王，依波札法律处理。送盐兵勇，不许欺压波札臣民。一饭之外，不许索取任何酬奖。切遵此谕。"

这十一个人和十筐盐，从剪口溜索溜过，大半天才得过完。由那个大臣接入波王宫内午饭。饭后便回来了。果然秋毫无犯。

据阿治说："波王伪装病重，不能起床，邀我一人进去见面。睹面色，听声音，不像真的有病。我责问他清查对射人犯时，他假装发怒斥责那个大臣道：'为何这多天了，还未清查出来！'要他定期三天回复我岛。"

第三天，波札果然送来了两个大汉，承认他受阿啐胁迫，到岸头对射了一次。并说："同射的人，大都畏罪逃到白马邦去了。现在波王正派人前往捉拿。"

我道："且待捉拿已齐再问。"便命押这二人到下碉禁闭。并取挖盐碉的胁从犯九人，随来使押送还波札，交波王处理。派押送的是上勃民兵，就有聂在内。

聂回来密报："波王把我叫去，密询我方情形。我说：'长生岛现正评模评美，青年人都回去了。跟着就要选模选婚。连副王阿夺也是经常回去，宿于下碉的。送来对射的两个人，关在那里，也都无人过问。'波王与其臣民，皆心喜面乐，并无备战景象。"

我也真的立即把上勃驻防的武士全都撤回盐崖下碉，说是便于双选（选模和选偶）。上勃全用房级民兵守卫。做出太平无事，专务双选的样子。

我这才亲督军民，用长藤编成三经百纬的藤桥，长过十扒，两端各留两扒经藤，预备拴桩。又用长竹扎成竹排，与桥同大。又用坚木削尖为桩，教导精悍武士，在下碉外的草坪间演习搭桥。我画地作剪刀口状。亦绷溜索。六人分执三桩三锤，溜到对岸，就窄路打下三桩。十人抬藤桥到，溜过去，分系于三桩之上。另六人同时在此端打桩拴系。藤桥成后，另十人抬来竹排，铺盖在桥面上。试看能同时载数十人过桥否。经试验，三十人同时走在桥上，桥不下垂，桩不摇动。如此反复演习搭架多次，使各人手脚熟练，动作捷速，能在最短时间内完成全部手续。

演习成熟后，我亲率三十二人，分持桩、锤、藤桥竹排，乘下弦月明，万籁俱寂之际，去到剪刀口架桥。阿雄率武士百人前来，多备木桩、绳索、卡子等补充材料，以备急用。阿蛋率弓弩手到剪口崖路上端静伏，以备万一搭桥被波札发觉，前来攻战时，能压住崖口敌军，强行搭桥，抢渡仰攻，期于必胜。

我们三组二百余人，鸦雀无声，进行搭桥。未到两炊时，桥已搭成。剪口溪内，雪水流沙，率从桥下过去。百余武士，瞬即过到波札崖端，竟无阻拦。我仍率工匠，搬土运石，加固桥基。以备万一遇波札抵抗，再渡人增援。

阿雄督率前日送盐的武士十人领先，从崖口一气冲入波王宫。将王与大臣一齐捉获。波札人方才惊觉，大乱起来。但他们见我军已经占领了王宫，不敢动弹。只作围观姿态，包围着我军。

天色已明，我们把波王扶了出来。所俘他的大臣、卫士，每人用两个武士绑押着，设立王案，扶波王坐下。阿雄押他的大臣在旁。由我坐在王的对面，做对话式的审问。

我问道："波札王。你邦的歹徒，两次越界偷盐，又与我岛王军对射。我王未曾加罪于你。还因你斩了匪㖏，赏盐十筐。拿获偷盐的俘虏，也都放回交你处理。这可算十分原谅你和信任你了。只叫你清查对射王军的人，你为何这样久也不肯清缴出来？"

那波王已骇得面无人色，全身打抖。听得只问清查对射之人，才得还魂转来，佯作怒骂那个大臣道："你是怎样办的？惹得岛王如此生气。"

那个大臣，倒还昂然直立，似无怯畏。我军一齐吼了一声："你说！"他才侃然言道："已清出两人送去了。有些逃入白马的人，正在捉拿。白马非我们的地界，捉拿自然不易。"

我道："前后对射的都是几十人，难道全已跑到白马界去了吗？"

那个大臣向波王道："王！我正在遵命清查。办事不力，连累我王，我该万死。"

我道："既然清不出，可把你邦全部壮丁叫来，我们看验。有我们认得出的，拉回去审问，不要你再清查了。"

波王吩咐"传集丁壮"。于是波札围观的丁壮，都站出来了。

我看，这些站出来的人，不可能全是参加战斗的。但全都是听波王命令的。我对波王道："他们不全是对射王军的。但有些可能是。现在也难一时分辨得清。待我把可疑的一部分人带回去，审问清楚后，再交还你分别治罪。"于是我指出嫌疑犯六十多人，叫十名武士押过勃拉审问。他们无人反抗。

波王对他们道："你们不可攀诬好人呀！"

我又向波王道："你是无罪的。全是你的大臣误你。巴得㖏虽然杀了。这个叫什么名字的大臣还在蒙蔽你。我欲叫他同过勃拉一同审讯。你意如何？"

波王还未发言，那大臣先自说道："王。实在是我蒙蔽了你。我愿前去受审。纵受千刀万剐，我也不诬枉一个好人。"

那波王惨容满面，只说了一声："你去吧！"喉咙便哽咽起来，眼泪几于落出来了。

我们走时，波王忙命人取犒军财物。我挡着他道："我们王军，是秋毫无犯，分厘不取的。以后你恭顺听话，我岛决不亏待你。你还有病，各自回房休养去。不必送了。"

那王跪到地下，眼泪双流，言道："我的臣僚，做错了事，跑的跑了，杀的杀了。只剩下这个阿齿。他如有罪，盼望岛王念在藩邦无人办事，宽恕他，让他回来立功赎罪。我永不忘恩。"

我允许了他，挥令波人退开，与阿雄率队全胜而回。

这次波札叛变发觉在月晦之日，平定在下弦之日。其间两岸对射时，正当月圆之初。由于军事紧张，岛王再命停止选模、选婚一月。故这个月内，阿红与我仍住盐崖下碉。

二十七、恩威并施

我们一夜之间，迅速地平定了波札邦。把它的大臣齿和六十多个俘虏押来献与岛王。岛王出露台来接受献俘礼。命将所有俘虏交与我去审问，并与阿雄、阿征商议善后事宜。

我们押着六十多个俘虏，回到下碉。因为下碉房屋不多，又无监狱可以容纳这样多的人，也没有许多人去看守。我建议："把所有波札俘虏，登记名字以后，额上各画黑圈，全部押到盐窝洞内去。前后洞门，各派三人武装看守，轮番休息。加派了四个武士，两人一组，轮番进去查看。每日三餐，放他们出洞来吃饭、解便，散步一段时间，再关进去。轮流提出审问。"大家同意。

阿本督率民兵，用木材为桩，和竹材编成栅栏，绕护碉外，作为俘虏们放风散步的范围。防止他们逃跑。

我们设了三个审问桌，分成三处审问。我首先把那个大臣押来。我问："你是波王的什么大臣？"

他答道："议政大臣。"

问："叫什么名字？"

答："阿齿。"武士们喝道："虏齿。"他也补答道："虏齿。"

我道："虏齿。老实说话，可得宽待。先供你们是谁人造谋，如何计划，如何进行的。"

齿："都是巴得哗造谋。岛王和我不知。经土派我查问属实。已斩首呈验了。"

我："为何不清查与王军对射之人？"

齿："这是我违抗岛王面谕，不肯清查那些胁从的人。我该死。我愿抵罪。"

我："我看波王知情。你是主谋。"

齿："我是主谋。王不知情。阿哗因为盐荒。教我派人溜去偷盐。我未告知岛王，就做了。事败之后，我又杀了阿哗灭口。现在情甘抵罪。被你们押来那些百姓，都只是奉我和阿哗命令行事。他们不去，我也要杀他们。一切罪只该阿哗与我承担。

长生岛是讲理的，就该赦免他们。"

我："你想做个波王的忠臣和波札的好官而死，是不？我劝你，还是据实供招，我们可以从宽处理。俘虏人多，终会要供出实情来。你要替他隐蔽无益。"

齿："波王不知，只是阿啈和我做的。任是你残酷逼供，我也只有这样不昧良心的供状。"

武士们吆喝"用刑"。他毫无惧意，怒叱道："这条命落在你们手里了。早迟只是一死。你们在威吓谁呀！"

武士们大怒，乱哄哄掷下一些棍棒、刀、予就要开打。那个人咬紧牙关，怒目不语，的确是个好汉子，令我心中暗自佩服。我制止武士用刑，道："姑且押回洞去，待其余俘房审问完后，那时再处置他。"

押下阿齿后，阿征送来一个悍俘，要我问。那个大汉子，双手被反缚着，身上已有许多条血浸的鞭痕。我问他的话，他紧闭着口，不应一声。只用双目的凶光照射着我。两旁助审的武士，无不愤怒。我乃温颜微笑问他道：

"我猜你心里想的是：你们没有盐吃，来我地下挖盐是正理。是不是？"

"嗯！你说对了。"他这才开口答应了。

我道："若还只你一人来偷盐，乃是小事，鞭打一顿，也就放了。这次乃是你们波王与齿、啈等人造谋，再一次勾结外匪，武装夺盐。那就不是偷盐而是造反了。现在啈已杀了，齿已俘了。只有你们波王罪名未定。我们昨天就可以捉他来，明天仍可以捉他来，今后随时都可以捉他来，事情总是会弄清楚的。你还是早点实说好。"

答："实话。我与啈和齿造谋偷盐，与岛王无关。你杀了我们，我们不怨。"

我估计他是个能够熬刑的头人。与阿齿同心矢口不攀波王。也算忠臣，不忍再问，叫押回盐洞去。暗嘱："勿用打他，留有后用。另选一个畏懦怕打的来问。"

少时押来一人，一到就跪伏在地。

问："叫什么名字。"

答："涅。哦、虏涅。我是波札的贱民。"

问："有三十岁了吧？"

答："三十一岁满了。"

问："虏涅，说实话，免得用刑。"武士们抛掷刑具作声，喝道："快说！"

"我说。老实说。半点不敢虚诳。阿齿传出波王命令：全邦丁壮俱听阿啈分派任务。他叫我与许多人分伏在崖头，叫射就射。我射了对岸。我该死。"他如此回答。

问:"波王与他们是怎样打算的。供出他们的计划,就算立功,可以免死。"

答:"我不能知道。我是泻,只能听凭他们安排。"

这上午,我还审问了两个人。都说是"唪的命令"。连齿亦不攀扯。

午饭时,我们三人会商。汇集分审情况,大体已把叛乱过程弄明白了。总结起来,是巴得唪说动波王和大臣齿的。有批好事的青年人拥护唪的计划。他们多半是前次帮助上勃叛乱的人,现多已逃到白马邦去了。还有几个忠于波王的留下来,皆在这批俘虏之内。他们似都先曾约定效忠波王,誓死不许攀扯。

这情致大体判定之后,我们决定:下午加快审问,不必追究主谋和叛乱计划,只注意察看两次参加叛乱的核心人物与胁从人物的区别,分别记下名来。

第三天就把六十多人审过,登记下来了。晚间汇总,首逆只十多个人。

从上勃的偷盐到波札的叛乱,我发现长生岛的盐矿,虽给岛上增添了很大财富,但也给岛上带来了新的危险,现在已经引起附近藩部的盗抢,难保不会更招来周边米些、珞些、波密等邻部的觊觎。从这点看,我是盐崖发现的功臣,也是给岛上安定带来危险的罪人。这正是古语教训的"福祸相倚"啊!我虽决定逃离此岛,但也必须尽力帮岛上化险为夷,才于心可安。想到这些我觉得必须对藩部恩威并施,应该少用威力,着重在给以恩惠,结为同心,让他心悦诚服,视为一家,才能不但不危及我岛,反而能成为我岛的屏障。因此我力主从宽对待波札。

我向阿雄、阿征道:"波札是我岛藩部。藩部就非有藩王治理不可。我们明知是波王作乱,亦不宜杀掉他。反不如利用叛徒不肯攀扯他的口供,大施恩惠,抚而用之。趁其畏罪期间,恩威兼用,使他以后不敢再图叛乱,保证效顺我岛就行了。对他的臣民也都应尽量赦免,以体现岛王对他们的仁慈宽宥。只对参加两次作乱,又拒不认罪的刁悍之徒,选几个严办。"他们二人同意,上报岛王。岛王说这样做很好,甚合他意。

次日,早饭后放风。我到窗口宣布:"昨已审讯清楚,除匪唪已经斩首,和逃犯数人未获外,主犯全在这里。波王受大臣愚弄,又在病中,不能自主,既能交出首从各犯,即可从宽免究。要等待他自来朝贡请罪时,才赦免他。又体念波王来朝后,波札无人理事,准备明天暂放大臣齿回去,暂替他理事,换波王来朝。你们碉下放风的人,绝大多数是胁从犯。只要是说老实话的,也一体免罪,可与房齿一同放回,以免耽误秋收。回去的,务须各安生产,不得再有犯罪行为。有些说话不老实的,还须留下审查。"

宣布已毕,我再去审问大臣齿:"你愿回去替波王来朝不?"

齿答："我王患病，只怕难以入朝。我是犯罪的主犯，也无面目回去见波札的百姓。请把我人头斫回去示众，以为谋反误国者戒。"

我道："你的罪，与匪啤不同，既非造谋，也未参加战斗。我看你还罪不至死。因为你是效忠于你波王的人。可能波王受了啤的愚弄，你只未能谏阻而已。岛王待人宽大，既欲赦免波王，又命你去替换，就已有保全你替波王办事之意。只要你真是与王一同悔罪的，必不至死。因为波札政务，还是离不开熟手嘛。但这并非说你不该死。我岛人民都想杀你，你求死甚易。只是你死了，我们仍要去把波王捉来。反不如你回去劝他自行来朝的好。"

他听到此处，仰面望着我说道："你们能相信我回去不同王逃跑吗？"

我道："我谅你不敢逃跑。所以我敢于请岛王放你回去。况波王入朝即可免罪，仍是回去做王，他如何会跟你跑呢。他既不跑，亦不敢放你跑掉的。我明天就放你回去，武士只押送你到剪刀口，既不入岛，也不留候在剪口。"

那个房齿，忽然跪下地去，哭起来了。他说："你真是这样对待我们波札的王和百姓，我死也瞑目了。我请求你们押我回去，一定要劝得我王入朝，并劝导波札百姓永远归顺长生岛，不再妄图反叛。逃往白马的罪人，都是我放走的主犯，我一定把他们招回，自己率领他们过来请罪。"说罢大哭不止。

我安慰他道："只要你与波王能认识自己误国殃民之罪，改过自新，我负责保你波王回来，你也不死，仍回波札。若能招回逃犯，亦可仍许你辅波王管理政务。"

把房齿押走后，我便自赴王宫报告审讯情况与波札善后计划。岛王大喜。

次日放他们时，他们都跪地设誓，说："一定要劝波王入朝认罪。"阿雄仍不放心，派兵守着剪刀口。安排次日波王不来时便去捉拿。但是，波王依照限期来了。

我们以礼接待波王，陪他到王宫朝觐。一路安慰他，警告他。他与其随来负贡品的二人，在王宫广场向露台跪着。岛王出到露台。叫他起身，他才敢站起来。王叫波王上露台去。我与阿征也陪上去。王责备他几句。他再一次伏地认罪，说："为奸臣所误，罪该万死。"王命他起来，赐坐。说道：

"嘉尔来朝。既往不咎。善抚百姓。永保藩邦。"吩咐赐盐十筐，细布一匹。赏酒与饭，即日遣返。务须缉拿凶犯，归案法办。

饭后，我们陪他转来。他向我感谢不已。把我称作"副王"。我喝止他道："不许如此乱叫。我是盐务邦董，他（指阿征）是王命邦董。那天来捉拿你的阿雄，是武卫邦董。"波王道："是、是。但是我听阿齿说，你是副王。"

过下碉时，我邀他进碉，同到碉顶，看俘虏放风的情形。我对他说道："碉下那些从盐窝洞子出来放风的，都是奉命前来偷盐的人。我把他们关进盐崖洞子去，让他们想吃多少就吃多少。吃个够。只是偷不走。回头也请你进去看一看。那里有路直上上勃，很径便。你看后，会相信那是不能偷得的，便好回去教诫你的百姓了。"

那波王脸红汗出，哀求道："你饶恕我。我永远不敢忘你。放我回去，我还要把一些主谋偷盐的人清查出来请罪。"

我知道他是怕我把他一并关进洞去，便也不勉强他，仍把他从河边岩坎旧路送过剪刀口去。

过了几天，阿齿果然把七个逃亡了的主犯连他自己押送请死来了。原来他们逃到白马邦后，白马王不敢接受，强迫他们回来。他们藏到后山森林里，见波王果然回来了，还领赏得盐巴和细布，便听阿齿劝告，一同出来请罪了。

阿雄认出，那七名罪犯，都是前次联合上勃叛乱的人。在剪刀口路头回身反斗，曾经围困了他的人。他们受审时也直承其事，自称"罪该万死，甘愿受戮"。阿雄道："我王既已饶恕了你王。我也饶恕了你们。只要敢于挺身认罪的，就是好汉子，我们喜欢。放你们去把俘虏中犯罪而死不认罪的人指认出来，再议处理。"

他们回洞后，第二天便有一批囚徒自来认罪了。我们把死罪范围缩小，要他们再指出罪大恶极、造谋胁众的人。他们指出三个人。阿雄把那三人杀了。把余下的四十人，发到上勃，交与阿聂安插管理，称为"虏泻"。人格比虏又低一级。

阿路与阿聂，皆对此次平叛有功。我请岛王任命阿路为勃王的辅政大臣。免除阿聂虏级，升为胥级头人，承管虏级事务，他分配五个勃虏管制一个虏泻。监督他们劳动。虏泻如其三年之内更无罪犯者，可以拔升为虏。或放回波札。

我们把这些善后办法，陈报岛王，特别说明：四十个波札乱民，不放回去，以免他们再图叛乱。其实也是把他们作为人质。

岛王批准这些办法。调阿征回王宫办事。命我兼管上勃防务，监督阿路、阿聂等办理行政。他并提议实授我为副王。我坚决谦辞。他亦即罢了。

回忆半个月前，我从米些被召回岛时的心情，直是如赴死地。仅才半个月，又取得了如此荣耀，真所谓"失之东隅，收之桑榆"了。我这天回碉，大乐之下，拿出岛王加赐的酒来，命阿红号召女伴们上碉顶狂歌欢舞一番。

二十八、造化弄人

这次平定波札叛乱,办理善后完结,又是评模选模期到了。岛王因我功高,再于金章劳模衔上,更加"特级"称号,选偶排队在全岛劳模之前。一切奖品颁赐,比邦干金章劳模加倍。十二邦干都来下碉恭贺于我。阿嬷、阿新也都来了。我亦命阿红把额外加赐的酒肉弄来宴享他们。

客去以后,阿蛩与阿雄二人迟迟不走。要我送他们,步月闲谈一程。我料定,又是一场规劝。

阿蛩对我说道:"你又立此大功。岛王感到的,是没有更好的方法可以酬你的勋劳。全岛人亦都认为你应享得如此社会地位。岛王认定你是他的接班人。我们也是如此想法。但你还年轻,还要待几十年后,才合岛上的制度规定。我们不虑你接不上班。只怕你沉迷享乐,自毁前途。这次选偶,你是有特权的。由于你一向工作紧张,未暇留心评美。我们怕你再次误选了轻狂少女,断毁了你的声誉。特来劝你慎重挑选。一误不可再误了。"

我正在考虑如何避开床头监视,以便脱身的问题,又无法谢绝他们的好意。只好爽快答道:"的确是。连日忙乱,未曾想到这里。有些什么适当的人,还求好朋友提示。"

阿雄道:"我们替你设想,自然要选美淑的女子。但似宜选年龄较大,懂得些世故人情,能帮助你干事的。起码是不至妨害你事业的。"

我道:"我也想该是如此。阿美是最好了。阿咪也是好的。但她们都进孕妇院了。阿新是更好的,但我上次求她,被拒。也确由于业务不同,妨碍我们的同居。阿叉虽好,口哆多事,我未免有些怕她。阿恭也好,但嫌在态度冷酷,闺房太乏乐趣。匈咪勇敢、爽利,是个好助手。但由于旧事难忘,我暂还不敢亲近她。我盼望有更好的人。只苦在自己不知道谁能更好。"

蛩:"自然,各人好尚不同,选偶各有标准,不是旁人推荐所能满意的。我等可不可以姑且推荐几人,供你采择?"

我:"那就太好了。"

蛋:"我想,自你所说诸人之外,这次评定上等美女之中,还有可备你挑选的人。阿嬉,她也欢喜歌舞,并且擅长歌舞,颇有才能。她与阿美同一性格,多次都得上等一级的好评。好处比一般少女为多,我向你首先推荐。另外,新出的少女之中,有个阿意,人品微似宗咪,性格稳重,也会做厨膳烹饪。同你住居下碉,定有帮助。你也可考虑。"

雄:"我知道,你从前痛心匈咪。你也知道现在的匈咪已经变成另一个十分敬爱你的人了。我觉得她是一个善能保卫你和襄助你的少女,希望你冰释前嫌,考虑到她。"

蛋:"若还你果看中阿新。我愿请岛王示意她,再来求你。"

我:"我不可以恃功骄恣,勉强去占金章劳模。阿新暂请勿谈。容我的工作调回岛内以后,自去求她吧!我决定就在你们新荐三人中去碰机缘,不负你们的盛意。"

如此分别了。我心中暗笑:"他们想用几十年后做岛王的许诺来扼住我想回家的心,太可笑了。不过本岛干群对我确实太好了。他们的一片好意,我也不可简单地拒绝。只是这三个姑娘,我究竟该怎样选择呢?"我一路走,一路在想:

"首先,删掉匈咪。这个凶悍的女子,作为战斗伴侣,是再好没有的了。若还做了床头人,只怕我前足刚逃,她便会不待请示岛王便率众追来。若在平时,能得阿嬉同居,自然是好的。今天我已如箭将脱弦了,就不可引她进屋来监视自己。阿意或尚可以。可取在她微似宗咪。宗咪的好处就是一味温顺,没有心机,不管他人闲事。"

如此决定之后,我又去找阿嬷,了解阿意的情况。嬷知道我有意选阿意,极力促成。也说她性格微似宗咪。我说:"我还未见过。"她又引我去参观厨膳组,暗指阿意给我看。我见她虽不及阿嬉那样如花似玉,她身上少女的青春美却是绰约动人的。选偶之夜,我出场就挑选了阿意。

这次婚选,已是我入岛的第十一个月,参加第九次婚选了。这时,我在全岛威望已高,人人对我都是庄重恪敬的态度,再没有人敢请我甩石子供他欣赏了。但我于挑定阿意之后,仍为阿意给众人甩了几十个石子做娱乐,表示我并不因为地位高了就骄傲自大。甩石之后,托言事忙,便引阿意同回下碉,未再去看婚选盛会。

回屋后,我问阿意:"人称你会做膳食,你试显示一下本领,做点什么来下酒。行吗?"

她低头微笑道:"并未学会做什么。你听了谣言。"

我道:"谣言也会有个根。你不能推得一干二净。"

她仍是微笑道:"你要吃什么呢?"

我道:"前者岛王赐宴,烤羊肉很好。你会做不?"

她道:"学过。怕做不好。又不知有羊肉否?"

我道:"有,多的是。岛王颁赐我的还全放在厨房哪。我同去厨房,看你做。我也要学一学。"

于是,我们同到厨房。碉内男女大都赴会未归。只剩几个老者和泻级的炊事员在预备明天的早膳。我指示说:"这是阿意,我派她来管理伙食,并立即要给我做烤羊肉。"那些人都为她奔走着。把羊肘拿了一只出来。阿意叫他们把炭火生起。自己洗了手,拿着羊肘的肘骨,花割肘肉成几个破口,浸入盐水盆去,翻了几转。微笑向我道:"没有香料,你又要得急,浸盐水不透,只怕不好吃。"

我道:"姑且试试嘛!"

她手拿着肘骨,把肘肉伸向炭火上反复地烤。一会儿又收回来浸盐水。并用盐水浇淋肉厚之部。如此反复多次,香气四溢了。她还在烤。烤到表肉已焦脆时,用刀削了下来,浸、浇盐水又烤。削满一碗才奉给我道:"请你尝尝。恐是不合味的吧?我还未学到手。"

我试尝,还好。说道:"好吃。我们回屋去下酒。已经够了。"

她道:"还有巴骨肉未熟。巴骨肉味好些。我烤熟了再送来。请你先回去吧。"

我便拿着肉碗和一个酒碗先回屋了。我要试试她对我想念家乡的意识是否敏感。待她把巴骨肉烤好奉来时,与她同饮闲谈。

我问:"你手烤焦痛了吧?"

她:"不。手在炉外呀。只微有点烫。"

我:"你何不把肉切碎,用铁钎穿起来烤呢?"

她:"这里没有那套东西。"

我:"你知道那样烤法吗?"

她:"王宫才有。你见过的吗?"

我:"我在别处见过。未见过王宫的烤法。其实就是我们康巴的烤法。"我故意用此语来试探她的敏感性。她对"别处"一语并不追问。只说:"你听说过王宫是如此烤的吧。"

我知道她并不是个追根究底的人,且并未留心我是从何处来的,遂更放心了。

这次婚选,阿雄选了阿嬉,阿蛊选了匈咪,阿明选了阿恭,阿本选了阿叉。阿本与阿恭都随其配偶调到海口去了。我所在的下碉和上勃，来的都是一些青年武士，他们成天打打闹闹，没有一个留心我行动的人。阿意又不喜欢打闹，很少引人进我屋子里来。我自觉行动轻松得多。这给我脱逃的机会就更成熟了。

我经常到上勃去，把阿聂叫来问话。此人感谢我的扶植，对我奉命唯谨。我伪作恢复右路商业，把盐巴推销到白马和波密的计划，召他来问道："我们用廉价的盐兑换左路商品，连获大利。唯右路因连有叛乱，商务停顿。现在波札平定，白马宁服，应该恢复右路商业了。你看哪些货品可销到冬九去，能换回些什么来？"

聂："我年轻时去经过商，现在情况当与从前不同。近年右路商业是阿充经营，须向他了解才会明确。我所见的，今天恐不适用。"

我："阿充现到阿萨兑货。由于阿颖已老，左路商务是他承替。那是主要商路，须得他去。我准备自己去恢复右路商业。或派你去。或由你替我找个熟悉情形的人跟我前去。你看能有这样适当的人吗？"

聂："波札造乱的罪犯中，逃过白马邦的，还有六人在此。容我去询问谁是商路最熟的人，引来你问。"

我："他们都是囚房。但如有可用的，我们仍该使用，让他们立功赎罪。你要慎择纯良忠实的人引来，由我决定使用与否。不可先就许他使用。致引起他们投机取巧之心。"

聂："是。"

他去了两天，引来一人，说："他是曾到冬九经商的。前次波札叛乱，波王派人去白马和波密搞联络时，派他去充翻译。因而也被挟逃到白马。为人很恭顺，没有过犯。他名叫务。"阿聂如此介绍。

我问那人："你是虏务？"

他答道："是。虏泻务。"态度恭顺。

问："年纪多大了？"

答："四十三岁。"

问："原是经商的吗？"

答："到过冬九换盐，也到过白马兑货。"

问："冬九最近盐市行情如何？"

答："从来都是冬九盐销白马、波札与勃拉。盐价素来昂贵。现闹盐荒，贵无定市。"

问："从前那里的常规对价怎样？"

答:"一年前是一个麝香换盐三斤。兽皮百货,都依麝香比价。"

问:"现在我打算用五斤盐去换个麝香,你看行不?"

答:"那一定能把康巴盐商冲垮。现在盐荒,两斤盐换个麝香都做得到。"

问:"一路情形怎么样。运费不会太大吧?"

答:"从波札运货到冬九,五天可到。夏天水大了,不能去。若从溜索过渡,勉强运去,最快也要九天。这还是就一人负货而言。若是大批人货,则一月两月也难定。而且危险。"

问:"危险。你说的是匪多吗?"

答:"匪也多。路也险。人货多了,溜索要断。溜索一断,人货俱没。又须若干日乃能修复。所以夏季照例无人往来。"

问:"你把沿途地形详细说清。我有用得着你之处。若能立功,可以削去虏籍。"

于是他欣喜地尽情叙述了。他说道:"波札的坝子,这边是南,最高。那边是北,很低。它与白马界上,隔一条长崖,与上下勃间的这条长崖相似,长近百里。也有一条小溪循岩脚流入大江。冬季水小,可以徒涉。过河之后,崖上开了一条逼仄的崖间小径,斜行上顶。夏季水大,人走不过溪水,则在崖顶牵条溜索斜到波札地面。顺索下来,快如驾云。扪索上升,难以登天。必须仗恃腕力,交换两手攀索而上。货包,则先上人后,引索挽升。终日难过十次。若还有人在上遏阻,则虽千百人也不能过界。这是此路第一天险。白马崖顶,又是平地。临近波密地界,有小溪数条,上连雪山。夏季常有雪水、漂石、流沙随雪水滚转,直流入江。人畜横过,每被漂去。深秋以后,初夏以前,雪山凝固,溪流平静,乃利通行。林内又多劫匪。森林尽处,大江直逼山崖流过,路极险窄。入波密后,已有宽平大路,直通冬九。那是康巴、藏巴商人的市场。能兑换所需的一切货物。"

我看这个房务所说是真实的。遂想收抚他做向导,由冬九逃向白马冈。但为慎重起见,还要自己先去看一看他所谓波札交界的"第一天险"是否易于通过。我勉励了他几句,嘱阿聂"好待于他,留有后用"。

我去向岛王陈说:"打通右路商务,可以多销盐巴于波札、白马等广大地面。既可解决他们的盐荒,多多换回珍货,又可消弭他们争夺盐场的妄念。"岛王心喜,批准了。

我又说:"据访,波札去波密的崖道最险,我打算亲去察看,有无可改善的办法。借以察看波札上下人心是否真能效顺。"

岛王道:"这是你的权力范围以内的事。"

我道："欲请阿征同往，以昭我王绥抚之意。"

王道："你就可以代表王命，无须更派人了。"

我退了回来，暗想看来岛王并未疑我有图逃之心。

于是我召阿聂和房务来，吩咐道："岛王要恢复冬九商路，派我前去踏勘道路情况。我派你二人随我一路前去。阿聂可先到波札，通知波王与我一同前往勘路。如他有病不去，亦必命其大臣齿前来听差。"阿聂立即去了。

次日，房务一早到下碉，收拾马驴，伺候出发。正早饭间，王命组的邦副阿治，率了两个武士前来宣布王命令道："岛王念波王久病，颁赐我岛种药'喈宝'一罐、细布一匹，配盐两筐，命我随你前往颁赐，以壮此行。这二人，是奉命来背盐同往的。王命我三人俱听你的差遣。"这"喈宝"，是用岛上一种奇鸟之胃烘干捣碎成粉剂，岛人说服之可强胃化食。阿嬷曾给我一罐，我服过果有效。

我听到岛王派阿治来，心内一惊。这显然是有人怕我逃跑，请王派他三人来监视我的。转念想：也好。反正夏季难以逃逸。我就放开顾忌，让他来监视吧！我与他三人共同吃了早膳，吩咐阿务牵马一同上路。我对阿治道："本也想派两个武士同行的。既已有他二人，就不必再调人了。我料当前的波札，是不敢妄动的。"

我们行过剪刀口，原桥尚保存未坏。上到波札崖头，阿齿已率其民兵数人前来迎接，口称"我王畏风，敬在宫门迎候"。

我等去到波札王宫。宣布王命后，波王谢恩留饭。我道："今日要回下碉，不在此间耽搁了。"又对阿治道："你便留此午饭。只命两武士及阿务同去踏勘商路行了。"阿治一定要随同一路。于是波王命大臣齿引路，我与治和聂、务，及两武士一同前行。

午间，到了白马崖下察看，与房务所说全合。我命腕力强的一武士，去攀索上升。他手技不熟，未及升顶，即复溜下。再命房务，务攀缘上去了。因命务引绳，挽聂上去，先通知白马王，说明重开商路、消弭一方盐荒之意。

我命务牵挽两个武士上去，合力再牵引我。我用尽腕力，换手攀升，加以三人引绳索挽，才卜去了。

白马王亦派一头人随同阿聂来了，献上一瓶酒和一个乾羊腔，表示他欢迎重开这条商路廉价兑盐。我命把一驮盐牵挽上来，赠送白马王。要求他派人把前通冬九之路修好。许他"每往来经商一次，赠盐一驮"（两筐）。

那个白马头人，聆命之下，非常欢喜。问我何时派商队来，他们切盼兑盐，愿尽一切力量修通，并保卫此路的商运安全。

我引那白马头人下溜索来，与阿齿、阿治见面，才对他们言道："这样的溜索，下来甚易，上去极难。很不便于运盐过界。我建议：在上下两桩的一侧，各再打下木桩，绷上一条溜索。乃于两溜索间，横拴藤条为梯。再加两条较高的溜索为扶手。则波札人可以扶藤踏梯而上，白马人亦可扶藤踏梯而下，直如上楼下楼，盐筐货筐都便通过了。若能在崖下筑台，架成竹、木、藤编之桥，分段斜升，则骡马货驮亦可畅通。岂不就化天险为坦途了吗？我要求你们波札和白马王臣，合力编造索梯，以代溜索。你们修成之后，我的盐队立即就道。廉价兑售，救济你们的盐荒。你们愿意吗？"

波札阿齿与白马头人都齐声说："我们愿立即遵办。盼得盐队早来。"

我们在此吃了午膳，督导白马头人与阿齿订立分工与期限的口头协议，才与阿治等人同路回来，顺托阿治向岛王报告这一情形。

事后闻知，当我刚请批准前往波札探路时，即已有人劝王派人监视，防我逃跑。岛王不信，说："他若要跑，还来请示作甚。"毕竟因为劝告者多，岛王乃命阿治跟来。阿治与武士二人，见我坦然部署，未有图逃迹象，回报岛王，王更放心高兴了。

十多天后，波札王派人具报："白马崖索梯已做成了。我命人前去看。果已修成，人可负物踏梯而上，不用溜索。"我暗自打算：趁此夏季，携带房务一人，商品一筐，借口勘路，登上白马崖顶，砍断索梯。后面虽有千军万马，也追我不得。但为了使人不疑，我又去奏明岛王，说："白马崖梯道已通，拟先派阿聂率人负盐十筐，前往换货，并打听前途可以销盐之地和商路有无障碍，再做大量倾销计划。"岛王自然立即批准，由我负责进行。

阿聂率房务等人负盐入白马后，五日之内，已经兑得许多兽皮香药回来。据他报称："房务忠勤，使一行工作顺利。"我许了免除他的房籍，以泻级身份，在上勃协助商务，继续立功。但待报请岛王批准。

次日，我与阿聂和务商讨："再运十筐入白马。我将自往探察波密商路。"这是我职权内事，就不必再向岛王请示了。我还吩咐阿聂道："我去不过七日就会回来。有人问我时，只说往波札办案去了。不可说我要去白马。因为怕波人寻仇，勾结外匪暗害于我。"阿聂恭谨称"是"。阿务亦喜得跟我同行，与阿聂替我秘密安排一切。准备次晨出发。

午饭后，我命阿意多烤几条羊肘，做咸些，明日待王命派人来，同往波札办案。这女子毫无心机，立即专心替我烤羊肘去了，并未问我办什么案。

我待阿意去后，又亲自检点从白马换回的商品。把两张豹皮、七张猞猁皮和三十多枚麝香，收拾起来，正准备包好之际，一个王命组的熟人，突然气喘吁吁地跑进屋来。说道：

"幸喜你还在此。"

我大吃一惊，忙掩饰道："这次派人到白马去探路。用十筐盐换回这些东西。正准备明日送到王库去入藏。"

那人不待说完，截住道："这些小事，改天慢慢办好了。现在岛王要你立刻就去，有紧急事等待你讨论。奉命得急，是驰马来的。已经有人给你预备健驴跟来了。你快走吧。"

我惶遽不知何事，只得随他出门。恰遇阿意烤完羊肘拿上来。还向我说道："既然王命派人已来了，便好趁鲜喝酒。为什么就要走呢？"

我简单嘱咐她道："阿意。我们现在就要赴王宫去。待晚间回来再说吧！"随说随走，忙得不暇停步。出碉门便上驴背驰走而去。

真是"造化弄人，好事多磨"。百无可虞的脱逃计划，已经喜上眉梢了，又来如此的波折。

二十九、远征米些

先是，阿颡与阿充从阿萨市易回来，说到左路商情："米些、阿卡需盐兑兽皮、香药。阿萨需兽皮、香药兑洋货、匹头。"阿充主张大量销盐到米些、阿卡，换其兽皮、香药，再往阿萨兑货。阿颡已经病困垂危，岛王命他在岛养病，由阿充代理左路商务经营。依阿充建议，命大量运盐倾销米些、阿卡兑货，再往阿萨销售。

阿楚负责珞巴一路。他经商稳练，一直顺利无事。右路由我负责。我放手施惠，收买沿途人心，恢复商运亦颇顺利。唯独左路阿充，他是个放不开手的悭吝人，把本岛贱如粪土的盐，看得仍是往时珍贵。斤斤计较，大失人和。于是他出事了。

当我进得王宫会议室时，已经挤满一屋人了。岛王望见我就说："我们在等你来才开会呢！你还不知道吧，米些反了。那是你去过的地方。你看应该怎么办？"

这样劈头一问，我摸不着头脑。只得说道："请王休息一会儿。容我们讨论出办法来，陈请核夺。"众人也都说道："这事不难办好，请王回宫暂息一会儿。我们先与阿夺商讨初步意见。"

岛王道："好，你们先商讨。我也留下个意见：米些是左路商业的要道。我们必须讨平它，保证商路的畅通。"说罢，带着盛怒而退。

我见阿雄坐在王座首，问他道："到底为了何事？"

雄道："有几位来得较迟，还请阿充再把经过情形补述一遍。"

只见阿充左臂扎有包布，衣上多有血迹，面色微带灰白，起立言道："我奉王命，再发盐十驮，武士二十人，同我运往米些兑货。路过珞些时，珞王要求援米些前例，由他一手购完这十驮盐，五天交齐兑换货品。他又说：珞些较米些少一程路，要求也比米些少一成价。我说：奉王命，这次要比前次提价一成。珞些虽短一程路，仍要照米些前次价格兑换。期限可多两天。价格不能少于五十枚麝香一驮。于是，珞王不买。我们就运往米些了。到米些，再商那个副王逭购时。他说：'仓里只有盐，没有货了。'叫我们自己向民间售兑。但他的居民说：'有盐吃，无货兑了。'我们在那里白住了五天，无人前来兑换。只有一个商人，拿两枚麝香来，要兑我们一驮盐。我见情形如此，显然是米些人抔扼我等，久住无益。便与武士们商量仍运回珞些脱售。次日整装出发，行未十里，树丛内涌出数十匪徒，来夺盐驮。我们仓促应战，死亡五人。我与十余人皆负伤。乃弃了盐和骡马，且斗且走。退入珞些地界来，米匪才未追了。入珞些界，饥疲困渴，又死去二人。到达珞王驻地，请求备饭治伤。珞王避不见面。有一小头人来，说道：'你们与米些打仗，负伤过此，我们不敢留饭。珞王早已出巡去了。请你们早点离开，恐防米些人追来，我们保护你不得。'我看珞些已有通敌之嫌，只好忍饥忍痛，连夜奔回。入得拉地界，才得饮食。我负伤较轻，先奔回岛报告。其余十三人伤重，还在得拉，生死难料。"

阿雄道："这情形很清楚，是米些人贪利劫盐。其副王为主谋者。珞些王亦有勾结嫌疑。诚如岛王指示，讨伐是必须的。只看应该如何用兵，请大家商议。"

接着，便是众人纷纷发言。唯我一人只在埋头深思，很久说不出话来。

我想到："波札叛乱，为的盐巴。米些叛乱，又是为的盐巴。若还不是发现这块盐崖，也不会有两场战争，也就不会把我两次脱逃计划打破了。"于是，我自责起来："你既不愿在长生岛久留，又何必要卖弄智巧，把自己枷上，又给岛上添加战乱。"

正思量间，忽然听得有人叫道："阿夺！你怎么久不发言哪！"我如梦中惊醒。举眼一望，众人都在注视着我。忙应声道："我正在想这事该怎么办哩。"

阿雄道："你想该怎么办？"

我头脑已经清醒过来，仓促回答道：

"我亦想不出什么好办法。征讨是必须的。远征，也是困难的。越过得拉、珞些，去讨伐米些那样险远的部落，须防珞些、得拉被其勾结，截断了后路。这是第一点。米些、珞些，都是族大、人众，联系广远的强大部落。若还短时间不能讨平，兵连祸结，全岛不得安宁。这是第二点。我岛兵力，恃在守险，若行远征，胜任远行战斗之兵不到千人。精悍战士，不到四五百人。对待这样地广人众的部落，实有难操胜算之虑。这是第三点。考虑到这些方向，一时还想不出万全之策。"

众人怒道："难道，你想忍气算了吗？"

我忙道："不不不。我在想怎么才是万全，怎样才能必胜嘛。"

众人才静了下来。阿雄问我："说说你的办法嘛。"

我道："我想有几个办法，提出来，请大家研究。"我是刚刚听到米些劫掠，其实并未预备有什么办法。此时被逼，随说随想，凑出了几个办法，其实这也是原来去米些换货时曾想到过的，现在临时拿来用。我道：

"我想有上、中、下三策，可供我们选：上策是'不战而克'。就是把我岛的盐巴，用来厚抚珞些和得拉的人，凡是愿随我出力征讨米些的藩部人民，我们都许予长期供给食盐。只是严禁他们转售米些。这才组成联军，打入米些副王地界，占据隘口，筑下长围坚守，保护商路。但不再进取，只守而待攻。商路既通，再以盐巴招诱其人民，则降附者必多。米些地面虽广，人民虽多，亦可不战而服。是为上策。

"下策是'速战速决'。就是倾全岛人力，昼夜兼程，突袭米些，擒其副王，要他投降。但米些势大，兵力强盛，硬拼硬攻，风险甚大，伤亡必多，耗费也一定很大。万一米些知情，以精兵扼守崖口，我军仰攻难克，会损兵折将，难有胜算。故为下策。

"中策是'稳健进军'，可精选战士五百人，分为五个大队。每大队一个统帅。在统一指挥下，五大队结成连环阵，梯次推进，首尾相顾。一处受攻，相近之队，即移营靠拢，以为声援，如长城推进。如此逐步攻入米些，就不怕米些反攻，五百人可抵五千人效用。全役最难在占据米些崖口，只要占得崖头，米些地面虽大，人员虽多，进攻不能摧我。虽有旷日持久之虞，却是可保必胜之道。

"无论采用何策，皆须募用藩部助军。上勃与波札之人，募其立功赎罪。得拉与珞些之人，募其赤忱效忠。桑浦外珞巴之人，募其贪奖卖命。俱当厚给奖赏，防其通敌。"

我说之后，会场纷纷议论起来，最后大多赞同中策。岛王虽入宫内，其实全听到了我的发言。此时他出来复坐，言道："我也赞成中策。现在你们就在此吃了晚饭，再讨论如何进军。"

我与阿雄、阿征、阿充、阿蛊，在吃饭前后商讨进军方略。一致决定：充分准备，突击进军。抢占米些崖头，筑成营垒，用第一大队勇士坚守。第二大队跟即筑营于崖下路口，与崖头营垒相应。第三大队即营于珞些王宫附近的运道上，镇抚珞些臣民，保护运道。第四大队营于珞些崖头。第五大队营于得拉上坪岩边路口。用竹木扎成浮桥，横加渡口水港，以利军行。用重赏招募藩部战士百五十人，功赏比本岛战士加厚；战后退役回部，每人奖盐一驮；轻伤者两驮；重伤者除医药外，奖盐三至五驮；死亡者再加五至十驮，以为抚恤。第一大队为敢死队，战士皆自行报名，由阿雄编组指挥。抢占崖头后，坚守一段时间。待各营垒部署已定，即向米些副王宫地进袭。第二队立即填驻崖头营垒。三、四、五队依次填进。由本岛民众填驻得拉，办理后勤。占领米些副王地面后，更筑长栅，围护碉卡，阻米些余部反攻。占领副王宫后，选立头人临时做王，作为我岛新收的藩部。直待米王求和，交出劫匪与劫去诸物，赔偿损失，保证永不滋事，才还他地盘和俘虏，收兵回岛。

岛王批准了计划。任命阿雄为第一大队统帅。阿蚩为第二大队统帅。阿充为三大队统帅。我为第四大队统帅，主要是保卫运道，配合作战。阿征为第五大队统帅，主要是联系岛上民众，办理后勤。并命得拉藤桥十日之内，非奉王命，不许出入，以防走漏军事机密。

部署既定，王命即时清查仓库，准备粮食、酒、肉等奖犒物资。编组留守武士和生产民众为民兵，办理后勤。仍不耽误生产。

一切准备已妥之后，选定上弦月夜，大飨士卒。五个大队依次出发。第一大队限于次晚抵达米些崖下，乘夜抢崖。

米些副王，自劫盐成功以后，志得意满，并未想到长生岛人就能远征到此。初亦派人到崖头看守，入珞些侦察。后见长生岛并无动静，防备也就松懈了。又值收获之际，农事正忙，崖头守兵亦多返家收割。

珞些王前受米些副王引诱，许以共同扼断阿萨商路，抽取买路费。珞些王心贪其利，但畏惧长生岛武力，正在依违之间，不料大军突然而来。珞王手足无措，只好表示恭顺，许征民兵听调。阿雄、阿蚩皆加以厚抚，许以赏盐十驮。并收几十驮盐巴储存在那里，准备奖赏。

阿雄、阿蚩两大队，在珞些吃了午膳。待第三、四大队到时，即行奔赴米些崖下。崖上只有两个米些老民守望。见大军到来，忙大声呼警，跑去告知副王。恰值天黑，我军陆续抢上，未放一箭占据崖头。

后队赶到，送上锹、铲、木桩、绳索、竹料和版筑工具。趁米些援军还未到，筑成临时营垒。掘有战壕。月下见那副王，领有一支人马前来。望见我方人众，慌怯不敢进攻。晚饭以后，我军大呼出击。敌人反身奔跑。阿雄收兵回来，连夜建成坚固营垒。休战一日，续建崖下营垒。

阿充在珞王宫侧建成第三营垒。我在珞些崖头、阿征在得拉岩头，亦各建成可以坚守的营垒。配合得拉藤桥的民兵，形成了一条横吞米些的长龙，使得珞些小王不敢动弹。

休息一日后，五大队各前进一垒。进攻米些副王宫。那副王召集的民兵，抵挡一阵，便大败溃逃。那副王弃了他的仓库和王宫，逃向米些大王那里去了。阿雄占领他的王宫，筑垣挖壕，作为第一大队营垒。第二大队守卫崖头。第三大队驻到崖下。留珞些王宫与崖头给我率的第四大队扼守。

珞王既已降附，我屈意抚绥，得其欢心。珞些人争求赏盐，供役奔走，无不尽力。后方已完全无虞。阿雄和蚩，派人来邀我到前方商讨军事。

我到米些，出营踏勘过。见得这一地区，乃是米些狭长地带的右端。料定副王去后，必来反攻。遂商议在细腰地段，筑成长栅、壕堑扼守，抵御反攻。俘虏押回岛去关闭。待米王议和时付还。

阿雄等同意。立即开工挖壕，筑成长栅。那个副王率领悍兵前来争夺几次，皆被打退。

为了管理米些这一广大地面，我们申请岛王向藩部募兵。得拉、珞些、珞巴皆有人来应募。岛王命我编组。我命人传话到上勃阿聂，说：看管的波札俘虏三十余人，如愿立功赎罪的，亦可申请前来助战。于是他们全都来了。我命阿务率领，成为我五队外的一个小队，派到米些前线守护长栅。后来证明，他们战斗都很勇敢。

由于阿雄等经常须与我商量军事。岛王命我与阿充对调，移驻米些崖下。我又教阿蚩在崖头多打木桩，编系绳梯，置于崖间窄路之外，同时可容多人上下。

这次用兵，准备了五日。只两日便已占领米些副王宫。又三日已经筑成长堑扼守。击退米些反攻数次，我军几乎未有伤亡。但米些是强大部落，军事结束无期。好在我岛富强，不怕持久。阿充意欲加强对珞些管制，合并得拉。意见每每与我不合。他既调驻珞些，一反我之所为，多方折磨珞王，以报旧怨。后来又酿成珞些叛乱，全局由之败坏。

三十、"手雷"厉害

阿茧所领第二大队一百余人，分设五个头领，是阿飞、阿明、阿本、阿咪和阿芝。他们全是海口修建组的劳模，虽无战斗经验，却皆同心同德，团结一致。建造营垒，更是得心应手，快速非常。阿雄所领第一大队一百余人，全是久经战斗的勇士，既敢死，又善战的青年先锋，英雄无敌。这两个大队占领米些，一据崖头，一据副王营地。两相呼应，共守长栅，以拒米些大军。长栅以内的米些人民，惠给盐物，但不准出去。长栅外掘壕堑，内筑土垣，十扒一卡，百扒一碉。我军昼则静伏待敌，夜则号火通明。米些大军，抢攻十余次皆被击退。我命军士向米些喊话："你们除了绑出劫匪和这里的副王乞和之外，没有再占这块地面的可能了！"

喊话不久，果然米王派求和的人来到栅外谈判了。他称愿绑出劫匪，加十倍赔偿被劫的商货，并保证商路安全畅通。援珞些例，供应食宿，不取买路费。要求我们交还他的土地和人民。

我们要他捆交副王、劫匪，由我方审讯惩办，并赔偿此行军费以麝香十万枚折算。米些不允，谈判决裂。

米些再来进攻一次，又被击退。求和的人又来到栅外，答应我方：愿赔偿万枚麝香值的货物；交劫匪，但不活交；不交副王。因民匪行劫，副王不知。

我们许向岛王请示再回话。我认为长生岛人少兵弱，应睦邻抚藩而自保。非不得已不能逞武慑邻。须凭盐利，恩惠四邻，结以信义，保持友好，才能避免外忧。对米些的惩罚要适可而止。因与阿雄、阿茧商量，可以来时许和。他俩同意，由我驰报岛王，顺道商量阿充、阿征。阿充反对，说："明明是那副王派兵行劫。必须要米些交出活口审讯。"我见岛王后，陈述了分歧意见，劝王道："米些敢于那样狂悖，必已得其大王同意，当不只副王所为。若还与米王修怨不已，则虽杀此副王，他另派来副王，仍将与我为敌，今后更为多事。米王既为此次行劫主使，他如何肯交出活口。若以阿充主张，和议必不能成。兵连祸结，亦非本岛之利。"

岛王道："长生岛声威，不能由我而败。今纵不能惩米王，副王决不可赦。你们善于应付，许其副王不死可以。捆交是必须的。"

我不敢争议，回栅来答复米些来使。他也说："待向米王请示。"便回去了。自此，连日敌方毫无动静。

一夜将近黎明，忽闻人声鼎沸，喊杀连天。杂有枪炮之声。我大惊翻起，忙寻阿蚩一同赶到近栅高地，与阿雄分段督军拒守。望见敌方枪声响处，常有烟起。料是使用的明火枪。忙命强弓手准备上前。我们分督两大队的射手，伏在近栅的短垣内。待敌已近栅时才开射。敌众多持火炬奔来，意图焚栅。我军弓手自暗射明，命中甚多。敌人纷纷倒地。乃退过射程，向栅内开枪。我军亦有多人负伤。天明以后，敌人退去。

我们检验伤员，全是枪弹和箭射的轻伤。只有二人伤重，乃是步枪子弹击中的。他二人口呼"拉轰"不已。岛语"拉轰"，译义为"手雷"。问其所见情形，俱不能明白细述。但言其瞄准发射之状，谓："若有雷电扑来，便倒地了。"我知敌人已经使用步枪和手枪了。

岛人把明火枪也叫"手雷"，说它威力不大，只与我强弓相当，未知快枪的厉害。我怕军心动摇，不敢明说，悄对阿雄、阿蚩说了。劝他们把木栅加密及肩，掩护守军。又用竹竿编藤做担架，抬伤员回岛治疗。阿雄嘱阿蚩兼理防务，自己送我回崖下碉。我对阿雄说道："阿充挟其旧怨，惩治珞王过分。须防珞人愤怨，投敌反噬。"主张把他调开，改换一人驻珞些镇抚。阿雄同意。再推我护送伤员回岛，报告军情，即便申请调开阿充。

我同四个人，送两个伤员，回到王宫。向王和三老，说明敌人已有手雷的厉害。王与三老，亲向二人慰问，看其伤痕，一人伤在头部，从前颚向耳后洞穿。不能言语。血流不止，汤水难进。一人伤在上胸，弹孔前小后大。尚非致命。也能饮食言语。王命抬往医疗组急治。

我密启岛王："敌人正图反攻。我军当以巩固后方为务。珞王虽有重大勾敌嫌疑，究还叛迹未著。用兵以来，一直表现恭顺。藩部与本岛不同，问罪不宜究根。纵须严惩，亦宜待军事结束之际。今阿充查究珞王，追究过当，折磨逾度。该王在其掌中，固无反抗。其国人民见之，必多不服。若还有好事头领，不忍其王威严伤损，煽动珞民，勾敌叛变，其祸难于估计。我与阿雄，求王调开阿充。改以恩信抚慰珞王。使其畏威怀德，服罪图功，助我与米些为敌。安定藩邦，永固商路之道。"

岛王点头道："你对波札一役，办理妥善，收效很好。阿充那时还在阿萨兑货，未知你的办法有效。现在，我准备把他与阿征对调。你看如何？"

我道："如此最好。阿征驻上勃久，他是能体会我王恩威并用的人。"

岛王道："明天就派人去办改调之事。"

又问道："你看手雷这样厉害，我们如何也能得到手雷来对付米些才好？"

他这一问，把我回归故里的新计划又诱导出来了。于是我对答道：

"我听阿颡说过：阿萨的洋兵，都是使用手雷做武器。米些人，杀过几个洋兵，可能就是从那里得来的。我入岛以前，亦曾走过一些地方，知道拉萨和康巴的驻军，都用手雷。使用手雷的地方，就会有手雷出卖。但军队是不敢出卖它的。只有些敢犯法的人，会偷出来卖。他们行动很秘密，一般的人是不知道的。只有狡猾商人与他们勾结，才能出高价套购。我们这带从来没人使用过手雷，也不知购买手雷的门路。阿萨市场上暗中有没有手雷卖还不知道，但这条商路中，米些、珞些的要道，皆在我军占领中，路还可通。可派阿充去一趟，探找门路，或许会买得的。如不行，还可到右路去寻买。可与阿颡商量。他虽在病中，或能提供一些采购的线索来。"

王："对。我明天叫他来和你商讨。你太辛苦了，今天早点回下碉去休息吧！"

我辞王出来，回到下碉。阿意迎着，十分亲热。接谈数语，便忙着给我烤羊肘去了。

我派人去把阿聂叫来，问道："你知道手雷吗？知道冬九市场有手雷买卖吗？"

聂道："手雷？我看见过手雷。未知它如何使用。从前我去冬九，只做盐巴兑购。未知有无手雷买卖。"

我："岛王打算派你到冬九去买手雷。你肯去吗？"

聂："哪敢不去。只是不知如何买法。"

我："要钻门路，又要谨防被骗。因为，那只能是秘密交易。"

聂："你知道最多。就该派你去才行，我去能有什么用。"

我："军务紧急嘛！若在平时，我是可以去的。"我说这话，也只是希冀他受王命时能够主动提出我来。

他果然就说道："王若差我。我也要请求跟你同去。"

我微笑点头道："购手雷乃是当前一件大事。王如派我，我是不能推辞的。"

阿意烤羊肘上来了。阿聂辞去。我拈了一块给聂，才叫他走。

阿意问我："听说你们战事很吃紧，怎么你还有暇回来？"

我道："还是为了想吃你的烤羊肘嘛！"她微笑着，把头埋下了。

她真的还是个不谙世故的善良女子。使我感到本月因为米些战争，停选偶一次，乃是我的幸运。

次日，我再赴王宫，阿颡已抱病早来，与王先自商讨过了。

王对我道："阿颡说：他亦不知购手雷的门路。任何人去，都莫如你去的好。我想手雷购买更重于军事部署。你就替他去一趟如何？"

我道："我亦是不知购买门路的人。但我想总还是有门路可找的。为报我王的大德，我不敢辞此一行。只是左右两路，究是哪条路去为好呢？"

阿颡道："米些手雷，必然是来自阿萨。但阿萨市场有没有卖雷的，我一点儿也不知道。冬九与珞巴两路，有无门路则不知道。现在珞些、米些皆在我军占领中，商路幸无阻碍。凭阿夺才智机变，前往阿萨，或能购得比米些多的手雷。"

王："阿夺，你看怎样？"

我："我愿立即起程。但购雷为决定这次军事胜负的主要任务。须多方探购，购得愈多愈好。我赴阿萨之后，请王派阿聂往冬九、阿楚往珞巴，多方探购。不宜专靠阿萨一路。"

王："你考虑极是周到。我立命人去叫阿聂来吩咐他。也派人人珞巴去通知阿楚。你们今天赶紧准备。明天一齐分道出发。你这一路货品、随员由你挑选。"

我道："明晨我就上路，请王将第三大队统帅派定，明晨同往营地交代。"说罢，我就与王命组的人进货库去选货。我暗想："这次，我可以乘机脱离此岛了。但这岛上人和岛王待我太好了。我必须为他们多购长短快枪，交人运回来后，再从容回家。"

想到这里，我快慰非常。货品只选出口最容易和价值最高的。

正在选货的时候，忽闻全岛人声沸腾。我急忙出库观看。望见左路尘土大起，有岛军飞奔回来。我速锁了库门，回到王宫。则见阿征气喘汗流，向王汇报。但又说不出许多话来。只听他说出"珞些反了！珞些反了！我军溃败了"这几句话。

岛王慌张，眼看我道："怎么办？阿夺！"

我这时也着慌起来，但是，头脑到底还是清楚的，忙对王说道：

"请发紧急王命：全岛戒严，人人准备战斗。命留守军士，全部开过得拉，扼守渡口浮桥，接应败兵。传命得拉后山，叫矿冶邦董阿钟，率全部矿冶工回岛，守护得拉桥头新垒。传命下坪农邦，加强桑浦大桥守卫。传命上勃阿路、阿聂，加强虏民管理，严守剪口，防备波札人越界。"

岛王一一传命。王命邦人员分奔而去。

医药组送上一碗滚汤，给阿征喝了。他才喘息过来。岛王命他详细地、慢慢地说。

他说："昨天上午，阿夺离珞些不久，来了三十名徒手的珞些人，说是遵奉珞王号召，来应募助战的，请求发给武器，编到各队组去出力。他们态度恭顺，言辞恳挚。阿充命他们到阿蛊营垒去听候验编。他的头领说：'要把名字报与珞王知道，以后才好记功领赏。'那时阿充正在折磨珞王，不许他们见面，向他们说：'珞王有病，不能出见。'那头人说：'只须珞王派个大臣，登记了名字在案，就行了。不必见王。'阿充进去，命洛王派人来登记名字。洛王指派了一个人出来。那头人问：'王在哪里？'那人指王住屋，便欲引进。阿充正当喝止，有人突从腰际拔出手雷，打死阿充，又打死卫士一人和看守珞王的武士一人。三十人一齐动手，夺去我军刀矛，劫王而去。

"那时阿雄送阿夺和伤员回岛，尚在崖下营垒未回。闻变，急率精勇追赶前去。亦被手雷击中，受伤倒地。军士扶他转来。我亦闻变驰援，到了珞些。阿充已死。珞王与匪徒已逃。阿雄重伤。正当包扎救治，讯问事变经过之际，米些崖上营垒又放出烽烟报警。我命第五大队进驻珞些，第四大队抬阿雄到下碉增援。我驰回王宫汇报。请王速命阿夺回营领导防堵。现在米些崖头正激战中。"

岛王听了，面色发白，面向我道："你看该怎么办？阿夺。"

我见宫内外上下人等一片慌乱，大是败征，乃故作镇静道："米些崖口营垒，系阿蛊督率建筑邦工人修建，十分坚固。已有三、四、五大队在珞些增援，绝可坚守无虞。珞王被劫走，并非珞些全邦叛乱。请王许我立即驰往，镇抚其民，以招珞王。支援阿蛊，以拒米些。稳住阵脚，徐图进攻。若还我岛慌乱，藩部乘机造事，则大局难以维持。望我王以镇静处之。"

岛王与三老和阿征等面色才改变过来，表现镇定了。岛王道："前方军事吃紧。阿充已死，阿雄重伤，你与阿征又皆在此。五路大军，只有阿蛊一人指挥对敌，军心必然混乱。我任命你为五路总指挥，立即驰赴前线，传我命令部署一切。生杀予夺，皆可便宜行事。"

我请派王命组一人同行。王道："我命邦副阿治，持我的土杖，与你同行。这就如我亲行宣命了。阿征亦当于本日重回前线。可以待到午后，赍我颁发的慰劳酒肉同往。"

于是，我与阿治，立即上马，驰赴珞些。

三十一、稳住阵脚

王命邦副阿治捧持王杖，同我并骑，当日驰抵珞些营垒。见得我岛军士，一片混乱。各头领因失统帅，不知所措，只能维持所辖人众不散，静待王命。今见我与王杖来，莫不欢呼，集聚拢来。我嘱阿治宣布王命，便命阿治暂摄四大队统帅任务，以代阿充。命将阿充等三具尸体，抬回本岛待葬。询问劫夺珞王情形。各头领所言亦与阿征相同。皆判断是米军伪装珞人所为。

我命阿治宣布："米军伪装珞民，劫夺珞王。珞王实无叛志。希珞些人民，各安生业，静候平定米些，迎回珞王复位。前统帅阿充，措置失当，有背岛王指示。已死即不复究。新统帅一贯主张厚抚藩邦，协力讨逆。必能固持王命，安抚珞些。凡珞些人从军立功者，与岛军一同待遇。伤亡抚恤，比岛加厚。"

这样宣布，为的是安定珞些。要使他们不致应附米些，而能为我用。但我们出巡珞些村落数处，接见其人，大都是应声唯唯，目光灼灼不安。来时趔趄，去则捷速。看来阿充留下嫌隙太深，不可空言安抚。乃命阿治盼派五个头领，各率所部，分段布防。从米些长崖，沿崖下溪岸，一直布防到老林边际。不许有人越界。暂时隔断米些与珞些人的来往联系。直至夜深，方才布置完毕。

次晨，我与卫士数人，赶到米些崖下营垒，看望阿雄。方抵门外，已闻阿雄连问"阿夺来了未曾"之声。我急忙入内应声。见雄面色惨白，卧在床上，气息奄奄，索饮甚频，知他是流血过多所致。他见我，发出微笑说道：

"军事吃紧。你来我便放心了。"

我传王命，说与他道："敌人使用了手雷，我们现在亦已采购手雷去了。珞些已经镇定，后方稳固。米些崖头营垒牢实，有阿蛮坚守，可以无虑。你的伤重，岛王命你回岛治疗。待你伤愈后再图反攻不迟。"阿雄点头。

我命人扎成担架，立即抬他上路。待他去后，我才问他负伤情形。

他的卫士言道："你与伤员上路后，他（雄）盼咐我们卫士，随他去珞些察看。意在劝阻阿充对珞王的虐待。殊不料才到半路，已闻枪炮连声。赶到时，珞王已被劫跑了。他夺了一支长矛，追赶上去。大呼'我军战士，随我去追叛匪'。军士随来了数十人和我们卫士跟上他。珞王瘫软不能行走，由匪轮负奔逃，他已将追及，敌人使用手雷，击中他的胸部，登时倒地。流血很多，昏迷过去。我们守候着他，以待后军。后军到时，匪徒已入老林，不知去向了。我们把他抬到此来。他已经晕过几次了。"

我立即爬梯上崖，去会阿蛋。阿蛋大喜道："你回来了，我军胆都壮了。你刚走后不久，敌人就大举反攻。一日之间，军事失挫至此。"

我问当时米军反攻情形。蛋说："我们之垒用土石筑成，不畏手雷。昨日他攻外壕。我军凭外垣拒守，墙矮人高，掩蔽不全。多有被手雷打伤的。曾经被迫退守内垣。内垣高厚，我军弓弩隐伏，待敌越外垣时乃射。敌人伤亡惨重，抬尸退去。昨夜安静，未再来了。我缒人出垣侦察。据报：敌人已散去大半，所余不过千人，烧起若干处号火。有的在地下静睡，有的在搭盖房屋。还有很多人在旧官寨内外操作，似有重建官寨之意。并无防备我方反攻气象。"

阿蛋还问我道："你看我们乘夜大举出击，抓大量俘虏，以与米王议和，如何？"

我道："敌众我寡，当前只宜坚守，不宜出击。此营一陷，全岛便不可收拾了。"

即命营中严密轮派岗哨，谨慎守御。余人安静休息，等待机会出击。这才向阿蛋密语道：

"米些地面辽阔，人口众多，行动狡猾，又有手雷助势，现虽暂退，必然准备有更强的进攻。若还加购手雷，倾国压来，我军壕堑虽坚，战士虽勇，终必被其攻破。你看是吗？"

阿蛋道："我看也是。但我这壕堑，他手雷虽多，也无法攻破。"

我道："军事行动，千变万化。攻守之间，岂能毫无缝隙。有隙可乘，即有可破之道。恃险者不能守隘，恃坚者不能守垒，恃众者不能守国，恃才者不能守身。怎可说'无法攻破'。况我所虑，尚不在于营垒被攻，而虑在我军之难于撤退。"

蛋："你这是何意？"

我："劫持珞王的三十个匪徒，全是米些人伪装。你看他们从何而来？今已遍查珞些，并无珞王与劫持匪徒之消息。你看他们又从何而去？很明显，珞些与米些交通道路，不只有此一处。我们所未能知者，必然还有多处，至少也还有一处。今珞王已在其手中，又素曾与相勾结。若还米些挟珞王从别路攻入珞些，用其王号召珞民起来与岛军为敌，夺占了珞些寨与两崖营垒。则我此地两垒孤军，供给断绝，唯有坐以待毙而已。虽欲撤回本岛，也不能了！"

蚩乃大惧，问道："你看如何方好？"

我道："我认为今夜就要撤退。"

蚩犹豫道："刚才宣布准备出击。忽又命令连夜撤退。军令失信，今后怎好带兵？"

我道："军令依于形势，变化无常。岂能拘于守信，坐失良机？我之先言准备出击，实为准备撤退。使军心不懈，行动更捷而已。"

蚩："若还如此撤退，为敌所轻。则米些崖头不保，珞些崖头亦将不保。左路藩邦亡失殆尽，岛王岂能容许？"

我："岛王许我便宜从事，我乃敢做此决定。纵使降罪，你我二人当之。能保存全岛精兵，死亦无憾。"

这才说服了阿蚩。我们商定撤退之法是：凿开内外两垣，填壕成路。营内人声潮闹，虚张出击之势。入夜大张灯火，晃动摇曳，作出击之状。实则于高垣之内，拆卸工事，破坏营垒。先将辎重移下，最后人员俱下。只留二十余人，拔去索梯系桩，推倒垣堋，抛下木石，然后顺岩而下。

同时，崖下碉垒军士，亦先同辎重向珞王官寨营垒移徙，伪作大举清查劫王匪徒之状。

又在珞些崖上营垒，大事扩修，成为能容战士三百人之营垒。崖下渡头，亦建碉堡，储粮械，大作进攻姿态，慑服得拉。

迨渡口上下营垒完成，五大队军伍，依次移退。最后借口搜捕劫王匪徒，将珞些地方知名头人、勇士，突击逮捕。押回本岛监禁，而优待抚慰之。许待珞王归附后发还。以免被米些利用。

部署已定，我先回到珞些三寨安排，并命阿治回报岛王，说明撤退原因。为时三日，全部撤退完毕，并带回俘获珞些头人、丁壮一百余人。

果然，撤退未尽之际，米些数千人，声称护送珞王回国，分从崖口悬梯及老林道路，旧营崖路而下。以珞王命，调其居民合力猛攻渡口上营。

此营垒有三重壕堑，地道相通。米些猛攻多次，皆被击退。遂大掠珞些而去。

珞王回国，已无几个头人应差。宫内、仓内、民间，全部空虚。老弱残黎，哀鸣乞救，他已无法应答。向米些乞怜，米些不理，还要他交复国的报偿。受其侮辱，亦与阿充在时相似。又见岛军压境，有再次大举征讨之势。意欲投降，又复不敢。

我们料到珞王处境如此，乃故意审讯珞些俘虏，放回无罪者数人。便命应募从军之珞些民工押送。从军民工各人赏盐一筐，听其尽力所能及，自行负走。并嘱其传话珞王：降者照波札王前例办理；不降则大军进攻，玉石俱焚。

这批人回去的次日，珞王果即命人前来请降。他将杀死阿充之人，绑来营垒之外，口称："叛变全是米些匪徒煽动其臣民所为。珞王完全不知。"又说："伪装投军的三十多人，全是米匪。他们口称前来迎取珞王脱险。挟持珞王逃走。使珞些人不敢不与之同逃共乱。现在珞王已从米匪手中脱归，查明情形，将杀害阿充元帅之人拿绑，前来请罪。还清查有米匪杀害岛王军人员的遗体，一并装殓送来。还望岛王念在我王身不自由，赦其罪愆，发还捕去人员回藩办事。情愿永远恭顺，跟从岛军征讨米些。"

我命开垒把他一行人役放了进来，命将来人与同尸体押回本岛，听候岛王发落。我与阿征亦同回岛，劝王受降。

我道："珞些降，则米些不敢越界进犯。我军得休息调整。另图声讨。故虽明知他是诳言，亦宜受降，厚加抚绥，而责以讨伐米些，使两者不致联合对岛。再者我军所短，在无手雷。珞些降附，使我岛有时间往外地购雷。手雷既得，就不惧米些了。可保证广大地区之商务畅通，盐销顺利。"

岛王听从了我的建议。出到露台，命将来使押到广场，释缚、赐酒，宣布："赦免珞些君民罪过。所献杀害阿充之人，仍交来使领回，付珞王按珞些法律治罪。原已压押之珞些俘虏，审讯皆非串通米些之人，亦交来使领回，照常供职。唯勾结米些、导引前来之珞些人等，必须查明问罪。如其能诱致假扮珞民入宫劫王之米匪到案者，可以赎罪。此案责由珞王办理。如能在三个月内擒匪献俘，当有重赏。如三个月内不能擒获劫王之匪三十人到案，则珞王须到岛坐质，以待米些军事平定。"

宣布之后，来使叩头谢恩。领珞些俘虏及原班来人而去。岛王仍派一人，持王命护送其人等出界。其使观见沿途军容严整，守卫坚固，营垒宏大，驻军甚多，粮械充实，有随时出征可能。回去以后，果劝珞王割绝米些，一意归顺长生岛。

从此，米些与珞些相仇。珞王恃在有崖头营垒的岛军保护，不畏米些。米些亦不敢卜崖滋事。长生岛的左路阵地才算真正巩固起来了。远征米些军事，至此，暂告停顿。

三十二、祭葬战士

这次远征来此，自上弦月出兵，次一上弦月珞些投降，共是一个月时间。长生岛损失甚大。自阿充、阿雄以下，伤亡共一百余人。藩部所募兵伤亡还未计在内。物资方面，消耗和损失也很多。而岛方一无所获，反遭了一场很大的风险。若非步步为营，稳健进退，则失败更将悲惨。这也是岛人妄自尊大，目空一切，所应得的严重教训。

事后清点人数，战死者阿充以下五十余人。其中，第一大队要占三分之二。这些战士，毫不畏死，奋勇向前。有十多人是中手雷子弹死的。因为他们还不识得手雷的厉害，硬冲中弹的。还有二十多人是撤退断后中，重伤身死的。其余都是在混战中牺牲的。有一些尸体未能抢回。抢回的只有三十几具。他们全是长生岛的精锐战士。重伤者，阿雄以下七十余人。轻伤者五十余人。

如此猛烈战斗，五六百战士中，仅才伤亡十分之二的人，也得力于营垒的坚固，故虽军事失利而伤亡反较米些为小。这也是珞些叛而复降的一个原因。

虽然阿充要负此役失败的主要责任，但岛人并不怨他。这也是这个岛的一种美德。

岛人虽不怨招祸之人，却对立功之人是衷心敬爱。岛王与群众，都一致称颂我先前布置的周到和临危应变的得当。岛王论功行赏时，竟又提议推我为副王。虽因我极力谦辞，未成决议，全岛干群，自阿征、阿雄、阿蚩以下，莫不对我敬奉。现在，我成了全岛享受荣誉最高的人。

上月，因战事紧张，停了选模、选偶。这月珞些投降，正在上弦，恰是评模开始的例行日子。岛王为了安慰创伤，粉饰太平，下令照常评选。

全岛评模，自然集中注意于这次战役。选模投豆，我得全票。其次是阿雄、阿蚩，又其次是匈咪，都得了百分之九十以上的票。匈咪的战功，特别值得补述。

匈咪才二十七岁，原是全岛有名的泼辣姑娘，诨名"阿轰"。岛语，雷电叫作轰，炙灼、辣椒等也都叫作轰。就可知道她的性格和行动是如何乖张厉害了。我第二次选偶，误选着她，受尽了痛苦。逼得我逃避到绷盖。想不到半年之内，她接受教训，品性发生了很大变化。对我也恭敬有礼了。她学习技能的兴趣很高，很专心，也很慧俐；不但学会了砌乱石墙，学会了刀矛战斗，还学会了甩石子，对五十步内的目标能九十九中，甚至百发百中。在波札与上勃联合叛乱的战斗中，她解了阿雄的围。其后与阿雄为偶，又学会了一些带兵的本领。上月与阿蛊为偶，又学了些领导群众的方法。远征米些之役，她随阿蛊编入第二大队，做一个头领。统率二十个战士，全是妇女。分派她们的任务，是守卫营垒。但她总喜欢率队出战。每当前线吃紧盼援时，她们就冲上去了。屡立战功，成为一支劲旅。

她善于飞石伤人，并造出特别能伤人的石子。是用"绷夺"（白石英石）打碎，取其大如鸡卵、鸽卵者，选有锋锐棱角，握之亦不伤指的形块做石子，故杀伤力很大。她每战必佩之上阵。说使用较弓箭更便利。

阿蛊为她报功时，说："她在上勃战斗时，用石子解了阿雄之危。这次战役中，她原是守营之兵，不必出战，因初建长栅时，被敌人冲破缺口，蜂拥进来。阿飞率队拼命抵抗，被困在栅内地面。她自垒中望见，率队奔援。在远处飞石，连伤敌十余人。与同队女兵冲去，驱逐敌人出栅，救了阿飞一队。这次她带伤率队勇战，才把敌人逐出长栅。

"第二次，米军杀害阿充，劫走珞王。阿雄率众追赶。敌人恃有手雷，且战且走，屡次打伤我军。她率先下崖增援，勇往直前紧追那放雷之敌不舍。那人连放手雷不响，被她追上，矛刺那人倒地，夺过手雷来了。虽未追还珞王，却再次救了阿雄，杀敌甚多。又夺来手雷一支。战功为此役第一。敌人很怕她，把她的飞石，称为'女将的石箭'。"

岛王听了阿蛊所上功状，大喜，提议破格推她为金章劳模，拔升为战斗邦邦副。

我走向匈咪，恭贺她说："你该叫'飞石咪'了。"

她说："还是该叫阿轰好。"一堂人都大笑起来了。

这次评模，岛王提议："凡属重伤人员皆是战斗劳模。其轻伤与未伤人员，依立功事实评选。死亡人员，尸上挂金章，腰间系上资粮袋，依岛王葬礼送葬。重伤未愈者，皆可优先指名选偶，不必亲到选场。轻伤与未伤劳模选偶，皆依战功大小排队。"会上一致赞同。

这次选出一百二十余人，均是战斗劳模。其中女性亦有十多人。匈咪，继我之后，成了破格的金章劳模，又当了战斗邦副。大家从此都不再叫她匈咪，改称阿咪了。阿雄、阿蛊、阿征，皆是旧的金章劳模，加赐酒、肉、衣、被等奖品。我和阿雄所得奖品最多。

选模的次日，举行葬礼。这是长生岛一次宏伟的葬礼。三十多具用王礼葬的尸体，各放到一个木板上，盖上王的礼服和王帽，项系金章，腰系资粮袋，陈列在露台下广场。全岛人员，除罪凶犯和看守囚徒的，守卫王宫、桥梁、碉卡、仓库的，服侍伤员、病号、产妇、婴儿的人外，上自岛王、三老、邦干，下至胥级人民包括儿童，皆到广场排队站立。

从来不肯出门的老巫，也来了。她是一个老妇人。后跟一个少年女子，是她唯一的徒儿，一路扶着她。她们从绷浦走出来，由上台通向王宫的一条直线梯级路，穿过王宫，直到广场。左手拿的一个鼗鼓，不断摇着响；右手拿的一个铃杵，间歇地摇着响。后跟那个女徒儿，背负一个水瓶，上插孔雀翎一支。看这三件东西，都是我原来看到过的西藏黑教（苯教）喇嘛使用的法器。由此我想到长生岛的巫法，必是西藏黑教传来的。那个最先开岛的绷王，应该就是西藏黑教的巫师"苯波"。

巫婆口中念念有词，走到尸体群前，舞蹈作法。其时，已有人从王宫捧出一大筐炒面，和一大筐羊肘，在尸群两侧空地上架柴焚毁。香气溢发，冲淡了尸体的臭气。焚烧食品之际，巫婆取出瓶内孔雀翎拿着，命其徒儿倾出瓶中的水入一瓦盂内。捧着盂，跟她走到各尸体前，用翎蘸水向尸体逐一洒去，仍有祝词。三十余尸皆同。洒遍之后，两堆食品各已烧成灰烬。巫婆取酒泼之，调成灰团，命人分装入三十多个尸体的资粮袋去。乃摇鼓与铃，前导出场。每四人抬尸一具，依次随之。岛王、三老、邦干又随在尸后。群众老小男女又随其后。皆沉默无声，以致哀悼。大群人众中，唯有铃鼓作响，虽远可闻。

老巫由中坎右侧一路走入下坪，进入桑浦大藤桥。到桥中央，开始作法。依次推下尸体入大江中。王与三老、邦干立于巫的身后观看。群众则散向桥内外观看。

此桥宽大，结藤蔓檗枝为栏。正中处，预留有抛尸的洞孔，宽长略大于人体。抛尸时，先收抬尸木板横纳栏孔内，乃斜举其板以抛之。桥高于水面数十丈。尸体久乃着水。或头下脚上，如矢射入。或盘桓颠倒数次，始得着水。或回旋宛转，如螺旋而下。或头脚横直、斜达水面。姿态不一。岛人谓可以出占其灵魂苦乐喜怒。

三十余尸抛毕，群众各自散去。唯干部与武士略具队形，从巫及王回宫。

老巫师徒，始终不与活人交言，仍从王宫后梯道直升上坪，回绷浦而去。

我问阿征："波札战役，也有死亡。是否也是如此葬礼？"

阿征说："凡战死的人，都是如此葬礼。尸少的，巫不出来，只抬尸到绷浦作法；大战役尸至十具以上者，乃出到广场作法。波札战役，战死者少，又多坠崖失去尸体,故未如此举行葬礼。"

我问:"此役亦有二十余人尸体落在敌区,未得回岛的,又怎么办呢?"

他答道:"尸体落到敌手,必是其人有恶,未堪享受王礼。那就只由神巫招魂享祭而已。"

我问:"招魂享祭,如何行礼?"

他答:"亦只随陈尸的葬礼举行。今天搬出焚烧的,便是五十多支羊肘和相当的炒面。灭烬亦有未装入袋的,便是祭享那失尸的二十余人了。神巫是为他们做了法事的。"

我问:"像阿雄这次,几乎死去了。凡死在今天之前的,就得以王礼葬。若还今天的以后,仍因创伤不治而死的,也能得到王礼葬不呢?"

他答道:"那就要由岛王决定了。一般是负伤七日以内死的,用王礼葬;七日以后死的,只以功享受荣誉。不享受这样的葬礼。这样葬礼,是死者应得的光荣。活人与死人,应该不同。死者为重嘛。"

这场葬礼,花了整个上午时间。我们回到王宫午膳。即趁人员齐全,商讨军事善后事宜。

岛王命将匈咪夺得敌人的手雷拿来研究。王先交我看。我看,原来是一支英国制造的旧式手枪。由于一匣子弹已经打完,尚未装入第二匣子弹,故连放不响,竟被阿咪夺得。我不敢说明一切,亦不能全装不识,致失去奉派购雷的机会。只能装着曾经见过,不知如何结构的样子。反复翻看,作研究状。

岛王道:"此物非矛非剑,无弦无矢,为何这样厉害?"

我道:"手雷装有子弹,才能杀人。可惜这是空雷。没有子弹,便同废物了。"

阿咪道:"那人被我杀死。在他衣带里,搜出一些短条铜子,不知何用。我装入石子袋,拿作石子用;现还剩有几颗,你看是不是子弹。"

我接来看,正是此枪的子弹。可惜被她掷去一些,只剩得五颗了。好在枪内弹匣犹存。我对岛王说道:"虽只五颗子弹,已可打死五个敌人。容我研究使用方法,当场试验一下。"

岛王欣喜,定要我做出试验来。

我取出弹匣来,将五颗子弹按进弹仓。又复退出。对王说道:"子弹如此装入,可以肯定了。"

又再装入弹仓,把枪向地,扣动扳机。枪仍未响。又才东弄西弄,扳过机柄,斜向空地扳机。砰然一声。大家一惊,忙去寻找子弹。并未寻着。我到射向地面去寻，找出地面弹穴，跟着刨找。入土已经数寸了。大众欢喜非常。又要提个米些俘虏来试。

我道："五颗子弹，只有四颗了。我们要留下它来，打死战场上的敌人。有一颗研究出使用方法来，就行了。"

有人呼道："我们财货多，买得来。再试一颗，教我们的用法嘛。"

阿咪也说："你再试一颗，教我的用法！"

岛王说："那就再试一颗。试好了，我们才好去买。"

我道："那打个羊子来试验好了。"

岛王同意，便命人去牵只羊子来。

我趁羊还未到，教导阿咪，并给众人看。先说明扣动机括的厉害。故意不退弹壳，叫阿咪拿去扣。她扣不响。我教她道："不退空弹壳，就扳不响。要重新装颗才行。"

羊牵来了。我引大家到后面土坎间，放了羊子。嘱看的人站远。教阿咪退壳装入一颗子弹，向羊瞄准扳机。砰！一声响后，羊子跑了几步便倒地了。

岛王命将死羊解剖，察看伤情。便把剩下的三颗子弹和枪，就交给阿咪保存。我道："只剩三颗子弹，再也不可轻试了。务须留下来打敌人。"阿咪把子弹谨慎藏下，只用空枪练习用法。

大家看到子弹从羊的左后腹打进，右前腿穿出，无不骇异，争言："请快买手雷，踏平米些，为死者报仇！"

岛王亦喜，命将羊肉制成晚餐下酒。招呼众人归座开会，讨论如何购入手雷。

开会时，人人摩拳擦掌，说要不惜任何代价，从多方面设法购入手雷。

岛王道："前与阿颖和阿夺已经商定，派阿夺去阿萨，阿聂去冬九，巴得阿楚在珞巴，找路探购手雷。因米些、珞些叛乱爆发而罢。现在阿萨之路已断。阿充已死。我意改派阿夺往冬九一行。你们以为如何？"

阿征道："阿雄重伤未愈。米些军情难测，阿夺不宜离开本岛。前已既定上勃阿聂前往冬九，是否可以仍派阿聂先去。请王详酌。"

王迟疑道："我亦正如此想。阿夺，你看怎样？"

我心暗想："岛王此时急于购雷，势不能不派遣我。阿征阻议，必是怕我一去不返。看来如此疑我的人尚多。我便以退为进，先做一番推诿。看是如何。"于是发言道："我岛当前第一要务，在平定米些之敌。而平定米些的第一要务，又在于购雷。但购雷一事，我又素无门路。若还派我前去，我还须先从冬九的语言学起。探寻门路，仍靠阿聂。我自估量，自己还是暂留岛上为宜。且待阿雄创愈，米些犹未敢于大举反攻之时，再遵王命前往任何一路购雷皆可。"

王："这也很好。王命组派人速将上勃阿聂叫来，参加商讨。"又说道："把阿颖也请来商议吧。"王命组人立即分驰而去。

王又问我："你看米些军事，将会有何变化？阿夺，你是料敌如神的人。"

我道："此役，米些虽伤亡很大，但未失寸土。珞些既降，它绝不敢越界反攻。"

阿咪道："那么，有阿蛊在渡口坚守阵地。你就该去快些买手雷回来了嘛！"

我正想有人如此问我。她等于替我说出了这句话。但我仍故意推诿道："阿咪，你是想得手雷太切了。阿聂去买与我去买不是一样吗？我所虑的是万一珞些又叛乱，与米些重新联合，阿蛊一人，就难支持了。我虽不能战斗，安抚珞些，还是有些经验。我若去后，继任者又将怎样？"

我这一番话，却把岛王提醒了。他说："阿夺这话说出这次军事失败的关键了。我调开阿充过晚，来不及挽救这一错误。这都是我用人失当之过。记得阿夺曾荐阿征代替阿充，现在我就决定阿征去坐镇得拉，安抚珞些，与阿蛊配合，安定前方。阿夺应趁此前方安定之际，远行去为全岛购回手雷。"

我道："刚才只是顾虑大局，贡献个人管见而已。"

此时，阿聂已来。阿颖早到了。

王向阿聂道："你能去冬九兑换手雷不？"

阿聂道："我完全不知门路。求王另派适当的人。"

阿颖道："我觉得当前人物中，唯阿夺能胜此任。现在阿萨路断，更非阿夺往冬九一行不可。"

阿聂道："若还阿夺能去，叫我跟随卖力，那便一定能购回手雷。"

众人齐呼道："要阿夺去！要阿夺去！"

岛王对我说："阿夺！你看全岛人民，是如何地期待你。你不能负此崇高的信任呀！"

我直到这时，才表示决意前往，并要求派波札房务作为译员。王命立即去叫来。

三十三、采购手雷

我答应了愿赴冬九后,王与大众皆欢喜了。岛王问我:"你看,需要好多货品,换回多少手雷?须得许多人搬运和护送?我们今天就准备好,明天就上路。"

我道:"现还未知门路,无法估计价格。好在冬九道路不过十来天程。容我先带货品去试探。找得门路后,尽先兑回几只手雷和雷子。以后按照兑换价格将货陆续去兑。货多多兑;货少少兑。我岛珍货山积,门路一通,每月可以运兑三次。需要多少手雷,无不如意了。"

王:"虽如此说,这次带货多少,也当有个计划。"

我:"我估计,三十个麝香,或两驮盐,兑一只手雷和百发雷子。十驮盐可换五只手雷。一百五十个麝香也可换五只手雷。再多花费也行。前日我望见敌人只有三只手雷。已被阿咪抢来一只,便只剩得两只了。我们便用五驮盐和百个麝香去换,至少可得四只手雷与几百颗雷子。"

王:"多带点货去。兑到手雷愈多愈好。"

我:"因是新探门路,去货也不能太多。我计划,用四人同行,各负珍货二十五斤,粮食五斤,带刀矛上路。到冬九先兑四五只手雷。摸清行情,再运货往兑。"

王:"可再多些,就用八人运货吧!"

我:"再添四人,背盐各二十五斤,便是八人了。"

王:"这里盐多。既然冬九盐荒,可再多运些盐去。就用十六个人运盐好了。"

我:"岛上守卫需人。若因运盐调走战士二十人,便削弱了本岛防卫实力。我以为此行最多用到十人够了。四人负毛皮、香药等珍货,六人负盐。所负至多不过三十斤,才便行路。打开门路之后,再多运去不迟。"

王:"好,就是这样。你就同阿征入库去选货装包。阿蛩和阿咪去招募愿去冬九的勇士。皆做明日启程的准备。"

阿蛩道:"再三天便是婚选之日了。似宜等到选偶后,再行挑选成对的勇士前往,以免他们有失去一月婚偶,增加了旅途孤凄之感。"

我道:"这可不必。此行须防劫匪,随时俱当戒备,与出征并无不同。不宜用成对的青年男女上路。"

王:"对。全部选成男子的好。若怕他们失去选偶机会为伤,可让他们提前选偶。但选定后仍留岛上,以待其归。不必同行。"

我:"这也不宜。此行来回,可能需时一月。他们归来时,又将是婚选的时间了。徒把女子虚留岛上,妨碍别人选偶。不如凡去冬九的武士,归来再许优先选偶的好。"

王沉吟了半晌道:"你先去准备货品。我再与他们筹商决定。总之,明天必须出发。"

我与阿征,立即退席出来,走向库房。阿征命人取竹篓来,随我入库,任我选择。只命从人装包入篓。衡量轻重,概以二十五斤为度。

我又命取皮袋二十个,装满炒面,准备分发同行武士佩带。多备十袋,是为了岛王还要添人同行。

正在督率装包入篓之际,阿虿来,呼我出去,密语道:"你此行,关系全岛的安危与存亡。岛王十分注意你的安全与健康。"

我道:"我感谢王和群众的信任,定要竭尽全力,完成任务。不负全岛的期望。"

虿:"岛王决定,于十个运货武士之外,再派个头领护送你。你看何人最好?"

我急忙推谢道:"岛上战事尚未结束。人力不足,千万不可为我加派人员。"

虿:"王决定:从行诸军士,提前选偶,携偶同行,借以加强保卫你的力量,亦可多运货品前往。现已经选定男女十人前往。岛王之意,你也先行选偶同行。"

我:"我就不必了。此行,精力当全面用在探购手雷方面,岂有顾念儿女之事。"

虿:"不然。你们一行,全有配偶,你不能一人独在例外。岛王本要派阿咪陪你。但婚选应由本人决定。故派我来征求你的同意。我愿你就指她做偶,以便分管一路的女兵。"

我万分不愿有头领同行,何况是阿咪这个泼辣姑娘。听他此说,忙推谢道:"阿咪新立大功,应该留在岛上,协助阿雄和你守卫。我决不选偶同行,希同去请求岛王,打消加派阿咪之意。"

虿:"岛王派阿咪已定。阿咪亦自请护你上路。她向王立誓说:你活着,她也活着;你回来,她才回来;你不选偶,她也不选偶。你能选她,是最好不过了;你不选她,就很辜负她对你的情了。"

我着急道:"她现在已是金章劳模,本岛骨干了,应该把精力用于本岛的防卫,请你替我婉谢她和岛王。"

阿蛊叹息道："你竟如此辜负阿咪热情，未免太固执了。但岛王决定，终不可违的。"说罢去了。

蛊去后，阿征又来对我说道："岛王把你的安全，看得比他的安全还为重要。他在米、珞叛乱后，屡对我说：'长生岛的兴旺，要在阿夺继任岛王之后。'他很想把你立为副王。因你坚持不受，才罢议了。待你购回手雷，平定米些以后，他必然又要自求退休，换你为王。你不可负他一片诚意。"

我答道："这话吓杀我了。我一个二十几岁的外来人，流浪无依，蒙王收养。只不过偶然几次建议，撞中了机缘，算得什么智慧，什么才能。若不是遇着善于领导的岛王和诸干，我现在做个'泻'还不够呢。哪承望得金章劳模。我的一切荣誉，全是王和诸干赐给的。若还说我有成绩，亦只是全岛人众信任我所鼓励出来的。岛王的智慧、才能，才真正是超过一切的。请转岛王万勿如此说，万勿存此念。"

阿征道："岛王的决心已定。现在购雷要紧，待你归来再说吧！"

谈到此处，岛王已派人来请。我们嘱咐人员准备后，同阿征来到王宫。

岛王拿了一领熊皮披风和一顶熊皮帽给我，说道：

"这是前代老王出征藩部时用的。把它披戴在身，可御风寒雨雪，能避虫蚁蛇鼠。刀矛矢石也难犯体。特用来赐你，愿你像先王那样战无不胜，马到成功。"又把阿咪夺来的手枪和三粒子弹赐我，说道："你拿去自卫。"

我忙立正，注目行礼。说道："我王恩德，没身难忘。我一定能凭借岛王声威，早日兑回大量手雷，不负全岛国人的期望。手雷，恳请仍留岛上，威慑敌人。"说时奉还了手雷。

王又说道："我派阿咪保卫你，以便分管一路女兵。一切仍听你指挥。这手雷既是阿咪夺来，就留给阿咪使用。你在路上好教她们使用的方法。"

我道："阿雄伤重未愈，岛上需人。阿咪有留岛襄赞阿蛊办理防卫之必要。恳求我王收回成命。"

王："这原出自阿咪请求，大众赞同。我已批准了。你不能辜负全岛人民的期望。"

我："那么，手雷仍请留在岛上备用。购雷路上是无须带它的。"

阿咪道："我也请王留下。只凭阿夺和我两袋石子，足以对付沿途小匪了。"

王遂把那只手枪交与阿蛊，吩咐开宴，并命选定的五对武士一同入席。

王又问："阿夺说的波札房务叫来未曾？"

一个卫士道："已叫来了。现在厨下吃饭。"

王道："叫他进来。"

卫士们立即从厨下把务叫来。他立正站在王的面前。

王问他道："你是泻务吗？"

务："是。虏泻。"

王："到过冬九经商吗？"

务："是。去过几次。为波札兑盐。"

王："会说冬九话吗？"

务："会得不太多。"

王："这次派你跟随阿夺去兑货。你做翻译。你能有把握吗？"

务："是。商贸行语我全懂。誓愿忠于岛王，做好交易，立功赎罪。"

王："沿途安全你也要负责。"

务："是。沿途情形，我也熟悉。保证一行平安到达。"

王："既如此忠心，我宣布：削除你的虏籍，作为本岛百姓。今后改称'胥务'。本日一同赐酒。立功回来，再加外赏。"

务："谢我王的恩典。"他说着便跪地叩头，万分欣喜地重站起来。

王又问他："此路能骑驴马否？"

务答："有大半的路可骑驴代步。有几段路驴可单行，不能骑。"

王又命："选健驴两匹，善于养驴的男女泻各一人，照料二驴供阿夺和阿咪代步。二泻与胥务亦各负二十五斤盐巴，加上自己粮袋，持矛同行。今夜一并赏赐酒食。卫士引务下去与两泻一同饮酒。"

阿聂赶来问我道："我还去不去？"

我道："上勃事务繁重。我去后，你要协助阿路承担重任。已有阿务同行，这次你就不用去了。"

席散后，天还未晚。我辞别岛王。王道："明晨，我命十二邦干和全体劳模来下碉替我送行。"

我逊谢而别，便邀阿征、阿虿和阿咪同往医疗所去看阿雄。阿雄伤势已有好转。医生要他静养，只许他向我简单发言。雄躺着道："定要购回手雷为我岛复仇啊！"

我不自觉地凄然欲泪，也只应了一声"一定"，便退出来。阿虿出医疗所，便与我告别道："明晨再来送行。"便同阿咪回海口去了。

我不能忘情阿嬷和阿新。又到她二人处去话别。她们都说："明晨来送行。"我再三地恳辞。她们才答应了。

阿嬢问："还想念阿美和宗咪吧？她二人都说要来送你。"于是，我又请阿嬢引我进孕妇院去看她二人，谢却了她们送行。这才别了阿嬢，回下碉来。

回到下碉，屋里女客已经挤满了。大都是绷盖来的故人，他们一致赞扬我的功勋和荣誉，还由阿红带头，为我歌舞跳闹一场才走了。

阿意还为我烤了几只羊肘，装成一个装子放着。说："为了能够多搁几天，特别做得咸。"我对这个纯朴女孩，真实疼爱。我把我所得的食品赏赐，酒和炒豆之类，尽量留下给她。

次晨，阿蛊和阿咪，一早到来。男女二泻牵来两匹健驴，又各背上一个盐篓，由阿咪引来给我看后，便同阿意去给我收拾行李去了。阿征率领五对武士，各负货篓，举刀矛，来到下碉，同进早餐。

早餐之际，送行人纷纷到来。虽我昨日已经辞谢了阿新及阿嬢，但阿新仍然来了。她说："不只为了奉命送行，还想看看你建造的盐崖洞子工程哩。"

我怕来人多了，纠缠太久，暗嘱阿咪率队前行，又嘱阿蛊道："防务正紧，请你先回海口。盼嘱沿途前来送行的人折回。就说我们已经上路了。"

阿蛊道了一声"前途珍重"。驰骑而去。

我送过阿蛊，便向阿新和许多送行人员说道："请同路去看盐洞内部吧。多有布置未善之处，请便指示出来，即早改正。"

于是，我们从碉的后门走上桥陧，直入洞口。他们都在直洞内松光照明之下，用手敲壁，扣柱，舀取白盐舐尝。

我道："请看，我们拥有这样雄厚的盐田，纵是用一百驮盐去兑一只手雷，也将是每个人有十只以上的手雷了。还愁米些不平吗？"众人一齐欢呼："阿夺咿！"声震洞外。

我从侧横洞道走出江边岩路，回身向跟来的人说道："一行人已经出发在道。恕我不能久陪。"便向岩路走上勃拉邦顶。送行人拥挤难出，也就各自回去了。

我上得勃拉崖头，阿咪嘱女泻率驴等候在此。想不到阿意也立在此处。依依惜别。我走近前吻了她，轻轻与她耳语道："下月我再回来，仍将选你。"她含泪望着，待我骑上驴后，又走拢说道："烤羊肘已捎在鞍袋下面。"我道了一声"谢谢你"，便鞭驴驰走了。我在驴背上，自念入岛以来，偶婚八女，当以此女为最令人怜爱。虽已决意割开，挥鞭离去，仍不免驴上频频回顾。见她仍是伫立望着。我忽然转念："柔情牵人，当用慧剑斩断。若还不速去，难免无由解脱。"这才赶向剪刀口路上。望见前队，已上对崖波札地面了。

三十四、来到冬九

我受王命，赴冬九购枪。我想，这次胜利返回家乡，是毫无问题的了。毕竟岛王待我甚厚，岛民爱我太深，我也不能忘情于他们。我只能努力给他们买足枪弹，交阿咪等运回了。我自己是从此脱离该岛，不再回去的了。

行过勃王宫前，阿路和阿聂迎着，转致勃王之命，送酒壮行。我未下驴，径赴剪刀口。又是一批上勃人众排队送行。我下驴，命阿路把送行酒赏给民众喝了。挥手告别。步行过剪口路。波札王与他的大臣齿，已在崖头设座迎候，邀请到他王宫去午膳。

我向他说："前月留下你邦谋逆犯三十余人，从我参加平叛战斗，立功，都应除去房籍。待我回来，定可与阿务一样奖赏。并依其志愿放回波札。波札人众，务须循礼守法，安藩保境。需要盐粮，我会尽量资助你们。"波王与其臣民称谢不已。

一行在波札午饭后，行达白马长崖下野营。早有阿齿安排羊酒在此。他们架起燔柴在崖下草地上，阿齿陪我饮酒聚谈，无非感激我赐他王臣再生之意。

阿咪把十个男女武士，分成两队，围火两堆。饮谈休息，手不离矛。仍每二人轮班巡行守位。两泻与阿务，则在我的燔火附近，倚篓而坐，守着两驴。我听阿咪告诫十三人道：

"岛王吩咐，我们的职责是：保护阿夺第一，保护货驮第二。一路无分昼夜，皆按行军纪律管理。到了冬九才可松弛下来，另做安排。今夜宿营波札地面，虽属安全无虞，仍须守岗布哨，加强防备。"我觉得这女子真已学会带兵本领了。

我问阿齿："前沿白马部情势如何？"

阿齿答道："大河这面是小白马。河那面是大白马。白马王住大白马。这边住的是副王。两边只有溜索过河。先前曾有藤桥，被波密侵入小白马时破坏了。故虽同属一白马王，却与两国无异。白马人纯良，一向与各部和好。他们现正缺盐。若能多赏以盐，即可抚有其人，商路长保无虞。"

我听此说，即命阿务连夜赶回下勃，调运百斤盐来，赏赐白马。另调百斤赏赐波札。

阿齿致谢回去了。这夜月明星朗,我们夜行无碍。阿务勤勇,果于当夜赶回,次晨便又赶来了。据云:"已派四人各负二十五斤盐跟来,不久可到。"

早饭后,我命阿务前行,通知白马副王。乃与阿咪,督率男女武士,负货扶索梯上崖。两泻则牵驴涉水,沿崖路斜上。其时溪水渐小,人伏驴背而涉。

上崖后,整队前进。途中已有白马王派人来接。邀至王宫午饭。午饭时,勃拉人已负盐赶到。当即赏给白马王,并谓"若能保卫商运,每月赏盐五十斤"。

白马王、臣大喜,留一行在此住宿。我怕人多滋事,仍命上路前进。至一白马的邑落外旷野宿营。白马人供应柴火,亦皆以盐酬之。其人欢悦,供柴甚多。且有献酒求盐的,献肉求盐的。亦均酬之以盐,使其满意而去。

当夜围火,俱照昨夜布置。土民献酒既多,值班巡夜的十三人皆得饮酒。我道:"再有烤肉就好了!"

阿咪道:"阿意给你烤了几袋,叫我给你搭在驴鞍的两侧。"我才想起阿意临别之言,自笑道:"骑驴时每嫌两腿后方有碍。原来是你们放有羊肘在那里。快取一只来重行烤烫,我们一同下酒。"

阿咪道:"十五个人,一腿太少。要吃就取两腿。两袋重量均称,驴才好走。"

我拊掌说:"好。该用两只。但盼咐他们肉可多吃,酒则必须限制。留些明夜再喝。"

阿务闻声跑来道:"再给我一升盐,去换两个'牛脬'来装酒。"我点了头。他跑向居民去,不一刻引来一人,献一牛脬酒和两个干牛脬①。他仰望我问道:"赏盐一升吧!"我道:"赏三升。"那人大喜,领盐而去。

阿咪道:"岛王为你此行准备一切,甚为周到,却忘了带酒。"

我道:"连我也未料到打野宿营须有点酒喝。若宿民家,我亦不许你们喝酒。这乃是王有意给我们戒酒,并非忘了。"

阿咪又说:"岛王安排得好仔细啊!为的我们在婚选期离开,便提前配好一同上路。"

我道:"岛王虽然如此安排,我们却不可不自己严格。再两日可到冬九,那时选婚期还未过。我们必须到了那里才许同居。你要坚持这一行军纪律。"

阿咪应道:"是。"

---

① "牛脬",就是牛、马、驴的膀胱。薄软强韧,盛酒缚口,骡马驮上震撼不坏。

众应道:"当然。"

第三日,从白马邦向北。路不很平了。时而上一山爪,时而下入沟壑。过了几条小河,都是乱砾转动的流沙河。据阿务说:"盛夏时,这段路最难走。往往突然遭到漂石冲击,人马伤亡。又往往有暴雨。"

今天出发时,望见了右方的雪山横列,望不见左方的大江。渐向前走,望见大江了。右边的雪山,渐被森林掩蔽。我们穿过森林边际在走。阿务说:"这一带,便是从来劫匪最多的地方。"

我叫阿咪选一空旷处停下来休息,吃点炒面,重新布置行军行列。

我主张:放两个机警的武士同阿务前行。阿咪率八个武士随后,相隔约六扒到十扒。我与二泻率驴押后。全体步行,刀矛不离手,随时准备战斗。

阿咪说:"这样不好。遇匪作战,不能事先布置。匪情千变万化,只能随机应变。我和你都该居全队正中,以便商量指挥。我们集中力量,缓步前进。用不着有人探望,有人押后。"

阿务道:"劫匪目的,在于夺货。我认为战士应该集中保护货篓,一闻匪警,便赶快集中一处,放下货篓来,围货站立,看从哪方来,便向哪方迎战。如匪来势太猛,便宜各人弃货于地,退伏大树之后,让匪徒取货负行,乃从后追击。我们经商于此路的,御匪之法,大抵如此。"

阿咪道:"岛王交给我们的任务,首在保卫阿夺。其次才是货篓。若还遇匪,无论匪多匪少,从何方来,我们都要人向阿夺所在集中。击溃劫匪后,再行收集货篓前进。"武士们同声赞成。

于是,阿咪命两对武士和阿务走在前面,她与我和两泻居中,三对武士走在后面。从容穿林而行。结果未遇匪警。

出林便是大河边。路很窄小,蜿蜒于山麓森林之下。阿咪下驴,待我到来,商讨如何行进。我问阿务:"这样狭窄的沿河小路,过去有宿处否?"

阿务道:"波密路险匪多,不可暮夜行走。从来行旅都是野宿于此,次日早行入波密地界,白天不易遇匪。"

于是我们住下来了。我和阿咪看了地势,一面旷野,一面河水,只一角是森林出口。我们布下三个岗哨,一在狭路口外,一在森林附近,一处岗哨,各只相去两丈可以相互照应。余下之休息。我与阿咪等人散步河边,练习武艺。他们要阿咪教甩石子。她虽然已能百发百中,却教不来人。向她学的,久无进步。经我教练的,命中率就要高些。

阿咪问我:"身法、手法、指法,我们教的都是一样,为什么效果会不同?"

我道:"我从小就学,先学投远,后学投准。投远,是别人教的。身法、手法、指法有形可见,故易学会。投准,则从来没人教过,全是自己摸索出来的经验方法。因而难于口传。你的投准功夫,全是你自己从苦心锻炼的经验中得来。你不能把你的经验总结得出来,所以也教不会人。"

咪:"那就把你所总结的经验说说嘛。"

我:"我也不能说出多少来。只大体上可以说得一些。就是:如果目标近,要平直投去;稍远,就要比目标更高一点投去;愈远,也须愈高。这样才能投得准。还有,使用轻石和重石不同。用轻石能打准的目标,改用重石投去,就也需要发高一些。又各人体力不同,力大的,宜用重石;力小的,宜用轻石。都有待各人从练习中去取经验。非口传即能见效。"

我这席话,在七个武士听来,似懂非懂地白眼望着我,没有感觉一样。唯独阿咪听来,是一句一点头,似觉趣味无穷。当我说完后,她突然抱着我的腰,用她的头向我心窝擂动着说道:"你这个人哪,真是……"

我忙用手轻轻把她推开,问道:"我这个人怎么样?"

她道:"我觉得你的话,句句都是我想说的。怎么我说不出来,你就能说得这样呢?你这个人哪,是个心巧、手巧,连嘴也巧的人。"

我道:"你有比我更多的经验,不去总结,这是你说不出来的原因。你和他们懂得总结经验之后,将会比我说得更准。一个智慧才能出众的人,必然就是善于总结他生活经验和历史经验的人。这不是人人都能做到的啊!"

于是我们回到江边,再练甩石子。结果便有两个人能连续投准目标了。此后,甩石的练习,就成了我们沿路的娱乐。从而练成了几个甩石能手。

第六天,早饭后上路。走过江边狭路的波密地界。行旅更稀少了。远望来了数人,都是带有武器的。我问阿务:"那是商旅,或是匪徒?"

务答道:"这带商旅,皆带刀矛。匪徒也似商旅。只宜戒备,不要问他,也不要怕他。各自走路,自然无事。"

我与阿咪皆骑上驴背,吩咐十三个人,行路距离隔开,各自戒备,各自走路,注意号令。不许与人问答。

渐渐双方走近,交互走过,未曾发生事端。

阿务靠拢我说:"这几个人,都是匪。他们行囊空虚,就不是商人。见我们人多又有戒备,也就不敢动手了。"

我们在两水沉流处一个河原上"打尖",小憩饮食。这是个三岔大路。远望大江上有座藤桥。小河上有座木桥。阿务说:"藤桥那边是大白马。藤桥这边是波密地界。大白马人经常通过此桥到冬九兑换盐。"

我问:"由此到冬九,路好走了吗?"

务:"这条小河叫'波澎'。水量很大。沿岸的路仍很窄。中间有个较宽之处,商旅必须停下纳税。收税的波密官很贪酷,贪得无厌。贿赂不满,便要开包查验,肆行践踏。若见贵重之物,顺手拿去不还。若还你要争论,他还了你,追你走不几里,便有匪徒出来劫去。那些匪徒,皆是他们一伙。波密规定是按货值取十分之一。所以他们有权开包检查。若还贿赂满意,则随便给点货品便可行了。但他们欺软怕硬。对有威名部落的大商旅,亦不敢过于放肆。此去应当如何行贿,宜先准备。"

我们商讨了一会儿,取五十枚麝香,三张毛皮出来,用个皮囊装着,交阿务前去行贿。就说十三篓都是盐巴,只有这囊是香货。说我们是长生岛与波札合伙来探盐巴销路的。要求交税一篓盐巴。外用十枚麝香行贿。可以添贿到二三十枚。

阿务拿着先去了。我们整队缓行,到税关外住下,等候阿务的消息。不久,阿务面带喜色出来,招我们进去,提了一篓盐巴交税,便放行了。他们未曾见过长生岛人。许多都上房顶去观看。

阿务说:"波密是个大部落,原是播巴管的一部分。后来波密王不服管,派人私设关卡收税。但对商旅已不似往时那样凶横了。我说了长生岛新开盐田。盛称岛王的声威和盐田的丰富。说这次是试探行情。若还销盐有利,将要大批陆续运来。这点麝香兽皮,是波札人结伙来卖的。那些人说:'冬九正闹盐荒。你们盐来得及时。'他们对于得到二十五斤盐,甚为满意。只取了十枚麝香的贿赂,便放行了。"

我们听到这里确实盐荒,颇悔运盐来此少了。次日是我们上路的第七天,知冬九已近,便只烧茶吃了炒面,就动身前进。走过一座已经半破的公路桥,渐见人烟和耕地。一路平坦,晌午已到了冬九喇嘛寺下。

三十五、同床异梦

　　冬九地处工布与波密和珞瑜交往的要冲，是藏南的各部落相互交换物资的市场。珞瑜的人经常到这里与藏巴、康巴和波密人贸易交换，有些汉商也来此收购麝香等土产。它并无城垣和街市，只有藏式房屋三十余家。其中二十余家都是供来此的商旅住宿的。这里原是波密土王管的地方。宣统三年（1911年）波密土王作乱，驻藏参赞罗长裿率藏军进剿，在边军的支援下，征服波密，将波密分置为三个县（宗），冬九是其中之一县。当时我是随边军程凤翔将军从察隅来到白马冈，只知道冬九这个市场，却未曾到过。波密平定后，边军撤回。我因病留在白马冈养病，不想遇到驻波密的军队哗变。我逃到珞巴村，后来又去了长生岛。这一年多时间，外边发生了啥变化，一点儿也不知道，也不知冬九现在还有没有驻军。为稳妥起见，我先命阿务去找住处。给他指定住处的条件是：（一）市场偏僻处的旅店，便于秘密交易。（二）要多有小房间，分住五对男女。还要有一间供我们堆货和办事。因为今天已是我岛婚选的最后一天。武士们应该合婚了。（三）房后要通连郊野。这是为了便于手雷进货，也是为了便于我逃走。

　　我们在郊外大道上休息了一刻。阿务找好了一家旅店，出来把我们接去。一切条件都合，只房间才三间。店主是个中年妇女。她用器物把两间大屋隔成六间小屋。让我在火塘后一间小屋住。五对武士分住五间。务与二泻在她的火塘间住。

　　我们把盐篓全放进武士住室，与火盆架等权作隔屋的短壁。四篓兽皮香药，放进我的屋来。由阿咪守护。这屋在二楼上，前火塘，后有窗户。窗外便是郊区道路，甚为适用。

　　阿务交还纳税行贿所余物资。我命他与二泻，取一篓盐与这些零货，到市街上去摆地摊零售。换些酒、肉、牛奶、奶渣、酥油、糌粑等食品回来。顺便宣传有大量盐已莅售。三张兽皮也用来做个招牌，借以探听采买枪支的门路。

　　阿务告诉我："这里商货的门路，主要靠店主婆去联系。做地摊，只能访点当地行情。"

我们知道这里正闹盐荒，正好用盐招揽主顾。清点盐篓，共七个，一百七十五斤。纳税去了一篓，二十五斤。阿务出门零售一篓二十五斤。店主婆求店酬用盐，划出一篓，现只剩四篓，共一百斤。我们托店主婆暗地招商，这百斤盐不换别货，只换长短枪支和子弹。

这里只用藏语和波密土语。一行十五人，只我与阿务能懂。但我伪装成不懂的人，一切俱派阿务接洽。店主婆介绍交易，我全听得懂，亦仍用翻译。

我打算，此行一定乘机逃回到墨脱。但亦不负长生岛的岛王和朋友，一定要把各货完全兑换成枪支子弹，由阿咪等运回岛去。也料定阿咪是断不会放我走的。因而不能不欺骗她，装出一心要购得枪弹同回的样子，以避免他们的监视。好在他们语言不通，到了这里，是把我无可奈何的了。

这天下午，阿务的盐全换完了。兑回酒、肉食品甚为丰富。还有赶到店来要求兑盐的人。店主婆又来重申店酬要用盐的话。并劝勿再零售盐了。她说："只有盐才容易兑得手雷。"

这天晚饭，我命大沽酒肴，与一行人痛饮。并宣布道：

"我们这次，担惊冒险，来为长生岛办理采购任务，总算一帆风顺，到达了这个素不相识的目的地。听店主婆说，手雷保能换得。幸好这里恰逢盐荒严重，我们可用这百斤食盐做招诱，换兑欲得之货。今天初到，虽还未得门路，我已经感觉到，不出一月之内，就能换回手雷的了。所以我们值得欢饮。"众皆大乐。

我又说："阿务此次立功最大，可谓不负岛王的提拔。未来这路商业，还要委属于他。男女二泻，也是同样立功。岛王令我便宜行事。我就宣布，今夜解除二人泻籍，升入胥级。阿咪领导的十位勇士，多次战斗立功之后，又复立此大功。换雷回岛后，我会报请岛王钦加升赏。唯选定婚偶，是岛王已批准的。今天正是岛上选偶应该结束的一夜，特借此酒，为诸位恭贺。今夜合偶，正式同居。"

说罢，举酒先饮。五对武士和两个泻，以及阿务都一致欢腾起舞，高呼："阿夺咿！"

饮罢，我嘱他们早寝，便回屋了。阿咪跟了进来。我道："这几天你太辛苦了，也该早些睡了。"

她道："我睡到哪里呢？"

我道："租定房屋，都是你的。六间屋子，不是还剩一间嘛！"

她道："岛王命我保卫你的安全，不许稍有疏忽，我应该住在你的屋里。"

我道："那好极了。珍货全在这里，也便于你保护它。"

她低声问:"那么,合铺不呢?"

我道:"这该你自己选定的嘛!"

她道:"我只能接受你的命令。"

我道:"你自己有你的权利,有你的需要嘛。从前你都说过,现在你就忘了?"

她道:"看你这个人!这么几个月了,都还克服不下去。你就不许人补过了吗?"

我亦笑了起来道:"你现在毫无辣味了。"

她:"你还是这样地报复我。你是个心胸狭窄的人!"

我:"今天我也轰你一下,你就受不了?"

她:"我轰你,你就跑向阿盖,不回屋。今天你轰我,我还是不离你。"

我:"这也是你的权利,你的需要不是?"

我和她历久不解的疙瘩,此时便在谐笑中和解了。但是,我深知这个女子是个厉害的人。她是决不会容许我离开长生岛的。她似受岛王密旨来监视我。十个武士也掌握在她手里。我对她仍当一切谨慎,不能露出半点马脚。俗话说"同床异梦",我与她,真合得这句话。

次日,我早晨起来,捏食糌粑时,店主婆与阿务来了。这个店主婆,四十余岁,原是西藏工布区的人,随夫经商至此。开了这座店房,接待波密、白马冈、珞瑜、拉萨和康巴的客商。丈夫死后,独自当家,又生有一儿一女,皆还幼小。她不但能说流利的拉萨话和康巴话,还会白马、珞瑜和波札话。她的经商本领相当强。从前到过大白马。现在作为住客的买卖经纪人。白马与珞巴人,叫她作"阿侩"。她自己的藏名叫"纳姆"(天女)。她虽还未曾与长生岛的人接触过,但知道我岛很富庶,对我们接待非常热情。我叫务对她说明想兑换枪支的意愿,请她帮助联系。她满口应承。

第三天一早她就来说:"有几个从工布江达来此的人,他们有长短枪,想用枪兑盐和麝香。请立即派人同我去接洽。但镇上不久前有四川尹大都督的军队开到。他们怕被军队抓到,要求一定要秘密交易,不能让其他任何人知晓。只准派一个先接头。"阿务翻译给我和阿咪听。其实,我全早已听清楚了。阿务其实翻译得很不清楚。但我仍装作听不懂纳姆的话,一定要通过阿务翻译,才肯发言。这不只是避免阿咪等岛人对我的怀疑,更还可以利用翻译时间考虑如何应付才好。

我考虑后,就欲自己去。但阿咪阻挡着道:"先派人去接洽好了,你再去不迟。"我只得派阿务去。约定交易大概标准后,再招我到店后山坡上验货决定。

他二人去后,阿咪和我邀集十二个同行人来,宣布:"从今天起,交易的事,依靠阿务和店主婆去接洽。我们暂时无事，除留两对人轮流在店看守货外，都可以出市逛逛。主要在于学习此地人的语言和农牧生产的方法。虽然闲玩，也要学些有用的本领：或到后山练习甩石。或去观看当地人种地、放牧，商民交易。学会语言的，将来可以派到此地经商；学些耕牧新方法，可以回去教供部百姓改良生产；学会飞石打准，是我们武士的重要技能。对于将来使用手雷也有用的。总之：我们不白白地混过这几天，才不枉自走这一趟。"

他们哄然应声说："是。"

阿咪把十二人编成三组。经常两组出游，只一组留守。但她自己则紧紧跟我不离。

武士阿柱与阿丝是一对。他俩言道："既然此地盐价这样好。我们何不派闲着的人赶回去再运一些来，更多地兑换几只手雷？"

阿咪立即赞同。

我道："且待今天看准行情以后再说吧。"

阿柱道："此间此刻盐价高，现在就可决定嘛。"

我道："话虽如此说，究竟此间有多少手雷可兑，须探清楚了，才好回去搬运相应的盐来。"

阿柱道："那也还有别的货物可兑嘛。"

我道："我们此来的任务是兑雷。若只兑别的货物，又何必如此着急呢。好在今天已有了点兑雷的线索。再等一两天赶回运盐也不迟。若还今天已能兑得手雷了，明天就押手雷回去运盐，不更好吗？"

如此才勉强把他们说服了。阿咪又对他们道："阿夺这样稳练的考虑，是我们应当遵守的。就再看一两天吧。"

其实，我是不愿有更多的人跟来，妨碍我的逃逸。

众人退出后，我听到窗外嘘哨之声。开窗望去。正是阿务与店主婆和另外两个人在那儿向我招手。我笞以于势后，他们便向山坡上面树林走去了。

我立即出门。阿咪挡着问："为了何事？"我附耳说给她道："阿务约去验兑手雷。这里只许秘密交易。你们切勿声张。"

阿咪点头。便佩上石子袋和腰刀，吩咐留守武士看屋。她自己跟我前去。我无法谢绝她。只好同她装成出游之样，上市去走了几十步，便出市向山坡树林走去。

卖枪那人是个宣统元年（1909年）派驻西藏的川军，是个四川人，但说的是康巴语。叫店主婆翻与阿务。阿务又才翻译给我和阿咪。其实，我早已比他们听得更明白了。那人说的是：他们部队原驻扎波密。去年内地革命消息传到波密后，他们的队伍哗变，领兵的罗大人被乱兵杀了，大家没有统帅，各行其是，有的闹着回川参加革命，有的闹着要回内地"勤王"，有的趁乱发财，都拥回拉萨去了。我们几十个人，想乘机回川北老家去，留在工布江达等领拖欠的饷银，等了三个月，内地运来的一批饷银才到。大家扣着押饷的长官，要求先把我们这些在工布江达的军人欠饷发了，余下的才运去拉萨。押运的谢管带，同情我们，又怕大家作乱，经请示拉萨钟统领后，答应先将一驮饷银留下分给大家。其余的坚决不能动，必须运拉萨，否则将以叛乱论处。大家不敢再闹，便去分留下这一驮。我和两个朋友只得到十两银子，不够回家盘缠。且听说赵大帅命人在昌都截拿逃兵。想去拉萨，又听说拉萨已处于战乱。于是只好暂留工布江达，做点小生意。前些日子，听说现在是民国了，尹大都督杀了赵大帅，率兵援藏，前锋已到工布江达了。我们于是准备回四川老家了。但路费不够，只得把原先留作护身的这支手枪拿来换成麝香和盐。盐作为沿途食宿的开销，麝香到打箭炉去换成钱回乡。因怕被尹都督的军队发现，故装成康巴商人，到这儿来兑换。

最后他开了个价，想用这支手枪，换两篓盐和二十个麝香。

我把手枪接过来看，是一支英国造的新式手枪。但他只配有二十粒子弹。我摇头不许，退还给他道："每支枪要配一百发子弹，换一篓盐和十个麝香。因为现在求兑盐的人多。我们也只有四篓和几十个麝香，我们王规定要兑四只手雷的。"仍叫阿务翻译给他们听。

我利用他们辗转翻译的时间，考虑着能否与这几个川军同路逃走的问题。但很快就否决了。因为他们是逃兵，可能被捉拿。且我需要的是回墨脱的家和妻子团聚，与他们不同路。因而，我很认真地替长生岛讲价。经过几次反复商讨，我仍坚持一支手枪配一百发子弹，换二十五斤盐和十个香的对价。

阿咪和阿务都向我密语道："枪好，可以让价。换得一支算一支。盐和香多的是，可以再运来嘛。"

我对他们说："子弹二十粒，容易打完。打完便成废物了。他们的子弹必定多，定要他们配一百颗才允成交。"

我这样坚持，把那店主婆弄得好不着急。她向我说道："他们是乘乱逃跑的兵，哪能还留有一百颗子弹来兑换呢？你要再坚持，这生意就无法做成了。我也没法再从哪里去替你们找枪弹了。"

我这才让价。最后商定，三十颗子弹配这支手枪，换一篓盐和二十个麝香。讲好我们先把这支枪和二十颗子弹拿回。晚间，他再拿十颗子弹来取麝香和盐。

我又要他再加两颗试枪，争执许久，他才承认了。由我们在二十颗中任选两颗试枪。他晚间共补送十二颗来。

我们转到山的后面去试枪。我叫阿咪试放。她第一次使用它，对准较远一座顽石，未击中。再试一颗，击中了。阿咪欢喜极了，拿着空枪把玩，爱不释手。还想再试一颗。我劝止了她。我叫阿务和店主婆回去准备兑货，再三叮嘱他们要补来十二颗。

阿咪和我找寻退出的弹壳和顽石附近的废弹头，研究它的作用。她把这些全收入石子袋里，说回去还要慢慢研究。

我们回店时，武士们全都挤来争着要看手雷。我教他们道："这是秘密交易，不许声张。若被军队知道了，便是犯法，雷要没收，人要惩办。"

阿咪、阿丝等又提议立即派人回去运盐和香。我再一次挡着道："还不宜太急。盐在此地原不是很值钱的。现因盐荒，所以价格高涨。若还再来多了，民间不荒，市场价格就会疲软。反不如现在这样具有换兑手雷的力量。盐愈少愈珍贵，愈有诱力，愈易兑得手雷。我的意见是：先待四五天，观察好行情，再派阿务回去运盐。这条路上，是非阿务往来不可的。我现已微懂此间土语。再经过一次交易，我便可以无须阿务翻译，能自己接洽兑换了。"

阿咪道："我相信阿夺的话。他入岛才十多天，便学会了岛上的语言。但我们已经换得的一只手雷，也应该先派人给岛王送回，报告我们的成绩和此地的行情。"

我道："先把兑得的手雷送回，是必要的。但送回去，也要有人使用得来。现在只有你使用得来，你能回去一趟不？"

阿咪道："我有保卫你的责任，必须与你同路回去。现在只能先派阿柱和阿丝一对押送手雷回去。明晨即可起身。你趁今天下午时间，教会他俩使用就行了。"

阿柱也说："我今天下午一定能学会。"

我至此不能不赞同她的办法。于是遣散余人，只留阿咪和阿柱、阿丝在屋里教他们使用手雷的方法。

这天下午，店主婆纳姆和阿务，又引一个专门贩卖枪支的人来，说："他不一定要盐巴。可以兑换毛皮、香药。还可以每枪配一百发子弹。只是对价很高。"问我："准备要买多少？"

我道："我们这次先买四支长枪、两支短枪回。如果价格合适，还可多买些。"

那人说道："长枪很贵。"

我道:"价钱合理就可以。"

他道:"短枪配一百发子弹,要两百枚麝香的比价。长枪加倍。两支长枪,现在有。再要多,便还待订期办来。"

我摇摇头,又摆摆手,表示不说了。那人退去后,店主婆问我:"究竟能出什么价格?"

我道:"用麝香比值兑货,长枪配一百子弹,可以出一百个香的价,最多不能过百五十个。短枪配一百子弹,可以出到六十个,最多不能到一百个。这是我许你的对价。你们如能使价再少些更好。给你的报酬可以相应从重。"

二人去了,晚间回来说:"长枪两支共兑三百个麝香,已讲成了。但是,他要用盐折合。百斤盐,只折合二十五个麝香。短枪每支配百颗子弹,可以兑货,以百枚麝香合价。"

我道:"你们亲见,我二十五斤盐、二十个麝香,换一支手枪、三十二发子弹。他多配七十发子弹,也不应就是一倍的价格。按他这比价,现在我们的盐还不够换他一支长枪。怎么行呢!我打听到的是,现在此地盐价,百斤盐可换到百个麝香哪。请再商量他,就百斤盐折合五十个麝香吧。但要在十天后,我们把盐再运些来,才能给他把盐交齐。若还说兽皮、香药,现带来的还多,可供兑换。"他二人又去商量去了。

这天夜晚,店主婆和阿务,拿了十二颗子弹来,提了一篓盐出去交货。交货回来店主婆向我和阿咪道:"这些过路客的枪,价格便宜,但是只能有一支两支旧货,子弹也少。不如枪贩子的枪多,又新又好,子弹也多。你们既盐多,怎不趁此盐价高时,多运些来,兑很多的枪回。却只与他苦苦讲价做什么?"

我道:"阿侩,你这席话也可以去劝那个枪贩子嘛!他们既然枪多,何不趁这盐荒,用来多兑些盐卖。又与我们苦苦讲价做什么呢?"

店主婆道:"正因为他想兑盐卖,这生意才说得拢。但是你们太坚持了。他今天只允许迟十天交盐,还不肯让价哩。明天我再去说吧!"

阿务道:"看情形,那商人的手雷不少。他的雷多,我们的盐多。交易大有希望。现在赶快派人回去运盐要紧。"

于是,阿咪和我商定:派阿柱、阿丝,把这已兑成的手雷和三十发雷子弹,送回岛去。再调两百斤盐来。我特嘱咐他俩:"一路不许把手雷暴露出来。这乃是惹人抢劫之物。"还把两匹驴子与一对马夫交与他,限两天半赶回王宫。阿咪性急,要他们立即出发。我挡着道:"明天一早走,比夜行安全。今夜更做充分准备,学会用雷技术要紧。"

次日，阿柱四人走了。阿务和店主婆，亦已与枪贩子达成协议：用三篓，七十五斤盐和二百枚麝香，加三张猞猁皮，兑换新手枪三支，子弹一包三百颗，试枪消耗在内。约到离此五里外的山林中试枪。黑夜从后门送货上楼。

阿咪欢喜极了。与我商量，留两个人在屋守货。其余的人与我二人做出结队野游的样子，携带酒肉，声言到山坡上去野餐。命阿务约卖枪人跟带枪弹来试枪。

那人带来的是三板子弹，和三支短枪。我命阿咪与同来武士，各打一发，看谁能命中。阿咪打准了。其余的人打不准。我们玩到下午才回店。当夜，商人已把枪弹送来。看验了盐篓，约定我们明日再送盐去，须说成是用洋货兑换的。当夜，他只取了两百枚麝香和三张猞猁皮去。

我觉得这次是对得起长生岛的。刚到两天，已经兑得四只手雷和三百多发雷子。共只才花了两百个麝香和三张猞猁，百多斤盐。并且摸清了此间行情和继续购雷的门路。

但是，盐巴已兑完，店主婆再也无路给我们拉生意了。她只好成天来找我们闲谈。她说："这个枪贩子是拉萨藏王德茂府在这里开设分店的掌柜。在此扎庄已数十年。他们的生意做得很宽，印度、廓尔喀、锡金、布丹，以及前后藏、昌都、西宁都有他们的分号。他们什么货都收，也什么货都卖。并不专贩枪弹。但是，任随你要什么货，任随你要多少，他都能给你限期办来。你们这次挂上了钩，以后买货就容易了。"

又说："德茂府的架子大，他们平时是不肯去找别人说生意的。近来因为藏地不靖，盐路断绝，原向他订盐的各地商民，交了货却兑不到盐，发生纠纷已久。听说你们有盐，他才肯自来找你。现在盐的价格已到尽头了。你们快些运盐来，才不负天赐好机会哩！"

阿咪和武士们听了，皆大欢喜。于是，商议再派两对人回去，多调些盐来。

我也乘机劝阿咪自己回去一趟。我说道："这里平安。现在只有赶送这三只手雷和三百发雷子回岛去备战，以及催运盐来，才是最紧要的事。阿咪可与八名武士一同回去，只留我与阿务在此接洽订货。待盐巴运到，交货完结，即便同回，结束此行了。现在这里只剩三篓皮货、麝香。明天拿去商量德茂府兑成呢布、氆氇。连同三只手雷和雷子一起运回去。有人用枪护货，不怕沿途匪徒。已经兑到四支枪回，见了岛王，已很光彩。再运几百斤盐来，兑换几只长手雷回去，我岛便有十多只手雷，不再怕米些了。"

大家听了，都很赞成。只阿咪坚决不肯。她只许再派三对武士运三只雷和六篓货回去。一定要留一对武士和她自己在此保卫我。她说："这是岛王的命令。"

我把她没奈何，也只得依了她。

次日，阿务同店主婆往德茂府商量兑货。这是一般商品兑换，一说便成。各皆按照市面价格，微微给他一点儿甜头，便成交了。只留少样货色，备作接洽订货的样品。换回的是：六篓毛布（藏民手织的毪子）和白布。准备给全岛人民，各缝一套衣服。

阿柱和阿丝出发的第三天，我们又派回了三对武士，运回三只手雷、三百发雷子和六篓布匹。他们去后，这里只留下我们五个人，等待运盐到来。估计，盐到时还须有六七天的时间。除阿务每天仍去兜揽生意外。我与阿咪闲着无事。我每天都出去闲逛，借以寻找回家的机会。虽阿咪形影不离地跟着我。谅她半句藏语也不懂，是断不可能妨害我脱身之路的。

三十六、酬报店主

　　第二批货运走以后，我和阿咪每日都到市场闲游打探行情。一天，阿务引店主婆送上一筒酥油茶，一盘油炸面饺，进我屋来，问道："充本有空闲了吧？"
　　我招呼她道："阿侩早。这几天烦劳你了。刚吃了饭，又破费这些作甚？"
　　她道："侍候充本闲谈。备点茶嘛。"
　　阿咪悄问我道："你的名字还叫充本吗？"
　　我觉得她问这话有用意，便截住她道："你不学习本地人的话。我可学会了点。她昨前天不是把那卖手雷的人也叫充本吗？这就该懂得她说的'充本'就如我们说的'巴得'是一样嘛。"
　　咪："你这个人，真伶俐，就已懂得这些弯拐。"
　　我："我们已经学了七天，连这都还不懂吗。"
　　阿务道："阿侩她趁你们有空闲了。特置办这样茶点来，想谈点生意经。"
　　我说："好。你叫两个武士也来喝茶吧。这是我们岛上没有的食品。"
　　阿咪高叫道："阿尼、阿呷来哟。"他们一对应声来了。
　　我料到纳姆是来索报酬的。故把所留在此的人都聚拢来和她谈。我说："阿侩这次帮我们的忙很大。今天又送来这些茶点，我们大家吃着，感谢阿侩的厚情。"
　　阿侩纳姆道："这点帮忙算得什么。今后你们大批盐到，在此扎庄，才是我长期帮忙的时候哩。你们说话我不懂，我说话你们不懂。一切全靠务大叔翻译。这几天交易成功得这样顺利，全亏了务大叔。我出点力是小的。"
　　我道："是嘛。阿务这次立功很大，岛王自会给他很大的升赏。以后这路商业，一定是委任他办的了。"
　　侩："是呀。务大叔是个非常忠实和蔼的人，任何人也都会信任他。充本和太太的话，我还不甚听得懂。需要经过翻译，也太麻烦。我想向充本和太太说的话，也全靠务大叔翻译。如其你们还要问我什么，就请直说与务大叔。我是什么话都已说给他了。他完全可以替我答复。我还有事，就暂时告辞了。"她说罢就退了出去。

阿咪问我："你听得懂她这番话吗？"

我道："听得懂一些。她似乎有话要向我们说，因为省些翻译的麻烦，便先向阿务说了，托他向我们转达。阿务，你说是吗？"

阿务道："是。他把我叫务大叔，把你叫充本，把阿咪叫作太太。"

阿咪道："她给我起个名字叫太太吗？"

务："不是。这一方语言不同，风俗也不同。'太太'这个称呼，我曾问过她。她说：这方男女结婚，便一辈子也不离开。这样的女子，未结婚时叫作'阿姐'，已结婚后就要叫'太太'。只对卑贱的人才喊叫他的名字。"

阿咪对我道："他们这个奇怪的风俗。男女一结婚便不离开。那么，下一个月明之夜，他们又做些什么呢？"

我不觉扑哧一声笑了出来，又忙警惕地弥补道："我想，下个月明之夜，可能是两个人牵着手到选偶场去走一转便算了。"

务："阿侩说这里男女并不每个月改变婚偶一次。每人一辈子只结一次婚。"

咪问我道："你说，他们这个规矩好呢，还是我们的规矩好？"

我道："他们这太不好，我们的规矩好。"

咪："他们选得了个心爱的人，便永远都不离开。这多么好。"

我："万一碰上了辣子，便一辈子也离不开，那是多么不好。"

咪的脸上泛红了，发嗔道："你还在痛恨辣子。"

我过意不去，忙补充说道："像我们这样，一个月更换一次，任何人都有机会与他心爱的人结合。比如我与宗咪，与阿美、与阿红、阿意；你与阿雄、阿蛊和我，都各满足了心愿，岂不是太好吗？"

咪："你这个人哪，是张油滑嘴舌。"

我："不说笑了，还是讨论正事。"便问阿务："店主婆她想说的是什么。生意做完了，是要索报酬，是不是？"

务："正是嘛。她想知道这次酬她多少。还望我们以后在她这里扎庄。"

我："可以告知她：因为她这次帮忙得好，我们决定今后长期在她这店里扎庄，推销盐巴，兑换土杂货。每月报酬若干，或每次报酬若干，经你们商定后，我酌情向岛王申请核发。"

务："她希望每次进货出货都取百分之五的报酬，就不取店费了。"

咪："那么，这次该算多少呢？"

务："她说，这是头次交易，要看我们的大方。"

我："我们大家商量看，这次该给多了。"

阿咪："这次也按出货入货百分之五算吧。"

务："这是头次，照例要多给一些。"

我："阿侩她希望这次得多少呢？"

务："她说：这次五天内兑到了四只手雷、三百多发雷子和六篓布匹。她希望赏给她四百斤盐。"

我："那就等于说，两百个麝香，或四只手雷了。太多了吧。"

务："我也觉得她要得太多。但是这是第一次嘛。她还说：'往时这里四百斤盐只值得二十来个麝香呢！'"

我："我们大家衡量一下。"

阿咪和尼、呷都道："赚得太多了！"

务："本来，才三天工夫，就酬四百斤盐，等于两百个麝香，太多了。但她要的是盐。我们的盐，四百斤只算值四五个麝香呀。"

阿尼："按昨天这里的市价，得换四只手雷了。还不大吗？"

我道："货有时价。只给她一百斤盐，已合理了。但这是第一次，就给二百斤盐吧。以后销盐，就只依她给百分之五作酬了。"

务："她盼望的，百分抽十，不问兑进值多少。她说这样好算账，省得许多次翻译，彼此方便。"

我："这亦可以。只要她收的是盐，我们就合算了。"

务："她还要求，这次盐运到时，就先给她。"

我："这可不行。我们一定要先用来兑换长雷。长雷兑足四只后才给她。"

务："兑长雷也还需她效力。似可以许她迟到月底交盐。那时我们的盐运来得多了。现在暂送她十来斤食盐度荒，也就行了吧。"

我："可以。待下批盐到，先送她十斤。酬盐二百斤，留待再下几批盐到时交她。总之，不出这个月内。你去向她商量。若还她不同意，我们就不能仕此扎止。"

阿务应了一声"是"，便出去了。一转瞬，便又把那妇人引来，说道："你自己向充本说吧！我实在不能再帮你请求了。"

阿侩纳姆道："充本赏给我的，本来都已不少了。若还今天给我，盐价正高，很好换货。隔几天你们大批盐到，盐价就会跌下来。若还迟到月底才给盐，我要求多赏五十斤。"

阿务翻话完了，还加了自己意见道："现距过年已不远。就算把过年加赏她五十斤盐给她吧。"

我答应了。大家才欢悦着吃午饭。

午饭后,我叫阿侩锁上门。留阿务看屋。我与阿咪、尼、呷四人出游去。

我们走遍了全镇。我本希望遇见一个西藏熟人。却并未遇得一个。

我如常地走到山坡无人之处,和他三人练习一次甩石。坐地休息。

阿尼说道:"店主婆三四天中,挣得了如此多的报酬,还嫌不足。最后都还再多要去一百斤。阿务口口声声都是帮她说话。我这几天,常见他出入店主婆的卧室,随时都在与她密语。我怀疑此人不可靠。"

阿咪也说:"我亦怪阿务不帮我们争,却帮店主婆争。"

我道:"你们这样注意他,是对的。他原本是波札的叛房嘛。但是,岛王已经解除了他的房籍,拨入胥级,派来协办此事。又已立功不少。这次若还没有他,我们如何能在三四天内办回了四只手雷。还打通了这条商路。这种秘密的交易,他也不能不是那样鬼鬼祟祟去搞。究竟有无舞弊事情,我们只可以仔细去观察、监视和调查。却不可因怀疑就不信任他。不信任他,我们就什么事也做不成了。"

阿尼道:"有人见他昨、今晨早都从阿侩房中走出来。他二人似已合婚了。他今苦苦为阿侩争酬,就是对我岛不忠。阿夺既已懂得此方语言了,以后交易就不宜再信任他,只能由阿夺亲自去做。"

我道:"自然,我已学会了此地一些语言,更便于监视他。但若像今天的事,我就还未感觉得他是只为阿侩争报酬。一切还是合于情理的。至于说他与阿侩同宿,纵然是实,也不足怪。我们应该原谅他。以后若还需要派他来此经商,也叫配成对来,便不会再有这样的顾虑了。"

阿呷道:"我总觉这个人难以放心。以后不能再要他来了。"

我道:"对。这次是因为我们语言不通,必须使用他。你们来此既久,也会学成语言畅达。以后自己来,不要他来,就更好了。"

我们走到天已入暮,才回店去。又见阿务从店主婆房里出来。

阿咪对我说:"你看。他们同居属实了。"

我道:"用人不疑,疑人不用。我们悄悄叫他来问清楚了再说吧!"

恰好,阿务跟着进我屋来说道:"今天没有生意。"

我道:"阿务,你坐下谈谈。我们这次全是成对来的,独你是个单身。我很抱歉。现在,店里无事,我想派你回去,选了偶再来何如?"

阿务道:"你们似已看出了我在阿侩屋子进出了吧?请不要怀疑我。我也只是为了换货方便啊！我本应该先报告这事的。但也要顾到别人的脸面呀。这方风俗，单身男子与单身女人是可以随便结合的。这个店主婆，丈夫死后，还生了两个孩子。我为了接洽购雷，不能不与她亲近。她贪图我们的生意大，也乐得接纳我。我们虽然同居，我却并未给她有任何东西，也未许她占我们多少便宜。我希望的是此行立功，岛王更加重用我。岂能爱上这个四五十岁了的野妇人，便为她争求过分的利益。我们是各取所需而结合。"

阿咪道："那么，你苦苦为她争报酬？"

务："她自然望我替她多说几句话，多得一点儿报酬。但我总说：'充本精明。太不合理的话，他不接受，还会不在你店扎庄。'使她不敢多争。若依她想，五百斤盐还嫌少哩。因为我们是做的秘密交易，她承担的风险很大，并且也非有她不行哪。你们看来，我是在替她在争。我自问心，是暗在为岛上争。起码也做到了双方合理。"

阿尼从门外走进来道："她三天之内，得了二百六十斤盐，折合五六百个香了。这合理吗？"

务："她一年之内，能有几次这样的三天呢？一般交易，她取酬有定限。秘密交易，就无定限了。我们此来，人地生疏，门路毫无。她替我们三天内兑得四只手雷，三百多雷子。若还交货前，她卡我们，一定要酬五百斤盐，我们还不能不给吧。岛王不是说过，不惜任何代价，只要购得手雷吗？"

咪："你们同居，不是岛上规矩。"

务："是。这不合岛上规矩。但是，这不是岛上，是在兑货。一切为了兑货。我犯了岛上规矩，回岛后自请岛王惩办。现在还是兑货要紧。"

这个阿务也不软弱，他理直气壮地说得我们哑口无言。我安慰他道："对。一切为了兑货。你说明白，我们更相信你了。你去休息。任务完成后，岛王不会忘记你的功劳。"

阿务这才退去了。他有几分气愤，一出门，便对直走进阿侩屋子去。把个阿咪和阿尼，弄得好生没趣。

我向他二人说道："我们应该相信他说的话。仍然信任他。"阿尼无言而去。

阿咪却仍不听。她说道："这个波札叛房，他还在生气呢！"

我道："他心里有委屈嘛。只要他是为我岛上利益办事，岛王都宽待他，你们怎么就克制不下？你还说我'器量狭窄'。今天你自己看看对不对。"

咪道："你包庇他。说话偏向他！"

我道:"是的。我一开始就偏袒他,制止你们对他怀疑。现在我还是要制止你们对他怀疑。你知道这是为了什么?"

咪:"你说是为了手雷。"

我:"还有。"

咪:"还有什么?"

我:"为了我和他都不是你们岛上的人。平白受人怀疑。我同情他,因为不是你们岛上的人,就再立功也要受到怀疑。"

这一下,才把阿咪轰软了。她靠拢身,用头抵着我的胸,可怜地说道:"我们没有人怀疑过你。都希望你做我们岛王的继承人。"

我推开她道:"你们不听我的劝告,使我领导工作增加了麻烦。"

咪:"我一定完全遵照你的话。请你原谅我的过去,相信我的将来。"

三十七、关键一步

从冬九翻山便是工布地界。从冬九南下，翻山，渡大江就可进入白马冈，现在重返家园的机会已到百分之九十五了。但是，到底还有五分尚待努力，那便是如何摆脱阿咪监视的问题。

那天听说四川尹大都督的兵驻在冬九镇上后，我就一直在思考要不要去找驻军帮助我逃离。但我从宣统三年（1911年）离开部队，至今已一年多了。逃离时只知道发生了辛亥革命，推翻了清王朝，西藏发生了兵变。但后来怎么样了，因隐居珞瑜，音信一点儿也不知道。近一年来在长生岛，更是隔离于世外，连墨脱家里情况也毫不知晓。这个四川尹大都督是谁？怎会驻军于此？我虽是波密兵变中离队求生，但冒失地去找别个部队，会不会被认作逃兵被抓？所以来此头几天不敢去联系。后来听卖枪那人说现在是民国了，赵大帅早已被杀了，哗变后的川军都准回乡了。才想到自己作为流落在此的边军，应该不但不会被抓，反而可要求得到他们保护。我如能得驻军保护，就有十足的把握离开长生岛了。现在的关键，是去联系时怎样躲过阿咪的监视。想了几天，终于想到了办法：利用阿咪不懂藏语和汉语的空子，径直上门去。

这天是我到冬九的第九天了。估计长生岛大批人马送盐到来的日子已不远了。决定今天就去找驻军联系。我主动地邀阿咪一同出门。路上我向她附耳密语道："昨天我们看见一座高房子，门外站立的一个兵，拿有长手雷。我想试去探问一下，何处可买。拿枪的人卖枪，比枪贩子卖枪便宜得多。又叫省去阿侩的中间费用。但是，交易要极其秘密。万一泄露了，被他们长官知道，卖雷的和买雷的都要处死。你先同我去探问个门路不？"

咪："既然那样危险，何不叫店主婆去问？"

我："那断要不得。我们是外来客商，只要雷能到手，人就走了。店主婆是永远跑不掉的人。万一卖雷事发觉了，早迟她都跑不脱。所以，我们的店主婆只能向枪贩子和私人介绍买雷，不敢向军队接洽买雷。这事断不可以让她知道。她既不敢替你接洽买雷，就得不到中间人的报酬，就可能会要泄露你的秘密。甚至于去密报领赏。所以我们千万不可让她知道。"

咪："那么，叫阿务去行不？"

我："这亦断断不可。阿务与店主婆是一个人，一条心。他若去了，无论有无成功，都是会被店主婆知道的，也就是会泄露的。我们做这事，既不能让他知道，还不可让任何人知道。只有我自己去，随机应变，才可能安全达到目的。你不去都行。你去也无妨。因为你是不会泄露我这秘密的。"

咪："既然已经找到德茂府的线索了，就不必去冒这些危险。我们有的是盐巴和香，多花费些是无妨的。犯不着自己去冒危险。"

我："德茂府的枪贩子，只有短雷，没有长雷。你看见，米些是有长雷的。长雷射效大于短雷几倍。我们没有长雷，怎能胜过他？要购长雷，就非找军队买不可。"

咪："你自己去太危险了。我不赞成。"

我："我去没有危险。我去只向他们问：'你们长雷是哪里买来的？'这样问，不犯法。他若不是卖雷的，就会不理你。他若是卖雷的，便会指示你向某处某人买的。那是暗语。意思是你去找那个人。那个人，便是经常给他们负责卖雷的人。这个窍门，是我们第一次在后山坡兑雷时，那个卖雷人告诉我的。"

咪："那么，我同你一路去。"

我："好。我们伪装出市闲逛。同去探一探。成不成功，都不可让第三人知道呀！"

于是我俩吩咐阿务和阿尼、阿呷轮班守屋。说是我们出市闲逛去了。我们慢步转行，到了那座高房。有一个兵在门外台阶上站岗。我用汉语问道：

"老总：容许我说件事吗？"

那个岗兵恰是一个四川人，突然听见我说四川话，吃了一惊。把我上下打量了一下，答道："你说嘛。"

我看他因为我这样装束的人，会说四川话，怕他生疑。便把我的身世简单告诉他。我说：

"我原赵大帅边军的文书。去年参加征讨波密。因患疟疾逗留白马冈治病，不幸遇波密兵变，只身逃至珞瑜安家。后误入一个原始部落叫长生岛，进去就不许出来。被羁留近一年，现在随他们的商队做翻译来到此地。我想请求你们的长官保护，让我回家去。"

那岗兵道："我们是四川尹昌衡大都督的部队，你说的赵大帅，因反抗革命已被尹大都督杀了。你们边军现都归尹大都督指挥。因为西藏发生骚乱，大总统命令尹大都督率领军队援藏，刘副官奉大都督令，督率三营为前锋，现已开进到工布江达。听说波密土王残部在此，故派我们连到冬九驻防，招抚波密。大家既是同乡，又听了你的情况，我实在很同情，想帮助你。但不巧，连长到工布开会去了。你留下一个住址在此。待他回来时我向他报告后，来叫你。"

我道："我们住在这里阿侩纳姆的小锅庄店里。长生岛商队的人多，他们不愿放我走，只能我悄悄来。请问连长何时可回，我自己随时来探问消息，向连长申请好了。"

岗兵道："今明天就要回来。你明后天来好了。"

我谢谢他，回身同阿咪向无人处走去。阿咪低声问："找得门路没有？"

我亦低声答道："有了。回去再说。"

已经走到郊外无人之处，阿咪又问："门路怎么样？"

我道："那人答复我：经手人就住在此地。现在出差去了。今明天就要回来。"

咪道："就买他拿的那只吗？"

我道："不。他们每人有一只长雷，是不卖的。据他说，他们最近剿匪，缴获了十多只长雷要卖。本是应该上缴的，所以只能秘密卖。他嘱咐我千万保密。你和我万万不可泄露半点消息给任何人哦。若还现在被人知道，那我的性命难保。你千万注意，万万注意。"

咪应道："是。我牢牢记着。"

我道："我们回去吧。明天再去问消息。"

回店后，我叫阿务、尼、呷都来，一同喝了酒，吃过饭，谈论一下此地语言。叫阿务教几句兑换货品的用语。

店主婆纳姆进屋来，开口便问："充本，你们盐驮何时可到呀？"

我道："昨天、今天都连续回去有人催运，路太远，恐还有七八天才赶得到吧。但是，一到之后，就会陆续来的。几百斤、几千斤、几万斤都可不断运来。今后麻烦阿侩的事还多着哩。"

阿侩道："充本和太太，你们这样的资本，也该讲究衣服门面，才更好向大商家接洽兑货呀。像你们这样只穿本地衣服，虽然舒服些，总也嫌与此地风俗习惯隔阂，不太方便。该添置三两套藏式衣服穿上，去接洽交易，我们经纪人也觉光彩些。别人也才看得出你们是大商人，兑货时不敢欺负你。"

我道："我们这次兑够了货就要回。"

侩："你们既准备在此坐庄，总还要派一两个人来此长住。两套衣服，如何少得了。你们走了，又移交别人穿，也不算白费。"

我："移交别人，也怕身材不合。"

侩："藏式衣服，是不量身材的。一件衣，一家人都可以穿。不问高矮，长了多扎一两寸腰。宽了，多褶上几褶在背。捆上带子，便成合身的了。"

我："现在缝制不及吧？"

侩："德茂府卖的有现成货。你们此刻要，他此刻就有，无须缝制。"

我："我们货已兑完，没有货兑了。"

侩："你们不是还留有一些样货吗？那一张虎皮，就可兑一套上等的缎子衣、呢帽、长靴、脚带、腰带、吊刀、荷包俱全。那张豹皮，可以兑一套次等的衣服。若还不够，再找补点盐巴或香药就是。若要兑它四套五套，你们的货不够，我可以担保，叫他赊给你，货到后才付给他。"

我向阿咪商量。阿咪坚决不要。但她许我和阿务各兑一套，作为将来到此扎庄的人使用。

果然，不一会儿，店主婆同阿务就拿着两套衣服、靴、帽回来。阿侩教我和务穿起，捆好腰带和靴带。大家都说要漂亮些。我问阿咪道："若还你穿上，应更漂亮。我们再去兑一套何如？"

阿咪再三不肯。我亦不加强劝。

阿务道："德茂府答应再卖长雷给我们了。刚才他们已向阿侩表示。"

阿咪忙问："阿侩，这生意说得成不？我们正盼望的兑长雷呀！"

阿侩道："刚才德茂府掌柜向我叹息道：'长生岛人想兑长雷。却不肯出价。若还出价合理，我们也可以兑四只长雷给他，过两天就可交货。'你们的盐也要过两天才来。我看你们这生意说得成。但是充本和太太要把盐价放低点呀！"

阿务把这话翻给阿咪听。阿咪大喜，便要他二人前去讲价。我挡着道："横竖都还有几天才得成交嘛，今天何必忙着就去呢？今天该先把今天的事结束了。"

我问店主婆："今天这两件交易，该酬你多少？阿侩！"

她答道："今天这点小事，只凭你大方的手，多少给点都行。"

我说："也酬你二十斤盐，行吗？"

她道："那又太多了。"

我："买你的忠心，多帮忙兑几只长雷嘛！"

她道："我明天就同务大叔去。包说好。"

次日是我到冬九的第十日。我一早准备起去访驻军。心想摆脱阿咪跟随，便对阿咪密商道："德茂府的枪贩子，从前不卖长雷给我们。现在他忽又自动要卖长雷了。莫非他是从驻军那里套购来，转卖给我们的吗？昨天我已与驻军接上了头，就不怕买不到长雷了。我想今上午就去问问消息。以免受德茂府一家的卡。"

阿咪道："那我俩就早点去嘛。抢在阿务等议价的前头才好。"

我道："正是嘛。但是，我二人必须留一个人在屋里，等待阿务和阿侩的回话。他们现在已去了。若还说价回来，无人承应，也不好。"

咪："那么，你该留在屋里。我去问那军士，行不？"

我："你不会说他们的话，如何行。"

咪："那么，我们同到德茂府去自己同他议价。另换阿务去问那军士，行不？"

我："也不行，这事不能让阿务及其他任何人知道。昨天也说过了。"

咪："那么，我俩便赶快同去问一问，再回来。迟一点儿，也叫他们等着。"

我："只好如此。但店主婆走了，没有人锁门。还须留人守屋。"

咪："现在没有货了，只叫阿尼和噶守就行了。我们快走吧。"

我摆不脱她，只好叫阿尼来看守我的屋，吩咐他道："阿务和阿侩去讲兑货去了，有些时候才会转来。我和阿咪出市散步一会儿。若还阿务、阿侩先回来，嘱他们稍等一等。"

正说到此。阿侩应声道："我们已经回来了。"我们便暂不出门，听他俩说话。

阿咪先问道："你们今天去接洽得怎样？阿务，你看这次兑长雷能成功不？"

阿务道："对方把长雷的对价抬得比前次更高了。他提出的基本对价是三百个麝香，折合成盐五百斤。但是，到底有长雷可兑。而且，还是可以和他再商量的。"

我道："三百个麝香兑长雷的基价，和前次所提是一样的。只是盐价的折合，不合当前行情。当前一百斤盐，可兑一百个麝香。若还他许用盐交货，我们就许他三百斤盐兑一支长雷和百发雷子吧。"

店主婆阿侩道："充本，你很老练，抓着德茂府的要领了。他们前次兑去的一百斤盐，还未还清旧账。现在还有许多人成天拿麝香去求他兑盐。旧债主也在催他交盐。若不是这样，他如何会把四支自卫的长雷都愿兑给你。虽然他是如此需要盐，但如你们把盐的比价提得太高，他还是不肯兑的。"

阿务道："我们若还能用四百斤盐兑他长雷一支，等盐运到时优先交兑。我看他能答应。兑长雷，就只这一条路，我们不能不让步。"

阿咪道："阿务你说只有他这条路可兑。我看有长雷的不止他吧！你们不知道驻军就有长雷吗？"我忙用眼色警告她别说下去。她也突然警觉了失言。改口道："哦！我忘了军队是不能卖长雷的。我不懂这方规矩，乱说了。"

我又忙说道："现在就麻烦阿侩同务去再向德茂府商兑他的四支长雷。请他们早点把枪壳换了。我们盐运拢了就兑货。但是，要求阿侩的经纪报酬要轻取一些。不能照前兑四只短雷的例。"

店主婆道："这次，你给我多少我都感谢了。前次的确亏了你。这次只望你们再给我一百斤盐，就算补前次的亏损了。"

我问："怎么的，前次和这次不一样呢？"

店主婆道："前次是有驻军在此，严禁枪支买卖的时候。我担的风险太大。报酬当然要高些。现在，驻军已经走了。可以公开买卖枪弹了。我哪能还像前次那样索酬呢？"

我听到此，吃了一惊。却故作镇静言道："我们昨天还看见军队驻在一座高大房子里，如何说走了呢？你莫误听谣言吧！"

店主婆道："真得很。德茂府的消息多么灵通呀！大掌柜说的：'因为昌都那边有事。尹大都督命令把波密附近驻扎的部队都集中到工布江达。这里的驻军昨天连夜撤军回工布去了。今晨房子内已没一个人了。'"

我不暇再问，立即起身出门。说道："今上午就谈到此为止。我要赶去看一看，是不是真的走了。"

阿咪亦即跟了出来，说道："该吃午饭了，吃了饭再去看吧。"

我道："去了回来吃。"说罢便已经走出了锅庄。

阿咪跑出来跟上我，道："你在忙什么？"

我附她的耳道："恐或还未走完。正好去问有长雷卖没有。"

咪："我同你去。"

我们走拢看，果然门口没了站岗的了。门紧闭着，没有一点儿动静，看情形是真的已经撤走了。我还想问个究竟。恰好有个背水过的妇人。我问她道："阿妈，这座高房是什么所在？"

"营官寨嘛。"她答。

我又问："这里曾驻有军队的，是吗？"

"昨夜全撤走了。"

我又问："你知道他们还回来不？"

她答复"不知道"而去。

我心头万分失悔，恨自己到此之初，未曾去找他们。迟得一步，便丧失了如此的好机会。真是天老爷在作弄我啊！但事已至此，无可奈何，只好同阿咪一路转回。我怕的她泄露了我来找过驻军的事。抓着她上午曾经失言，要她今后不得再说此事。

我道："看来，军队真已撤走。我们不可能购得更便宜的长雷了。这是我们的不幸。但是，也好。他走了也是我的幸运。"

咪："你这话是什么意思？"

我："这种秘密交易，是不许有丝毫泄露的。泄露了，当事人就有性命危险。我找这个门路，原是不许人同来的。只以为你是不会泄露秘密的人，让你同来。刚挂上钩，便被你向阿务和店主婆泄露了！"

咪道："我未曾泄露你呀！我只说了军队有枪。"

我："你那还不是泄露吗？你想，店主婆和阿务是何等精明的人。你是连这里话都不懂，怎么会知道驻军有枪卖。谁不知道，你离开我是不可能接近军人的。你说知道军队有长雷卖，不等于告了我与驻军接洽过买枪吗？你还说'未曾泄露我'！"

咪："你说的，我懂了。今后一定注意。"

我："你千万记着，这是性命交关的秘密。对着任何人也不能泄露半点风声。"

咪："我一定牢牢记住你的话。"

我："无论对务和阿侩不能说。就是对尼和呷，及今后再来的任何长生岛人，也不能泄露半点。"

咪："我明白了，你放心吧！我再也不会忘记你的盼咐了。"

阿咪虽如此说，但我担心她刚才的话已引起众人的怀疑，特别是阿务，他熟悉此地情况，肯定也知驻军的情况。我必须抓紧逃走之事。当晚我召集众人开会。我道："这几天我想了许久，此地因路阻缺盐卖，所以盐价高。一旦康巴的盐运来，盐价就会垮下来。所以决定趁此地盐价正好，大办一批盐来兑换我岛所需东西。我想今天就派人回岛去运盐。"

阿务道："既然要立即派人回去，何不我们就放点价，今大就去与德茂府讲好，把长雷先交过来，我们把雷运回后，再运盐来订货。这样更会得使岛王喜欢。"

我道："这样更好嘛。那么，你就和阿侩去商订吧。若还今天能把长枪交来，我们明天再派人回。"

于是阿务同店主婆又向德茂府议兑去了。屋里只剩我与阿咪二人。

我问她道："假如德茂府真的今天就先把四只长雷和四百发雷子交来。这将是我们立下的大功一件。我想亲自运回去。"

咪道："盐货快到了，你如何能走！若还你走，我亦必定同回。只剩阿务和一些生手，如何能办交货和预订长雷的事？"

我："那么，你就替我回去一趟好了。这里是绝对安全的。用不着你给我保镖了。"

咪："我是向岛王保证了的：你回我才回，你活我才活。我不能一刻离开你。"

我无可奈何地说道："谢谢你。那就只派阿务与尼、呷同回好了。这里已经用不着他们了。"

晚膳后，阿务和阿侩回来说："德茂府允许先交枪过来，盐运到时再补交盐。但是今天还不能交枪。因为枪壳上烙印还未除去。明天把枪壳弄好了，再行交来。但是，要请充本你过去坐质，保证五天内把盐交齐才行。"

我爽快答应道："那行。反正我在此也无事嘛。就在他那里等我们的盐吧。"

阿咪道："阿夺去坐质，我也去坐质。我与他是寸步不能离开的。"

店主阿侩道："那他更是欢迎的啊！"

我道："好嘛。明天待他把雷交来，我们派人送回岛后，我便过德茂府去坐质吧。"

次日是到冬九的第十一天，我仍出门去闲逛，暗中探查逃走的路途和驻军的情况。阿咪仍是佩上短刀和石子袋，死跟着我，寸步不离。

这上午，在市巷里碰着了第一次卖手雷给我那个人。我今天穿的是藏装。他还未识得。我先呼他道："你好！充本。"

他看了看我，答道："啊！是你。你好。改了装，我几乎认不得了。"

我问道："你还没有走呀？"

他摇头道："正在准备行李。明后天就动身了。这两天还想再采购一些土产带到打箭炉去。"说着他向我挤挤眼笑道："上次和你们交易，你大大占了便宜了，比德茂府便宜一半。该谢谢我啊！"

我道："你的消息很灵通啊！这么快就知道了。但是，你不知他们的子弹是一百吗。比你的要多七十几颗呢！"

他道："我也是急着要走。不然，我绝不肯那样贱卖给你啊！不过，德茂府的价也太高了些。你们吃了介绍人的亏。"

我："那有啥办法呢？我们人生地不熟，只能靠店主做中介嘛。"

他说："常言道货比三家，你可以多找几家店做中介嘛！比如我住的这家店。店主人就很诚信，公卖公买，绝不欺瞒客人。"

我忙问："在哪里？请带我去看看好吗？我们的盐就要大量运到了。若还再兑，我可将价更放宽些，多找几家兑换。不让德茂府一家专利。"

他道："就在不远。我带你俩夫妇去看看。"

我翻译给阿咪听了。她也感兴趣，于是我们同路走进他住的锅庄。

这家店的店主是个康巴女人，听说我们的大批盐就要到，对纳姆很是嫉妒。她很盛情地打酥油茶招待我们。她说：

"你们若先住在我这里，我早就给你们把货办齐了。就是与德茂府交易，也不至于吃那样大的亏。你们的管家阿务，被她勾摄着了。所以不能不吃他们的亏。"

我把她的话翻给阿咪听。阿咪也作色道："我们的确吃她的亏不小。"

我又问："你能从哪里给我们介绍兑货呢？"

她道："我这店，别人叫作'康巴锅庄'。住的客主要都是从康区来的。西藏和康区今年有乱子。四川的尹大都督和云南的蔡大都督带兵来平叛。路上兵匪多，不安全，所以从拉萨和昌都来这里换货的客商少了很多，尤其是兑换枪弹的人特别少。大家都怕被军队抓到，怀疑成是偷卖军火的叛匪或逃兵。其实自从去年冬月波密军队哗变后，卖枪弹的乱兵很多，有的商人收购了许多枪弹。现在虽不敢公开买卖，遇到好价钱时，也想偷偷卖点。但一次只会卖一支两支，不敢多卖的。可惜这两天没有来卖的。今后他们来时，我到你窗外打个暗哨，告知你们。你到我这里来，包管你买得便宜。但千万不要让纳姆知道啊！"

我问清楚了这些情况后，拜托这个店主人，请她再有人来卖枪时，定要介绍给我们。谢茶而出。

回店刚吃过午膳，店主婆阿伶就进来了，开口便问："充本和太太到康巴锅庄去了来？"

我道："你的消息好快哟！我们在街上碰着了那天卖枪的。他邀我俩去他住的店吃茶，闲谈了一会儿。店主想兜揽点生意。但现在没有我要的货。她说哪天有货到时，帮我介绍，中介报酬会优待我的。你看她的话靠得住不？"

伶："哎呀！充本。那是有名的'乾达婆'①，口头说得好听。谁肯和她打交道？谁个听她的话，谁就倒霉。"

我道："谢谢你。我以后再不找她了。"又问："德茂府的长枪，今天能够来不？"

伶："问过了。今天内，一定能做好送来。"

---

① 藏人把表演滑稽跳舞的游方乞食之人叫乾达婆。

我对阿咪道:"看来今下午仍然无事。我们还是出去逛逛吧。"

俭:"充本。你和太太人地不熟。叫阿务大叔与你们同路吧。他老练得很。"

我:"我们只闲逛。留下他多教阿尼们几句本地话。他们将来都是这里扎庄的人。"

俭:"你们到哪里去,我陪你。"

我:"只转野路,不上市街。"

俭:"野路上多野兽呀!要派人同路吧?"

我:"无须。我俩都是打猎的人,不怕什么野兽。"

我们向镇外小路走不多久,望见东头来了一队人。我对阿咪道:"康巴锅庄主人说的话不诳。你看那群人,定是从康巴来的客商。我们迎上去,问他们有雷兑没有。你看他们正是拿着长雷的人。"

于是,我俩朝他们迎上去。走近一看,太巧了!领头一人,是前年同我从察隅进入白马冈的士兵泽旺。因程管带让他在营部做翻译,与我朝夕相处,很要好。我从他学了许多察隅和珞巴话。不想在此相见,令我欢喜得几乎要跳了起来。大呼:"泽旺!怎会在这儿竟遇着你了!"我一时忘却阿咪在旁,直跑向他,紧握着他的手。

泽旺把我看了许久,才认出我,亦大喜道:"你还未死呀!真想不到我们在这里遇着了!"

我道:"想给你说的话太多。请你稍留,让我说完。"

泽旺便嘱其同伙人前进,自己留了下来。

阿咪抢上前来问我道:"他是何人?"

我欺骗她道:"上午那个锅庄主人说的最近快要到来卖长雷的人就是他。我待要与他说兑换条件哩!"

阿咪道:"你两个好像是很熟的人?"

我道:"不认识。此地风俗,讲生意就是要和气,要显得亲热嘛。"

咪:"那么,前几次兑货,你为啥又是那样冷淡呢?"

我道:"那是阿俭和阿务与他议价。他们先已亲热过了的。今天,是我和他初次直接商兑。自然要表现亲热点。"

咪:"我看你今天说得成功不?"

我:"还要让我和他讲个大半天价哩!"我欺她不懂汉语和藏语。转向泽旺说道:"兄弟,你要救我啊!我现在是被她紧紧监视着的。我们必须装作互不相识,装成是我向你商量买枪。骗过她和她手下的人,我才得有脱身之计。否则我会被她们杀死。

好在她是完全不懂藏汉语言和风俗的。我们可在此谈谈一切。现在请你和我做出卖枪议价的样子。因她们是为了买枪才押我同来的。"

泽旺听了，有些疑惑不解，不知我搞什么鬼。但亦按我要求，息坐道旁，与我问答起来。他说："去年平定波密时，你疟疾病很重，留你在墨脱老乡家养病。程管带原准备等你病好了，让我来接你回营。谁知驻藏大臣联豫，怕赵大帅将波密收归川边管辖，一再电请朝廷令我们边军撤离。赵大帅不愿与他争执，命令我们援波的三个营立即撤回原驻地。命令下来，我们全营当天就撤离波密，回察隅去了。既来不及接你，也考虑到你病未好，不便随队行军。程管带只托了波密驻军帮忙照看，请他们在你病好后，帮助你回部队来。谁知我们刚回到察隅，就听说波密兵变，杀了罗大人和好多军官，撤回拉萨了。波密土王残部又回来占据，并打到墨脱，找白马冈头人报仇，杀了许多人。大家一直没有你的消息，都认为你多半遇害了。今天见你仍好好地活着，心里真是高兴啊！"

我道："波密土王残部杀回来时，我知自己不免，连夜和妻子逃到珞巴一个村子里，没有受到伤害。倒是后来误被诱入长生岛，进去就不准出来。在那里关了快一年。尽管岛人对我很好，但岛上的社会很特别，我始终不能完全适应，一直想逃离回家。但那里四面绝壁悬崖，无路可逃，逃走就是死罪。我经过一年的努力，才取得岛王的信任，有了逃跑的机会。岛王因打仗没有枪弹，派我到这里来以盐和麝香换取枪弹。但派有许多人随行监视着我。我身后这女人，就是岛王派来贴身监视我的一个非常凶勇的人。我来此已经十一天了。她对我寸步不离，我想尽办法也摆不脱她的监控。前天，我找到了驻军求帮助。约好了昨日再去，偏偏他们前晚被调回工布去了。我在这绝望之中遇着了你。就如在深渊中，得到救命绳一样。你千万要救我出险呀！我所经历的一切，以后再详谈。"

泽旺道："现在边军归尹大都督管辖了。我们营这次奉调由刘副官率领援藏，来到工布江达，准备重新把波密收抚设县，在这里派驻了一连人。我们排十天前奉命到羌纳去接回勘测邮路的人员。今天刚接回，才知我连昨天接到急令，全部被调到工布江达去了。我排今天暂住在营官寨连部内。明天也要护送勘测队到工布江达去。你同我一路回去就是，怕她怎的。"

我道："这些监视我的人，尽都凶猛非常，不怕死。我身后这女人，也能敌过三四个男子，并且随身带有暗器。你们人少，行动须谨慎啊！你们只可设计智夺我，千万不可力取。"

泽旺踌躇道："啊！此事确须谨慎对付。我们二十多人，只有十几条长枪，其他都是短枪。你可以骗哄她，明天来我们所驻的营官寨兑枪。让我回去向排长商量，设法救你。"

我道："现在和明天，都只能骗她，说是接洽兑枪。望你表面如此敷衍。以免我横死在她手里。"

泽旺道："好。待我回去汇报，商量妥当。你明天来了再说吧！"便追赶前队而去。

我回身对阿咪道："这个人，就是我们前天去问的驻军里卖雷的负责人。他们打土匪回来，缴的有四只长雷，愿卖两只给我们。他们的价，比德茂府便宜一半。但是要我们严守秘密。我们明天去看货议价。只一定不要让阿侩知道。因为她同去就要抽我们的经纪报酬。"

此时，我兴奋非常。怕阿咪怀疑我过于快乐，进一步哄她道："我们明天，就可以有六条长雷，合以前的四条短雷，便可横行一方，再不怕米些了。"她听了也十分欢喜。

回到店房。晚膳后，还未入睡，听得人声嘈杂。我们爬上屋顶一望。只见二三十支松光火把迎面奔来。知道是岛上运货来了。我们一齐迎了出去。阿柱当头走来，向我报告道：

"岛王命二十人，各负盐五十斤。又二人各负兽皮香药各五十斤。八人空手轮番替换休息，拿手雷和刀矛护送。连夜赶程运来。现在到了。沿途平安。"

全店人皆大喜。我吩咐背入店房，沽酒、烤肉庆贺。

又命阿务同店主婆，立即往德茂府商量，说："我们盐货已到，他还未交枪来。我们这次来的一千斤盐，除留三百斤做店酬外，只能用七百斤现盐兑他们四支长枪。若还他要坚持，我就只能截阿侩的店酬付给他。等以后再运大批盐来时补偿了。"

二人去后，立即把四支长枪拿回来了。四百发子弹，全是新的。约定明晨就来运盐。只要七百斤。

阿咪和阿务要挪借店酬的盐，再兑两只短雷。用两驮珍货做抵押。店主婆也允了。立即兑回。于是，此间已有长生岛武士三十余人，长短枪十支。他们这样的实力，反成了我的忧虑，担心泽旺一行实力不足。

我与阿咪商量："明天即可命阿务与新来的三十人送枪回去，以应岛上急需。只留阿柱和呷，我们四人在此。办理向泽旺兑雷的事。完成之后，我们也一同佩雷还岛，汇报此行的经过。只留柱、呷一对在此扎庄，等候岛王另派人来。"

阿咪赞成。于是决定，明晨自行把盐运送过德茂府去。阿务与三十人立即起身送手雷回岛。一行人，见已得这多手雷，无不愿飞回报喜。闻听如此宣布，哄应如雷。他们还有把长枪和子弹拿到马路上去演习的。我亦未理他们。

三十八、撕心分离

这是我到冬九的第十二天。我已为长生岛兑得了长短枪十支，交割了一切手续。同时也与故人泽旺把线接好，今天随同部队到工布江达去，不会再有意外了。

我同阿咪，一早起来，命阿务与新来的武士们，把七百五十斤盐和香货送到德茂府，交割了账。回来，吃了早饭。又照料阿柱等三十人和阿务上路。我向他们宣布道："岛上军事未平，需要手雷甚急。你们先行把这十只手雷和六百只雷子送回。不带货品，轻身赶行。五日内便可送到。岛王一定欢喜。我与阿咪，今天还要去商兑两条长雷。明天或后天也就要携雷回岛，向岛王汇报你们的功状。为了赶程，你们立即出发回岛。"

诸人应声出发后。我命阿呷守屋，阿尼、阿咪同我一路去取长雷。店主婆纳姆截住问道："充本、太太，你们还要往哪里去？"

我道："我还接洽有点货，现在去取。"

纳姆道："你们兑的货，除德茂府外，哪里还有兑的？你们不要受骗呀！"

阿咪道："这是昨天他自己向我们兜售的。他不交雷，我不交货，怕什么骗。"

纳姆："虽如此说，仍须要谨慎些好。我横竖没有事，同你们一路。若还有什么风吹草动。也替你们跑点路，免得白吃亏。"

咪："你又要多少酬金呢？"

纳姆："这是你们订下的货，我哪能要酬劳。白帮点忙，你们今后多看顾我一点儿就有了哦。"

我道："好得很！就请你一同去吧。给你明说，那是剿匪过路的军队。他们缴获的有几支枪，由于路费完了，答应卖我两支。约的今天去看，但也是要严守秘密的呀。"

纳姆："充本，只怕不行吧。哪有军队敢卖枪的哟。我看，还是向德茂府预订好。"

阿咪："这是昨天他自己约我们去的。哪能有错。驻军已经走了，剩下他们一路人,没有路费,他怎能不卖枪?你害怕,就莫去吧。我们是去定了。"

纳姆:"那,我也陪你们去,见识见识。"

于是,我们四人一路,来到营官寨外。正有一个士兵在门前台阶上值岗。我走拢去说道:

"老总,我是泽旺约我来的。"

那个岗兵似先有奉命,不问一句,便挥手叫我们进去。进大门,便有泽旺迎接着,让到一间屋内,有凳有桌。他叫我们坐,用藏语说道:"兑枪的事,我去请负责人与你面谈。"说罢,便出门,进内面屋去了。

纳姆把他的话翻给阿咪、阿尼听。都以为这支军队真要卖枪了。各有喜色。

一会儿,有个军官出来,后面跟有三四个佩枪的。他到门口问:"哪个是夺吉?"

我应声道:"我就是。"

那军官道:"出来!"

我应声"是",跟即起身向门走去。阿咪亦即离座跟了上来。我忙向她说道:"这是军营,规矩严。未叫你动,你就不可动。以免发生误会。"

阿咪道:"这有何妨。我是跟你一路来的客嘛。"

我见她倔强,忙叫纳姆道:"阿侩,你劝阻着阿咪。她不知军营的规矩。"

纳姆果即起身挡着阿咪,劝她归座。

泽旺对我介绍,那个军官,是个排长。他带了一排人护送测量人员到羌纳勘测。现奉命撤回工布。泽旺自己是这个排的一个班长。

排长问我:"这四人中,哪个是不放你走的人?"

我道:"刚才起身要跟我出来的那个女人。但她是奉岛王命令缠着我的。她对我其实很好。我要求不要伤害她。"

排长:"那么,把她抓起来,交与此地的营官①。关她一段时间,她就无法阻挡你了。"

我道:"她是一个不怕死的女英雄。腰带有刀。还带有一袋伤人的暗器。只怕三四人把她捉不住。她手下还有三十多人,都很凶猛。也有十支枪。今晨虽已被我遣走了,此时还走得不远。若还闻风回来抢人,会要造成许多伤亡。"

排长:"那么,你打算怎样办呢?"

我:"盼望不伤害她的性命,又能把我弄走。"

---

① 营官,藏语称为"宗本",即地方的行政长官。

排长:"这就麻烦了。你自己总要提出个具体办法才行。"

我:"请你们把我捆绑着,说我是'套购军火的逃兵',要抓到工布去治罪。与她们无关。放她们回去,她们三人中,有一个是店主婆,懂得套购军火是大罪,必然劝她们回去了。若阿咪还不肯走,容我再用岛语劝告她,做到仁至义尽。"

排长沉吟了许久,在考虑如何做法。

泽旺道:"这三人,应该一齐打死。以免有人前去报信,招回他们的人来,增加行军的麻烦。"

我道:"三人中,有一个是锅庄主人跟来的。店内又还住有长生岛回来的人叫阿呷的。若还伤害他们,必然是跑去把已走的人招回报仇。我们不宜惹出事来。请考虑到这些问题,仍以计脱身为上策。"

排长点头,便吩咐拿绳把我绑了,命四个军士用长短枪,左右前后对着我,押出大门台阶去。他自己拿支短枪下令道:"全队整装,准备出发。"枪弹皆上槽,做出备战进军的姿态。

排长进客堂宣布道:"你们那个阿夺,他的本名叫夺吉,原是我们部队的逃兵。去年逃跑无踪,今年又来我队套购军火。罪情重大,必须押回营部,军法审讯处置。刚才审问他的口供,说你们三人都是无罪的,要求我放你们回去。但我还不能信。因为你们既是与他同来,多少总有一点儿关系。你们自己老实说,若还真的无关,可以回去。我们是尹大都督的军队,是来安定地方,保护百姓的。我们严禁套购军火,但也不会冤枉一个好人。你三人听懂我的话没有?"

纳姆应声说道:"我是开店的人,虽听不全懂,也懂得一丝丝。阿夺套购军火犯罪,你们要押他走,跟我们无关。我们是跟他逛街,没参与他的事。我们是好人,请放我们走吧。"

排长道:"夺吉。我听不懂她的话,你来翻译。要真实翻。否则罪上加罪。"

我怕进屋,只立在台阶上,把头伸向窗内,向她们用岛语翻译了排长和纳姆的话,并向纳姆说道:"阿侩,你是店主人,同路逛街。我刚才也是这样招供的。今我自投罗网,罪有应得。你们是未曾套购军火的人……"刚说到此,纳姆就要起身。我忙接着说道:"你三人同来,也该同走。你须要证明他二人是外地人,言语不通,未能套购军火。那就可能三人同走了。"

纳姆又坐下来,对咪、尼二人说道:"听懂了吗?阿夺的供词是:'你们连此地话都说不来,如何会套购军火。'你俩只要说这两句话,就会放的。军官在问,你们快说嘛。"

阿尼道："我们不懂你们的话，怎能够套购军火。我们只是跟阿夺来闲游的。"

我翻译了。排长挥手叫他们走。纳姆与阿尼便起身。阿咪却昂然坐着不动。纳姆拉她道："太太，军官放我们走了。快走吧！"

阿咪顽强地坐着道："我向岛王保证了的，阿夺与我一步也不离开。他活我活，他回我回，他死我死。他无论犯了什么罪，我也是一样。我不走。你们回去，把我的人都叫回来！"

纳姆忙撒了她，拉着阿尼便走。刚下台阶，便飞奔而去。

排长问阿咪："你为何不走？"命我翻译。

我翻了话，又劝告道："阿咪，我对不起你和岛王。对不起长生岛的朋友们。我实是逃兵，犯罪逃出来，躲到了你们岛上的。未料到运气好，立功多，竟至成了群众推许的王位接班人。我还有何不满足呢？我死心塌地替我岛购回手雷，是你亲见的。由于贪购长雷，误信了康巴锅庄的话，找到这一支军队来，被他们拿着了，要押回工布审问。这是我自投罗网。但是，我的罪是不至于死的。将来我得脱身，仍要回长生岛来。你是无罪的人。他们放你走。望你回去替我向岛王说明经过情形，证明我未曾辜负长生岛。这是我当前最需要办的一件事。我亲爱的阿咪，你曾说过：完全听我的话。这就是我今天最紧要的一句话呀！"

阿咪眼泪盈盈向我说道："你这个人哪！昨天我见你与那人亲热情形，就看出你们是熟人。你却矢口硬说不相识，只是为了兑雷。今天证明你是骗我。你此刻说的这些，我还能相信吗？阿恭早就看出你想逃跑，报告岛王。岛王为了手雷，才肯派你出来。派你之时，岛王与各大头领都密商过。问过谁能担保你不跑。我便是第一个担保你不跑的。跟着担保的是阿蛊、阿嬷、阿新、阿雄等人，全都是你的好朋友。我还向岛王保证的：你回我才回，你死我也死。我们长生岛人，说到就要做到。偏偏碰着你这个惯说假话的坏蛋。那天你已经去找过驻军。昨天又找得了你的朋友。欺我听不懂你们的话。把我出卖到这里来。用长短雷威胁我，放你逃跑。我看透你这个坏蛋了。你既是他们捆绑下的罪人，却又在为他们翻话。我们都是为了保护你来的，你却不要我们跟你走，叫阿俭阻挡我。却又捆绑出来骗我们。既已宣布了罪状，仍叫你翻话劝我走。这不是假的吗？我要眼看着他们杀了你，我才相信。"

我说："阿咪，你就把我看成一个坏蛋吧！但是，我把你看成一个最好的好人。我现在是千方百计保全你的生命。希望你把我这样一个坏蛋抛弃，回去保卫你的长生岛。与我同死是无益的。我们已完成了岛王交给的任务，你回去，是不会受到谴责的。"

咪："不。我的任务并未完成。我的任务是在任何情形之下，不离开你。"

我："阿咪。我现在已失去了自由。你却是可以自由离开。千万不要惹怒军队。他们发怒时，我和你都不得活了。你不回去，谁能替我向岛王报告一切？你要原谅我是被押着的。他们一扣枪机，我就没命了。"

咪："你就不会向他们说理吗？"

我："我本就是他们部队逃跑的人，又犯了套购军火的罪，还有什么理说。"

咪："那么，你给我翻译。我向他们说理。"

我向排长道："她要向你说理。要我翻译。"

排长笑道："行。你就如实翻译她的话。"我便将他们彼此的话给翻译出来。

咪说："我们都是外地来的人。不懂此地规矩。犯了罪可以罚，不能抓人。"

排长听了，答道："所以我放你走，只抓他。他可不是你们那里的人呀！我们抓的逃兵。"

咪："抓逃兵，昨天见面时就该抓。不该用买雷骗我们到此来。"

排长："昨天路过，未审实。所以叫他来，慢慢审问。我们一定要审实了才抓人。没有乱抓人的。"

咪："你们要杀他不？"

排长："我们也不乱杀人。要抓回部队去，审实了，依法惩办。"

咪："那我也要同去。"

问到此处，排长反有点感动了。答道："也行。"却忘记了收缴她的武器。我忙对泽旺说："要缴她武器。"泽旺喝道："要缴出武器！"

排长补充说道："缴了武器才准去。"

咪："我没有手雷。"

排长："腰刀和佩袋都要缴。"

阿咪把腰刀缴了，不缴佩袋，说道："阿夺，请你翻译：佩袋里只有玩的石子，没有武器。"

我虽为她逐字翻译，却暗示泽旺，有缴的必要。

泽旺说道："也要缴。"

阿咪恨恨地解下佩袋交了，向窗外看了我一眼道："翻译，我要求他解了你的绑绳。"我翻译了。

排长："行。你们把夺吉绑绳解了。让他自己跟队走。"

咪："我还有要求，我要与阿夺扶靠着走。因为，我向岛王保证的，与他寸步不离。"

排长道:"也行。泽旺,你便押着夺吉,许她也扶着一起走吧。"

于是,排长下令:"一、二班护送勘测队先行。三班在后,押他二人出发。"

整队时,我站在泽旺后的路边。阿咪也走来站着。她熟视泽旺很久,突然拉我就跑。我死力与她挣扎。泽旺也来把我拉着,大吼:"该死的婆娘!"几个士兵奔来把我拉回,引到排长前面。并一齐用枪口对准她。她毫无惧意,徐徐向我走来道:"请你翻译给军官听:他这个兵(指泽旺)就是我们昨天碰上,邀我们来买雷的兵。又是刚才迎接我们进屋,又叫阿夺去讲价的兵。又是捆押阿夺出门,到窗外翻译的兵。又是刚才吆喝几次要我缴尽武器的兵。也是解了阿夺束缚,又来与我争夺阿夺的兵。这还不明白:他就是串通阿夺逃跑的人吗?我请求你,把那个兵杀了。你们是讲理的人嘛。"我不肯翻译。

排长看她很神气,感到有趣,一定要我翻译。我道:"她要你杀了泽旺哩!这还听她作甚。她已嘱前放二人去叫回她所率领的三十多个武士去了。只怕耽延久了,中了她缓兵之计。追她三十多个武士转来,我们便危险了。"

排长点头,仍叫我翻译给她道:"我们已经上路,就不能杀人。任何罪犯,都只能回去处理。"

阿咪又说:"阿夺。你敢把我的一句话老实翻译给他(指排长)听不?"

我道:"当然是老实翻译。"

排长道:"你就让她再说。"

阿咪道:"阿夺。你说你不是想逃跑。为什么刚才我拉你走时,那人来抢,你不助我拉,却是帮他与我争。你要老实翻译给他听。"

我不肯翻。排长坚决要我翻。我老实地翻了。排长发笑道:"我素不赞成说假。任何善于伪装的人,也终归会露出马脚的。"

我着急道:"我们要快向工布走。别理她这些,须防她的人枪追来。"

排长道:"怕什么。她们的长短十条枪,敌不过我一条枪。你还是对她老实说吧!说你就是要回部队,她便怎样。"

我向阿咪道:"阿咪,你就把我看成一个坏蛋吧!你该抛弃这个坏蛋,自己回去了。我既已经到此,是不能再回去了的。你再要拉我逃跑,也只能是一同被他们打死。"

阿咪道:"那么,我求你再翻译一句。就是请他们把我和你一同打死在这里。我一定要做到我向岛王的保证。若还不肯打死你和我。就请放我们回去。你只翻译这两句。我再也不劳你翻话了。"

排长似还要我翻。我道:"劝不转她,我们快走吧。她的人马快要赶到了。"

排长下令:"保护夺吉出发。"

泽旺持枪护我先走。排长和四人押后。刚走河边桥头,阿咪突然扑上前来,大吼道:"阿夺!同我回去!"抢扑拢时,拉着我不放。泽旺也来拉我。不提防她一口咬去。泽旺手背鲜血直流。泽旺向空开了一枪,她跌坐在地。高呼:"还我阿夺!还我阿夺!"随即爬起来扑向泽旺,又抓又咬,并抢夺泽旺手中的枪。泽旺不防,险些跌倒。二人在争夺中,枪响了。只见她突然倒地,腿上血流不止。我忙扑向她,叫道:"阿咪!阿咪!"内心十分伤痛,眼泪簌簌流下。排长和几个士兵,上来拉起我就跑。我担心她的伤,拼命想挣脱拉我的士兵,一面回头喊道:"阿咪!阿咪!你怎样了?"泽旺过来拉着我说道:"不能回去!我没开枪,是她把扳机扣着了。幸好只伤了小腿,你不要担心,她死不了的。"我挣扎不脱,随他们一气跑到山坡上。只见阿咪扶着桥头木桩,大声哭喊道:"阿夺!阿夺!你这个说谎的家伙!没有了你,我还活着干什么呀!"喊着喊着突然向前一扑,跳到河里。河虽不宽,但水流很急,但见阿咪身子在急流中翻腾两下就没了踪影。我不禁放声大哭起来,深责自己害了她。排长叹息道:"好一个烈性女子啊!真没想到她会自杀。"泽旺也很伤感,不断埋怨自己没把枪握紧,又劝我道:"你其实也没办法,不要太自责。你既不愿回岛去,必然要辜负她。只是没想到她如此刚烈,竟为你献出生命。看来这长生岛的人真是说一不二啊!"

此时,我猛想起:阿尼快步跑去,必已追回那些武士,应快到了。我只好请排长加速快走。

我们刚爬上山顶,已望见三十多个长生岛武士装束的人奔向冬九来了。正在跑过大路奔小桥而来。我大呼:"阿咪的人追来了!我们快向山后小路走。"

排长说道:"夺吉,你向前追赶勘测队去。让我来对付他们。"说罢,与同十个士兵,各搬石头截断山上的崖路,卧在石头之后,准备阻击。我怕排长杀害长生岛的人,不敢离开他,伏在他的身后,求他道:"他们耿直,不懂外边道理。他们是无罪的,请千万不要射杀他们。把他们吓走就可以了。"排长点头应允,我才稍觉放心。

布置粗定,三十来人已经奔上山来了。"啊!啊!"之声连天,全是长生岛的战斗号子。望见当头一人,正是阿务。他高举一支手枪,大呼"还我阿夺来",看看跑近百步左右。排长一枪击中他手上的枪。他惊吓倒地滚坡而下。另一人赶来捡起他的手枪举着，却怎么也打不响了。又有两人冲上，高举着手枪奔上前来。后面的人也挥着长刀和枪，跟着大吼冲上。有几人举着枪，不会瞄准，乱放一气。排长叫一声："打！"十枪齐发都打在他们脚前，掀起尘土沙石一片，跳弹打伤了好几个人，那举手枪带头的人，左臂被弹打中，忙喝着："退！退！"众人乱呼："手雷厉害，快再调些雷来！"转身退下山了。

排长仍守着路口，察看他们退走情形。我们望见那一批人，伏在山脚树后，有两人过了桥，向旧路跑去，大概是去搬援军了。排长问我道："他们后方还有多少人枪会追来？"

我道："他们要跑回长生岛才可能调人来。等他们调人来时，我们早到工布了。他们对这一带陌生，是不会追到工布来的。可以慢慢走了。"排长拍着我肩笑道："你现在可以放心逃离长生岛了。"

于是，我们缓步下山去追勘测队。但这时我突然怅然若失，感到心中一股剧痛奔涌，不能挪步。排长和泽旺一左一右扶着我走，一路安慰我，我听不清他们说的什么，脑海中只有阿咪嘶喊着我的名字跳下河的景象。一到工布江达，我就病倒了。

在工布医治了半个多月后，我病情有了好转，但精神仍然恍惚，怕见到枪。我谢绝了部队的挽留，决定回家。部队给我一匹马和两袋干粮，派泽旺送我到墨脱。我自己从墨脱回到珞巴博垄村的家里，见到了日夜思念的妻子和尚未见过面的儿子。我离家时不知妻已怀孕，今日见到已三个多月大的儿子，惊喜万分。看到他们母子安好，更加欣慰。一家人团聚，其乐融融，有恍若隔世之感。

回家的头一个月，我完全浸润在家庭的温暖中。妻和乡亲都想知道我这一年来失踪的情况，常常向我询问。我除了对妻详述了在长生岛的情形外，对乡人都只敷衍地说说，不愿详谈。怕他们把我的事当作谈资，到处传播，影响到长生岛的秘密和我的安宁。然而，随着时间的推移，回家的欢乐，却逐渐淡去，身体也一天不如一天。我自冬九患病后，一直未愈。回家后，仍经常出现幻觉。起初我想把长生岛彻底忘掉。谁知回家两月后，思念它的情绪却反而愈来愈浓。长生岛的山水、盐崖与选婚、选模、战斗、商贸等景象，时常在我脑海中翻腾；阿嬷、阿新、阿恭、阿咪、阿意、阿蛊、阿雄、阿楚和岛王等的音容笑貌，不断浮现在我眼前。尤其是阿咪最后的投河身影与凄厉的喊声，成天萦绕着我，让我无法排遣，心中一直不得安宁。

如今我回家已三年了，从未得到长生岛一点儿消息，就连过去常来珞巴贸易的巴得楚，也再无有踪影。曾托泽旺帮助打听，亦久久没有消息。正思此生不会再得长生岛消息了，不想上月，泽旺突然托人带信来说："你托我打听你离开后长生岛的情况，我一直得不到任何消息，所以未给你写信。前几天我出差到桑昂曲宗，碰到几个从米些来换货的人，告诉了我一点儿消息，特写信告知你：听米些人说，长生岛这几年拼命挖盐，大量运到米些、珞些等地换货，岛上财富增加很多，人们生活都富裕起来了。但贪心的人也多了起来。有几个很贪心的人，觉得手工挖盐太少太慢，在外面换回一些炸药，去炸岩取盐。不想遇到山洪暴发，将炸松了的盐崖冲垮，崩塌的岩盐全被山洪冲刷而去。从此岛上不再有盐了。过惯了用盐换货富日子的岛人，一下穷了下来，都在互相抱怨，有些人指责岛王、邦干管理不善，暗中串联想夺权；有的人勾结藩部偷盗库存的盐和货，想离岛发财；波札、珞些都在联络米些，欲乘机攻入长生岛报仇。还有说阿萨的洋人也正派人在打探长生岛的情况，想抢劫这个岛。这些消息我都无法证实，但多少有些你关心的情况，故赶紧告诉你。如有后续的消息，我再告知你……"

泽旺带来的这一消息，尽管出于与长生岛有仇的米些人之口，难以确信。但这正是我一直为长生岛担心的事：自我发现盐崖，开始与外面大量贸易后，岛人趋利求富的情绪不断地滋长起来，原来乐天安命的平静社会，渐渐发生着改变。藩部、邻部对长生岛的态度也逐渐变化，由羡慕、妒忌变为觊觎。而岛人自恃富强对藩邻的高傲态度，更增添了藩邻部的背离倾向。现听到的消息，正印合了我原来的担心。恐怕长生岛将不会太平了。如果岛上不能及时地解决其内忧外患，必将遭到外部的侵入，延续千年的长生岛社会将被摧毁，我的那些好朋友将会遭遇危险，甚至杀戮之灾。故自接泽旺的信后，我天天忧心忡忡，神魂不定，不断地祈祷长生岛平安。

面对长生岛的存亡未卜，我决定拖着病躯，拿起笔来，把我在长生岛的遭遇和内心的感受，记录下来，传给后世。我希望后人知道世上还有这样一个与众不同的地方，它不是想象中的"香巴拉净土"，也有着等级差别和战争杀伐等罪恶。但它保留的淳朴道德、人性本真和特殊风俗，却让人久久难忘，陷入沉思。我一直在想：像我这样一个普通的人，并不特别聪明能干，为什么在长生岛却成了不断创造出成绩，众口称赞的一个能人呢？岛上的社会、制度、风俗，为什么让我感到既落后又先进，既原始又合理，既差别又公平呢？我如果留在长生岛真的继承了岛王之位后，我会改变它吗？自入岛第一天起我拼命地想逃离它，可为什么离岛后又对它梦牵魂萦呢？到底是长生岛有负于我，还是我有负于长生岛呢？思来想去，不得其解。只好忠实地记录在此，留待阅者判定吧！